Verfassung

des

Deutschen Reichs.

Mit

Einleitung und Kommentar

von

Dr. Adolf Arndt,

Ober-Bergrath und Professor der Rechte an der Universität Halle a./S.

Berlin SW.48

Wilhelmstr. 119/120

J. Guttentag, Verlagsbuchhandlung.

1895.

Vorwort.

Vielen Aufforderungen namentlich aus den Kreisen der jüngeren Juristen nachkommend, übergebe ich diesen Kommentar zur Deutschen Reichsverfassung der Oeffentlichkeit mit dem Wunsche, daß derselbe sich so gute Aufnahme und so viel Wohlwollen wie meine Ausgabe der Preußischen Verfassungs-Urkunde erwerben möge. Zwar liefert ein Kommentar nur membra disjecta, keine zusammenhängende wissenschaftliche Darstellung; indeß ist er gerade deswegen besonders geeignet, die Theorien auf ihre praktische Richtigkeit zu prüfen. Wie bedeutende Fortschritte die deutsche Staatsrechtswissenschaft in den letzten Jahren gemacht hat, so hat sie sich wenigstens noch nicht ganz von der Gefahr befreit, „ruhig ihre Kreise zu ziehen, ohne Rücksicht darauf, daß das wirkliche Leben ihrer spottet".

Meinen staatsrechtlichen Arbeiten ist, vom Verordnungsrecht des Deutschen Reiches an (in welchem Buche ich die Rechtsbeständigkeit zahlreicher und wichtiger von der Theorie nach Form und Inhalt ungültig erklärter Reichs-Verordnungen darzulegen versuchte) bis zur Bearbeitung der Preußischen Verfassung von den deutschen Theoretikern nicht selten der Vorwurf gemacht, sie haben die Tendenz, für die Praxis gegen die Theorie und für die Autorität des Staatsgedankens (Souveräns) gegen die Befugnisse des Parlaments einzutreten. Darin hat man mir Unrecht gethan, zumal ich auch nicht den mindesten Anlaß finden kann, irgendwem zu Liebe Ansichten, die ich in Wahrheit nicht hege, vorzugeben. Aber wenn z. B. die Männer, welche in den Generalzollkonferenzen und dann später im Bundesrathe gewirkt, die an der Verfassung mitgearbeitet haben, mit Wissen und Willen ihrer Landtage und später des Reichstages Verordnungen auf dem Gebiete des Zoll- und Steuerwesens erlassen, dann wird es doch einer vorsichtigen Prüfung bedürfen, ehe man nach dem Vorgange der Theorie solche Verordnungen für ungültig erklären kann. Ebenso liegt es bei den Verordnungen auf dem Gebiete des Kriegs- und Eisenbahnwesens. Welche Stellung, welche Achtung kann die deutsche Staatsrechtswissenschaft beanspruchen, wenn sie die Ungültigkeit solcher Anordnungen der Reichsgewalt lehrt, die trotzdem thatsächlich in unangefochtener Wirksamkeit stehen?

Zweifellos ist die Wissenschaft des Reichsstaatsrechts weiter entwickelt als diejenige des Preußischen Staatsrechts. Männer wie Laband und Seydel, ferner Hänel, G. Meyer und Zorn haben sehr große Verdienste, auch — ich erkenne es dankbar an — für diesen Kommentar; aber in manchen Hinsichten blickt noch zu viel „Theorie" hervor, das ist Konstruktion des Rechts aus allgemeinen Begriffen statt des Aufbaues auf der Beobachtung der geschichtlichen Entwickelung und der Thatsachen. Nur der konstruktiven Methode ist es zuzuschreiben, daß so ziemlich die wichtigsten Erscheinungen des öffentlichen Rechts so lange der „Theorie" entgangen waren:

1) daß die Landesherren, vor Allem der König von Preußen, soweit Verfassung und Gesetze nicht entgegenstehen, mit Substitutionsbefugniß noch das Recht hatten und haben, rechtsverbindliche Anordnungen,

insbesondere auf dem Gebiete des Kriegs-, Post-, Telegraphen-, Eisenbahnwesens zu erlassen und daß dies Verordnungsrecht nunmehr im Deutschen Reiche vom Bundesrath oder Kaiser ausgeübt wird;

2) daß das Staatshaushalts-Etatsgesetz nur zwischen Regierung und Parlament, nicht zwischen dem Staate und seinen Gläubigern und Schuldnern Recht macht — ein Satz, der die verwirrende und unpraktische Lehre von den bloß formellen Gesetzen, den Verwaltungsakten im Gewande des Gesetzes, entbehrlich macht;

3) daß in Preußen der Landtag überhaupt kein Einnahmebewilligungsrecht hat.

Aus diesen Gründen ist die „Theorie" nicht frei von Schuld, wenn oft die wichtigsten Akte des Staatslebens nicht die richtige rechtliche Begründung erfahren haben:

1) Die Militärreorganisation in Preußen als solche — nicht das Recht, die Ausgaben für dieselbe zu leisten — hätte über jeden Zweifel als rechtsbeständig festgestellt werden können, was unterblieben war;

2) Als im Jahre 1865 der Preußische Staat seine Anrechte auf späteren Bezug der Aktien der Köln-Mindener Eisenbahn gegen 13 Millionen Thaler aufgab — um Mittel zum Kriege gegen Oesterreich zu erhalten —, versuchte die Staatsregierung, abgesehen von einer belanglosen Bezugnahme auf den Staatsschatz, nicht einmal die juristische Vertheidigung, trotzdem der Vergleich der preußischen mit anderen, selbst deutschen Verfassungen und die Verhandlungen in der Kommission der Nationalversammlung 1848 und

den Revisionskammern (1849) auf das klarste zeigen, daß die Preußische Verfassung der Krone die Verfügung über die Einnahmen aus dem Staatsvermögen (wohl über die Verausgabung) nicht entziehen wollte noch entzogen hat;

3) Da der Landtag in Preußen kein Einnahmebewilligungsrecht hat, kann die Krone auf Einnahmen aus Verträgen und Steuern, auf Stempel u. s. w. verzichten, auch während des Etatsjahres solche Einnahmen, wenn sie bereits gemacht sind, zurückzahlen. Obwohl dieses Recht ungezählte Male geübt wurde, so erfuhr man meist zur Rechtfertigung nichts Anderes, als daß dies stets so gewesen sei. Im Falle Lucius vertheidigte sich die Staatsregierung mit einem (nicht vorhandenen) Dispensationsrechte und der Bezugnahme auf Schriftsteller, die einestheils veraltet sind und anderentheils das Gegentheil von dem sagten, was sie sagen sollten;

4) Auch heute noch darf der König Grundeigenthum des Staates, z. B. zu gemeinnützigen Zwecken, verschenken. Trotzdem nimmt die Preußische Staatsregierung das Gegentheil an.

Doch vorerst genug hiervon!

Möge auch dieser Kommentar dazu beitragen, die Theorie und Praxis des Deutschen Staatsrechts mit einander noch weiter zu versöhnen und das bessere Verständniß der Deutschen Rechtsverfassung zu fördern!

Halle, 1. März 1895.

Arndt.

Inhaltsverzeichniß.

Abkürzungen.

Abg.H. = Preußisches Abgeordnetenhaus.
Abs. = Absatz.
AE. = Allerhöchster Erlaß.
ALR. = Allgemeines Landrecht für die Preußischen Staaten.
Art. = Artikel.
AVBl. = Armeeverordnungsblatt.
B. = Bekanntmachung.
BG. = Bundesgesetz.
BGBl. = Bundesgesetzblatt.
CPO. = Civilprozeßordnung.
DR. = Deutsches Reich.
E. oder Entsch. = Entscheidung.
G. = Gesetz.
GS. = Preußische Gesetzsammlung.
GVG. = Gerichtsverfassungsgesetz.
Herr.H. = Preußisches Herrenhaus.
JMBl. = Preußisches Justizministerialblatt.
Instr. = Instruktion.
Kamm.Ger. = Preußisches Kammergericht.
KO. oder Kab.O. = Kabinetsordre.
Mot. = Motive.
Min. = Minister.
OR. = Oppenhoff, Rechtsprechung des Preußischen Ober-Tribunals in Strafsachen.
Prot. = Protokoll.
RCBl. = Centralblatt für das Deutsche Reich.
Regl. = Reglement.
Reichsg. = Reichsgericht.
RG. = Reichsgesetz.
RGBl. = Reichsgesetzblatt.

RMil.G. = Reichs-Militärgesetz vom 2. Mai 1874.
ROHG. = Reichs-Oberhandelsgericht.
Reichsverf. = Reichsverfassung.
StrGB. = Strafgesetzbuch.
StrPO. = Strafprozeßordnung.
V. = Verordnung.
Verf. = Verfügung.
Vertr. = Vertrag.
Zus. = Zusatz.

Arndt, Verordnungsr. = Arndt, Verordnungsrecht des Deutschen Reichs auf der Grundlage des preußischen und unter Berücksichtigung des fremdländischen Verordnungsrechts systematisch dargestellt. Verlag von J. Guttentag, Berlin.

Arndt, Preuß. Verf. = Arndt, Die Verfassungs-Urkunde für den Preußischen Staat, 3. Aufl. Verlag von J. Guttentag, Berlin 1894.

Hänel, Staatsr. = A. Hänel, Deutsches Staatsrecht, Leipzig 1892.

Hänel, vertragsm. Elem. = Hänel (Studien I), Die vertragsmäßigen Elemente der Reichsverfassung, Leipzig 1873.

Laband, Staatsr. = Laband, Staatsrecht des Deutschen Reichs, 2. Aufl. 1888 ff.

Mejer, Einl. = O. Mejer, Einleitung in das Deutsche Staatsrecht, 2. Aufl. 1884.

G. Meyer, Staatsr. = G. Meyer, Deutsches Staatsrecht, 3. Aufl.

Mohl, Reichsstaatsr. = Das Deutsche Reichsstaatsrecht, rechtliche und politische Erörterungen von Robert von Mohl, Tübingen 1873.

Seydel, Komm. = Kommentar zur Verfassungs-Urkunde für das Deutsche Reich von Dr. Max Seydel. 1873.

Zorn, Staatsr. = Zorn, Staatsrecht des Deutschen Reichs, 2. Aufl. Verlag von J. Guttentag, Berlin 1895.

I. Verfassung des Deutschen Reichs.

Seine Majestät der König von Preußen im Namen des Norddeutschen Bundes, Seine Majestät der König von Bayern, Seine Majestät der König von Württemberg, Seine Königliche Hoheit der Großherzog von Baden und Seine Königliche Hoheit der Großherzog von Hessen und bei Rhein für die südlich vom Main belegenen Theile des Großherzogthums Hessen, schließen einen ewigen Bund zum Schutze des Bundesgebietes und des innerhalb desselben gültigen Rechtes, sowie zur Pflege der Wohlfahrt des Deutschen Volkes. Dieser Bund wird den Namen Deutsches Reich führen und wird nachstehende

Verfassung

haben.

I. Bundesgebiet.

Artikel 1.

Das Bundesgebiet besteht aus den Staaten Preußen mit Lauenburg und der Insel Helgoland nebst Zubehörungen, Bayern, Sachsen, Württemberg, Baden, Hessen, Mecklenburg-Schwerin, Sachsen-Weimar, Mecklenburg-Strelitz, Oldenburg, Braunschweig, Sachsen-Meiningen, Sachsen-Altenburg, Sachsen-Koburg-Gotha, Anhalt, Schwarzburg-Rudolstadt, Schwarzburg-Sondershausen, Waldeck, Reuß älterer Linie, Reuß jüngerer Linie, Schaumburg-Lippe, Lippe, Lübeck, Bremen, Hamburg und aus dem Gebiete des Reichslandes Elsass-Lothringen.

II. Reichsgesetzgebung.

Artikel 2.

Innerhalb dieses Bundesgebietes übt das Reich das Recht der Gesetzgebung nach Maßgabe des Inhalts dieser Verfassung und mit der Wirkung aus, daß die Reichsgesetze den Landesgesetzen vorgehen. Die Reichsgesetze erhalten ihre verbindliche Kraft durch ihre Verkündigung von Reichswegen, welche vermittelst eines Reichsgesetzblattes geschieht. Sofern nicht in dem publizirten Gesetze ein anderer Anfangstermin seiner verbindlichen Kraft bestimmt ist, beginnt die letztere mit dem vierzehnten Tage nach dem Ablauf desjenigen Tages, an welchem das betreffende Stück des Reichsgesetzblattes in Berlin ausgegeben worden ist.

Artikel 3.

Für ganz Deutschland besteht ein gemeinsames Indigenat mit der Wirkung, daß der Angehörige (Unterthan, Staatsbürger) eines jeden Bundesstaates in jedem anderen Bundesstaate als Inländer zu behandeln und demgemäß zum festen Wohnsitz, zum Gewerbebetriebe, zu öffentlichen Aemtern, zur Erwerbung von Grundstücken, zur Erlangung des Staatsbürgerrechtes und zum Genusse aller sonstigen bürgerlichen Rechte unter denselben Voraussetzungen wie der Einheimische zuzulassen, auch in Betreff der Rechtsverfolgung und des Rechtsschutzes demselben gleich zu behandeln ist.

Kein Deutscher darf in der Ausübung dieser Befugniß durch die Obrigkeit seiner Heimath, oder durch die Obrigkeit eines anderen Bundesstaates beschränkt werden.

Diejenigen Bestimmungen, welche die Armenversorgung und die Aufnahme in den lokalen Gemeindeverband betreffen, werden durch den im ersten Absatz ausgesprochenen Grundsatz nicht berührt.

Ebenso bleiben bis auf Weiteres die Verträge in Kraft, welche zwischen den einzelnen Bundesstaaten in Beziehung auf die Uebernehme von Auszuweisenden, die Verpflegung erkrankter und die Beerdigung verstorbener Staatsangehörigen bestehen.

Hinsichtlich der Erfüllung der Militairpflicht im Verhältniß zu dem Heimathslande wird im Wege der Reichsgesetzgebung das Nöthige geordnet werden.

Dem Auslarde gegenüber haben alle Deutschen gleichmäßig Anspruch auf den Schutz des Reichs.

Artikel 4.

Der Beaufsichtigung Seitens des Reichs und der Gesetzgebung desselben unterliegen die nachstehenden Angelegenheiten:

1) die Bestimmungen über Freizügigkeit, Heimaths- und Niederlassungs-Verhältnisse, Staatsbürgerrecht, Paßwesen und Fremdenpolizei und über den Gewerbebetrieb, einschließlich des Versicherungswesens, soweit diese Gegenstände nicht schon durch den Artikel 3. dieser Verfassung erledigt sind, in Bayern jedoch mit Ausschluß der Heimaths- und Niederlassungs-Verhältnisse, desgleichen über die Kolonisation und die Auswanderung nach außerdeutschen Ländern;

2) die Zoll- und Handelsgesetzgebung und die für die Zwecke des Reichs zu verwendenden Steuern;

3) die Ordnung des Maaß-, Münz- und Gewichtssystems, nebst Feststellung der Grundsätze über die Emission von fundirtem und unfundirtem Papiergelde;

4) die allgemeinen Bestimmungen über das Bankwesen;

5) die Erfindungspatente;

6) der Schutz des geistigen Eigenthums;

7) Organisation eines gemeinsamen Schutzes des Deutschen Handels im Auslande, der Deutschen Schifffahrt und ihrer Flagge zur See und Anordnung gemeinsamer konsularischer Vertretung, welche vom Reiche ausgestattet wird;

8) das Eisenbahnwesen, in Bayern vorbehaltlich der Bestimmung im Artikel 46., und die Herstellung von Land- und Wasserstraßen im Interesse der Landesvertheidigung und des allgemeinen Verkehrs;

9) der Flößerei- und Schiffahrtsbetrieb auf den mehreren Staaten gemeinsamen Wasserstraßen und der Zustand der letzteren, sowie die Fluß- und sonstigen Wasserzölle; desgleichen die Seeschifffahrtszeichen (Leuchtfeuer, Tonnen, Baken und sonstige Tagesmarken);

10) das Post- und Telegraphenwesen, jedoch in Bayern und Württemberg nur nach Maßgabe der Bestimmung im Artikel 52.;

11) Bestimmungen über die wechselseitige Vollstreckung von Erkenntnissen in Civilsachen und Erledigung von Requisitionen überhaupt;

12) sowie über die Beglaubigung von öffentlichen Urkunden;

13) die gemeinsame Gesetzgebung über das gesammte bürgerliche Recht, das Strafrecht und das gerichtliche Verfahren;

14) das Militairwesen des Reichs und die Kriegsmarine;

15) Maßregeln der Medizinal- und Veterinairpolizei;

16) die Bestimmungen über die Presse und das Vereinswesen.

Artikel 5.

Die Reichsgesetzgebung wird ausgeübt durch den Bundesrath und den Reichstag. Die Uebereinstimmung der Mehrheitsbeschlüsse beider Versammlungen ist zu einem Reichsgesetze erforderlich und ausreichend.

Bei Gesetzesvorschlägen über das Militairwesen, die Kriegsmarine und die im Artikel 35. bezeichneten Abgaben giebt, wenn im Bundesrathe eine Meinungsverschiedenheit stattfindet, die Stimme des Präsidiums den Ausschlag, wenn sie sich für die Aufrechthaltung der bestehenden Einrichtungen ausspricht.

III. Bundesrath.

Artikel 6.

Der Bundesrath besteht aus den Vertretern der Mitglieder des Bundes, unter welchen die Stimmführung sich in der Weise vertheilt, daß Preußen mit den ehemaligen Stimmen von

Hannover, Kurhessen, Holstein, Nassau und Frankfurt	17	Stimmen
führt, Bayern	6	"
Sachsen	4	"
Württemberg	4	"
Baden	3	"
Hessen	3	"
Mecklenburg-Schwerin	2	"
Sachsen-Weimar	1	"
Mecklenburg-Strelitz	1	"
Oldenburg	1	"
Braunschweig	2	"
Sachsen-Meiningen	1	"
Sachsen-Altenburg	1	"
Sachsen-Koburg-Gotha	1	"
Anhalt	1	"
Schwarzburg-Rudolstadt	1	"
Schwarzburg-Sondershausen	1	"
Waldeck	1	"
Reuß älterer Linie	1	"
Reuß jüngerer Linie	1	"
Schaumburg-Lippe	1	"
Lippe	1	"
Lübeck	1	"
Bremen	1	"
Hamburg	1	"
zusammen	58	Stimmen.

Jedes Mitglied des Bundes kann so viel Bevollmächtigte zum Bundesrathe ernennen, wie es Stimmen hat, doch kann die Gesammtheit der zuständigen Stimmen nur einheitlich abgegeben werden.

Artikel 7.

Der Bundesrath beschließt:

1) über die dem Reichstage zu machenden Vorlagen und die von demselben gefaßten Beschlüsse;
2) über die zur Ausführung der Reichsgesetze erforderlichen allgemeinen Verwaltungsvorschriften und Einrichtungen, sofern nicht durch Reichsgesetz etwas Anderes bestimmt ist;
3) über Mängel, welche bei der Ausführung der Reichsgesetze oder der vorstehend erwähnten Vorschriften oder Einrichtungen hervortreten.

Jedes Bundesglied ist befugt, Vorschläge zu machen und in Vortrag zu bringen, und das Präsidium ist verpflichtet, dieselben der Berathung zu übergeben.

Die Beschlußfassung erfolgt, vorbehaltlich der Bestimmungen in den Artikeln 5. 37. und 78., mit einfacher Mehrheit. Nicht vertretene oder nicht instruirte Stimmen werden nicht gezählt. Bei Stimmengleichheit giebt die Präsidialstimme den Ausschlag.

Bei der Beschlußfassung über eine Angelegenheit, welche nach den Bestimmungen dieser Verfassung nicht dem ganzen Reiche gemeinschaftlich ist, werden die Stimmen nur derjenigen Bundesstaaten gezählt, welchen die Angelegenheit gemeinschaftlich ist.

Artikel 8.

Der Bundesrath bildet aus seiner Mitte dauernde Ausschüsse

1) für das Landheer und die Festungen;
2) für das Seewesen;
3) für Zoll- und Steuerwesen;
4) für Handel und Verkehr;
5) für Eisenbahnen, Post und Telegraphen;

6) für Justizwesen;
7) für Rechnungswesen.

In jedem dieser Ausschüsse werden außer dem Präsidium mindestens vier Bundesstaaten vertreten sein, und führt innerhalb derselben jeder Staat nur Eine Stimme. In dem Ausschuß für das Landheer und die Festungen hat Bayern einen ständigen Sitz, die übrigen Mitglieder desselben, sowie die Mitglieder des Ausschusses für das Seewesen werden vom Kaiser ernannt; die Mitglieder der anderen Ausschüsse werden von dem Bundesrathe gewählt. Die Zusammensetzung dieser Ausschüsse ist für jede Session des Bundesrathes resp. mit jedem Jahre zu erneuern, wobei die ausscheidenden Mitglieder wieder wählbar sind.

Außerdem wird im Bundesrathe aus den Bevollmächtigten der Königreiche Bayern, Sachsen und Württemberg und zwei, vom Bundesrathe alljährlich zu wählenden Bevollmächtigten anderer Bundesstaaten ein Ausschuß für die auswärtigen Angelegenheiten gebildet, in welchem Bayern den Vorsitz führt.

Den Ausschüssen werden die zu ihren Arbeiten nöthigen Beamten zur Verfügung gestellt.

Artikel 9.

Jedes Mitglied des Bundesrathes hat das Recht, im Reichstage zu erscheinen und muß daselbst auf Verlangen jederzeit gehört werden, um die Ansichten seiner Regierung zu vertreten, auch dann, wenn dieselben von der Majorität des Bundesrathes nicht adoptirt worden sind. Niemand kann gleichzeitig Mitglied des Bundesrathes und des Reichstages sein.

Artikel 10.

Dem Kaiser liegt es ob, den Mitgliedern des Bundesrathes den üblichen diplomatischen Schutz zu gewähren.

IV. Präsidium.

Artikel 11.

Das Präsidium des Bundes steht dem Könige von Preußen zu, welcher den Namen Deutscher Kaiser führt. Der Kaiser hat das Reich völkerrechtlich zu vertreten, im Namen des Reichs Krieg zu erklären und Frieden zu schließen, Bündnisse und andere Verträge mit fremden Staaten einzugehen, Gesandte zu beglaubigen und zu empfangen.

Zur Erklärung des Krieges im Namen des Reichs ist die Zustimmung des Bundesrathes erforderlich, es sei denn, daß ein Angriff auf das Bundesgebiet oder dessen Küsten erfolgt.

Insoweit die Verträge mit fremden Staaten sich auf solche Gegenstände beziehen, welche nach Artikel 4. in den Bereich der Reichsgesetzgebung gehören, ist zu ihrem Abschluß die Zustimmung des Bundesrathes und zu ihrer Gültigkeit die Genehmigung des Reichstages erforderlich.

Artikel 12.

Dem Kaiser steht es zu, den Bundesrath und den Reichstag zu berufen, zu eröffnen, zu vertagen und zu schließen.

Artikel 13.

Die Berufung des Bundesrathes und des Reichstages findet alljährlich statt und kann der Bundesrath zur Vorbereitung der Arbeiten ohne den Reichstag, letzterer aber nicht ohne den Bundesrath berufen werden.

Artikel 14.

Die Berufung des Bundesrathes muß erfolgen, sobald sie von einem Drittel der Stimmenzahl verlangt wird.

Artikel 15.

Der Vorsitz im Bundesrathe und die Leitung der Geschäfte steht dem Reichskanzler zu, welcher vom Kaiser zu ernennen ist.

Der Reichskanzler kann sich durch jedes andere Mitglied des Bundesrathes vermöge schriftlicher Substitution vertreten lassen.

Artikel 16.

Die erforderlichen Vorlagen werden nach Maßgabe der Beschlüsse des Bundesrathes im Namen des Kaisers an den Reichstag gebracht, wo sie durch Mitglieder des Bundesrathes oder durch besondere von letzterem zu ernennende Kommissarien vertreten werden.

Artikel 17.

Dem Kaiser steht die Ausfertigung und Verkündigung der Reichsgesetze und die Ueberwachung der Ausführung derselben zu. Die Anordnungen und Verfügungen des Kaisers werden im Namen des Reichs erlassen und bedürfen zu ihrer Gültigkeit der Gegenzeichnung des Reichskanzlers, welcher dadurch die Verantwortlichkeit übernimmt.

Artikel 18.

Der Kaiser ernennt die Reichsbeamten, läßt dieselben für das Reich vereidigen und verfügt erforderlichen Falles deren Entlassung.

Den zu einem Reichsamte berufenen Beamten eines Bundesstaates stehen, sofern nicht vor ihrem Eintritt in den Reichsdienst im Wege der Reichsgesetzgebung etwas Anderes bestimmt ist, dem Reiche gegenüber diejenigen Rechte zu, welche ihnen in ihrem Heimathslande aus ihrer dienstlichen Stellung zugestanden hatten.

Artikel 19.

Wenn Bundesglieder ihre verfassungsmäßigen Bundespflichten nicht erfüllen, können sie dazu im Wege der Exekution angehalten werden. Diese Exekution ist vom Bundesrathe zu beschließen und vom Kaiser zu vollstrecken.

V. Reichstag.

Artikel 20.

Der Reichstag geht aus allgemeinen und direkten Wahlen mit geheimer Abstimmung hervor.

Bis zu der gesetzlichen Regelung, welche im §. 5. des Wahlgesetzes vom 31. Mai 1869. (Bundesgesetzbl. 1869. S. 145.) vorbehalten ist, werden in Bayern 48, in Württemberg 17, in Baden 14, in Hessen südlich des Main 6, in Elsaß-Lothringen 15 Abgeordnete gewählt, und beträgt demnach die Gesammtzahl der Abgeordneten 397.

Artikel 21.

Beamte bedürfen keines Urlaubs zum Eintritt in den Reichstag.

Wenn ein Mitglied des Reichstages ein besoldetes Reichsamt oder in einem Bundesstaat ein besoldetes Staatsamt annimmt oder im Reichs- oder Staatsdienste in ein Amt eintritt, mit welchem ein höherer Rang oder ein höheres Gehalt verbunden ist, so verliert es Sitz und Stimme in dem Reichstag und kann seine Stelle in demselben nur durch neue Wahl wieder erlangen.

Artikel 22.

Die Verhandlungen des Reichstages sind öffentlich.

Wahrheitsgetreue Berichte über Verhandlungen in den öffentlichen Sitzungen des Reichstages bleiben von jeder Verantwortlichkeit frei.

Artikel 23.

Der Reichstag hat das Recht, innerhalb der Kompetenz des Reichs Gesetze vorzuschlagen und an ihn gerichtete Petitionen dem Bundesrathe resp. Reichskanzler zu überweisen.

Artikel 24.

Die Legislaturperiode des Reichstages dauert fünf Jahre. Zur Auflösung des Reichstages während derselben ist ein

Beschluß des Bundesrathes unter Zustimmung des Kaisers erforderlich.

Artikel 25.

Im Falle der Auflösung des Reichstages müssen innerhalb eines Zeitraumes von 60 Tagen nach derselben die Wähler und innerhalb eines Zeitraumes von 90 Tagen nach der Auflösung der Reichstag versammelt werden.

Artikel 26.

Ohne Zustimmung des Reichstages darf die Vertagung desselben die Frist von 30 Tagen nicht übersteigen und während derselben Session nicht wiederholt werden.

Artikel 27.

Der Reichstag prüft die Legitimation seiner Mitglieder und entscheidet darüber. Er regelt seinen Geschäftsgang und seine Disziplin durch eine Geschäfts-Ordnung und erwählt seinen Präsidenten, seine Vizepräsidenten und Schriftführer.

Artikel 28.

Der Reichstag beschließt nach absoluter Stimmenmehrheit. Zur Gültigkeit der Beschlußfassung ist die Anwesenheit der Mehrheit der gesetzlichen Anzahl der Mitglieder erforderlich.

Artikel 29.

Die Mitglieder des Reichstages sind Vertreter des gesammten Volkes und an Aufträge und Instruktionen nicht gebunden.

Artikel 30.

Kein Mitglied des Reichstages darf zu irgend einer Zeit wegen seiner Abstimmung oder wegen der in Ausübung seines Berufes gethanen Aeußerungen gerichtlich oder disziplinarisch verfolgt oder sonst außerhalb der Versammlung zur Verantwortung gezogen werden.

Artikel 31.

Ohne Genehmigung des Reichstages kann kein Mitglied desselben während der Sitzungsperiode wegen einer mit Strafe bedrohten Handlung zur Untersuchung gezogen oder verhaftet werden, außer wenn es bei Ausübung der That oder im Laufe des nächstfolgenden Tages ergriffen wird.

Gleiche Genehmigung ist bei einer Verhaftung wegen Schulden erforderlich.

Auf Verlangen des Reichstages wird jedes Strafverfahren gegen ein Mitglied desselben und jede Untersuchungs- oder Civilhaft für die Dauer der Sitzungsperiode aufgehoben.

Artikel 32.

Die Mitglieder des Reichstages dürfen als solche keine Besoldung oder Entschädigung beziehen.

VI. Zoll- und Handelswesen.

Artikel 33.

Deutschland bildet ein Zoll- und Handelsgebiet, umgeben von gemeinschaftlicher Zollgrenze. Ausgeschlossen bleiben die wegen ihrer Lage zur Einschließung in die Zollgrenze nicht geeigneten einzelnen Gebietstheile.

Alle Gegenstände, welche im freien Verkehr eines Bundesstaates befindlich sind, können in jeden anderen Bundesstaat eingeführt und dürfen in letzterem einer Abgabe nur insoweit unterworfen werden, als daselbst gleichartige inländische Erzeugnisse einer inneren Steuer unterliegen.

Artikel 34.

Die Hansestädte Bremen und Hamburg mit einem dem Zweck entsprechenden Bezirke ihres oder des umliegenden Gebietes bleiben als Freihäfen außerhalb der gemeinschaftlichen Zollgrenze, bis sie ihren Einschluß in dieselbe beantragen.

Artikel 35.

Das Reich ausschließlich hat die Gesetzgebung über das gesammte Zollwesen, über die Besteuerung des im Bundesgebiete gewonnenen Salzes und Tabacks, bereiteten Branntweins und Bieres und aus Rüben oder anderen inländischen Erzeugnissen dargestellten Zuckers und Syrups, über den gegenseitigen Schutz der in den einzelnen Bundesstaaten erhobenen Verbrauchsabgaben gegen Hinterziehungen, sowie über die Maßregeln, welche in den Zollausschlüssen zur Sicherung der gemeinsamen Zollgrenze erforderlich sind.

In Bayern, Württemberg und Baden bleibt die Besteuerung des inländischen Branntweins und Bieres der Landesgesetzgebung vorbehalten. Die Bundesstaaten werden jedoch ihr Bestreben darauf richten, eine Uebereinstimmung der Gesetzgebung über die Besteuerung auch dieser Gegenstände herbeizuführen.

Artikel 36.

Die Erhebung und Verwaltung der Zölle und Verbrauchssteuern (Art. 35.) bleibt jedem Bundesstaate, soweit derselbe sie bisher ausgeübt hat, innerhalb seines Gebietes überlassen.

Der Kaiser überwacht die Einhaltung des gesetzlichen Verfahrens durch Reichsbeamte, welche er den Zoll- oder Steuerämtern und den Direktivbehörden der einzelnen Staaten, nach Vernehmung des Ausschusses des Bundesrathes für Zoll- und Steuerwesen, beiordnet.

Die von diesen Beamten über Mängel bei der Ausführung der gemeinschaftlichen Gesetzgebung (Art. 35.) gemachten Anzeigen werden dem Bundesrathe zur Beschlußnahme vorgelegt.

Artikel 37.

Bei der Beschlußnahme über die zur Ausführung der gemeinschaftlichen Gesetzgebung (Art. 35.) dienenden Verwaltungsvorschriften und Einrichtungen giebt die Stimme des Präsidiums alsdann den Ausschlag, wenn sie sich für Aufrechthaltung der bestehenden Vorschrift oder Einrichtung ausspricht.

Artikel 38.

Der Ertrag der Zölle und der anderen in Artikel 35. bezeichneten Abgaben, letzterer soweit sie der Reichsgesetzgebung unterliegen, fließt in die Reichskasse.

Dieser Ertrag besteht aus der gesammten von den Zöllen und den übrigen Abgaben aufgekommenen Einnahme nach Abzug:

1) der auf Gesetzen oder allgemeinen Verwaltungsvorschriften beruhenden Steuervergütungen und Ermäßigungen,
2) der Rückerstattungen für unrichtige Erhebungen,
3) der Erhebungs- und Verwaltungskosten, und zwar:
   a) bei den Zöllen der Kosten, welche an den gegen das Ausland gelegenen Grenzen und in dem Grenzbezirke für den Schutz und die Erhebung der Zölle erforderlich sind,
   b) bei der Salzsteuer der Kosten, welche zur Besoldung der mit Erhebung und Kontrolirung dieser Steuer auf den Salzwerken beauftragten Beamten aufgewendet werden,
   c) bei der Rübenzuckersteuer und Tabacksteuer der Vergütung, welche nach den jeweiligen Beschlüssen des Bundesrathes den einzelnen Bundesregierungen für die Kosten der Verwaltung dieser Steuern zu gewähren ist,
   d) bei den übrigen Steuern mit funfzehn Prozent der Gesammteinnahme.

Die außerhalb der gemeinschaftlichen Zollgrenze liegenden Gebiete tragen zu den Ausgaben des Reichs durch Zahlung eines Aversums bei.

Bayern, Württemberg und Baden haben an dem in die Reichskasse fließenden Ertrage der Steuern von Branntwein und Bier und an dem diesem Ertrage entsprechenden Theile des vorstehend erwähnten Aversums keinen Theil.

Artikel 39.

Die von den Erhebungsbehörden der Bundesstaaten nach Ablauf eines jeden Vierteljahres aufzustellenden Quartal-Extrakte und die nach dem Jahres- und Bücherschlusse aufzustellenden Finalabschlüsse über die im Laufe des Vierteljahres beziehungsweise während des Rechnungsjahres fällig gewordenen Einnahmen an Zöllen und nach Artikel 38. zur Reichskasse fließenden Verbrauchsabgaben werden von den Direktivbehörden der Bundesstaaten, nach vorangegangener Prüfung, in Hauptübersichten zusammengestellt, in welchen jede Abgabe gesondert nachzuweisen ist, und es werden diese Uebersichten an den Ausschuß des Bundesrathes für das Rechnungswesen eingesandt.

Der letztere stellt auf Grund dieser Uebersichten von drei zu drei Monaten den von der Kasse jedes Bundesstaates der Reichskasse schuldigen Betrag vorläufig fest und setzt von dieser Feststellung den Bundesrath und die Bundesstaaten in Kenntniß, legt auch alljährlich die schließliche Feststellung jener Beträge mit seinen Bemerkungen dem Bundesrathe vor. Der Bundesrath beschließt über diese Feststellung.

Artikel 40.

Die Bestimmungen in dem Zollvereinigungsvertrage vom 8. Juli 1867. bleiben in Kraft, soweit sie nicht durch die Vorschriften dieser Verfassung abgeändert sind und so lange sie nicht auf dem im Artikel 7., beziehungsweise 78. bezeichneten Wege abgeändert werden.

VII. Eisenbahnwesen.

Artikel 41.

Eisenbahnen, welche im Interesse der Vertheidigung Deutschlands oder im Interesse des gemeinsamen Verkehrs für nothwendig erachtet werden, können kraft eines Reichsgesetzes auch gegen den Widerspruch der Bundesglieder, deren Gebiet die Eisenbahnen durchschneiden, unbeschadet der Landeshoheitsrechte, für Rechnung des Reichs angelegt oder an Privatunternehmer zur Ausführung konzessionirt und mit dem Expropriationsrechte ausgestattet werden.

Jede bestehende Eisenbahnverwaltung ist verpflichtet, sich den Anschluß neu angelegter Eisenbahnen auf Kosten der letzteren gefallen zu lassen.

Die gesetzlichen Bestimmungen, welche bestehenden Eisenbahn-Unternehmungen ein Widerspruchsrecht gegen die Anlegung von Parallel- oder Konkurrenzbahnen einräumen, werden, unbeschadet bereits erworbener Rechte, für das ganze Reich hierdurch aufgehoben. Ein solches Widerspruchsrecht kann auch in den künftig zu ertheilenden Konzessionen nicht weiter verliehen werden.

Artikel 42.

Die Bundesregierungen verpflichten sich, die Deutschen Eisenbahnen im Interesse des allgemeinen Verkehrs wie ein einheitliches Netz verwalten und zu diesem Behuf auch die neu herzustellenden Bahnen nach einheitlichen Normen anlegen und ausrüsten zu lassen.

Artikel 43.

Es sollen demgemäß in thunlichster Beschleunigung übereinstimmende Betriebseinrichtungen getroffen, insbesondere gleiche Bahnpolizei-Reglements eingeführt werden. Das Reich hat dafür Sorge zu tragen, daß die Eisenbahnverwaltungen die Bahnen jederzeit in einem die nöthige Sicherheit gewährenden baulichen Zustande erhalten und dieselben mit Betriebsmaterial so ausrüsten, wie das Verkehrsbedürfniß es erheischt.

Artikel 44.

Die Eisenbahnverwaltungen sind verpflichtet, die für den durchgehenden Verkehr und zur Herstellung ineinander greifender Fahrpläne nöthigen Personenzüge mit entsprechender Fahrgeschwindigkeit, desgleichen die zur Bewältigung des Güterverkehrs nöthigen Güterzüge einzuführen, auch direkte Expeditionen im Personen- und Güterverkehr, unter Gestattung des Ueberganges der Transportmittel von einer Bahn auf die andere, gegen die übliche Vergütung einzurichten.

Artikel 45.

Dem Reiche steht die Kontrole über das Tarifwesen zu. Dasselbe wird namentlich dahin wirken:

1) daß baldigst auf allen Deutschen Eisenbahnen übereinstimmende Betriebsreglements eingeführt werden;
2) daß die möglichste Gleichmäßigkeit und Herabsetzung der Tarife erzielt, insbesondere, daß bei größeren Entfernungen für den Transport von Kohlen, Koaks, Holz, Erzen, Steinen, Salz, Roheisen, Düngungsmitteln und ähnlichen Gegenständen ein dem Bedürfniß der Landwirthschaft und Industrie entspechender ermäßigter Tarif, und zwar zunächst thunlichst der Einpfennig-Tarif eingeführt werde.

Artikel 46.

Bei eintretenden Nothständen, insbesondere bei ungewöhnlicher Theuerung der Lebensmittel, sind die Eisenbahnverwaltungen verpflichtet, für den Transport, namentlich von Getreide, Mehl, Hülsenfrüchten und Kartoffeln, zeitweise einen dem Bedürfniß entsprechenden, von dem Kaiser auf Vorschlag des betreffenden Bundesraths-Ausschusses festzustellenden, niedrigen Spezialtarif einzuführen, welcher jedoch nicht unter den niedrigsten auf der betreffenden Bahn für Rohprodukte geltenden Satz herabgehen darf.

Die vorstehend, sowie die in den Artikeln 42. bis 45. getroffenen Bestimmungen sind auf Bayern nicht anwendbar.

Dem Reiche steht jedoch auch Bayern gegenüber das Recht zu, im Wege der Gesetzgebung einheitliche Normen für die Konstruktion und Ausrüstung der für die Landesvertheidigung wichtigen Eisenbahnen aufzustellen.

Artikel 47.

Den Anforderungen der Behörden des Reichs in Betreff der Benutzung der Eisenbahnen zum Zweck der Vertheidigung Deutschlands haben sämmtliche Eisenbahnverwaltungen unweigerlich Folge zu leisten. Insbesondere ist das Militair und alles Kriegsmaterial zu gleichen ermäßigten Sätzen zu befördern.

VIII. Post- und Telegraphenwesen.

Artikel 48.

Das Postwesen und das Telegraphenwesen werden für das gesammte Gebiet des Deutschen Reichs als einheitliche Staatsverkehrs-Anstalten eingerichtet und verwaltet.

Die im Artikel 4. vorgesehene Gesetzgebung des Reichs in Post- und Telegraphen-Angelegenheiten erstreckt sich nicht auf diejenigen Gegenstände, deren Regelung nach den in der Norddeutschen Post- und Telegraphen-Verwaltung maßgebend gewesenen Grundsätzen der reglementarischen Festsetzung oder administrativen Anordnung überlassen ist.

Artikel 49.

Die Einnahmen des Post- und Telegraphenwesens sind für das ganze Reich gemeinschaftlich. Die Ausgaben werden aus den gemeinschaftlichen Einnahmen bestritten. Die Ueberschüsse fließen in die Reichskasse (Abschnitt XII.).

Artikel 50.

Dem Kaiser gehört die obere Leitung der Post- und Telegraphenverwaltung an. Die von ihm bestellten Behörden haben die Pflicht und das Recht, dafür zu sorgen, daß Einheit in der Organisation der Verwaltung und im Betriebe des Dienstes, sowie in der Qualifikation der Beamten hergestellt und erhalten wird.

Dem Kaiser steht der Erlaß der reglementarischen Festsetzungen und allgemeinen administrativen Anordnungen, sowie die ausschließliche Wahrnehmung der Beziehungen zu anderen Post- und Telegraphenverwaltungen zu.

Sämmtliche Beamte der Post- und Telegraphenverwaltung sind verpflichtet, den Kaiserlichen Anordnungen Folge zu leisten. Diese Verpflichtung ist in den Diensteid aufzunehmen.

Die Anstellung der bei den Verwaltungsbehörden der Post und Telegraphie in den verschiedenen Bezirken erforderlichen oberen Beamten (z. B. der Direktoren, Räthe, Ober-Inspektoren), ferner die Anstellung der zur Wahrnehmung des Aufsichts- u. s. w. Dienstes in den einzelnen Bezirken als Organe der erwähnten Behörden fungirenden Post- und Telegraphenbeamten (z. B. Inspektoren, Kontroleure) geht für das ganze Gebiet des Deutschen Reichs vom Kaiser aus, welchem diese Beamten den Diensteid leisten. Den einzelnen Landesregierungen wird von den in Rede stehenden Ernennungen, soweit dieselben ihre Gebiete betreffen, Behufs der landesherrlichen Bestätigung und Publikation rechtzeitig Mittheilung gemacht werden.

Die anderen bei den Verwaltungsbehörden der Post und Telegraphie erforderlichen Beamten, sowie alle für den lokalen und technischen Betrieb bestimmten, mithin bei den eigentlichen Betriebsstellen fungirenden Beamten u. s. w. werden von den betreffenden Landesregierungen angestellt.

Wo eine selbstständige Landespost- resp. Telegraphenverwaltung nicht besteht, entscheiden die Bestimmungen der besonderen Verträge.

Artikel 51.

Bei Ueberweisung des Ueberschusses der Postverwaltung für allgemeine Reichszwecke (Art. 49.) soll, in Betracht der bisherigen Verschiedenheit der von den Landes-Postverwaltungen der einzelnen Gebiete erzielten Reineinnahmen, zum Zwecke einer entsprechenden Ausgleichung während der unten festgesetzten Uebergangszeit folgendes Verfahren beobachtet werden.

Aus den Postüberschüssen, welche in den einzelnen Postbezirken während der fünf Jahre 1861. bis 1865. aufgekommen sind, wird ein durchschnittlicher Jahresüberschuß berechnet, und der Antheil, welchen jeder einzelne Postbezirk an dem für das gesammte Gebiet des Reichs sich darnach herausstellenden Postüberschusse gehabt hat, nach Prozenten festgestellt.

Nach Maßgabe des auf diese Weise festgestellten Verhältnisses werden den einzelnen Staaten während der auf ihren Eintritt in die Reichs-Postverwaltung folgenden acht Jahre die sich für sie aus den im Reiche aufkommenden Postüberschüssen ergebenden Quoten auf ihre sonstigen Beiträge zu Reichszwecken zu Gute gerechnet.

Nach Ablauf der acht Jahre hört jene Unterscheidung auf, und fließen die Postüberschüsse in ungetheilter Aufrechnung nach dem im Artikel 49. enthaltenen Grundsatz der Reichskasse zu.

Von der während der vorgedachten acht Jahre für die Hansestädte sich herausstellenden Quote des Postüberschusses wird alljährlich vorweg die Hälfte dem Kaiser zur Disposition gestellt zu dem Zwecke, daraus zunächst die Kosten für die Herstellung normaler Posteinrichtungen in den Hansestädten zu bestreiten.

Artikel 52.

Die Bestimmungen in den vorstehenden Artikeln 48. bis 51. finden auf Bayern und Württemberg keine Anwendung. An ihrer Stelle gelten für beide Bundesstaaten folgende Bestimmungen.

Dem Reiche ausschließlich steht die Gesetzgebung über die Vorrechte der Post und Telegraphie, über die rechtlichen Verhältnisse beider Anstalten zum Publikum, über die Portofreiheiten und das Posttaxwesen, jedoch ausschließlich der reglementarischen und Tarif-Bestimmungen für den internen Verkehr innerhalb Bayerns, beziehungsweise Württembergs, sowie, unter gleicher Beschränkung, die Feststellung der Gebühren für die telegraphische Korrespondenz zu.

Ebenso steht dem Reiche die Regelung des Post- und Telegraphenverkehrs mit dem Auslande zu, ausgenommen den eigenen unmittelbaren Verkehr Bayerns, beziehungsweise Württembergs mit seinen dem Reiche nicht angehörenden Nachbarstaaten, wegen dessen Regelung es bei der Bestimmung im Artikel 49. des Postvertrages vom 23. November 1867. bewendet.

An den zur Reichskasse fließenden Einnahmen des Post- und Telegraphenwesens haben Bayern und Württemberg keinen Theil.

IX. Marine und Schiffahrt.

Artikel 53.

Die Kriegsmarine des Reichs ist eine einheitliche unter dem Oberbefehl des Kaisers. Die Organisation und Zusammensetzung derselben liegt dem Kaiser ob, welcher die Offiziere und Beamten der Marine ernennt, und für welchen dieselben nebst den Mannschaften eidlich in Pflicht zu nehmen sind.

Der Kieler Hafen und der Jadehafen sind Reichskriegshäfen.

Der zur Gründung und Erhaltung der Kriegsflotte und der damit zusammenhängenden Anstalten erforderliche Aufwand wird aus der Reichskasse bestritten.

Die gesammte seemännische Bevölkerung des Reichs, einschließlich des Maschinenpersonals und der Schiffshandwerker, ist vom Dienste im Landheere befreit, dagegen zum Dienste in der Kaiserlichen Marine verpflichtet.

Artikel 54.

Die Kauffahrteischiffe aller Bundesstaaten bilden eine einheitliche Handelsmarine.

Das Reich hat das Verfahren zur Ermittelung der Ladungsfähigkeit der Seeschiffe zu bestimmen, die Ausstellung der Meßbriefe, sowie der Schiffscertifikate zu regeln und die Bedingungen festzustellen, von welchen die Erlaubniß zur Führung eines Seeschiffes abhängig ist.

In den Seehäfen und auf allen natürlichen und künstlichen Wasserstraßen der einzelnen Bundesstaaten werden die Kauffahrteischiffe sämmtlicher Bundesstaaten gleichmäßig zugelassen und behandelt. Die Abgaben, welche in den Seehäfen von den Seeschiffen oder deren Ladungen für die Benutzung der Schiffahrtsanstalten erhoben werden, dürfen die zur Unterhaltung und gewöhnlichen Herstellung dieser Anstalten erforderlichen Kosten nicht übersteigen.

Auf allen natürlichen Wasserstraßen dürfen Abgaben nur für die Benutzung besonderer Anstalten, die zur Erleichterung des Verkehrs bestimmt sind, erhoben werden. Diese Abgaben, sowie die Abgaben für die Befahrung solcher künstlichen Wasserstraßen, welche Staatseigenthum sind, dürfen die zur Unterhaltung und gewöhnlichen Herstellung der Anstalten und Anlagen erforderlichen Kosten nicht übersteigen. Auf die Flößerei finden diese Bestimmungen insoweit Anwendung, als dieselbe auf schiffbaren Wasserstraßen betrieben wird.

Auf fremde Schiffe oder deren Ladungen andere oder höhere Abgaben zu legen, als von den Schiffen der Bundesstaaten oder deren Ladungen zu entrichten sind, steht keinem Einzelstaate, sondern nur dem Reiche zu.

Artikel 55.

Die Flagge der Kriegs- und Handelsmarine ist schwarz-weiß-roth.

X. Konsulatwesen.

Artikel 56.

Das gesammte Konsulatwesen des Deutschen Reichs steht unter der Aufsicht des Kaisers, welcher die Konsuln, nach Vernehmung des Ausschusses des Bundesrathes für Handel und Verkehr, anstellt.

In dem Amtsbezirk der Deutschen Konsuln dürfen neue Landeskonsulate nicht errichtet werden. Die Deutschen Konsuln üben für die in ihrem Bezirk nicht vertretenen Bundesstaaten die Funktionen eines Landeskonsuls aus. Die sämmtlichen bestehenden Landeskonsulate werden aufgehoben, sobald die Organisation der Deutschen Konsulate dergestalt vollendet ist, daß die Vertretung der Einzelinteressen aller Bundesstaaten als durch die Deutschen Konsulate gesichert von dem Bundesrathe anerkannt wird.

XI. Reichskriegswesen.

Artikel 57.

Jeder Deutsche ist wehrpflichtig und kann sich in Ausübung dieser Pflicht nicht vertreten lassen.

Artikel 58.

Die Kosten und Lasten des gesammten Kriegswesens des Reichs sind von allen Bundesstaaten und ihren Angehörigen gleichmäßig zu tragen, so daß weder Bevorzugungen, nach Prägravationen einzelner Staaten oder Klassen grundsätzlich zulässig sind. Wo die gleiche Vertheilung der Lasten sich in natura nicht herstellen läßt, ohne die öffentliche Wohlfahrt zu schädigen, ist die Ausgleichung nach den Grundsätzen der Gerechtigkeit im Wege der Gesetzgebung festzustellen.

Artikel 59.

Jeder wehrfähige Deutsche gehört sieben Jahre lang, in der Regel vom vollendeten zwanzigsten bis zum beginnenden achtundzwanzigsten Lebensjahre, dem stehenden Heere — und zwar die ersten drei Jahre bei den Fahnen, die letzten vier Jahre in der Reserve —, die folgenden fünf Lebensjahre der Landwehr ersten Aufgebots und sodann bis zum 31. März desjenigen Kalenderjahres, in welchem das neununddreißigste Lebensjahr vollendet wird der Landwehr zweiten Aufgebots an. In denjenigen Bundesstaaten, in denen bisher eine längere als zwölfjährige Gesammtdienstzeit gesetzlich war, findet die allmählige Herabsetzung der Verpflichtung nur in dem Maaße statt, als dies die Rücksicht auf die Kriegsbereitschaft des Reichsheeres zuläßt.

In Bezug auf die Auswanderung der Reservisten sollen lediglich diejenigen Bestimmungen maßgebend sein, welche für die Auswanderung der Landwehrmänner gelten.

Artikel 60.

Die Friedens-Präsenzstärke des Deutschen Heeres wird bis zum 31. Dezember 1871. auf Ein Prozent der Bevölkerung von 1867. normirt, und wird pro rata derselben von den einzelnen Bundesstaaten gestellt. Für die spätere Zeit wird die Friedens-Präsenzstärke des Heeres im Wege der Reichsgesetzgebung festgestellt.

Artikel 61.

Nach Publikation dieser Verfassung ist in dem ganzen Reiche die gesammte Preußische Militairgesetzgebung ungesäumt einzuführen, sowohl die Gesetze selbst, als die zu ihrer Ausführung, Erläuterung oder Ergänzung erlassenen Reglements, Instruktionen und Reskripte, namentlich also das Militair-Strafgesetzbuch vom 3. April 1845., die Militair-Strafgerichtsordnung vom 3. April 1845., die Verordnung über die Ehrengerichte vom 20. Juli 1843., die Bestimmungen über Aushebung, Dienstzeit, Servis- und Verpflegungswesen, Einquartierung, Ersatz von Flurbeschädigungen, Mobilmachung u. s. w. für Krieg und Frieden. Die Militair-Kirchenordnung ist jedoch ausgeschlossen.

Nach gleichmäßiger Durchführung der Kriegsorganisation des Deutschen Heeres wird ein umfassendes Reichs-Militairgesetz dem Reichstage und dem Bundesrathe zur verfassungsmäßigen Beschlußfassung vorgelegt werden.

Artikel 62.

Zur Bestreitung des Aufwandes für das gesammte Deutsche Heer und die zu demselben gehörigen Einrichtungen sind bis zum 31. Dezember 1871. dem Kaiser jährlich sovielmal 225 Thaler, in Worten zweihundert fünf und zwanzig Thaler, als die Kopfzahl der Friedensstärke des Heeres nach Artikel 60. beträgt, zur Verfügung zu stellen. Vergl. Abschnitt XII.

Nach dem 31. Dezember 1871. müssen diese Beiträge von den einzelnen Staaten des Bundes zur Reichskasse fortgezahlt werden. Zur Berechnung derselben wird die im Artikel 60. interimistisch festgestellte Friedens-Präsenzstärke so lange festgehalten, bis sie durch ein Reichsgesetz abgeändert ist.

Die Verausgabung dieser Summe für das gesammte Reichsheer und dessen Einrichtungen wird durch das Etatsgesetz festgestellt.

Bei der Feststellung des Militair-Ausgabe-Etats wird die auf Grundlage dieser Verfassung gesetzlich feststehende Organisation des Reichsheeres zu Grunde gelegt.

Artikel 63.

Die gesammte Landmacht des Reichs wird ein einheitliches Heer bilden, welches in Krieg und Frieden unter dem Befehle des Kaisers steht.

Die Regimenter ꝛc. führen fortlaufende Nummern durch das ganze Deutsche Heer. Für die Bekleidung sind die Grundfarben und der Schnitt der Königlich Preußischen Armee maßgebend. Dem betreffenden Kontingentsherrn bleibt es überlassen, die äußeren Abzeichen (Kokarden ꝛc.) zu bestimmen.

Der Kaiser hat die Pflicht und das Recht, dafür Sorge zu tragen, daß innerhalb des Deutschen Heeres alle Truppentheile vollzählig und kriegstüchtig vorhanden sind und daß Einheit in der Organisation und Formation, in Bewaffnung und Kommando, in der Ausbildung der Mannschaften, sowie in der Qualifikation der Offiziere hergestellt und erhalten wird. Zu diesem Behufe ist der Kaiser berechtigt, sich jederzeit durch Inspektionen von der Verfassung der einzelnen Kontingente zu überzeugen und die Abstellung der dabei vorgefundenen Mängel anzuordnen.

Der Kaiser bestimmt den Präsenzstand, die Gliederung und Eintheilung der Kontingente des Reichsheeres, sowie die Organisation der Landwehr, und hat das Recht, innerhalb des Bundesgebietes die Garnisonen zu bestimmen, sowie die kriegsbereite Aufstellung eines jeden Theils des Reichsheeres anzuordnen.

Behufs Erhaltung der unentbehrlichen Einheit in der Administration, Verpflegung, Bewaffnung und Ausrüstung aller Truppentheile des Deutschen Heeres sind die bezüglichen künftig ergehenden Anordnungen für die Preußische Armee den Kommandeuren der übrigen Kontingente, durch den Artikel 8. Nr. 1. bezeichneten Ausschuß für das Landheer und die Festungen, zur Nachachtung in geeigneter Weise mitzutheilen.

Artikel 64.

Alle Deutsche Truppen sind verpflichtet, den Befehlen des Kaisers unbedingte Folge zu leisten. Diese Verpflichtung ist in den Fahneneid aufzunehmen.

Der Höchstkommandirende eines Kontingents, sowie alle Offiziere, welche Truppen mehr als eines Kontingents befehligen, und alle Festungskommandanten werden von dem Kaiser ernannt. Die von Demselben ernannten Offiziere leisten Ihm den Fahneneid. Bei Generalen und den Generalstellungen versehenden Offizieren innerhalb des Kontingents ist die Ernennung von der jedesmaligen Zustimmung des Kaisers abhängig zu machen.

Der Kaiser ist berechtigt, Behufs Versetzung mit oder ohne Beförderung für die von Ihm im Reichsdienste, sei es im Preußischen Heere, oder in anderen Kontingenten zu besetzenden Stellen aus den Offizieren aller Kontingente des Reichsheeres zu wählen.

Artikel 65.

Das Recht, Festungen innerhalb des Bundesgebietes anzulegen, steht dem Kaiser zu, welcher die Bewilligung der dazu erforderlichen Mittel, soweit das Ordinarium sie nicht gewährt, nach Abschnitt XII. beantragt.

Artikel 66.

Wo nicht besondere Konventionen ein Anderes bestimmen, ernennen die Bundesfürsten, beziehentlich die Senate die Offiziere ihrer Kontingente, mit der Einschränkung des Artikels 64. Sie sind Chefs aller ihren Gebieten angehörenden Truppentheile und genießen die damit verbundenen Ehren. Sie haben namentlich das Recht der Inspizirung zu jeder Zeit und erhalten, außer den regelmäßigen Rapporten und Meldungen über vorkommende Veränderungen, Behufs der nöthigen landesherrlichen Publikation, rechtzeitige Mittheilung von den die betreffenden Truppentheile berührenden Avancements und Ernennungen.

Auch steht ihnen das Recht zu, zu polizeilichen Zwecken nicht blos ihre eigenen Truppen zu verwenden, sondern auch alle anderen Truppentheile des Reichsheeres, welche in ihren Ländergebieten dislocirt sind, zu requiriren.

Artikel 67.

Ersparnisse an dem Militair-Etat fallen unter keinen Umständen einer einzelnen Regierung, sondern jederzeit der Reichskasse zu.

Artikel 68.

Der Kaiser kann, wenn die öffentliche Sicherheit in dem Bundesgebiete bedroht ist, einen jeden Theil desselben in Kriegszustand erklären. Bis zum Erlaß eines die Voraussetzungen, die Form der Verkündigung und die Wirkungen einer solchen Erklärung regelnden Reichsgesetzes gelten dafür die Vorschriften des Preußischen Gesetzes vom 4. Juni 1851. (Gesetz-Samml. für 1851. S. 451 ff.).

Schlußbestimmung zum XI. Abschnitt.

Die in diesem Abschnitt enthaltenen Vorschriften kommen in Bayern nach näherer Bestimmung des Bündnißvertrages vom 23. November 1870. (Bundesgesetzbl. 1871. S. 9.) unter III. §. 5., in Württemberg nach näherer Bestimmung der Militairkonvention vom 21./25. November 1870. (Bundesgesetzbl. 1870. S. 658.) zur Anwendung.

XII. Reichsfinanzen.

Artikel 69.

Alle Einnahmen und Ausgaben des Reichs müssen für jedes Jahr veranschlagt und auf den Reichshaushalts-Etat gebracht werden. Letzterer wird vor Beginn des Etatsjahres nach folgenden Grundsätzen durch ein Gesetz festgestellt.

Artikel 70.

Zur Bestreitung aller gemeinschaftlichen Ausgaben dienen zunächst die etwaigen Ueberschüsse der Vorjahre, sowie die aus den Zöllen, den gemeinschaftlichen Verbrauchssteuern und aus dem Post- und Telegraphenwesen fließenden gemeinschaftlichen Einnahmen. Insoweit dieselben durch diese Einnahmen nicht gedeckt werden, sind sie, so lange Reichssteuern nicht eingeführt sind, durch Beiträge der einzelnen Bundesstaaten nach Maßgabe ihrer Bevölkerung aufzubringen, welche bis zur Höhe des budgetmäßigen Betrages durch den Reichskanzler ausgeschrieben werden.

Artikel 71.

Die gemeinschaftlichen Ausgaben werden in der Regel für ein Jahr bewilligt, können jedoch in besonderen Fällen auch für eine längere Dauer bewilligt werden.

Während der im Artikel 60. normirten Uebergangszeit ist der nach Titeln geordnete Etat über die Ausgaben für das Heer dem Bundesrathe und dem Reichstage nur zur Kenntnißnahme und zur Erinnerung vorzulegen.

Artikel 72.

Ueber die Verwendung aller Einnahmen des Reichs ist durch den Reichskanzler dem Bundesrathe und dem Reichstage zur Entlastung jährlich Rechnung zu legen.

Artikel 73.

In Fällen eines außerordentlichen Bedürfnisses kann im Wege der Reichsgesetzgebung die Aufnahme einer Anleihe, sowie die Uebernahme einer Garantie zu Lasten des Reichs erfolgen.

Schlußbestimmung zum XII. Abschnitt.

Auf die Ausgaben für das Bayerische Heer finden die Artikel 69. und 71. nur nach Maßgabe der in der Schlußbestimmung zum XI. Abschnitt erwähnten Bestimmungen des Vertrages vom 23. November 1870. und der Artikel 72. nur insoweit Anwendung, als dem Bundesrathe und dem Reichstage die Ueberweisung der für das Bayerische Heer erforderlichen Summe an Bayern nachzuweisen ist.

XIII. Schlichtung von Streitigkeiten und Strafbestimmungen.

Artikel 74.

Jedes Unternehmen gegen die Existenz, die Integrität, die Sicherheit oder die Verfassung des Deutschen Reichs, endlich die Beleidigung des Bundesrathes, des Reichtages, eines Mitgliedes des Bundesrathes oder des Reichtages, einer Behörde oder eines öffentlichen Beamten des Reichs, während dieselben in der Ausübung ihres Berufes begriffen sind oder in Beziehung auf ihren Beruf, durch Wort, Schrift, Druck, Zeichen, bildliche oder andere Darstellung, werden in den einzelnen Bundesstaaten beurtheilt und bestraft nach Maßgabe der in den letzteren bestehenden oder künftig in Wirksamkeit tretenden Gesetze, nach welchen eine gleiche gegen den einzelnen Bundesstaat, seine Verfassung, seine Kammern oder Stände, seine Kammer- oder Ständemitglieder, seine Behörden und Beamten begangene Handlung zu richten wäre.

Artikel 75.

Für diejenigen in Artikel 74. bezeichneten Unternehmungen gegen das Deutsche Reich, welche, wenn gegen einen der einzelnen Bundesstaaten gerichtet, als Hochverrath oder Landesverrath zu qualifiziren wären, ist das gemeinschaftliche Ober-Appellationsgericht der drei freien und Hansestädte in Lübeck die zuständige Spruchbehörde in erster und letzter Instanz.

Die näheren Bestimmungen über die Zuständigkeit und das Verfahren des Ober-Appellationsgerichts erfolgen im Wege der Reichsgesetzgebung. Bis zum Erlasse eines Reichsgesetzes bewendet es bei der seitherigen Zuständigkeit der

Gerichte in den einzelnen Bundesstaaten und den auf das Verfahren dieser Gerichte sich beziehenden Bestimmungen.

Artikel 76.

Streitigkeiten zwischen verschiedenen Bundesstaaten, sofern dieselben nicht privatrechtlicher Natur und daher von den kompetenten Gerichtsbehörden zu entscheiden sind, werden auf Anrufen des einen Theils von dem Bundesrathe erledigt.

Verfassungsstreitigkeiten in solchen Bundesstaaten, in deren Verfassung nicht eine Behörde zur Entscheidung solcher Streitigkeiten bestimmt ist, hat auf Anrufen eines Theiles der Bundesrath gütlich auszugleichen oder, wenn das nicht gelingt, im Wege der Reichsgesetzgebung zur Erledigung zu bringen.

Artikel 77.

Wenn in einem Bundesstaate der Fall einer Justizverweigerung eintritt, und auf gesetzlichen Wegen ausreichende Hülfe nicht erlangt werden kann, so liegt dem Bundesrathe ob, erwiesene, nach der Verfassung und den bestehenden Gesetzen des betreffenden Bundesstaates zu beurtheilende Beschwerden über verweigerte oder gehemmte Rechtspflege anzunehmen, und darauf die gerichtliche Hülfe bei der Bundesregierung, die zu der Beschwerde Anlaß gegeben hat, zu bewirken.

XIV. Allgemeine Bestimmungen.

Artikel 78.

Veränderungen der Verfassung erfolgen im Wege der Gesetzgebung. Sie gelten als abgelehnt, wenn sie im Bundesrathe 14 Stimmen gegen sich haben.

Diejenigen Vorschriften der Reichsverfassung, durch welche bestimmte Rechte einzelner Bundesstaaten in deren Verhältniß zur Gesammtheit festgestellt sind, können nur mit Zustimmung des berechtigten Bundesstaates abgeändert werden.

II. Einleitung.

§ 1. Die Entstehungsgeschichte des Norddeutschen Bundes.

Litteratur: Aegidi und Klauhold, Das Staatsarchiv. Bd. 10 ff., Hamburg 1866 ff. Glaser, Archiv des Norddeutschen Bundes, Berlin 1867. L. Hahn, Zwei Jahre preußisch-deutscher Politik 1866—1867, Berlin 1868. P. Laband, Das Staatsrecht des Deutschen Reiches, 2. Aufl., Freiburg 1888, Bd. I §§ 1 und 2. Otto Mejer, Einleitung in das Deutsche Staatsrecht, 2. Aufl., Freiburg 1884, §§ 45 ff. Zorn, Reichsstaatsrecht, 2. Aufl., §§ 1 ff. A. Hänel (Studien I) die vertragsmäßigen Elemente der Reichsverfassung. Leipzig 1873. Derselbe, Deutsches Staatsrecht, Leipzig 1892 §§ 1 ff.

Der Norddeutsche Bund ist der Rechtsvorgänger des heutigen Deutschen Reiches, aber nicht der Rechtsnachfolger des Deutschen Bundes, so wenig wie dieses der Rechtsnachfolger des ehemaligen Deutschen Reiches war. Gleichwohl ist nicht sowohl für das politische, sondern auch für das staatsrechtliche Verständniß der heutigen Reichsverfassung die Kenntniß der Verfassung des Deutschen Bundes von wesentlichem Interesse.

Art. 6 des Pariser Friedens vom 30. Mai 1814 bestimmte: „Les états de l'Allemagne seront indépendants et unis par un bien fédératif.“ Der Deutsche Bund war kein Staat, sondern ein „völkerrechtlicher Verein“ und zwar, wie es in der Wiener Schlußakte vom 15. Mai 1820 hieß, ein solcher der deutschen souveränen Fürsten und Freien Städte zur Bewahrung der Unabhängigkeit und Unverletzlichkeit ihrer im Bunde begriffenen Staaten und zur Erhaltung der inneren und äußeren

Sicherheit Deutschlands.*) Er bestand in seinem Innern als eine Gemeinschaft selbstständiger, unter sich unabhängiger Staaten, mit wechselseitigen gleichen Vertragsrechten und Vertragsobliegenheiten, in seinen äußeren Verhältnissen aber als eine in politischer Einheit verbundene Gesammtmacht. Das ständige Zentralorgan des Bundes war die Bundesversammlung: der Bundestag zu Frankfurt am Main, der aus den Bevollmächtigten sämmtlicher Bundesmitglieder gebildet wurde. Den Vorsitz führte der österreichische, sog. Präsidialgesandte, der die Sitzungen zu berufen und zu leiten hatte. Der Bundestag wählte permanente und vorübergehende Kommissionen und Ausschüsse, so z. B. den Militärausschuß und die Exekutionskommission. Bei 1) Annahme neuer Grundgesetze oder Aenderung der bestehenden; 2) Beschlußfassung über organische Bundeseinrichtungen; 3) gemeinnützigen Anordnungen; 4) Aufnahme neuer Mitglieder in den Bund; 5) jura singularum und 6) Religionsangelegenheiten mußten die Beschlüsse mit Einstimmigkeit im Plenum gefaßt werden. Sonst entschied das Plenum nur bei Kriegserklärungen und Friedensschlüssen. — In der Regel, nämlich in allen Fällen, wo bereits feststehende allgemeine Grundsätze in Anwendung oder beschlossene Gesetze und Einrichtungen zur Ausführung zu bringen waren, überhaupt aber bei allen Berathungsgegenständen, welche die Bundesakte oder spätere Beschlüsse nicht davon ausgenommen hatten, faßte die Bundesversammlung die erforderlichen Beschlüsse im „Engeren Rathe". Dieser zählte 17 Stimmen: 11 Viril- und 6 Kuriatstimmen. Virilstimmen, d. h. je eine Stimme hatten 1) Oesterreich, 2) Preußen, 3) Bayern, 4) Württemberg, 5) Sachsen, 6) Hannover, 7) Baden, 8) Großherzogthum Hessen, 9) Kurfürstenthum Hessen, 10) Holstein-Lauenburg, 11) Luxemburg-Limburg; die sächsisch-ernestinischen Lande hatten zusammen die 12., Braunschweig und Nassau die 13., beide Mecklenburg die 14., Oldenburg, Anhalt

*) Seine Verfassung fand derselbe in der Bundesakte v. 8. Juni 1815 (Pr.GS. S. 1818 Anh. S. 143), der Wiener Kongreßakte v. 9. Juni 1815 und der Wiener Schlußakte v. 8. Juni 1820.

und Schwarzburg die 15., Liechtenstein, Reuß, beide Lippe, Waldeck und Hessen-Homburg die 16. und die Freien Städte die 17. (Kuriat-) Stimme. Bei Stimmengleichheit im Engeren Rathe stand dem Vorsitzenden (also Oesterreich) die Entscheidung zu. Bei Abstimmungen im Plenum war, abgesehen von den Einstimmigkeit erforderlichen Fällen, die Zweidrittelmehrheit nothwendig. Im Plenum führten Oesterreich und die fünf Königreiche je 4, Baden, beide Hessen, Holstein und Luxemburg je 3, Braunschweig und Mecklenburg-Schwerin je 2, die übrigen Staaten je eine Stimme. Der Bundestag war ein Gesandtenkongreß, die Gesandten votirten nach Instruktion. Doch war die Frage, ob der Gesandte nach seiner Instruktion abgestimmt hatte, für die Gültigkeit und Wirksamkeit seines Votums unerheblich. Ein Gesandter konnte zugleich mehrere Staaten vertreten und in diesem Falle, je nach der ihm ertheilten Instruktion, verschiedene und widersprechende Vota abgeben.

Der Bund vertrat als politische Einheit die deutschen Staaten gegenüber anderen Staaten entsendete und empfing Gesandte, konnte völkerrechtliche Verträge schließen und Krieg erklären. Das Bundesheer zerfiel in zehn Armeekorps: 1—3 österreichisch, 4—6 preußisch, 7 bayerisch, 8 von Württemberg, Baden, Großherzogthum Hessen, 9 von Sachsen, Kurhessen, Nassau, Luxemburg, 10 von Hannover, Braunschweig, beiden Mecklenburg, Holstein, Oldenburg und den Hansestädten und hatte außerdem aus den Kontingenten der hierzu nicht beitragenden Staaten noch eine Reserve-Infanterie-Division. Bundesfestungen waren Luxemburg, Mainz, Landau, Rastatt und Ulm. Bei Streitigkeiten der Bundesglieder, die „sich einander unter keinerlei Vorwand zu bekriegen, noch ihre Streitigkeiten mit Gewalt zu verfolgen, sondern sie bei der Bundesversammlung anzubringen“ verpflichtet waren, sollte zunächst durch einen Ausschuß des Bundestages Vermittelung versucht werden. Mißlang diese, so hatte ein „Austrägalverfahren“ stattzufinden. Der Staat, gegen den Beschwerde geführt wurde, und falls er zögerte, die Bundesversammlung, benannte drei unbetheiligte Bundesglieder, aus denen der Beschwerdeführer eines wählte, worauf das höchste Gericht des gewählten Bundesstaates „im Namen und an Statt der Bundesversammlung, sowie vermöge derselben Auftrages" den Streit entschied. Das sofort rechtskräftige Urtheil wurde nöthigenfalls vom Bunde zur Vollstreckung gebracht. Für den Fall, daß ein Bundesstaat in Erfüllung seiner Bundespflichten säumig war, konnte der Bund gegen ihn Exekution (mit Waffen und Krieg) vollstrecken.

Der Bund hatte Mitglieder, nicht Unterthanen, sein Imperium erstreckte sich nicht auf die Bürger seiner Gliedstaaten. Dagegen waren die Staaten verpflichtet, jeden innerhalb der Zuständigkeit des Bundes und ohne formelle Mängel gefaßten Beschluß auszuführen, also auch die Bundesgesetze als Landesgesetze zu publiziren, wodurch dieselben für ihre Unterthanen rechtsverbindlich wurden.

Der Bund gewährte den Katholiken, Lutheranern und Protestanten Religionsfreiheit und Gleichberechtigung bezüglich der politischen und bürgerlichen Rechte. Jeder Bundesangehörige hatte das Recht, in jedem Bundesstaate wie im Inlande Grundeigenthum zu erwerben, ferner das Recht der Ueberwanderung ohne Abschoß- und Nachsteuer, endlich die Befugniß, in die Dienste eines anderen Bundesstaates einzutreten, falls keine Verbindlichkeit gegen das engere Vaterland entgegenstand.

Nach dem Vorstehenden war der Bund kein Bundesstaat, sondern ein Staatenbund.*)

Der Bund erfüllte jedoch nicht die Hoffnungen des deutschen Volkes nach nationaler Einheit. Die Pariser Revolution vom 24. Februar 1848 brachte eine lebhafte Bewegung hervor. Am 29. Februar setzte der Bundestag einen politischen Ausschuß ein zur „Revision der Bundesverfassung auf wahrhaft zeitgemäßer und nationaler Grundlage", veranlaßte am 29. März die Regierungen siebenzehn Männer des allgemeinen Vertrauens nach Frankfurt zu senden und bestellte

---

*) So bezeichnete ihn in der ersten Sitzung am 5. Nov. 1816 der Präsidialgesandte, Hänel, Staatsr. S. 193.

zur Verhandlung mit diesen einen „Revisionsausschuß". Die Vertrauensmänner veröffentlichten, ohne den Revisionsausschuß zugezogen zu haben, am 27. April den sog. „Siebenzehnerentwurf" (Dahlmann) einer deutschen Reichsverfassung mit einem erblichen Kaiser und zwei Kammern (Fürstenrath und Wahlkammer).

Inzwischen war am 31. März in Frankfurt, berufen durch einundfünfzig Mitglieder einer in Heppenheim 1847 abgehaltenen Versammlung von liberalen süddeutschen Abgeordneten, das sog. „Vorparlament" zusammen getreten, etwa 600 Personen, weit überwiegend süd- und westdeutsche Publizisten und Ständemitglieder. Bereits am Tage zuvor forderte der Bundestag die Bundesregierungen auf, daß sie auf Grund gleichen und geheimen Wahlrechts in ihren zum Bunde gehörigen Landen Wahlen von „Nationalvertretern" anordneten. Die vom Bundestage und gleichzeitig vom Vorparlament veranlaßten Wahlen wurden herbeigeführt. Am 18. Mai 1848 trat unter unermeßlichem Jubel und Glockengeläute die aus ihnen hervorgegangene „Nationalversammlung" in der Paulskirche in Frankfurt zusammen (Präsident Heinrich von Gagern, später Dr. Simson) und erklärte am 27. Mai „als das aus dem Willen und den Wahlen der deutschen Nation hervorgegangene Organ zur Begründung der Einheit und politischen Freiheit": daß alle Bestimmungen einzelner deutscher Verfassungen, welche mit dem von ihr zu gründenden allgemeinen Verfassungswerke nicht übereinstimmen, nur nach Maßgabe der letzteren als gültig zu betrachten sind (Antrag Raveaux-Werner). Diese Erklärung, die sich nicht auf das positive Recht, insbesondere nicht etwa auf die die Wahlen veranlassenden Landesgesetze, sondern auf die angebliche „Souveränetät der Nation" gründete, fand keine ausdrückliche Anerkennung seitens der Regierungen. Nachdem Versuche der republikanischen Partei, einen Vollziehungsausschuß zu errichten, gescheitert waren, schuf die Versammlung (sog. „Kühner Griff" H. v. Gagern's) eine „provisorische Zentralgewalt" und übertrug dieselbe am 29. Juni dem „Reichsverweser" Erzherzog Johann von Oesterreich, dem auch die Bundesversammlung „die Ausübung aller ihr zugestandenen verfassungsmäßigen Befugnisse und Verpflichtungen" überwies. Die Nationalversammlung, welche den Unterschied zwischen ihrer vermeintlichen und ihrer wirklichen Macht bei Gelegenheit des von ihr anfänglich für ungültig erklärten Malmöer Waffenstillstandes zwischen Preußen und Dänemark (26. August 1848) erkennen mußte, beschloß die „Grundrechte", die am 27. Dezember 1848 vom Erzherzog Johann publizirt wurden. Eine „Verfassung" wurde nach langen Verhandlungen am 28. März 1849 beschlossen. Deutschland sollte nach derselben ein Staatenstaat sein, zu dessen Zuständigkeit die Vertretung des Reichs nach Außen, das Recht des Krieges und Friedens, der Militärgewalt, das Seewesen, Zollwesen, Handel, Münze, Presse, Heimathsrecht, Gesundheitspolizei gehören sollten, mit dem preußischen Könige als deutschem Erbkaiser und einem aus Staatenhaus und Volkshaus bestehenden Parlamente. Das Volkshaus sollte auf Grund direkten, allgemeinen, gleichen und geheimen Wahlrechts (Gesetz vom 12. April 1849) gewählt werden. Der Kaiser sollte nur ein suspensives Veto haben, d. h. er sollte nur zwei Mal befugt sein, Beschlüsse des Parlaments durch sein Veto zu verhindern. Kein Staat sollte mit nichtdeutschen Ländern Eine Verfassung haben (Ausschluß Oesterreichs). Die Krone wurde nur zugleich mit der vorgeschriebenen unveränderten Reichsverfassung dem Könige von Preußen zur Annahme gestellt. Der König lehnte am 3. April vorläufig, und nachdem einerseits die Nationalversammlung die Aenderung der Verfassung und andererseits nur 29 Regierungen (fast nur die kleineren) ihren Beitritt zur Verfassung erklärt hatten, am 28. April definitiv ab.*) Darauf publizirte die Nationalver-

*) Bereits am 13. Dezember 1848 schrieb König Friedrich Wilhelm IV. an den Gesandten von Bunsen: „Die Krone, die die Askanier, die Hohenstaufen, die Habsburger getragen, kann natürlich ein Hohenzoller tragen. Die aber, die Sie meinen, verunehrt überschwänglich mit ihrem Ludergeruch der Revolution von 1848, der albernsten, dümmsten, schlechtesten, wenn auch Gottlob nicht bösesten dieses Jahrhunderts. — Einen solchen imaginären

sammlung, ohne Hinzutritt des Reichsverwesers, am 28. April die Verfassung im Reichsgesetzblatt als vermeintlich ohne Genehmigung der Regierungen gültig. Diese Handlung war ein revolutionärer Akt. Denn die Souveränetät stand noch bei den Regierungen, die in keiner Weise der Nationalversammlung die Befugniß beigelegt hatten, eine Verfassung zu „geben". Sie war ferner ein Fehler, da dieser sog. verfassunggebenden Versammlung so wenig die thatsächliche wie die rechtliche Gewalt zur Seite stand. Oesterreich, Preußen, Hannover, Bayern und Sachsen riefen ihre Abgeordneten aus der Nationalversammlung zurück, die aus Frankfurt vertrieben, als sog. Rumpfparlament (105 Mitglieder, Präsident Dr. Löwe) nach Stuttgart übersiedelte und am 18. Juni mit Waffengewalt auseinandergesprengt wurde. Nach Publikation der Reichsverfassung, die auch die zweite Kammer in Preußen als ohne Zustimmung der Regierungen gültig erklärt hatte,**) entstanden (wirklich oder angeblich) zur Durchführung der Reichsverfassung Volksaufstände, namentlich in Sachsen, am Rhein und in Baden, welche durch Waffengewalt (und zwar meist durch preußische Waffen) niedergeworfen wurden.

Am 26. Mai 1849 schloß Preußen mit Hannover und Sachsen das sog. „Dreikönigsbündniß" und forderte die übrigen deutschen Regierungen außer Oesterreich auf, sich der mit diesen vier Staaten vereinbarten Verfassung anzuschließen. Der preußische König sollte „Reichsvorstand" sein und die Regierung in Gemeinschaft mit einem Fürstenrathe führen, in dem er zwar nur eine Stimme, aber das Veto und die Exekutive haben sollte. Neben dem Reichsvorstande sollten ein Staatenhaus und ein Volkshaus (letzteres aus Wahlen mit einem gewissen Census) bestehen. Auf Grund eines Be-

Reif von Dreck und Latten gebacken soll ein legitimer König von Preußen sich gefallen lassen, der den Segen hat, wenn auch nicht die älteste, so doch die edelste Krone, die Niemand gestohlen hat, zu tragen? Soll die tausendjährige Krone deutscher Nation wieder einmal vergeben werden, so bin Ich es und Meinesgleichen, die sie vergeben werden —".

*) Arndt, Preuß. Verfassung S. 19, Anm. 1.

schlusses des „Verwaltungsraths“ fanden am 31. Januar 1850 die Wahlen zu einem Nationalparlamente statt, das am 20. März 1850 zu Erfurt zusammentrat (Präsident Dr. Simson, Mitglied der spätere Reichskanzler v. Bismarck). Am 25. Februar 1850 trat Hannover, am 25. Mai Sachsen vom Bündniß zurück. Oesterreich, das schon gegen die Berufung des Erfurter Parlaments protestirt hatte, berief zum 16. Mai 1850 die Bundesmitglieder auf Grund seines „Bundespräsidialrechtes“ zur Plenarversammlung des Deutschen Bundes nach Frankfurt. Preußen lehnte ab, seine Bundesgenossen nahmen mit der Maßgabe an, daß sie die Bundesversammlung nur als freie Konferenz beschicken wollten, was Oesterreich nicht acceptirte. Am 7. August wurde auf Oesterreichs Antrag die Reaktivirung des Deutschen Bundes beschlossen. Nun drohte ein Krieg zwischen Oesterreich und Preußen. Jedoch gab Preußen unter Rußlands Druck nach (Konvention zu Olmütz am 29. November 1850).

Der Gedanke an die deutsche Einigung war jedoch nicht erloschen. Nach dem Scheitern der Triasidee Beusts vom Jahre 1861 legte Oesterreich den Plan einer Einigung Deutschlands dem am 16. August 1863 zu Frankfurt a. M. unter persönlichem Vorsitze des österreichischen Kaisers zusammengetretenen deutschen Fürstentage vor, an dem sich König Wilhelm von Preußen trotz eines ihm vom Könige von Sachsen persönlich in Baden-Baden überbrachten Einladungsschreibens des Kaisers Franz Joseph nicht betheiligte. Oesterreich sollte das Präsidium führen, das Delegirtenhaus 300 von den Einzellandtagen gewählte Mitglieder haben, davon Oesterreich und Preußen je 150. Preußen erklärte beitreten zu wollen bei Erfüllung von drei Bedingungen: Gleichberechtigung Preußens mit Oesterreich, ein Veto gegen jede Kriegserklärung, außer im Falle eines Angriffs auf Bundesgebiet, endlich eine wahre, aus direkten Wahlen der ganzen Nation hervorgehende Nationalvertretung. An der Ablehnung dieser Bedingungen scheiterte der Plan.

Am 15. November 1863 starb König Friedrich VII. von Dänemark und mit ihm erlosch der männliche Königsstamm.

In Schleswig-Holstein, das nur durch Personalunion mit Dänemark verbunden war, hätte das Haus Holstein-Augustenburg succediren müssen, während in Dänemark Prinz Christian von Glücksburg aus der jüngeren Sonderburger Linie erbberechtigt war. Dieser übernahm als Christian IX. die Regierung zugleich für die Elbherzogthümer. Die fünf Großmächte hatten sich im Londoner Vertrage vom 8. Mai 1852 verpflichtet, daß, falls diesem Prinzen (wie geschehen) der damalige König die Nachfolge für die dänische Gesammtmonarchie verschaffen würde, sie ihn in derselben anerkennen wollten. Dagegen hatte sich Dänemark gegenüber Preußen und Oesterreich in den Abmachungen vom 6. Dezember 1851 und 29. Januar 1852 verpflichtet, die Verfassung Holsteins zu wahren und Schleswig nicht zu inkorporiren. Dies verletzte König Christian IX. durch die am 18. November 1863 erfolgte Vollziehung der dänischen Verfassung, welche ganz Schleswig „bis zur Eider" als integrirenden Bestandtheil der dänischen Monarchie erklärte. Preußen und Oesterreich forderten die Aufhebung der Inkorporation Schleswigs und erklärten, da die Aufforderung ohne Erfolg blieb, Dänemark den Krieg. Dieser führte zum Frieden von Wien am 30. Oktober 1864, in dem die Herzogthümer Schleswig-Holstein und Lauenburg dem Kaiser von Oesterreich und dem Könige von Preußen bedingungslos abgetreten wurden. Die Herzogthümer wollte Preußen nur unter gewissen (von Oesterreich nicht genehmigten) Bedingungen vom Februar 1865 (Militärhoheit, Kriegshäfen und dergl.) dem Prinzen Friedrich von Holstein-Augustenburg abtreten. Der deswegen drohende Krieg wurde durch die Konvention zu Gastein vom 14. August 1865 hinausgeschoben, nach welcher Lauenburg dem Könige von Preußen zufiel, von den Herzogthümern Schleswig und Holstein unter Aufrechterhaltung des Kondominats ersteres unter preußische, letzteres unter österreichische Verwaltung treten sollte. Als Oesterreich die Schleswig-Holsteinsche Frage dem Bunde übergab und die Holsteinschen Stände zur Proklamirung des Herzogs Friedrich am 5. Juni 1866 nach Neumünster einberief, erklärte Preußen die Gasteiner

Konvention für verletzt und ließ am 7. Juni seine Truppen in Holstein einrücken. Am 11. Juni stellte darauf Oesterreich beim Bunde den Antrag, sämmtliche nicht preußische Bundesarmeekorps zum Kriege gegen Preußen mobil zu machen. Dieser Antrag wurde im Engeren Rathe trotz des Protestes Preußens gegen seine geschäftsmäßige Behandlung am 14. Juni mit der Maßgabe angenommen, daß die Mobilmachung die nicht österreichischen und nicht preußischen Bundesarmeekorps umfassen sollte. Darauf erklärte der preußische Bundestagsgesandte v. Savigny Namens seines Souveräns den Bund als gebrochen und den Bundesvertrag als nicht mehr verbindlich. „Damit sind jedoch," fügte er hinzu, „die nationalen Grundlagen, auf denen der Bund beruht, nicht zugleich zerstört. Preußen hält vielmehr an diesen Grundlagen und an der über die vorübergehenden Formen erhabenen Einheit der deutschen Nation fest und sieht es als eine unabweisbare Pflicht der deutschen Staaten an, für die letzteren den angemessenen Ausdruck zu finden." Es folgte der Krieg mit Oesterreich, der in den Nikolsburger Präliminarien vom 26. Juli und dem Prager Frieden vom 23. August 1866 seinen Abschluß fand. Artikel 2 des ersteren, Artikel 4 des letzteren bestimmen: „Der Kaiser von Oesterreich erkennt die Auflösung des bisherigen Deutschen Bundes an, und giebt Seine Zustimmung zu einer neuen Gestaltung Deutschlands ohne Betheiligung des österreichischen Kaiserstaates. Ebenso verspricht der Kaiser das engere Bundesverhältniß anzuerkennen, welches der König von Preußen nördlich von der Linie des Mains begründen wird und erklärt sich damit einverstanden, daß die südlich von dieser Linie gelegenen deutschen Staaten in einem Vereine zusammentreten, dessen nationale Verbindung mit dem Norddeutschen Bunde der näheren Verständigung zwischen beiden vorbehalten bleibt." Die Auflösung des Bundes wurde auch von den übrigen deutschen Staaten, mit denen Preußen im Jahre 1866 Krieg führte, (außer Liechtenstein) anerkannt, während seine Bundesgenossen schon früher aus dem Bunde ausgetreten waren. Luxemburg, Limburg (Holland) und sämmtliche europäische Großmächte erkannten im Londoner Vertrage vom 11. Mai 1867 diese Auflösung wie die Neugestaltung Deutschlands an.

Am 10. Juni 1866 legte Preußen seinen Verbündeten Grundzüge für eine zukünftige Verfassung eines Deutschen Bundes vor. Der Bund sollte das Recht der Gesetzgebung mit der Wirkung haben, daß die Bundesgesetze den Landesgesetzen vorgehen. Es sollte ein gemeinsames Indigenat bestehen. Den Oberbefehl über das Heer sollte Preußen führen. Der Bund soll ein einheitliches Zoll- und Handelsgebiet darstellen. Preußen sollte das Bundespräsidium führen, die Vertretung des Bundes nach Außen, Berufung und Schließung des Bundesraths und Reichstags, Aufrechterhaltung der Ordnungen des Bundes nöthigenfalls im Wege der Exekution. Die Gesetzgebung sollte durch den Bundesrath (die Vertretung der Staaten) und einen Reichstag erfolgen, der nach Maßgabe des Wahlgesetzes vom 12. April 1849 gewählt werden sollte.

Am 18. August 1866 schloß Preußen mit den übrigen norddeutschen Staaten einen Bündnißvertrag ab: Die Kontrahenten schließen ein Offensiv- und Defensivbündniß; sie unterstellen ihre Truppen dem Oberbefehl des Königs von Preußen und verpflichten sich, die Zwecke des Bündnisses durch eine Bundesverfassung sicher zu stellen. Für diese sollten die preußischen Grundzüge vom 10. Juni 1866 die Grundlage bilden; sie (die Verfassung) sollte unter Mitwirkung eines gemeinschaftlich zu berufenden Parlaments festgestellt werden. Sie versprachen gleichzeitig mit Preußen auf Grund des Reichswahlgesetzes vom 12. April 1849 Wahlen anzuordnen und Bevollmächtigte nach Berlin zu senden, um nach Maßgabe der Grundzüge vom 10. Juni den Entwurf der Verfassung festzustellen, welcher dem Parlamente zur Berathung und Vereinbarung vorgelegt werden sollte. Man bezeichnet das Bündniß vom 18. August 1866 als die völkerrechtliche Grundlage für die Errichtung des Norddeutschen Bundes,*) das ist nicht unrichtig; denn Preußen konnte jeden Staat,

*) Laband I § 2 S 16.

der sich gegen den Inhalt des Bündnisses weigerte, Wahlen vornehmen zu lassen oder seine Truppen unter den preußischen Oberbefehl zu stellen, wegen Bündnißverletzung durch Gewalt dazu zwingen. Aber eine solche völkerrechtliche Uebereinkunft enthielt keine unmittelbar rechtsverbindliche Anordnung für das deutsche Volk. Gemäß dem Bündnisse legten die Regierungen ihren Landtagen für die Beschickung des Reichstages Wahlgesetze vor; das brauchten sie nur, wenn und weil die Gewählten die Befugniß erhalten sollten, die Verfassung mit den Regierungen zu vereinbaren. Die Landtage, das preußische Abgeordnetenhaus voran, wollten jedoch die Befugniß zur Vereinbarung nicht übertragen (delegiren), sondern nur die (auch ohne ihre Uebertragung vorhandene) Befugniß zu berathen, nicht aus staatsrechtlichen Bedenken, sondern weil sie fürchteten, daß diese Verfassung zu reaktionär (die Parlamentsrechte zu gering) ausfallen könnte und sie sich daher die spätere Prüfung und Genehmigung der erzielten Vereinbarung vorbehalten wollten (Verhdl. des Abg.H. 1866 S. 322 a. a. O.).*) In diesem Sinne erging das preußische Wahlgesetz vom 15. Oktober 1866. Aehnliche oder gleiche Gesetze wurden in den übrigen norddeutschen Staaten erlassen. Am 12. Februar 1867 fanden in Preußen die Wahlen statt und am 24. Februar ward der Reichstag in Berlin von König Wilhelm eröffnet. Demselben wurde ein Verfassungsentwurf zur Berathung vorgelegt, der inzwischen nach Maßgabe des Bündnisses vom 18. August 1866 von den Regierungen festgestellt („gemeinschaftlicher Entwurf") war und zwar durch eine Bevollmächtigten-Konferenz, die in Berlin am 15. Dezember 1866 zusammengetreten war. Am 16. April 1867 nahm der Reichstag den Entwurf nach mannigfachen Abänderungen mit 230 gegen 53 Stimmen an; an demselben Tage beschlossen die Vertreter der verbündeten

---

*) Zu Unrecht meint Zorn I S. 24, die Thätigkeit des Parlaments konnte gar keine andere als eine verfassungberathende sein. Die Landesgesetze hätten, wenn sie dies gewollt, ihr nicht den Charakter einer „Notabelnkonferenz", sondern die eines verfassunggebenden Körpers übertragen können.

Regierungen einstimmig, den Entwurf, wie er aus der Schlußberathung des Reichstages hervorgegangen war, anzunehmen.

Damit war politisch viel, rechtlich wenig gewonnen. Dennoch galten damals uneingeschränkt die Verfassungen der Einzelstaaten: die Faktoren der preußischen, sächsischen u. s. w. Gesetzgebung hatten bisher noch nicht auf ihr Recht verzichtet, daß sie allein Blut- oder Geldsteuern dem preußischen, sächsischen u. s. w. Volke auferlegen und diesem Gesetze geben durften. Der preußische Gesetzgeber hatte es ausdrücklich abgelehnt, seine Befugnisse den verbündeten Regierungen und dem Reichstage zu delegiren. Verbindlich konnte die Verfassung also nur durch ein Landesgesetz in Preußen werden. Dieses erging auch als verfassungänderndes und wurde als Landesgesetz in der preußischen Gesetzsammlung verkündet. In gleicher Weise verfuhr man in den übrigen deutschen Staaten außer in Braunschweig, wo man es für genügend erachtete, daß der Gesetzgeber den Augustvertrag angenommen hatte.*) Was bedeuteten diese Landesgesetze? Nach Laband**) und Zorn***) nur, daß der Staat vom 1. Juli 1867 zum Norddeutschen Bund gehörte. Nach Hänel†) einmal positiv, daß die Bundesverfassung dem Augustbündnisse entspreche und sodann negativ, daß die Bestimmungen der Landesgesetze außer Kraft gesetzt wären, die den Wirkungen der Norddeutschen Bundesverfassung im Wege standen. Dies ist zwar Alles richtig, doch nicht vollständig und den Kern treffend. Das Landesgesetz bedeutete, daß in Preußen vom 1. Juli 1867 an als für die preußischen Unterthanen verbindliche Normen erklärt wurden, was Alles auf Grund und nach Maßgabe dieses neuen Landesgesetzes (nämlich der Bundesverfassung) vom Bund beschlossen werden wird. Hierzu bedurfte es eines Landesgesetzes, weil ohne ein solches der Staat Preußen auch nicht in einem völker-

*) In Oldenburg und Bremen hielt man einfache Gesetze für ausreichend, Hänel, Staatsr. S. 28.

**) I S. 28.

***) I S. 29.

†) Vertragsm. Elem. S. 76, Staatsr. S. 29 ff.

rechtlichen Vertrage rechtswirksam Jemandem, einem Bundesrathe oder einem Reichstage oder beiden zusammen, das Recht übertragen konnte, für preußische Unterthanen Strafnormen aufzustellen (Preuß. Verf.Urk. Art. 8), Steuern aufzuerlegen (Artikel 100 das.), die Bedingungen des Indigenats zu bestimmen (Artikel 3 das.), Prozeß- oder bürgerliche Gesetze zu geben (Artikel 86 das.) u. s. w. Es bedurfte eines verfassungändernden Gesetzes, weil u. A. die dem preußischen Landtage verfassungsmäßig zustehenden Befugnisse durch die Bundesverfassung Einbuße erlitten, indem an Stelle der Gesetzgebung durch die Krone und beide Häuser des Landtages in vielen Fällen die durch Bundesrath und Reichstag gesetzt wurde. Die Verfassung für den Norddeutschen Bund ist in Preußen auf Grund der preußischen Verfassungsurkunde vom 31. Januar 1850 als rite beschlossenes und verkündetes Landesgesetz erlassen und deshalb (nicht wegen irgend eines Bündnisses oder völkerrechtlichen Vertrages) ist ihr Inhalt verbindliche Landesnorm geworden.*) Dieser mit den Absichten der Schöpfer der Norddeutschen Bundesverfassung übereinstimmende Satz**) wird in der Theorie meist, indeß mit Unrecht, bestritten. Hänel***) stellt die Behauptung auf, daß die Bundesverfassung einen für das Landesrecht jedes einzelnen Staates unmöglichen Inhalt habe, sie setze einen Verein von Staaten voraus, dessen Organisation sie bestimme, ein Landesgesetz könne aber nur solche Gegenstande rechtlich regeln, welche in das Herrschaftsgebiet dieses Staates fallen, nicht solche, welche die Koexistenz mehrerer Staaten

*) Aehnlich Seydel, Komm. zur Verf Urk. S. 5 ff. a. a. O.

**) S. z. B. Rede Laskers am 5. Dez. 1870 im Reichstage (Sten. Ber. 2. außerord. Session S. 86): „Es kam (im Jahre 1867) ein konstituirender Reichstag zu Stande, der diesen Namen führte, aber in Wahrheit nur ein berathendes Votum hatte, denn es mußte die hier vereinbarte Verfassung allen einzelnen Staaten vorgelegt werden und sie kam so zu Stande wie die gewöhnlichen Landesgesetze zu Stande zu kommen pflegen."

***) Vertragsm. Elem. S. 53 ff, S. 75 ff., s. auch Laband I S. 25, Zorn I 27, der die gegentheilige Ansicht als durch Hänel definitiv beseitigt hinstellt.

voraussetzen. Hiergegen ist zu bemerken, daß die Norddeutsche Bundesverfassung — ob unmöglich oder möglich — doch thatsächlich als Landesgesetz in Preußen erlassen ist,*) daß sie ferner überall nicht ausschließlich, aber doch zugleich preußische Verhältnisse berührt und daß das sie in Preußen einführende preußische Landesgesetz überall preußische Angelegenheiten regelt. Denn auch die Stimmen Mecklenburgs und der Mecklenburger im Bundesrathe und im Reichstage gehen Preußen an; sie beschließen mit über Gesetze und Anordnungen, die auch für Preußen verbindlich sind. Mecklenburgs Truppen schützen Preußen mit und umgekehrt, auch für sie haben Preußens Steuerzahler aufzukommen; die Zoll-, Steuer-, Post- und Telegraphie-Einnahmen des einen Staates kommen dem anderen mit zu Gute, die Bürger des einen Staates können auch in jedem anderen wohnen, Gewerbe treiben u. s. w.

Da die Norddeutsche Bundesverfassung ihre rechtsverbindliche Kraft aus dem Landesrecht hernimmt, so schadet es ihrer Rechtswirksamkeit nicht, daß sie vor ihrem Inkrafttreten im Bunde und von Bundeswegen gar nicht verkündet worden, nämlich erst durch Publikandum vom 26. Juli 1867, dessen Wortlaut und Sinn nicht dahin ging, daß wegen dieses Publikandi die Verfassung gelten sollte, sondern dahin, daß sie thatsächlich bereits in Kraft getreten ist (nämlich als übereinstimmendes Landesgesetz): „Wir Wilhelm u. s. w. thun kund: Nachdem die Verfassung von Uns (den Regierungen) mit dem Reichstage vereinbart worden, ist dieselbe in dem ganzen Umfange des Norddeutschen Bundes (nämlich durch die Landesgesetzblätter) verkündet worden (die Verkündung

*) Im Publikandum König Wilhelms vom 24. Juni 1867 (Staatsanzeiger vom 24. Juni 1867) heißt es: „Wir Wilhelm 2c. thun kund 2c.: „Nachdem die Verfassung des Norddeutschen Bundes von den verbündeten Fürsten und freien Städten mit dem Reichstage vereinbart worden ist und die Zustimmung beider Häuser des Landtages der Monarchie erhalten hat, verkünden Wir nachstehend die gedachte Verfassung und bestimmen zugleich, daß dieselbe — am 1. Juli d. J. in Kraft treten soll."

ist das Entscheidende, Preuß. ꝟerf.Urk. Art. 106) und hat am 1. Juli 1862 Gesetzeskraft erlangt. Indem Wir dies hiermit zur Kenntniß bringen, ürnehmen Wir u. s. w."

Die Verfassung ist als übereistimmendes Landesgesetz entstanden, dieses ist ihr Rechtsgrud; was aber demnächst auf Grund der Bundesverfassung geshehen sollte, kann kein bloßes Landesrecht mehr sein. Die Landegesetze, welche die Verfassung für den Norddeutschen Bund anahmen, enthalten eine im großen Umfange erfolgte Delegatin von Landeshoheitsrechten, insbesondere von Gesetzgebungs-(Militär- und Steuergesetzgebungs-)befugnissen auf den Bud, einen umfassenden Verzicht auf Landeshoheitsrechte. In dm Maße haben die Einzelstaaten auf eigene Hoheitsrechte ꝟerzicht geleistet, daß sie dem Bunde sogar die Befugniß einräunten, nicht bloß für die in der Verfassung bezeichneten Gegenstäde Normen aufzustellen, sondern sich selbst neue Gebiete für seie Zuständigkeit zu erschließen. Das staatsrechtliche Wollen, zu velchem sich die Herrscher in den deutschen Staaten bei Erla der Bundesverfassung entschlossen, besaß, wie gegen Seydl*) zu behaupten ist, allerdings Zeugungskraft; es schuf durch Uebertragung nicht bloß von einzelnen Rechten, sonern eines großen Theils der lebendigen Staatsgewalt, insbesondere der Befugniß zur eigenen, selbstständigen Gesetzgeung, einen neuen lebendigen Staatsorganismus, welcher mit eenem, von dem des Schöpfers unabhängigen, Willen und eigner Handlungsfähigkeit ausgestattet ist.

Um ein Beispiel zu gebrauchn: Die erste Verfassung des Preußischen Staates war ein Esetz des absoluten Staates, eine Uebertragung eines Theils der bislang dem Könige zugestandenen Befugnisse, ein Verzcht auf einen Theil der ihm bis dahin zugestandenen Rechte Die auf Grund der Verfassung später ergangenen Geset sind nicht mehr Gesetze des absoluten Staates. Der absolue König konnte die konstitutionelle Verfassung geben, abr er kann sie einseitig nicht wieder zurücknehmen.

---

*) In Schmollers Jahrbuch fr Gesetzgebung 1879 S. 273 ff.

Einzelne Schriftsteller ind der Ansicht, daß die verbindliche Kraft der Bundesverfissung nicht auf dem Landesgesetz beruhen kann, da sonst das Landesgesetz die Bundesverfassung wieder aufheben könnte. Dies trifft nicht zu, da auch der Monarch die von ihm einst gegebene Konstitution nicht wieder aufheben kann. Der Landesgesetzgeber hat durch die Uebertragung der Gesetzgebungsbefugnisse an die Organe des Bundes und des Vorrechts der Geltung der Bundesgesetze endgültig nnd unwiderruflih darauf verzichtet, die dem Bunde übertragenen Rechte wieder zurückzunehmen.

Bis zur Beschließung der Norddeutschen Bundesverfassung blieben die Landesgesetzgebungen, eine jede für sich allein, souverän; seit Erlaß derselben haben sie nach Maßgabe dieser Verfassung auf die Ausübung der Souveränetät für immer in dem Sinne verzichtet, daß sie gewisse Gegenstände nur noch *gemeinsam* regeln wollen und regeln dürfen.*)

§ 2. Errichtung des Deutschen Reiches.

Artikel 79 Absatz 2 der Verfassung des Norddeutschen Bundes bestimmte:

> „Der Eintritt der süddeutschen Staaten oder eines derselben in den Bund erfolgt auf den Vorschlag des Bundespräsidiums im Wege der Bundesgesetzgebung."

Durch diese Vorschrift sollte nach den Worten ihres Urhebers (*Lasker*) ausgedrückt werden, daß der Eintritt der süddeutschen Staaten nicht für eine Veränderung der Bundes-

---

*) Die Ansichten *Zorn's* I S. 30, S 35, daß die Entstehung der Norddeutschen Bundesverfassung lediglich etwas *Faktisches* sei und daß diese Verfassung staatsrechtlich als Gesetz *oktroyirt* sei, sind nach Vorstehendem als unzutreffend zu bezeichnen, für die Schöpfer dieser Verfassung sind sie kaum verständlich. Schließlich ist zu bemerken, daß die Kontroversen darüber, ob die Verfassung des Norddeutschen Bundes ihr verbindliche Kraft aus einem Vertrage oder einem übereinstimmenden Landesgesetze entnommen hat, und welches die Bedeutung der sie einführenden Landesgesetze war, praktisch fast ohne alle Bedeutung sind.

idee gehalten werde, daß also dieser Beitritt nichts weiter sei als eine interne Angelegenheit, welche nicht durch Aenderung der Verfassung, sondern durch Gesetze geregelt wird.

Bei den Friedensabschlüssen zwischen Preußen und den süddeutschen Staaten *) waren zunächst geheim gehaltene Schutz- und Trutzbündnisse vereinbart worden, in denen gegenseitig die Integrität der Staatsgebiete garantirt, zu ihrer Aufrechterhaltung beiderseits die gesammte Kriegsmacht zur Verfügung gestellt und der Oberbefehl für jeden derartigen Kriegsfall dem Könige von Preußen übertragen worden war.**)

Die Kriegsereignisse des Jahres 1870 brachten die Vollendung der nationalen Einheit. Am 3. September wiederholte die badische Regierung in einem Schreiben an den Bundeskanzler ihren schon vor dem Kriege gestellten Antrag auf Eintritt in den Norddeutschen Bund und am 12. September begannen Württemberg und Bayern Verhandlungen zum gleichen Zwecke, dem sich später Hessen anschloß. Das Ergebniß dieser Verhandlungen waren: 1) der Vertrag von Versailles zwischen dem Norddeutschen Bunde mit Baden und Hessen vom 15. November 1870 (BGBl. S. 650); 2) der Vertrag zu Berlin vom 25. November 1870 zwischen dem Norddeutschen Bunde, Baden und Hessen einerseits und Württemberg andererseits (BGBl. S. 654) nebst Schlußprotokoll von dem gleichen Tage (BGBl. S. 657) und einer Militärkonvention vom 21./25. November 1870 (BGBl. S. 658); 3) der Vertrag von Versailles zwischen dem Norddeutschen Bunde einer- und Bayern andererseits vom 23. November 1870 (BGBl. 1871 S. 9) nebst Schlußprotokoll vom gleichen Tage (BGBl. S. 23). Dem mit Bayern abgeschlossenen Vertrage vom 23. November 1870 traten im Vertrage zu Berlin vom 8. Dezember 1870 Württemberg, Baden und Hessen bei.

Diese Verträge, denen die Verfassung des Norddeutschen Bundes als Anlage beigegeben war, sind vom Gesetzgeber

---

*) Mejer S. 312.

**) Ueber den Zollvereinigungsvertrag vom 8. Juli 1867 s. unten zu Art. 40 der Reichsverfassung.

im Norddeutschen Bunde (Dezember 1870) und den Gesetzgebern in Baden, Hessen, Württemberg und Bayern angenommen und als Gesetze des Norddeutschen Bundes, des Badischen, Hessischen, Württembergischen und Bayerischen Staates publizirt worden. Was bedeutete die Annahme und Verkündung dieser Verträge? Nach Laband*) bezogen sich die Genehmigung der Volksvertretung auf die „Gründung“ (?: des Deutschen Reiches), „im Norddeutschen Bunde auf die Erweiterung desselben durch Aufnahme der süddeutschen Staaten, in den süddeutschen Staaten auf deren Eintritt in den Bund.“ „Die Reichsverfassung ist,“ so fährt Laband l. c. fort, „in den süddeutschen Staaten nicht als „Landesgesetz“ eingeführt worden; es wäre dies ebenso unmöglich gewesen, wie die Einführung der norddeutschen Reichsverfassung als Landesgesetze der norddeutschen Staaten.**) Demgegenüber ist hervorzuheben: Um in einen Post- oder Telegraphenverein einzutreten, ein Schutz- oder Trutzbündniß abzuschließen, für den Kriegsfall Truppen einem fremden Oberbefehle zu unterstellen, bedurfte und bedarf es keines Gesetzes. Die Gesetze, welche die Norddeutsche Bundesverfassung in Bayern, Württemberg, Baden und Hessen einführten, bestimmen aber, daß vom 1. Januar 1871 ab für bayerische, württembergische, badische und hessische Unterthanen rechtsverbindlich sein soll, und zwar ebenso, als ob es ihre Landesgesetzgebung bestimmt hätte — was über Militärpflichten, Steuern, bürgerliches, Straf- und prozessualisches Recht, Preß-, Vereins- und Versammlungswesen, Zoll-, Handel- und Wechselwesen, Marken- und Patentschutz, Gewerberecht, Arbeiterversicherung u. s. w. in Zukunft Bundesrath und Reichstag des Deutschen Bundes (Reiches) beschließen und bestimmen werden. Es handelte sich dabei überall für Bayern um eminent bayerische, für Württemberg um eminent württembergische, ja die für Bayern u. s. w. wichtigsten Angelegenheiten u. s. w.; es ist somit durchaus unzutreffend, daß das die Norddeutsche Ver-

*) I S. 43.

**) Aehnlich Zorn I S. 46. ff.

fassung annehmende Bayerische Landesgesetz einen für ein bayerisches Landesgesetz unmöglichen Inhalt gehabt habe. Uebrigens sind ja thatsächlich solche Landesgesetze ergangen, deren Annahme in den Landtagen um deswegen auf große Schwierigkeiten stieß, weil z. B. sehr viele Bayern, die sogenannten „Patrioten", eine Gesetzgebung, bei der die Bayern im Bundesrath wie im Reichtage die kleine Minderheit und die „Preußen" thatsächlich die Mehrheit und Macht darstellten, und zumal eine Gesetzgebung über die wichtigsten Dinge, namentlich über Blut- und Geldsteuern, sich nicht leicht und nicht gern gefallen lassen wollten. Zu erwähnen bleibt noch, daß die bayerischen, württembergischen, badischen und hessischen Gesetze, welche die Norddeutsche Bundesverfassung annahmen, die Landesverfassung abänderten, z. B. im weiten Umfange auf verfassungsmäßig dem Landtage zustehende Befugnisse zu Gunsten des Gesetzgebers im Deutschen Reiche verzichteten, und daher als verfassungändernde Gesetze berathen, beschlossen und verkündet werden mußten, berathen, beschlossen und verkündet worden sind.*) Auf Seiten des

*) Die Publikation der die Verfassung des Norddeutschen Bundes mit den Novemberverträgen annehmenden Gesetze war schwierig, weil diese Verfassung nach den Verträgen bereits am 1. Januar 1871 in Kraft treten sollte, und die Bayerische zweite Kammer erst im Laufe des Januar 1871 ihre verfassungsmäßige Zustimmung ertheilte. Daher mußten Akte des Reiches bis dahin noch als Akte des Norddeutschen Bundes ergehen. In Hessen südlich des Main wurde die Verfassung vom Ministerium „zufolge Allerhöchster Ermächtigung" am 31. Dezember 1870 im Regierungsblatt zur Kenntnißnahme und Nachachtung verkündet mit dem Hinzufügen, „daß Einwilligung der Stände und Ratifikation stattgefunden hat". Am gleichen Tage wurde dieselbe vom Großherzoge von Baden im Badischen Regierungsblatt „zur allgemeinen Nachachtung" publizirt. Der König von Württemberg verordnete, nachdem die Verträge die verfassungsmäßige Zustimmung der Stände erlangt hatten, daß diese Verträge verkündigt werden. (Württembergisches Regierungsbl. 1871 Nr. 1.)

Im Publikations-Patent König Ludwigs von Bayern vom 30. Januar 1871 (Bayerisches Gesetzbl. v. 30. Jan. 1870) heißt es: „Nachdem zu diesen Verträgen, insoweit durch deren Inhalt der verfassungsmäßige Wirkungskreis des Landtags berührt wird,

Norddeutschen Bundes war der Eintritt der süddeutschen Staaten gemäß Art. 79 Abs. 2 ein Akt der Bundesgesetzgebung. Die norddeutschen Staaten als solche brauchten nicht mehr gefragt zu werden. Indem sie die Norddeutsche Bundesverfassung seiner Zeit als Landesgesetz annahmen, haben sie zugleich als wie ein Landesgesetz verbindlich erklärt, was in Ausübung der in Art. 79 Abs. 2 der Bundesverfassung ertheilten Ermächtigung geschehen würde; insbesondere daß mit Eintritt der süddeutschen Staaten auch deren Bundesraths- und Reichstagsmitglieder nach Maßgabe der Bundesverfassung über preußische, sächsische Angelegenheit beschließen, daß Preußen, Sachsen u. s. w. auch für süddeutsche Truppen Steuern zahlen u. s. w.

Zweifellos enthalten hiernach die die Norddeutsche und die Reichsverfassung sanktionirenden Landes- und Bundesgesetze „Akte der Gesetzgebung im materiellen Sinne." *)

Die Gültigkeit der Deutschen Bundes-(Reichs-)Verfassung beruht darauf, daß sie im Norddeutschen Bunde durch Bundes-, in den süddeutschen Staaten durch Landesgesetze beschlossen ist, nicht auf den Verträgen, aber auch nicht, wie Hänel I (Vertragsm. Elem.) S. 89 und Zorn I S. 50 wollen, auf einem Reichsgesetze.

Wenn nach dem Vorstehenden Seydel**) darin beizu-

— die Zustimmung des Landtags ertheilt ist, haben Wir zu denselben Unsere Ratifikation ertheilt und — ertheilen Wir hiermit allen darin enthaltenen Bestimmungen, welche den verfassungsmäßigen Wirkungskreis des Landtags berühren, gesetzliche Kraft und Geltung und verfügen, daß diese Verträge sofort durch das Gesetzblatt verkündigt und ihrem ganzen Inhalt nach zum Vollzuge gebracht werden".

Die deutsche Bundesverfassung erlangte also wie jedes andere bayerische u. s. w. Landesgesetz dadurch in Bayern u. s. w. Geltung, daß der Landesherr diese Verfassung nach erlangter Zustimmung der Stände zur Befolgung seiner Unterthanen anbefohlen hat.

Wenn Hänel fragt, was gehe z. B. die Freihafenstellung Hamburgs die Süddeutschen an, so ist darauf zu antworten, viel in politischer, wirthschaftlicher und steuerlicher Hinsicht.

*) Das Gegentheil behauptet Laband I S. 44.

**) Kommentar S. 9 a. a. O.

stimmen ist, daß die Reichsverfassung — für die süddeutschen Staaten — als Landesgesetz zu Stande gekommen und verbindlich geworden ist, so sind die von ihm daraus gezogenen weiteren Folgerungen, namentlich die, daß das Reich bloß ein Vertragsverhältniß ohne eigene Gesetzgebung darstelle, daß durch dasselbe keine neue Staatsgewalt begründet worden sei, nicht stichhaltig und zu verwerfen.

Allerdings sind es ursprünglich „delegated powers", die dem Norddeutschen Bunde und dem Deutschen Reiche durch die Landesgesetzgebung übertragen worden sind, aber die Delegation ging dahin, daß sie für immer erfolgte, nicht wieder zurückgenommen werden konnte, d. h. daß für immer (ohne Möglichkeit der einseitigen Zurücknahme) wesentliche Theile der staatlichen Souveränetät, sogar die wesentlicheren, einer neuen und selbstständigen Gewalt übertragen wurden. Die preußische erste Kammer hatte es seiner Zeit auch in ihrer Hand, der Krone die Befugniß vorzuenthalten, an ihre Stelle ein Herrenhaus zu setzen; nachdem sie der Krone diese Befugniß delegirte (oder mitdelegiren half), war sie für immer beseitigt und das Herrenhaus ist mehr als ein bloßer Delegirter der früheren ersten Kammer. Ein Staat kann landesgesetzlich sich auflösen, sich einem Anderen einverleiben; auch die Einverleibung ist in diesem Falle zugleich ein Delegationsakt; der einverleibte Staat besteht aber als Staat nach der Delegation nicht mehr. Die Delegation der Einzelstaaten an das Reich bezog sich nicht auf die Ausübung eines einzelnen Rechtsgeschäftes, sondern darauf, daß Alles, was in Zukunft nach Maßgabe der Delegation (der Reichsverfassung) vom Reiche geschehen wird, verbindlich ist, ohne Rücksicht darauf, ob dies die Einzelstaaten wollen oder nicht und ohne daß diese die Möglichkeit haben, solches dann durch Widerruf der Delegation zu hindern.

Nachdem der Reichstag des Norddeutschen Bundes gemäß Art. 79 der Bundesverfassung seine verfassungsmäßige Zustimmung zu den Verträgen mit den süddeutschen Staaten ertheilt hatte, beantragte der Bundesrath des Norddeutschen Bundes im Einverständnisse mit den Regierungen von Bayern,

Württemberg, Baden und Hessen bei dem Reichstage durch Vorlage vom 9. Dezember 1870 (Sten. Ber. des Reichstages 1870, Aktenstück Nr. 31 S. 114), daß der Deutsche Bund den Namen Deutsches Reich und der König von Preußen als Bundespräsident den Namen „Deutscher Kaiser“ führen sollte. Der Reichstag genehmigte diesen Antrag am 10. Dezember 1870 (mit allen gegen 6 Stimmen).*) Die Proklamirung der Herstellung der Kaiserwürde erfolgte durch den König im Spiegelsaale zu Versailles am 18. Januar 1871.**)

Die Zerstreung der Grundlagen der Verfassung des Deutschen Reichs in einem Bundesgesetze und in den Novemberverträgen führte zur Vorlage des Entwurfs eines Gesetzes, betr. die Verfassung des Deutschen Reichs. Die Motive dieses Gesetzes, welches als Gesetz, betreffend die Verfassung des Deutschen Reichs vom 16. April 1871 zur Verabschiedung gelangte, äußern darüber:

> „Die(se) Zerstreuung der Grundlagen, auf welchen der politische Zustand Deutschlands beruht, ist ein Uebelstand, welcher dadurch noch fühlbarer wird, daß der Vertrag vom 23. November v. J. (mit Bayern) mehrere Bestimmungen der am 15. desselben Monats vereinbarten Verfassung nur ungenau wiedergeben konnte und daß die dadurch herbeigeführte Inkongruenz wichtiger Vorschriften, ungeachtet der vorsorglichen Verabredung unter Nr. XV des Schlußprotokolls vom 23. November v. J. zu Mißverständnissen führen kann. Die Zusammenfassung der in diesen vier Urkunden enthaltenen Verfassungsbestimmungen in einem einzigen Dokument ist daher ein nicht zu verkennendes Bedürfniß.“

Nach diesen und anderen Worten der Motive und der bei Berathung des Gesetzes vom 16. April 1871, betreffend

---

*) Sten. Ber. des Reichstages 1870 Bd. 1 S. 167 ff. und 181 ff.

**) Die Proklamation im Preuß. Staatsanzeiger vom 18. Januar 1871 Nr. 19.

die Verfassung des Deutschen Reichs,*) allseitig abgegebenen Erklärungen war durch die Verfassungsurkunde vom 16. April 1871 eine sachliche Aenderung des bestehenden Rechts**) nicht beabsichtigt und nicht herbeigeführt.***) Das Publikationsgesetz vom 16. April 1871 schreibt — worauf O. Mejer†) zutreffend hinweist, — vor, daß an die Stelle der zwischen dem Norddeutschen Bunde und den Großherzogthümern Baden und Hessen vereinbarten Verfassung des Deutschen Bundes, sowie der mit den Königreichen Bayern und Württemberg über den Beitritt zu dieser Verfassung geschlossenen Verträge mit dem 4. Mai 1871 die neu formulirte „Verfassungsurkunde" für das Deutsche Reich tritt. Dieselbe soll also keine neue Verfassung, sondern nur eine berichtigte Beurkundung sein.

Gegenüber der Verfassung für den Norddeutschen Bund enthalten die Novemberverträge und also auch die Verfassung für das Deutsche Reich eine erhebliche Verstärkung des föderativen Elements.††) Diese liegt namentlich darin, daß Verfassungsänderungen erschwert sind, daß die Südstaaten wichtige Reservatrechte erhielten, daß schon der Zutritt mächtiger Staaten das Uebergewicht Preußens minderte, endlich auch darin, daß die Verordnungsbefugniß allgemein auf den Bundesrath überging.†††)

Die letzte an dieser Stelle zu behandelnde Frage ist die, ob das Deutsche Reich der Rechtsnachfolger des Norddeutschen Bundes geworden ist.

---

*) Z. B. Rede Laskers in den Sten. Ber. des Reichstags 1871 S. 95.

**) abgesehen von unwesentlichen Modifikationen.

***) Ebenso Seydel, Komm. S. 13, Laband I S. 45 ff.

†) S. 334.

††) Vgl. auch die Rede Delbrücks im Sten. Ber. des Reichstages, außerordentliche Session 1870 S. 69.

†††) Vgl. Arndt, Das Verordnungsrecht des Deutschen Reichs S. 51 ff. A. v. Ruville, Das Deutsche Reich ein monarchischer Einheitsstaat, Berlin 1894, meint im geraden Widerspruch zu den Thatsachen, daß der Norddeutsche Bund nur ein Bund, das Deutsche Reich dagegen ein Einheitsstaat sei, a. a. O. S. 82.

Diese Frage wird u. A. von Seydel*) verneint. Derselbe erblickt im Norddeutschen Bunde wie im Deutschen Reiche keine Persönlichkeit, sondern nur die verbündeten einzelnen Staaten. Diese Anschauung ist bereits als unzutreffend widerlegt. Für Seydel spricht lediglich, daß man Bedenken getragen hat, die vom Norddeutschen Bunde kontrahirten Schulden ohne Weiteres für die Südstaaten als verbindlich zu erklären. Allein dafür waren Billigkeitsgründe maßgebend. Gegen die Seydelsche Ansicht ist entscheidend, daß die Südstaaten in den Norddeutschen Bund eingetreten sind und daß das Deutsche Reich die Bezeichnung für den durch Beitritt der süddeutschen Staaten erweiterten Norddeutschen Bund ist. Dafür sind noch die Worte Miquels am 7. Dezember 1870 im Reichstage anzuführen:**) „Ich sehe die Sache so an, daß das Rechtssubjekt, welches Vermögen und Schulden hat, der Norddeutsche Bund, nicht untergeht, sondern bestehen bleibt, daß nur andere Staaten hinzutreten auf Grund der Bundesverfassung selber, auf Grund des bekannten Art. 79 der Bundesverfassung, und daß daher das Rechtssubjekt dasselbe bleibt", welche Worte übrigens alsbald die Bestätigung des Ministers Delbrück erhielten.***)

§ 3. Charakter des Deutschen Reichs. Das Reich und die Einzelstaaten.

Wie bereits gezeigt ist,†) sind die Gewalten des Norddeutschen Bundes ursprünglich delegirte, von den Einzelstaaten im Wege der Landesgesetzgebung übertragene. Aus diesem Umstande allein kann begrifflich nicht gefolgert werden

*) Komm. S. 18 ff.; ebenso Riedel, die Verfassungsurkunde vom 16. April 1871 S. 77, 105 und Zorn I S. 54.

**) Sten. Ber. des Reichstages, außerordentliche Session 1870 S. 132.

***) Der gleichen Ansicht sind Laband I S. 41, R. v. Mohl, Reichsstaatsrecht S. 51, und Hänel, Studien I S. 82.

†) § 2.

(wie dies Seydel thut), daß die Souveränetät (die höchste Gewalt) den delegirenden Staaten verblieben ist; denn eine Delegation kann sogar in dem Umfange erfolgen, daß der delegirende Staat alle seine Macht für immer überträgt. Die Delegation schuf ein von den delegirenden Einzelstaaten unabhängiges, ein selbstständiges, neues Rechtssubjekt: 1) weil sie unwiderruflich erfolgte; 2) weil die Delegation zwar ihrem Gegenstande nach („nach Maßgabe der Bundesverfassung") beschränkt, im Uebrigen aber in der Weise erfolgte, daß der Delegirte nach seinem eigenen Ermessen, ohne Rücksicht auf Wünsche oder Aufträge der delegirenden Staaten, von der Delegation Gebrauch machen kann; 3) weil die Delegirenden zugestanden haben, daß die von der Bundesgewalt ausgehenden Normen ohne Weiteres für das ganze Reich, die delegirenden Staaten und deren Unterthanen rechtsverbindliche Kraft haben sollen (Art. 2 der Reichsverfassung); 4) weil die Delegation sogar soweit geht, daß die Centralgewalt sich selbst ihre Kompetenz bestimmen, insbesondere diese auch nach eigenem Ermessen ausdehnen kann (Art. 78 der Reichsverfassung).*)

Sind nun die Einzelstaaten noch Staaten oder nur noch, wie mehrfach behauptet ist,**) Selbstverwaltungskörper? Der Unterschied zwischen einem Selbstverwaltungskörper und dem Staate liegt nicht im Zwecke;***) auch nicht darin, daß der Staat aus eigenem Rechte Herrschaftsrechte hat und die Gemeinde nicht;†) denn auch die Gemeinden haben Herrschaftsrechte und es ist zum mindesten ein lose gefügter (mittelalterlicher oder ein Zukunftsstaat) denkbar, in welchem Gemeinden aus eigenem Rechte Anordnungen treffen können; sondern darin, daß über Sein, Anderssein und Nicht-

*) Vgl. auch Laband I S. 82 ff., Hänel, Studien I. S. 240 a. a. O., Zorn I S. 77 a. a. O.

**) Jellinek, Die Lehre von den Staatenverbindungen S. 270 ff., 281 ff. a. a. O., Zorn I S. 84.

***) Ebenso Laband S. 63; anders Rosin S. 298.

†) Dies nimmt Laband an S. 64.

sein der kommunalen Selbstverwaltungskörper nicht diese selbst, auch nicht die Gesammtheit derselben, unmittelbar oder sei es auch nur mittelbar, zu befinden haben, daß also der Staat über die Gemeinde, nicht aber die Gemeinden über den Staat zu verfügen haben, oder noch anders ausgedrückt, daß der Staat die Souveränetät über die Gemeinden hat. Die Gliedstaaten des Deutschen Reichs sind nun keine Selbstverwaltungskörper, sondern Staaten,*) nach Laband, weil sie noch eigene, nicht bloß übertragene Herrschaftsbefugnisse haben, richtiger aber deshalb, weil über Sein, Anderssein und Nichtsein der einzelnen deutschen Bundesstaaten nur diese selbst, und zwar jeder für sich allein oder — soweit die Reichszuständigkeit begründet ist — alle gemeinschaftlich bestimmen, oder noch anders ausgedrückt, weil im Rechtssinne die Gesammtheit aller Gemeinden nicht den Staat, wohl aber die Gesammtheit aller deutschen Staaten das Deutsche Reich ausmachen, oder, weil zwar nicht die Gesammtheit aller Gemeinden Souverän des Staates, wohl aber die Gesammtheit aller Staaten Souverän des Deutschen Reichs ist.

Sind die deutschen Staaten noch souverän, oder steht die Souveränetät nur dem Deutschen Reiche zu? Laband I (§§ 8, 9), Zorn, Reichsstaatsrecht I S. 50, 54, Hirths Annalen 1884 S. 478, Jellinek, Lehre von den Staatenverbindungen S. 291, Rosin in Hirths Annalen 1883 S. 265, Hänel, Vertragsmäßige Elemente S. 239, G. Meyer, Lehrbuch des deutschen Staatsrechts, 2. Aufl. S. 32, 170, Zorn I § 4, O. Mejer S. 25, 294, v. Treitschke in den Preußischen Jahrbüchern Bd. XXX S. 527 behaupten, daß die Einzelstaaten die Souveränetät verloren haben und stützen diese Behauptung auf den Umstand, daß das Reich sich in der Lage befinde, seine Zuständigkeit auf Kosten derjenigen der Bundesstaaten durch eigene Akte zu erweitern, daß es die sogenannte Kompetenz-Kompetenz besitze.**) Dieser Umstand trifft zunächst

*) Ebenso Laband S. 70 ff.

**) Laband I S. 83.

für Preußen keineswegs zu. Denn Zuständigkeitserweiterungen sind Verfassungsänderungen (Reichsverfassung Art. 78 Abs. 1). Verfassungsänderungen sind unmöglich, wenn im Bundesrath 14 Stimmen gegen sie abgegeben werden (Reichsverfassung Art. 78 Abs. 2), und Preußen verfügt allein über 17 Stimmen im Bundesrath. Ohne Preußens Willen kann hiernach kein Titelchen von preußischen Hoheitsrechten an das Reich verloren gehen. Preußen ist also, wenigstens nach dieser Begründung, ein souveräner Staat.*) Jener Umstand trifft aber selbst für die übrigen deutschen Staaten nicht zu. Denn wenn auch einer von ihnen allein — soweit ihm nicht Singularrechte vorbehalten sind — die Ausdehnung der Reichszuständigkeit nicht hindern kann, so muß doch jede Ausdehnung der Reichszuständigkeit vom Bundesrathe beschlossen und sanktionirt werden — vom Bundesrathe, das ist von eben diesen Staaten selbst, welche dort ihren Willen zum Ausdruck bringen. Und ferner der Staat kann, wenn er will, einzelne Gemeinden, Kreise und Provinzen aufheben und verändern (Preußische Landgemeindeordnung vom Jahre 1891 § 2 a. a. O.). Das Deutsche Reich kann per majora nur gemeinsame, allen Staaten gegenüber gleiche Souveränetätsbeschränkungen vornehmen. Daraus folgt, daß, was ein einzelner Staat an unmittelbarer Herrschaft verliert, er in der Antheilnahme am Reich wiedergewinnt von den übrigen Staaten. Die deutschen Staaten sollten souverän bleiben; auf der Grundlage der Aufrechterhaltung ihrer Souveränetät sind die Bündnißverträge vom August 1866 und November 1870 abgeschlossen, welche in der Verfassung ihre staatsrechtliche Geltung erlangt haben. Nur das ist richtig: die souveränen deutschen Staaten können einen großen Theil ihrer Souveränetätsrechte, nämlich diejenigen, welche sich auf die der Zuständigkeit des Reiches unterstellten Gegenstände beziehen, nicht mehr allein, sondern nur noch gemeinschaftlich mit

---

*) Arndt, Preußische Verfassung S. 37; ebenso Bornhak, Preußisches Staatsrecht S. 71; dagegen Hänel Staatsr. S. 802.

den anderen Regierungen ausüben; sie haben insoweit auf die alleinige Innehabung der Souveränetät über ihr Gebiet verzichtet und dafür (abgesehen von den der Krone Preußen übertragenen Hegemonialrechten) den entsprechenden Theil von Souveränetätsrechten über die anderen Gebiete miterlangt. Soweit sie ihre Souveränetät nicht mehr allein, nicht mehr als Landeshoheit ausüben können, üben sie dieselbe gemeinschaftlich im Bundesrath aus. Niemand besser und Niemand mit mehr Autorität als Fürst Bismarck hat ausgesprochen,*) daß die Souveränetät eines jeden Bundesstaats ihren unbestrittenen Ausdruck im Bundesrath findet; folglich hat er darin zugleich das Fortbestehen der Souveränetät jedes Einzelstaates anerkannt. Auch völkerrechtlich, im internationalen Verkehr, werden die deutschen Staaten als souverän angesehen.**) Wenn Laband***) sagt: „Die deutschen Staaten sind als Gesammtheit souverän", so möchte es besser heißen: „die deutschen Staaten sind souverän, weil sie in ihrer Gesammtheit die Souveränetät des Deutschen Reichs ausmachen".†) Hänel, (Studien I S. 63 ff. und in Hirths Annalen 1877 S. 82 ff., vgl. auch Staatsr. I S. 798) spricht sich dahin aus: „Nicht der Einzelstaat, nicht der Gesammtstaat sind Staaten schlechthin, sie sind nur nach der Weise von Staaten organisirte und handelnde politische Gemeinwesen. Staat schlechthin ist nur der Bundesstaat als die Totalität beider". Dies ist wenigstens mir schwer verständlich. In den Motiven zum Gesetzentwurf über die Einverleibung von Elsaß-Lothringen wird das Deutsche Reich seinem Grundcharakter nach als „ein Bund selbstständiger, souveräner Staaten" hingestellt.

*) Sten. Ber. des verfassungsberathenden Reichstags 1867 S. 338.

**) Auch Laband I S. 93, v. Sarwey, Württembergisches Staatsrecht I S. 396.

***) Reichsstaatsrecht I S. 93.

†) Vgl. auch O. Gierke in Schmollers Jahrbuch Bd. VII S. 1125 ff. und S. 1167 ff.

Mag man die Einzelstaaten noch als souverän ansehen oder mit der weitaus überwiegenden Mehrheit der deutschen Staatsrechtslehrer ihnen die Souveränetät absprechen*) — in jedem Falle haben die Landesherren der Einzelstaaten noch ihre persönliche Souveränetät und alle damit verbundenen staats- und völkerrechtlichen Ehrenrechte ungeschmälert behalten, und zwar einmal, weil ihre Staaten noch souverän sind oder doch jedenfalls, weil sie Antheil am Imperium über das Reich haben, weil sie nämlich in ihrer Gesammtheit mit Einschluß der freien Städte der Souverän im Deutschen Reiche sind.

Denn nicht der Kaiser ist Souverän des Deutschen Reichs; Kaiser ist nur ein Ehrentitel, die Bezeichnung für Reichspräsidium. Auch hier genügt es, auf die Worte Bismarcks hinzuweisen:**) „Die Souveränetät ruht nicht beim Kaiser, sie ruht bei der Gesammtheit der verbündeten Regierungen."

Für die Frage der Abgrenzung der Zuständigkeit der Einzelstaaten von derjenigen des Deutschen Reichs ist zu beachten, daß das letztere nur nach Maßgabe des Inhalts „seiner Verfassung das Recht der Gesetzgebung" ausübt (Reichsverfassung Art. 2), daß es somit nur diejenigen Befugnisse besitzt, welche ihm in der Verfassung übertragen oder auf Grund der Verfassung von ihm erworben sind. Oder anders ausgedrückt, die Rechtsvermuthung spricht für die Zuständigkeit des Landes; diese ist nur dann als ausgeschlossen zu erachten, wenn die Zuständigkeit des Reichs — was allerdings in sehr weitem Umfange der Fall ist — durch eine besondere Norm begründet wird.

*) Eine praktische Bedeutung kommt auch dieser Kontroverse nicht zu: es ist fast ein Streit um Worte, ob man sagt, die deutschen Staaten seien souverän, obgleich oder weil sie große Theile der Souveränetät nur noch gemeinschaftlich ausüben, oder sie seien nicht souverän, weil sie große Theile der Souveränetät nur noch gemeinschaftlich ausüben.

**) Sten. Ber. des deutschen Reichstags I 1871 S. 299.

Die preußische Verfassungs-Urkunde hat einen negativen, die Reichsverfassung einen positiven Inhalt.*) Die preußische Verfassung schreibt vor, in welchen Fällen die Krone nicht mehr allein, sondern nur noch mit Zustimmung des Landtages — durch Gesetz — über irgend einen Gegenstand verfügen dürfe. Wo Vorschriften fehlen, besteht nach wie vor das Verfügungsrecht der Krone. Für dieses spricht die Rechtsvermuthung, während das Parlament keine andere Befugnisse hat, als ihm durch die Verfassung ausdrücklich übertragen sind.**) Die Reichsverfassung bestimmt, welche Befugnisse die deutschen Einzelstaaten an die Zentralgewalt abgeben. Daher ist der Einzelstaat überall zuständig, wo seine Zuständigkeit in Folge positiven Rechtssatzes nicht ausgeschlossen, das Reich dagegen nur da zuständig, wo seine Zuständigkeit auf eine positive Gesetzesvorschrift gestützt ist. „Wir haben," sagte Fürst Bismarck am 4. März 1867,***) „es für unsere Aufgabe gehalten, ein Minimum derjenigen Konzessionen zu finden, welche die Sonderexistenzen auf deutschem Gebiet der Allgemeinheit machen müssen, wenn diese Allgemeinheit lebensfähig werden soll."

Für die Auslegung der Verfassung ist noch zu beachten, daß sie aus Verträgen (den August- [1866] und Novemberverträgen [1870]) entstanden ist, daß die auf einen Vertrag hinweisenden Bezeichnungen in dem Verfassungstexte zwar noch beibehalten sind, daß sie aber durch die Uebernahme in diesen Text aufgehört haben, Vertragsrecht zu sein und Verfassungsrecht geworden sind.†)

Schließlich mögen hier die Worte Erwähnung finden, welche Fürst Bismarck aussprach, als er am 4. März 1867

*) Arndt in Hirths Annalen 1885 S. 710.

**) Arndt, Verordnungsrecht S. 61 ff. und Hirths Annalen 1886 S. 32 ff.

***) Sten. Ber. des verfassungberathenden Reichstags bei Bezold, Materialien I 171, Sten. Ber. S. 135.

†) Arndt, Verordnungsrecht S. 107.

den Verfassungsentwurf dem Reichstage vorlegte: „Wir mögen das Elaborat welches zu Stande gekommen ist, mit dem Namen einer Verfassung belegen oder nicht, das thut zur Sache Nichts. Wir gauben aber, daß, wenn es angenommen wird, für das deutshe Volk die Bahn frei gemacht worden ist, und daß wir das Vertrauen zum Genius unseres eigenen Volkes haber können, daß es auf dieser Bahn den Weg zu finden wisser wird, der zu seinen Zielen führt."

III. Reichs-Verfassung.

(№ 628.)

1. Gesetz, betreffend die Verfassung des Deutschen Reichs.

Vom 16. April 1871.

(RGBl. 1871 Nr. 16 S. 63, ausgegeben zu Berlin am 20. April 1871.)

Wir **Wilhelm**, von Gottes Gnaden Deutscher Kaiser, König von Preußen ꝛc. verordnen hiermit im Namen des Deutschen Reichs, nach erfolgter Zustimmung des Bundesrathes und des Reichstages, was folgt:

§ 1. An die Stelle der zwischen dem Norddeutschen Bunde und den Großherzogthümern Baden und Hessen vereinbarten Verfassung des Deutschen Bundes (Bundesgesetzbl. vom Jahre 1870 S. 627 ff.), sowie der mit den Königreichen Bayern und Württemberg über den Beitritt zu dieser Verfassung geschlossenen Verträge vom 23. und 25. November 1870 (Bundesgesetzbl. vom Jahre 1871 S. 9 ff. und vom Jahre 1870 S. 654 ff.) tritt die beigefügte Verfassungs-Urkunde für das Deutsche Reich.[1])

§ 2. Die Bestimmungen in Artikel 80 der in § 1 gedachten Verfassung des Deutschen Bundes (Bundesgesetzbl. vom Jahre 1870 S. 647),[2]) unter III. § 8 des Vertrages mit Bayern vom 23. November 1870 (Bundesgesetzbl. vom Jahre 1871 S. 21 ff.),[2]) in Artikel 2 Nr. 6 des Vertrages mit Württemberg vom 25. November 1870 (Bundesgesetzbl. vom Jahre 1870 S. 656),[2] über die Einführung der im Norddeutschen Bunde ergangenen Gesetze in diesen Staaten bleiben in Kraft.

Die dort bezeichneten Gesetze sind Reichsgesetze. Wo in denselben von dem Norddeutschen Bunde, dessen Verfassung, Gebiet, Mitgliedern oder Staaten, Indigenat, verfassungsmäßigen Organen, Angehörigen, Beamten, Flagge u. s. w. die Rede ist, sind das Deutsche Reich und dessen entsprechende Beziehungen zu verstehen.

Dasselbe gilt von denjenigen im Norddeutschen Bunde ergangenen Gesetzen, welche in der Folge in einem der genannten Staaten eingeführt werden.[2])

§ 3. Die Vereinbarungen in dem zu Versailles am 15. November 1870 aufgenommenen Protokolle (Bundesgesetzbl. vom Jahre 1870 S. 650 ff.),[3]) in der Verhandlung zu Berlin vom 25. November 1870 (Bundesgesetzbl. vom Jahre 1870 S. 657),[4]) dem Schlußprotokolle vom 23. November 1870 (Bundesgesetzbl. vom Jahre 1871 S. 23 ff.),[5]) sowie unter IV. des Vertrages mit Bayern vom 23. November 1870 (a. a. O. S. 21 ff.)[6]) werden durch dieses Gesetz nicht berührt.

Urkundlich unter Unserer Höchsteigenhändigen Unterschrift und beigedrucktem Kaiserlichen Insiegel.

Gegeben Berlin, den 16. April 1871.

(L. S.) **Wilhelm.**

Fürst v. Bismarck.

1) Bereits oben S. 53 ist dargethan, daß die „Verfassungs-Urkunde" nur eine neue Redaktion der durch die Novemberverträge modifizirten Verfassung des Norddeutschen Bundes darstellen sollte

und darstellt. Neu ist in materieller Hinsicht nur die Bestimmung im Art. 8, nach welcher der durch den Vertr. v. 23. Nov. 1870 Nr. II § 6 geschaffene Ausschuß des Bundesraths für die auswärtigen Angelegenheiten, außer den drei Bevollmächtigten von Bayern, Sachsen und Württemberg, aus zwei vom Bundesrath alljährlich zu wählenden Bevollmächtigten anderer Bundesstaaten bestehen soll; s. auch Hänel, Staatsr. S. 53. Nicht aufgenommen sind in den Text der Verfassungs-Urkunde die auf die Einführung norddeutscher Gesetze als Reichsgesetze bezüglichen Bestimmungen, auf die § 2 dieses Gesetzes hinweist. Auch die in den Verträgen und Schlußprotokollen enthaltenen Vereinbarungen, theils vorübergehenden, theils administrativen Charakters, haben keine Aufnahme in die „Verfassungs-Urkunde" gefunden. § 3 dieses G. v. 16. April 1871 erklärt jedoch ihre fortdauernde Geltung.

Nicht ihrem Wortlaute nach aufgenommen, aber durch Art. 40 der Reichsverfassung aufrechterhalten, sind die Verträge und Vereinbarungen des Zollvereins. Ihrem rechtlichen Charakter nach sind die Vorschriften dieser Verträge und Vereinbarungen theilweise Verfassungsrecht, theilweise Gesetzesrecht, theilweise Verordnungsrecht. S. w. unten zu Art. 40 der Reichsverf., ferner Arndt, Verordnungsrecht S. 101, Hänel, Staatsr. S. 55f. Die Militär-Konvention mit Württemberg ist gleichfalls unberührt und in Geltung geblieben, trotzdem sie in den Verfassungstext keine Aufnahme fand. Hänel, Staatsr. S. 58.

Das Deutsche Reich bestand seit 1. Januar 1871, also vor der Reichsverfassung vom 16. April 1871. Diese, ihrem materiellen Inhalte nach eine Neubeurkundung der seit 1. Januar 1871 bestehenden Verfassung, ist vom rechtlichen Standpunkte aus Gesetz des Deutschen Reichs. Das Deutsche Reich ist somit entstanden durch ein Gesetz des Norddeutschen Bundes und der damit übereinstimmenden Gesetze der süddeutschen Staaten. Seine heutige Verfassung ist (seit 4. Mai 1871) dagegen Reichsgesetz.

2) Vgl. unten Anlage V.
3) Vgl. unten Anlage I.
4) Vgl. unten Anlage II.
5) Vgl. unten Anlage IV.
6) Vgl. unten Anlage III.

2. Verfassung des Deutschen Reichs.[1])

Seine Majestät der König von Preußen im Namen des Norddeutschen Bundes,[2]) Seine Majestät der König von Bayern, Seine Majestät der König von Württemberg, Seine Königliche Hoheit der Großherzog von Baden und Seine Königliche Hoheit der Großherzog von Hessen und bei Rhein für die südlich vom Main belegenen Theile des Großherzogthums Hessen, schließen einen ewigen[3]) Bund zum Schutze des Bundesgebietes[4]) und des innerhalb desselben gültigen Rechtes,[5]) sowie zur Pflege der Wohlfahrt[6]) des Deutschen Volkes.[7]) Dieser Bund wird den Namen Deutsches Reich führen und wird nachstehende

Verfassung

haben.

1) Die Verfassung, die seit dem Jahre 1871 mannigfache Abänderungen erfahren hat, ist in ihrer heutigen Form nachstehend zum Abdruck gebracht. Die Aenderungen sind an den bez. Stellen angegeben.

2) Die Norddeutsche Bundesverfassung führt die Fürsten und freien Städte auf, welche dieselbe abgeschlossen haben. Die Reichsverfassung ist zu Stande gekommen durch Annahme von Seiten des Nordeutschen Bundes als solchem und der süddeutschen Staaten, weshalb die Aufzählung der Mitglieder des Norddeutschen Bundes unterblieb. Das Recht des Königs, Namens des Norddeutschen Bundes die „Verfassung" des Deutschen Reichs zu vollziehen, ergiebt sich aus Art. 11 der Norddeutschen Bundesverfassung in Verbindung mit dem Umstande, daß die Bundesgesetzgebung diese Verfassung beschlossen hatte.

3) Austritt eines Staates ist daher unstatthaft. Einseitiger Austritt ist nicht bloß, wie Seydel, Komm. S. 36 behauptet, „ein Vertragsbruch", sondern ein Verfassungsbruch. Das Deutsche Reich kann auch nicht allein durch den erklärten Austritt

aller Bundesstaaten aufgelöst werden, vielmehr ist dazu ein verfassungändernndes Gesetz, also auch die Zustimmung des Reichstages nothwendig.

4) Die erste Aufgabe, die sich das Reich stellte, ist die Vertheidigung des Vaterlandes, weshalb das Heerwesen zu seiner Zuständigkeit gehört, ferner das Recht über Krieg und Frieden, der völkerrechtlichen Vertretung und des völkerrechtlichen Vertrages. Seydel S. 25.

5) Hierher gehören die Vorschriften in Art. 76 und 77 der Reichsverf.: Die Entscheidung öffentlich rechtlicher Streitigkeiten zwischen Bundesstaaten auf Anrufen, die Entscheidung von Verfassungsstreitigkeiten in Bundesstaaten durch die Reichsgesetzgebung, die Abstellung der in einem Bundesstaate eingetretenen Justizverweigerung; ferner sind hierher zu ziehen die Oberaufsicht des Reiches über die seiner Gesetzgebung unterstellten Angelegenheiten und die wechselseitige Rechtshülfe unter den Bundesstaaten, s. auch Seydel S. 25.

6) Zweifellos gehören zur „Pflege der Wohlfahrt des deutschen Volkes" die sog. sozialpolitischen Gesetze. Seydel S. 25 rechnet zutreffend hierhin: 1. die vom Reiche der Person gewährten Rechte: Reichsindigenat, Freizügigkeit, Gewerbefreiheit, Gleichstellung der Reichsangehörigen hinsichtlich des Erwerbes des Staatsbürgerrechts, des Niederlassungsrechts und der Heimath, die Bestimmungen über Preß- und Vereinswesen u. s. w., auch die Gleichheit der Konfessionen; ferner die Regelung des Verkehrs: Eisenbahn-, Post-, Telegraphen-, Schiffahrts-, Zoll- und Steuer-, Maß-, Gewichts-, Münz-, Bankwesen, Patente, Schutz des geistigen Eigenthums, Medizinal- und Veterinärpolizei, endlich die Rechtspflege: Bürgerliches, Prozeß-Strafrecht u. s. w.

7) Die Worte schließen einen ewigen Bund u. s. w. sind lediglich enuntiativ, nicht dispositiv (Hänel, Staatsr. S. 219, Zorn I 79). Aus denselben kann daher keine Kompetenzbeschränkung des Deutschen Reiches hergeleitet und insbesondere nicht gefolgert werden, daß eine etwaige Ausdehnung der Reichszuständigkeit über die angegebenen Ziele einen neuen Verfassungsvertrag (Einstimmigkeit aller Staaten) nothwendig mache. Vgl. anderseits M. Seydel, Komm. S. 29. Das Deutsche Reich kann daher über

den Rahmen der Worte „schließen einen ewigen Bund" bis „Wohlfahrt des deutschen Volkes" hinaus Gesetze erlassen und andere Handlungen vornehmen lassen, z. B. sich Monopole (Tabak-, Kalimonopol) verschaffen, wenn es sich die Ermächtigung dazu gemäß Art. 78 der Reichsverf. in den Formen eines verfassungändernden Gesetzes verschafft.

I. Bundesgebiet.

Artikel 1.

Das Bundesgebiet besteht aus den Staaten[1]) Preußen mit Lauenburg,[2]) Bayern, Sachsen, Württemberg, Baden, Hessen, Mecklenburg-Schwerin, Sachsen-Weimar, Mecklenburg-Strelitz, Oldenburg, Braunschweig, Sachsen-Meiningen, Sachsen-Altenburg, Sachsen-Koburg-Gotha, Anhalt, Schwarzburg-Rudolstadt, Schwarzburg-Sondershausen, Waldeck,[3]) Reuß älterer Linie, Reuß jüngerer Linie, Schaumburg-Lippe, Lippe, Lübeck, Bremen und Hamburg.[4])

1) Die Staaten dürfen daher keinen Gebietstheil an das Ausland ohne reichsgesetzliche Ermächtigung abtreten; z. B. Preußen nicht nordschleswigsche Theile an Dänemark (v. Bismarck im verfassungberathenden Reichstage 1867 S. 219), ebenso Seydel S. 32. Gebietserweiterungen eines Staates, außerhalb des heutigen Reichs, bedürfen gleichfalls eines verfassungändernden Reichsgesetzes dann (und nur), wenn sie in das Bundesgebiet eingeschlossen werden sollen. Das Gleiche gilt für Gebietserwerbungen, die das Deutsche Reich als solches macht. Nur Veränderungen des Reichsgebietes gelten als Aenderung der Reichsverfassung. Die Personalunion eines fremden Staates mit einem deutschen Staate berührt das Deutsche Reich und die Reichsverfassung nicht (Laband I S. 124 Anm. 1, S. 183, Zorn I S. 92), ebensowenig die Erwerbung oder der Anfall eines Bundesstaates an einen anderen, in welchem Falle die Stimmen des einen Staates dem anderen zufallen (Laband I S. 129 Anm. 1 und 2; and. Ans. Hänel, Staatsr. S. 343 und Zorn I S. 97). Statthaft ist die Uebertragung der Staats-

hoheitsrechte eines Bundesstaates auf einen anderen (Waldeck's an Preußen, Vertrag vom 18. Juli 1867).

2) Das Herzogthum Lauenburg, seit dem 13. Sept. 1865 mit der Krone Preußen in Personalunion vereinigt, ist in Gemäßheit des G. v. 23. Juni 1876 (GS. S. 169) mit der Preußischen Monarchie vereinigt worden. Ein Reichsgesetz war zu dem Zwecke nicht nöthig, s. Anm. 1. Die Worte „mit Lauenburg" sind nunmehr im Verfassungstexte überflüssig.

3) Durch Vertr. v. 18. Juli 1867 (GS. 1868 S. 1) hat Waldeck seine ganze Staatsverwaltung an Preußen bis auf Weiteres abgetreten. Die Souveränetät hat sich Waldeck gewahrt, die Waldeck'sche Stimme im Bundesrath (Art. 6) führt während der Dauer dieses Vertrages Preußen.

4) Die Insel Helgoland ist durch RG. v. 15. Dez. 1890 (RGBl. 207) in das „Bundesgebiet" aufgenommen. Sie bildet durch G. v. 18. Febr. 1891 (GS. S. 11) einen Bestandtheil des Preußischen Staates. In Helgoland gilt gemäß dem cit. G. v. 15. Dez. 1890 die Reichsverfassung mit Ausnahme des Abschnittes 6 (Zoll- und Handelssachen).

Zusatz I: RG., betr. die Vereinigung von Elsaß und Lothringen mit dem Deutschen Reiche. V. 9. Juni 1871.

(RGBl. 1871 S. 212, GBl. f. Els.-Lothr. 1871 S. 1.)

§ 1. Die von Frankreich durch den Artikel 1 des Präliminar-Friedens vom 26. Februar 1871 abgetretenen Gebiete Elsaß und Lothringen werden in der durch den Artikel 1 des Friedens-Vertrages vom 10. Mai 1871 und den dritten Zusatzartikel zu diesem Vertrage festgestellten Begrenzung mit dem Deutschen Reiche für immer vereinigt.[1])

[1]) Die Souveränetät in Elsaß-Lothringen steht somit dem Reiche, d. i. der Gesammtheit der verbündeten Regierungen zu, Seydel, Komm. S. 92, Laband I S. 714, und zwar seit 2. März 1871, dem Tage der Ratifikation des Präliminarfriedens mit Frankreich, E. Loening, die Verwaltung des Generalgouvernements im Elsaß, Straßburg 1874 S. 182 f. Elsaß-Lothringen ist kein selbstständiger Staat, hat weder Mitgliedschaftsrechte noch Sonderrechte,

§ 2. Die Verfassung des Deutschen Reichs tritt in Elsaß und Lothringen am 1. Januar 1873 in Wirksamkeit. Durch Verordnung des Kaisers mit Zustimmung des Bundesrathes können einzelne Theile der Verfassung schon früher eingeführt werden.[2])

---

insbesondere keine Vertretung im Bundesrathe, Laband I S. 715, Zorn I S. 523 f., Hänel, Staatsr. S. 835 es ist lediglich Bestandtheil des Reiches, seine Gesetzgebung und seine Verwaltung sind Reichsgesetzgebung und Reichsverwaltung, ohne nothwendig an die für die Reichsgesetzgebung vorgeschriebenen Formen gebunden zu sein, s. auch § 3 im Zusatz IV. Nach Zorn I S. 521 war die Herrschaft über Elsaß-Lothringen seit der Proklamation des deutschen Generalgouverneurs v. 14. Aug. 1870 von Frankreich verloren und an die deutschen Staaten übergegangen. Leoni in Marquardsens Handbuch II S. 216—307, bes. S. 224 f. stellt die Sätze auf: Elsaß-Lothringen sei ein monarchischer Staat, ein selbstständiger Staat, ein Einzelstaat, dessen konstitutionell beschränkter Monarch der Kaiser sei und zwar „als höchster Vertreter der Rechte und Interessen des Landes" — als Rechtsnachfolger, nicht bloß Delegirter des (Deutschen) Reichs, bei welch letzterem jedoch die Souveränetät und damit das Recht, dem Lande eine andere staatliche Form zu geben, verblieben ist." — S. gegen Leoni Stöber im Arch. f. öff. Recht I S. 640 ff. In vermögensrechtlicher Hinsicht wird Elsaß-Lothringen als ein selbstständiger Staat behandelt (Laband I S. 728); es giebt einen Landesfiskus (Landeskasse, s. z. B. G. v. 10. Juni 1872 über die Entschädigung der Inhaber widerruflicher Stellen im Justizdienste (GBl. f. Els.-Lothr. S. 171 f.), der mit dem Reichsfiskus Verträge abschließt, Landessteuern, einen eigenen Landeshaushalt; Elsaß-Lothringen führt an die Reichskasse wegen Exemtion von der Brausteuer ab. Diese Ausnahmen von dem Satze, daß Elsaß-Lothringen nur Provinz (Theil) des Reiches bildet, sind nur scheinbar und erklären sich daher, daß ein bestimmter Theil des Reichsvermögens die besondere Bestimmung hat, lediglich den Einwohnern von Elsaß-Lothringen zu dienen; vgl. auch Hänel, Staatsr. S. 833.

[2]) Dies ist geschehen hinsichtlich der Art. 33, 48—52, 42—47, 57—59, 61, 63—65.

Die erforderlichen Aenderungen und Ergänzungen der Verfassung bedürfen der Zustimmung des Reichstages.

Artikel 3 der Reichsverfassung tritt sofort in Wirksamkeit.

§ 3. Die Staatsgewalt in Elsaß und Lothringen übt der Kaiser aus.[1])

Bis zum Eintritt der Wirksamkeit der Reichsverfassung ist der Kaiser bei Ausübung der Gesetzgebung an die Zustimmung des Bundesrathes und bei der Aufnahme von Anleihen oder Uebernahme von Garantien für Elsaß und Lothringen, durch welche irgend eine Belastung des Reichs[2]) herbeigeführt wird, auch an die Zustimmung des Reichstages gebunden.

Dem Reichstage wird für diese Zeit über die erlassenen Gesetze und allgemeinen Anordnungen und über den Fortgang der Verwaltung jährlich Mittheilung gemacht.

Nach Einführung der Reichsverfassung steht bis zu anderweitiger Regelung durch Reichsgesetz das Recht der Gesetzgebung auch in den der Reichsgesetzgebung in den Bundesstaaten nicht unterliegenden Angelegenheiten dem Reiche zu.[3])

§ 4. Die Anordnungen und Verfügungen des Kaisers[4])

---

[1]) Kraft Delegation von Seiten des Reichs und im Namen des Reichs, nicht als Landesherr. Beleidigungen eines Mitgliedes des Preußischen Königshauses, welche von Nicht-Preußen in Elsaß-Lothringen begangen sind, werden daher nicht nach §§ 96, 97, sondern nach §§ 185 ff. des RStrGB. geahndet, RG. v. 17. April 1884 (Entsch. in Straff. Bd. X S. 312 f.; s. auch ebend. XVII S. 334 f.).

[2]) Nicht aber, wenn dadurch eine Belastung lediglich der elsaß-lothringischen Landeskasse erfolgt.

[3]) Während der Okkupation wurde durch den „Oberbefehlshaber der deutschen Heere" oder durch den Generalgouverneur die Gesetzgebung in Elsaß-Lothringen ausgeübt; Zorn, Loening und Laband l. c.

[4]) Ueber die Verkündung der für Elsaß-Lothringen erlassenen Gesetze und Kaiserl. Verordnungen durch das „Gesetzblatt für Elsaß-Lothringen" vgl. das G. v. 3. Juli 1871 (GBl. f. Els.-Lothr. S. 2)

bedürfen zu ihrer Gültigkeit der Gegenzeichnung des Reichskanzlers, der dadurch die Verantwortlichkeit übernimmt.[1])

Zusatz II: RG., betr. den Termin für die Wirksamkeit der Verfassung des Deutschen Reichs in Elsaß-Lothringen. V. 20. Juni 1872.

(RGBl. 1872 S. 208, GBl. f. Elſ.-Lothr. 1872 S. 441.)

Der im § 2 des Gesetzes vom 9. Juni 1871, betreffend die Vereinigung von Elsaß-Lothringen mit dem Deutschen Reiche (RGBl. 1871 S. 212) auf den 1. Januar 1873 bestimmte Termin, an welchem die Verfassung des Deutschen Reichs in Elsaß-Lothringen in Wirksamkeit treten soll, wird auf den 1. Januar 1874 verlegt.

Zusatz III: RG., betr. die Einführung der Verfassung des Deutschen Reichs in Elsaß-Lothringen. V. 25. Juni 1873.

(RGBl. 1873 S. 161, GBl. f. Elſ.-Lothr. 1873 S. 131.)

§ 1. Die durch Gesetz vom 16. April 1871 verkündete Verfassung des Deutschen Reichs tritt in der durch die Gesetze vom 24. Februar 1873 und 3. März 1873 (RGBl. 1873 S. 45, S. 47) abgeänderten, aus der Anlage I. sich ergebenden Fassung[2]) in Elsaß-Lothringen vom 1. Januar 1874 ab, unbeschadet der Geltung der bereits eingeführten Bestimmungen, mit den in den nachfolgenden §§ 2—5 enthaltenen Maßgaben in Wirksamkeit.

§ 2. Dem in Artikel 1 der Verfassung bezeichneten Bundesgebiete tritt das Gebiet des Reichslandes Elsaß-Lothringen hinzu.

---

und § 22 des G. v. 4. Juli 1879, betr. die Verfassung und die Verwaltung Elsaß-Lothringens (RGBl. S. 169 [s. unten Zus. VI]).

[1]) Durch G., betr. die Einrichtung der Verwaltung v. 30. Dez. 1871 (GBl. f. Elſ.-Lothr. 1872 S. 49) wurde ein Oberpräsident für Elsaß-Lothringen eingesetzt, der oberste Behörde von Elsaß-Lothringen war, indeß überall dem Reichskanzler unterstellt blieb; Laband I S. 731 ff.

[2]) das heißt in ihrer für das Deutsche Reich allgemein gültigen Fassung.

§ 3. Bis zu der in Artikel 20 der Verfassung vorbehaltenen gesetzlichen Regelung werden in Elsaß-Lothringen 15 Abgeordnete zum Deutschen Reichstage gewählt.

§ 4. Die in Artikel 35 der Verfassung erwähnte Besteuerung des inländischen Bieres bleibt der inneren Gesetzgebung bis auf Weiteres vorbehalten.

An dem in die Reichskasse fließenden Ertrage der Steuer vom Bier und an dem diesem Ertrage entsprechenden Theile des in Artikel 38 Absatz 3 erwähnten Aversums hat Elsaß-Lothringen keinen Theil.

§ 5. Die Beschränkungen, welchen die Erhebung von Abgaben für Rechnung von Kommunen nach Artikel 5 des Zollvereinigungsvertrages vom 8. Juli 1867 (Artikel 40 der Verfassung) unterliegt, finden auf die in Elsaß-Lothringen bestehenden Bestimmungen über das Octroi bis auf Weiteres keine Anwendung.

§ 6. Das Wahlgesetz für den Deutschen Reichstag vom 31. Mai 1869 tritt in der anliegenden, dem Gesetze vom 16. April 1871 entsprechenden Fassung (Anlage II.) in Elsaß-Lothringen am 1. Januar 1874 in Kraft.

Die in § 6 des Wahlgesetzes vorgesehene Abgrenzung der Wahlkreise erfolgt bis zu der vorbehaltenen reichsgesetzlichen Bestimmung durch Beschluß des Bundesrathes.

§ 7. Wo in den in Elsaß-Lothringen bereits eingeführten Gesetzen des Norddeutschen Bundes, welche durch § 2 des Gesetzes vom 16. April 1871 zu Reichsgesetzen erklärt sind, von dem Norddeutschen Bunde, dessen Verfassung, Gebiet, Mitgliedern oder Staaten, Indigenat, verfassungsmäßigen Organen, Angehörigen, Beamten, Flagge u. s. w. die Rede ist, sind das Deutsche Reich und dessen entsprechende Beziehungen zu verstehen.

Dasselbe gilt von denjenigen im Norddeutschen Bunde ergangenen Gesetzen, welche in der Folge in Elsaß-Lothringen eingeführt werden.

§ 8.[1]) Auch nach Einführung der Verfassung und bis zu ander-

---

[1]) Dieser Paragraph enthält ein Nothverordnungsrecht nach Analogie des Art. 63 der Preuß. Verf.Urk., aber eingeschränkter als dieses, da in Preußen die Nothverordnung auch (einfache) Gesetze abändern und Anleihen aufnehmen kann; s. Arndt, Komm. zur Preuß. Verf. Anm. 3 zu Art. 63 S. 126.

weiter gesetzlicher Regelung kann der Kaiser unter Zustimmung des Bundesrathes, während der Reichstag nicht versammelt ist, Verordnungen mit gesetzlicher Kraft erlassen. Dieselben dürfen nichts bestimmen, was der Verfassung oder den in Elsaß-Lothringen geltenden Reichsgesetzen zuwider ist, und sich nicht auf solche Angelegenheiten beziehen, in welchen nach § 3 Absatz 2 des die Vereinigung von Elsaß-Lothringen mit dem Deutschen Reiche betreffenden Gesetzes vom 9. Juni 1871 die Zustimmung des Reichstages erforderlich ist.

Auf Grund dieser Ermächtigung erlassene Verordnungen sind dem Reichstage bei dessen nächstem Zusammentritt zur Genehmigung vorzulegen. Sie treten außer Kraft, sobald die Genehmigung versagt wird.[1])

Zusatz IV. RG., betr. die Landesgesetzgebung von Elsaß-Lothringen. V. 2. Mai 1877.

(RGBl. 1877 S. 491.)

§ 1. Landesgesetze für Elsaß-Lothringen, einschließlich des jährlichen Landeshaushalts-Etats, werden mit Zustimmung des Bundesraths vom Kaiser erlassen,[2]) wenn der durch den Kaiserlichen Erlaß

---

[1]) Ex nunc nicht ex tunc und wie nach dem Wortlaute des Schlußsatzes anzunehmem ist, nicht erst wenn die Außerkraftsetzung bekannt gegeben ist, sondern schon dann, wenn vom Reichstag die Zustimmung versagt ist. (Laband I S. 772.) Wird einer auf Grund § 8 erlassenen Verordnung die Zustimmung des Reichstages ertheilt, so liegt ein nach § 2 des RG. v. 2. Mai 1877 (unten Zusatz IV) erlassenes Gesetz vor, das nur wie jedes andere nach diesem Paragraphen ergangene Gesetz wieder aufzuheben ist.

[2]) Während der Kaiser sonst nur die Publikation der Reichsgesetze hat, steht ihm für elsaß-lothringische Landesgesetze das Recht der Sanktion zu. Er kann diese jedem vom Bundesrathe und vom Landesausschusse angenommenen Gesetze verweigern. Neben der Sanktion steht ihm auch die Ausfertigung der Landesgesetze zu. Die Verkündigung dieser, d. i. der vom Kaiser nach Zustimmung des Bundesraths und des Landesausschusses, nicht der vom Bundestag und Reichstag (§ 2) erlassenen Gesetze findet im „Gesetzblatt für Elsaß-Lothringen" statt; s. oben Anm. 6 zu § 4 des RG. v. 9. Juni 1871, vgl. auch Laband I S. 768.

vom 29. Oktober 1874 — Anlage A. —[1]) eingesetzte Landesausschuß denselben zugestimmt hat.[2])

§ 2. Die Erlassung von Landesgesetzen (§ 1) im Wege der Reichsgesetzgebung bleibt vorbehalten.[3])

Die auf Grund dieses Vorbehaltes erlassenen Landesgesetze können nur im Wege der Reichsgesetzgebung aufgehoben oder geändert werden.[4])

§ 3. Die Rechnungen über den Landeshaushalt werden dem Bundesrath und dem Landesausschuß zur Entlastung vorgelegt. Versagt der Landesausschuß die Entlastung, so kann dieselbe durch den Reichstag erfolgen.

§ 4. Bis zur anderweitigen Regelung durch Reichsgesetz bleiben im übrigen die Bestimmungen der Kaiserlichen Erlasse vom 29. Oktober 1874 und 13. Februar 1877 in Geltung.

Zusatz V: **RG., betr. die Anwendung abgeänderter Reichsgesetze auf landesgesetzliche Angelegenheiten Elsaß-Lothringens. V. 7. Juli 1887.**

(RGBl. 1887 S. 377.)

Durch Kaiserliche Verordnung kann mit Zustimmung des Bundesraths angeordnet werden, daß eine durch Reichsgesetz erfolgte Abänderung reichsgesetzlicher Vorschriften, welche in Elsaß-Lothringen als Landesrecht gelten, für Elsaß-Lothringen landesrechtliche Anwendung finden soll.[5])

---

[1]) Vgl. den Erl. v. 29. Okt. 1874 im RGBl. 1877 S. 492 und im GBl. f. Elf.-Lothr. 1874 S. 37.

[2]) Die dem Kaiser nach Maßgabe des § 1 zustehende Gesetzgebungsgewalt ist eine vom Reichsgesetzgeber übertragene.

[3]) Dieser Weg stellt daher die Ausnahme, § 1 die Regel dar.

[4]) Die im Wege der Reichsgesetzgebung für Elsaß-Lothringen erlassenen Gesetze werden wie andere Reichsgesetze im Reichsgesetzblatt verkündet (Art. 2 der Reichsverf., s. auch Laband I S. 769 Anm. 1).

[5]) Dieses seinem Inhalte nach eng begrenzte Verordnungsrecht besteht neben dem in § 8 des RG. v. 25. Juni 1877. Es kann daher auch ausgeübt werden, wenn der Reichstag versammelt ist.

In der Verordnung ist zugleich der Zeitpunkt festzusetzen, von dem ab die Abänderung in Wirksamkeit tritt.

Zusatz VI: RG., betr. die Verfassung und die Verwaltung Elsaß-Lothringens. V. 4. Juli 1879.

(RGBl. 1879 S. 165 ff.)

§ 1. Der Kaiser kann landesherrliche Befugnisse, welche ihm kraft Ausübung der Staatsgewalt in Elsaß-Lothringen zustehen, einem Statthalter übertragen. Der Statthalter wird vom Kaiser ernannt und abberufen. Er residirt in Straßburg.

Der Umfang der dem Statthalter zu übertragenden landesherrlichen Befugnisse wird durch Kaiserliche Verordnung [1]) bestimmt.

§ 2. Auf den Statthalter gehen zugleich die durch Gesetze und Verordnungen dem Reichskanzler in elsaß-lothringischen Landesangelegenheiten überwiesenen Befugnisse und Obliegenheiten, sowie die durch § 10 des Gesetzes, betreffend die Einrichtung der Verwaltung, vom 30. Dezember 1871 (GBl. f. Els.-Lothr. von 1872 S. 49) dem Oberpräsidenten übertragenen außerordentlichen Gewalten über.

§ 3. Das Reichskanzler-Amt für Elsaß-Lothringen und das Oberpräsidium in Elsaß-Lothringen werden aufgelöst. Zur Wahrnehmung der von dem ersteren und dem Reichs-Justizamte in der Verwaltung des Reichslandes, sowie der von dem Oberpräsidenten bisher geübten Obliegenheiten wird ein Ministerium für Elsaß-

---

Verordnungen auf Grund des G. v. 7. Juli 1887 brauchen auch nicht dem Reichstage zur nachträglichen Genehmigung vorgelegt zu werden; s. auch Laband I S. 773.

[1]) Vgl. für den ersten Statthalter Feldmarschall Freiherrn v. Manteuffel die Kaiserl. V. v. 23. Juli 1879, betr. die Uebertragung Kaiserl. Befugnisse auf den Statthalter in Elsaß-Lothringen (RGBl. S. 282), welche durch den Tod des Statthalters Freiherrn v. Manteuffel ihre Geltung verloren hat. Die landesherrlichen Befugnisse des jetzigen Statthalters Fürsten zu Hohenlohe-Langenburg sind durch die Kaiserl. V. v. 5. Nov. 1894 (RGBl. S. 529) festgesetzt.

Lothringen errichtet, welches in Straßburg seinen Sitz hat und an dessen Spitze ein Staatssekretär steht.

§ 4. Die Anordnungen und Verfügungen, welche der Statthalter kraft des ihm nach § 1 ertheilten Auftrags trifft, bedürfen zu ihrer Gültigkeit der Gegenzeichnung des Staatssekretärs, welcher dadurch die Verantwortlichkeit übernimmt.

In den im § 2 bezeichneten Angelegenheiten hat der Staatssekretär die Rechte und die Verantwortlichkeit eines Stellvertreters des Statthalters in dem Umfange, wie ein dem Reichskanzler nach Maßgabe des Gesetzes vom 17. März 1878 (RGBl. S. 7) substituirter Stellvertreter sie hat. Dem Statthalter ist vorbehalten, jede in diesen Bereich fallende Amtshandlung selbst vorzunehmen.

§ 5. Das Ministerium für Elsaß-Lothringen zerfällt in Abtheilungen. An der Spitze der Abtheilungen stehen Unterstaatssekretäre. Dem Staatssekretär kann die Leitung einer Abtheilung übertragen werden. Das Nähere über die Organisation des Ministeriums wird durch Kaiserliche Verordnung[1]) bestimmt.

§ 6. Der Staatssekretär, die Unterstaatssekretäre und die Räthe des Ministeriums werden vom Kaiser unter Gegenzeichnung des Statthalters, die übrigen höheren Beamten des Ministeriums werden vom Statthalter, die Subaltern- und Unterbeamten vom Staatssekretär ernannt.

Auf den Staatssekretär und die Unterstaatssekretäre finden die Bestimmungen der §§ 25, 35 des Gesetzes, betreffend die Rechtsverhältnisse der Reichsbeamten, vom 31. März 1873 (GBl. f. Els.-Lothr. S. 479) Anwendung.

Sämmtliche Beamte des Ministeriums sind Landesbeamte im Sinne des die Rechtsverhältnisse der Beamten und Lehrer be-

---

[1]) Vgl. insbesondere die Kaiserl. V. v. 23. Juli 1879, betr. die Einrichtung des Ministeriums für Elsaß-Lothringen (GBl. f. Els.-Lothr. S. 81) und die Kaiserl. V. v. 29. Juli 1881, v. 5. Juni 1882 und v. 25. April 1887, betr. Abänderung der V. v. 23. Juli 1879 über die Einrichtung des Ministeriums für Elsaß-Lothringen (GBl. f. Els.-Lothr. 1881 S. 95, 1882 S. 81 und 1887 S. 43).

treffenden Gesetzes vom 23. Dezember 1873 (GBl. f. Elf.-Lothr. S. 479).

§ 7. Zur Vertretung der Vorlagen aus dem Bereiche der Landesgesetzgebung, sowie der Interessen Elsaß-Lothringens bei Gegenständen der Reichsgesetzgebung können durch den Statthalter Kommissare in den Bundesrath abgeordnet werden, welche an dessen Berathungen über diese Angelegenheiten Theil nehmen.

§ 8. Die in den §§ 5, 39, 52 und 68 des vorerwähnten Gesetzes vom 31. März 1873 bezeichneten Befugnisse des Bundesraths gehen bezüglich der Landesbeamten auf das Ministerium über. Auch bedarf es der Zustimmung des Bundesraths, welche in § 18 desselben Gesetzes, sowie in § 2 des die Kautionen der Beamten des Staates, der Gemeinden und der öffentlichen Anstalten betreffenden Gesetzes vom 15. Oktober 1873 (GBl. f. Elf.-Lothr. S. 273) vorgesehen ist, fortan nicht mehr.

§ 9. Es wird ein Staatsrath eingesetzt, welcher berufen ist zur Begutachtung:

1. der Entwürfe zu Gesetzen,
2. der zur Ausführung von Gesetzen zu erlassenden allgemeinen Verordnungen,
3. anderer Angelegenheiten, welche ihm vom Statthalter überwiesen werden.

Durch die Landesgesetzgebung können dem Staatsrath auch andere, insbesondere beschließende Funktionen übertragen werden.

§ 10. Der Staatsrath besteht unter dem Vorsitze des Statthalters aus folgenden Mitgliedern:

1. dem Staatssekretär,
2. den Unterstaatssekretären,
3. dem Präsidenten des Oberlandesgerichts und dem ersten Beamten der Staatsanwaltschaft bei diesem Gerichte,
4. acht bis zwölf Mitgliedern, welche der Kaiser ernennt.

Von den unter 4 bezeichneten Mitgliedern werden drei auf den Vorschlag des Landesausschusses ernannt, die übrigen beruft der Kaiser aus Allerhöchstem Vertrauen. Die Ernennung erfolgt jedesmal auf drei Jahre.

Im Vorsitze des Staatsraths wird der Statthalter im Behinderungsfalle durch den Staatssekretär vertreten.

Die Geschäftsordnung des Staatsraths wird vom Kaiser festgestellt.

§ 11. Die Mitglieder des Kaiserlichen Raths in Elsaß-Lothringen (§ 8 des Gesetzes vom 30. Dezember 1871) werden bis auf weiteres in der Zahl von zehn durch Kaiserliche Verordnung ernannt.

§ 12. Die Zahl der Mitglieder des Landesausschusses wird auf achtundfünfzig erhöht.

Von den Mitgliedern werden vierunddreißig nach Maßgabe der in dem Kaiserlichen Erlaß vom 29. Oktober 1874 getroffenen Bestimmungen durch die Bezirkstage, und zwar zehn durch den Bezirkstag des Ober-Elsaß, elf durch den Bezirkstag von Lothringen, dreizehn durch den Bezirkstag des Unter-Elsaß gewählt. Die Wahl von Stellvertretern findet ferner nicht statt.

§ 13. Von den übrigen vierundzwanzig Mitgliedern werden je eines in den Gemeinden Straßburg, Mülhausen, Metz und Colmar, zwanzig von den zwanzig Landkreisen, in den Kreisen Mülhausen und Colmar unter Ausscheidung der gleichnamigen Stadtgemeinde, gewählt.

§ 14. Die Abgeordneten von Straßburg, Mülhausen, Metz und Colmar werden von den Gemeinderäthen aus deren Mitte gewählt.

Die Wahl in den Kreisen wird derart vorgenommen, daß die Gemeinderäthe aus ihren Mitgliedern, in Gemeinden mit weniger als 1 000 Einwohnern einen Wahlmann, in Gemeinden mit über 1 000 Einwohnern für je volle 1 000 Einwohner mehr einen Wahlmann mehr wählen.

Die Wahlmänner jedes Kreises wählen den Abgeordneten desselben.

Die Wahlen der Abgeordneten werden innerhalb vier Wochen nach der Wahl der Wahlmänner vorgenommen. Wählbar zum Abgeordneten ist, wer das aktive Gemeindewahlrecht besitzt und im Bezirke seinen Wohnsitz hat.

§ 15. Die Wahlen der Wahlmänner und der Abgeordneten geschehen in geheimer Abstimmung auf drei Jahre.

Das Recht des Wahlmannes sowie der von den Gemeinderäthen unmittelbar gewählten Abgeordneten erlischt mit der Mitgliedschaft im Gemeinderath.

§ 16. In Gemeinden, deren Gemeinderath suspendirt oder aufgelöst ist, ruht das Wahlrecht.

§ 17. Die näheren Bestimmungen über die Ausführung der Wahlen werden durch Kaiserliche Verordnung[1]) getroffen.

§ 18. Die nach §§ 13 bis 17 gewählten Abgeordneten haben, insofern sie noch nicht vereidet sind, bei ihrem Eintritt in den Landesausschuß den gleichen Eid zu leisten, wie die Mitglieder der Bezirkstage. Die Ausübung des Mandats wird durch die Leistung des Eides bedingt.

§ 19. Der Kaiser kann den Landesausschuß vertagen oder auflösen.[2])

Die Auflösung des Landesausschusses zieht die Auflösung der Bezirkstage nach sich.

Die Neuwahlen zu den Bezirkstagen haben in einem solchen Falle innerhalb dreier Monate, die Neuwahlen zu dem Landesausschuß innerhalb sechs Monaten nach dem Tage der Auflösungsverordnung stattzufinden.

§ 20. Die Mitglieder des Ministeriums und die zu deren Vertretung abgeordneten Beamten haben das Recht, bei den Verhandlungen des Landesausschusses sowie in dessen Abtheilungen und Kommissionen gegenwärtig zu sein. Sie müssen auf ihr Verlangen jederzeit gehört werden.

§ 21. Der Landesausschuß erhält das Recht, innerhalb des Bereiches der Landesgesetzgebung Gesetze vorzuschlagen und an ihn gerichtete Petitionen dem Ministerium zu überweisen.

Im übrigen bleiben die in dem Gesetze, betreffend die Landesgesetzgebung in Elsaß-Lothringen, vom 2. Mai 1877 (RGBl. S. 491),

---

[1]) Vgl. die Kaiserl. V. v. 1. Okt. 1879, betr. die Wahlen zum Landesausschuß (GBl. f. Elf.-Lothr. S. 89).

[2]) Vgl. RG. v. 23. Mai 1881, betr. die Oeffentlichkeit der Verhandlungen und die Geschäftssprache des Landesausschusses für Elsaß-Lothringen (RGBl. S. 98).

sowie die im § 8 des Gesetzes, betreffend die Einführung der Reichsverfassung in Elsaß-Lothringen, vom 25. Juni 1873 (ebendaselbst S. 161) getroffenen Bestimmungen in Geltung.

§ 22. Das Gesetzblatt für Elsaß-Lothringen — Gesetz vom 3. Juli 1871 (GBl. f. Els.-Lothr. S. 2) — wird vom Ministerium in Straßburg herausgegeben. Die im § 2 des erwähnten Gesetzes bezeichnete vierzehntägige Frist beginnt mit dem Ablaufe des Tages, an welchem das betreffende Stück des Gesetzblattes in Straßburg ausgegeben worden ist.

§ 23. Der Zeitpunkt, an welchem dieses Gesetz in Kraft tritt, wird durch Kaiserliche Verordnung[1]) bestimmt.

II. Reichsgesetzgebung.[1])

Artikel 2.

Innerhalb dieses Bundesgebietes[2]) übt[3]) das Reich das Recht der Gesetzgebung[4]) nach Maßgabe des Inhalts dieser Verfassung[5]) und mit der Wirkung aus, daß die Reichsgesetze[6]) den Landesgesetzen[7]) vorgehen.[8]) Die Reichsgesetze[6a]) erhalten ihre verbindliche Kraft durch ihre Verkündigung[9]) von Reichswegen,[10]) welche vermittelst eines Reichsgesetzblattes[11]) geschieht. Sofern nicht in dem publizirten Gesetze ein anderer Anfangstermin seiner verbindlichen Kraft bestimmt ist,[12]) beginnt die letztere mit dem vierzehnten Tage nach dem Ablauf desjenigen Tages, an welchem das betreffende Stück des Reichsgesetzblattes in Berlin ausgegeben worden ist.[13])[14])

1) Das Recht des Reiches zur Gesetzgebung ist theils ein ausschließliches, theils ein fakultatives; ausschließlich ist es in den Fällen der Art. 35, 48, 53, 54, 56, 61, 69. Nach Zorn I S. 421 „ist die Ausschließlichkeit der Reichsgesetzgebung das Prinzip; alle der Kompetenz des Reiches überwiesenen Gegenstände unterliegen

---

[1]) Zufolge der Kaiserl. V. v. 23. Juli 1879 (RGBl. 1879 S. 281) ist das G. v. 4. Juli 1879 mit dem 1. Okt. 1879 in Kraft getreten.

grundsätzlich der ausschließlichen Reichsgesetzgebung". Dieser Satz widerspricht den Worten in Art. 2, daß die Gesetzgebung nach Maßgabe des Inhalts dieser Verfassung auszuüben ist, woraus gefolgert werden muß, daß die Reichsgesetzgebung nur da eintreten darf, wo die Verfassung sie zuläßt. (Ebenso Hänel, Staatsr. S. 40, 259 ff.; auch Laband I S. 622 ff.) Die Zuständigkeit der Landesgesetzgebung fällt auf Gebieten, die der fakultativen Gesetzgebungsbefugniß des Reiches zugewiesen sind, erst dann fort, wenn und soweit das Reich diese Befugniß ausgeübt hat; s. auch Art. 4 und 35 der Reichsverfassung. „Als unbestritten wurde von dem Königlich preußischen Bevollmächtigten zugegeben, daß selbst bezüglich der der Bundeslegislative zugewiesenen Gegenstände die in den einzelnen Staaten geltenden Gesetze und Verordnungen so lange in Kraft bleiben und auf dem bisherigen Wege der Einzelgesetzgebung abgeändert werden können, bis eine bindende Norm vom Bunde ergangen ist." (Schlußprotokoll mit Bayern v. 23. Nov. 1870, unten Anl. IV, BGBl. 1871 S. 24.)

2) Das bedeutet nicht, daß die Reichsgesetze außerhalb des Bundesgebietes nicht gelten, noch daß sie nicht einen bloßen Theil des Bundesgebietes betreffen dürfen, sondern daß für die Gesetzgebung des Reichs das Bundesgebiet eine „Einheit" ist, und daß die in dem vorhergehenden Art. 1 aufgeführten Staaten, aus deren Gebieten das Bundesgebiet besteht, für die räumliche Geltung der Reichsgesetze — abgesehen von den Reservatrechten § 78 Abs. 1 — „keine gesonderten Rechtsgebiete bilden". (Laband I S. 582; s. auch Zorn I S. 421 und Hänel, Staatsr. S. 245 ff.)

3) Zu Unrecht folgert Seydel aus den Worten „übt aus", daß das Reich keine eigene Gesetzgebungsbefugniß habe, sondern nur innerhalb jedes Staates das Landesgesetzgebungsrecht ausübe, so daß das Reichsgesetz Bestandtheil des Landesrechts sei; s. Komm. S. 35. Vgl. dagegen oben S. 55 ff.

4) S. unten zu Art. 5.

5) Also steht dem Reiche nur dann die Gesetzgebungsbefugniß zu, wenn sie ihm in der Verfassung übertragen ist, wobei zu beachten bleibt, daß nach Art. 78 Abs. 1 das Reich die Befugniß besitzt, im Wege der Verfassungsänderung seine Zuständigkeit zu erweitern.

6) Auch die auf Grund der Reichsgesetze oder zu deren Ausführung (s. Art. 7 Ziff. 2 der Reichsverf.) von Reichsbehörden oder Landesbehörden erlassenen Verordnungen stehen in ihrer Wirkung den Reichsgesetzen gleich, haben legis imperii vicem und gehen daher den Landesgesetzen mit Einschluß der Landesverfassungen vor; Arndt, Verordnungsrecht S. 184 f., Seydel in Hirths Annalen VII S. 1143—1146, Rosin, Polizeiverordnungsrecht S. 170 ff., Laband I S. 612.

6a) Das Wort „Reichsgesetze" bezieht sich in diesem Satze nur auf die gemäß Art. 5 zu Stande gekommenen und gemäß Art. 17 verkündeten Gesetze, nicht auf Verordnungen, die auf Grund der Reichsverfassung oder der Reichsgesetze von Organen des Reichs oder der Einzelstaaten erlassen sind. Ueber die Art, wie dieselben zu verkünden sind, giebt es allgemeine Vorschriften nicht. In einzelnen Fällen bestimmen die Gesetze, daß sie im Reichsgesetzblatt bekannt zu machen sind, z. B. G. v. 23. Mai 1873 (RGBl. 1873 S. 117) § 11 (Invalidenfonds), G. über die Kriegsleistungen v. 13. Juni 1873 (RGBl. 1873 S. 129) § 32, Münzges. v. 9. Juli 1873 (RGBl. 1873 S. 233) Art. 8 Abs. 2, Bankges. v. 14. März 1875 (RGBl. 1875 S. 177) § 6. Wo eine ausdrückliche Vorschrift fehlt, ist es dem Verordnungsberechtigten freigestellt, wo und wie er eine Reichsverordnung bekannt machen will, s. unten Anm. 11, Abs. 2, ferner ausführlich Arndt, Verordnungsrecht S. 198 ff., dem sich Zorn in Hirths Ann. 1885 S. 310 und I S. 494 angeschlossen hat. Hänel, Studien II S. 66, 91 ff., Binding, Handb. des Strafrechts, II § 288, G. Meyer, Staatsrecht S. 495, vor Allen Laband I S. 612 ff. behaupten dagegen, daß alle Reichsverordnungen wie Reichsgesetze, also im Reichsgesetzblatt, bei Vermeidung der Nichtigkeit, publizirt werden müssen. Das wäre thatsächlich bei der übergroßen Fülle solcher Verordnungen unmöglich. Die Praxis mit Einschluß der Judikatur hat sich um diese Theorie nicht gekümmert; s. auch Arndt, Preuß. Verf. S. 174.

7) Mit Einschluß der Landesverfassungen und des Landesgewohnheitsrechts.

8) Ipso jure, ohne daß eine ausdrückliche Aufhebung des Landesrechts erfolgt und zwar in dem Umfange, wie das Reichsgesetz den betreffenden Gegenstand regelt. Auch eine authentische Interpretation

der Reichsgesetze, namentlich über Umfang und Inhalt und die dadurch etwa aufgehobenen Landesgesetze, ist im Wege der Landesgesetzgebung unstatthaft. Dispensationen von Reichsgesetzen sind im Wege der Landesgesetzgebung unstatthaft, außer wenn solches das Reichsgesetz ausdrücklich zuläßt. Ausführungsverordnungen zu Reichsgesetzen, im Sinne von Rechtsverordnungen durch Landesregierungen, sind unstatthaft; es sei denn, daß das Reichsgesetz ausdrücklich solche für statthaft erklärt. Entsteht Zweifel, ob und in welchem Umfange ein Landesgesetz durch eine vom Reiche gesetzte Norm aufgehoben ist, so entscheidet, soweit es die Unterthanen anbelangt, das ordentliche Gericht oder die Verwaltungsbehörde im Einzelfalle, soweit es die Staaten angeht, gemäß Art. 7 Nr. 3 der Reichsverfassung, der Bundesrath.

9) Die Verkündigung, die durch den Kaiser erfolgt, s. Art. 17 der Reichsverf., ist das Entscheidende; ob das Gesetz zur Kenntniß der Betheiligten gelangt ist oder gelangen konnte, ist für die Gültigkeit des Gesetzes ohne Bedeutung; s. auch Binding, Handbuch des Strafrechts I S. 227, Laband I S. 586.

10) Auch die innerhalb der Zuständigkeit des ehemaligen Deutschen Bundes erlassenen Bundesbeschlüsse gingen den Landesgesetzen vor, allerdings nicht ipso jure, sondern nur in der Art, daß die Bundesmitglieder gezwungen werden konnten, dieselben bei sich einzuführen. Art. 31, 32 ff. der Wiener Schlußakte, die Exekutionsordnung v. 3. Aug. 1820, Weil, Quellen S. 34; Arndt, Verordnungsrecht S. 198, Zöpfl, Grundsätze des gemeinen deutschen Standesrechts 3. Aufl. Thl. I § 150 S. 369 ff., § 151 S. 374. Aber die Bundesbeschlüsse erhielten ihre verbindliche Kraft für die Unterthanen nicht durch ihre Verkündigung von Bundes wegen, sondern allein durch die Verkündigung von Seiten der einzelnen Landesregierungen (Art. 53 letzter Abs. der Schlußakte, Zöpfl, Thl. I § 51 S. 371, Württembergische Verfassung v. 25. Sept. 1819 § 3, Badische Verf. vom 22. Aug. 1818 § 2 u. s. w.; Arndt, Verordnungsrecht I S. 198. Auch die auf Grund des Zollvereinigungsvertrages vom 8. Juli 1867 (BGBl. 1867 S. 81) erlassenen Gesetze erhielten ihre verbindliche Kraft nicht durch ihre Verkündigung von Zollvereins wegen, vielmehr sollte die Verkündigung der Vereinsgesetze in den Gebieten der vertragenden Theile in den daselbst geltenden

Formen erfolgen (Art. 7 letzter Abs. des Vertrages v. 8. Juli 1867); das ist für Norddeutschland im Bundesgesetzblatt und für die übrigen Mitglieder in den dort zur Aufnahme der Gesetze bestimmten Blättern; s. auch Arndt, Verordnungsrecht S. 198.

11) V. v. 26. Juli 1867, betr. die Einführung des Bundesgesetzblattes für den Norddeutschen Bund (BGBl. 1867 S. 24). Das Bundesgesetzblatt des Norddeutschen Bundes führt von Nr. 4 bis einschl. 18 des Jahrg. 1871 ab den Titel „Bundesgesetzblatt des Deutschen Bundes" und von Nr. 19 des Jahrg. 1871 ab den Titel: „Reichs-Gesetzblatt".

In Ausführung eines Beschlusses des Bundesrathes (B. des Reichskanzlers v. 23. Dez. 1872, D. Reichsanzeiger 1872 Nr. 304) wird seit dem Jahre 1873 durch das Reichskanzleramt (jetzt Reichsamt des Innern) das „Central-Blatt für das Deutsche Reich" herausgegeben, welches zur Aufnahme solcher für das Publikum bestimmter Veröffentlichungen der Organe des Reichs dient, die der Verkündigung durch das Reichs-Gesetzblatt nicht bedürfen. S. Arndt, Verordnungsrecht S. 208 ff., woselbst die Rechtswirksamkeit dieser z. B. in Zoll- nnd Steuersachen üblichen Verkündigungsform nachgewiesen wird; s. auch oben Anm. 6a.

12) Es kann auch bestimmt werden, daß der Tag des Inkrafttretens durch Kaiserliche Verordnung festgesetzt werden soll.

13) Satz 2 bezieht sich nur auf das Bundesgebiet. Laband I S. 587. „Neue Gesetze erlangen, soweit nicht reichsgesetzlich etwas Anderes bestimmt wird, in den Konsulargerichtsbezirken nach Ablauf von vier Monaten von dem Tage gerechnet, an welchem das betreffende Stück des Reichsgesetzblattes oder der Preußischen Gesetzsammlung in Berlin ausgegeben worden ist, verbindliche Kraft." (§ 47 des RG. v. 10. Juli 1879 über die Konsulargerichtsbarkeit, RGBl. 1879 S. 205.) Für sonst im Auslande befindliche Personen fehlt es meist an gesetzlichen Bestimmungen; s. auch Laband I S. 588.

Ueber den Zeitpunkt, von welchem ab die Gesetze des Norddeutschen Bundes als Reichsgesetze in Bayern, Württemberg, Baden und Hessen südlich des Mains in Kraft getreten sind, s. weiter unten Anlage V.

14) Ueber die Frage, ob die Gültigkeit gemäß Art. 2 gehörig verkündeter Gesetze von den Gerichten und Behörden geprüft werden darf, s. unten zu Art. 17 der Reichsverf.

Artikel 3.

Für ganz Deutschland besteht ein gemeinsames Indigenat [1]) mit der Wirkung, [2]) daß der Angehörige [3]) (Unterthan, Staatsbürger) [3]) eines jeden Bundesstaates in jedem anderen Bundesstaate als Inländer zu behandeln [4]) und demgemäß [5]) zum festen Wohnsitz, [6]) zum Gewerbebetriebe, zu öffentlichen Aemtern, zur Erwerbung von Grundstücken, [7]) zur Erlangung des Staatsbürgerrechtes [8]) und zum Genusse aller sonstigen bürgerlichen Rechte [9]) unter denselben Voraussetzungen wie der Einheimische zuzulassen, [10]) auch in Betreff der Rechtsverfolgung und des Rechtsschutzes demselben gleich zu behandeln ist. [11])

Kein Deutscher darf in der Ausübung dieser Befugniß durch die Obrigkeit seiner Heimath, oder durch die Obrigkeit eines anderen Bundesstaates beschränkt werden.

Diejenigen Bestimmungen, welche die Armenversorgung und die Aufnahme in den lokalen Gemeindeverband betreffen, werden durch den im ersten Absatz ausgesprochenen Grundsatz nicht berührt.

Ebenso bleiben bis auf Weiteres die Verträge in Kraft, welche zwischen den einzelnen Bundesstaaten in Beziehung auf die Uebernahme von Auszuweisenden, die Verpflegung erkrankter und die Beerdigung verstorbener Staatsangehörigen bestehen. [12])

Hinsichtlich der Erfüllung der Militairpflicht im Verhältniß zu dem Heimathslande wird im Wege der Reichsgesetzgebung das Nöthige geordnet werden. [13])

Dem Auslande gegenüber haben alle Deutschen gleichmäßig Anspruch auf den Schutz des Reichs. [14]) [15])

1) Das Reichsindigenat ist im Deutschen Reich ein Zubehör zum Landesindigenat, ebenso in der Schweiz, umgekehrt in der Nord-

amerikanischen Union. Es ist statthaft, daß Jemand in mehreren deutschen Staaten die Staatsangehörigkeit besitzt; Arndt, Preuß. Verf. Anm. zu § 7 des G. v. 1. Juni 1870 S. 188. Der Reichsangehörige muß in den Fällen des § 7 des G. v. 1. Juni 1870 in jeden andern Staatsverband aufgenommen werden, Arndt, Komm. zur Preuß. Verf. S. 184.

2) Nur mit einer bestimmten Wirkung, nämlich nur mit der in Art. 3 angegebenen Wirkung; nicht ist schlechthin jeder Deutsche in jedem deutschen Staate als Staatsangehöriger anzusehen. Insbesondere ist nur der Angehörige eines bestimmten Staates in diesem Staate zur Ausübung des Wahlrechts in Staats- und Kommunalangelegenheiten befugt. Auch stehen die staatsbürgerlichen Rechte nur den Staatsangehörigen, insbesondere die „Rechte der Preußen" (Preuß. Verf. Art. 3 ff.) nur den Preußen, nicht den außerpreußischen Reichsangehörigen zu, s. Arndt, Preuß. Verf. S. 45; anderer Ansicht v. Cuny, Sten. Ber. des Abg.H. 1888 S. 313, derselben Ansicht Laband I S. 152, Seydel, Bayerisches Staatsrecht I S. 153, Seydel, Komm. S. 49; s. auch G. Meyer, Verwaltungsrecht I § 34, Zorn I S. 345. Die hier vertretene Ansicht ist auch anerkannt unter II des Schlußprot. zum Vertr. mit Bayern v. 23. Nov. 1870 und in den Verhandlungen des Reichstages am 8. Dez. 1870. (Sten. Ber. des außerord. Reichstages 1870 S. 147, 163 ff.; s. auch unten Anm. 4 zu Art. 4 der Reichsverf.)

3) Dies bezieht sich nur auf physische, nicht auf juristische Personen; Seydel, Komm. S. 42, Laband I S. 170, Zorn I S. 349.

4) Er ist nur in gewisser Hinsicht als Inländer zu behandeln; er wird durch die bloße Wohnsitznahme in einem Bundesstaate nicht dessen Angehöriger, §§ 6 und 7 des G. v. 1. Juni 1870 (Arndt, Preuß. Verf. S. 186, 187). Anders in der nordamerikanischen Union, vgl. auch Laband I S. 155.

5) Die folgende Aufzählung ist erschöpfend; Seydel, Komm. S. 47. S. auch Anm. 2.

6) Und zum Aufenthalte, G. über die Freizügigkeit v. 1. Nov. 1867 (BGBl. 1867 S. 55 § 1).

7) S. auch G. über die Freizügigkeit v. 1. Nov. 1867 (BGBl. 1867 S. 55 § 1).

8) S. §§ 6 und 7 des G. über Erwerb und Verlust der Staatsangehörigkeit v. 1. Juni 1870 (BGBl. 1870 S. 355), Arndt, Preuß. Verf. S. 186, 187.

9) Damit sind nicht die staatsbürgerlichen Rechte gemeint; s. Anm. 1 und 2.

10) Der Bayer muß, um als preußischer Beamter angestellt zu werden, die vorgeschriebenen preußischen Examina gemacht haben.

11) Die Konfession kann bei Ausübung der in Art. 63 gegebenen Rechte keinen Hinderungsgrund bilden; G., betr. die Gleichberechtigung der Konfessionen in bürgerlicher und staatsbürgerlicher Beziehung v. 3. Juli 1869 (BGBl. 1869 S. 292): „Alle noch bestehenden, aus der Verschiedenheit des religiösen Bekenntnisses hergeleiteten Beschränkungen der bürgerlichen und staatsbürgerlichen Rechte werden hierdurch aufgehoben. Insbesondere soll die Befähigung zur Theilnahme an der Gemeinde- und Landesvertretung und zur Bekleidung öffentlicher Aemter vom religiösen Bekenntniß unabhängig sein."

12) Vgl. Schlußprot. zu dem Vertr. v. 23. Nov. 1870, betr. den Beitritt Bayerns zur Verf. des DR. unter III. (BGBl. 1871 S. 23), s. unten Anl. IV, wodurch der Gothaer Vertr. v. 15. Juli 1851 wegen gegenseitiger Uebernahme der Ausgewiesenen und Heimathslosen (GS. S. 711) und die Eisenacher Konvention wegen Verpflegung erkrankter und Beerdigung verstorbener Unterthanen v. 11. Juli 1853 (GS. S. 877 ff.) als fortdauernd gültig erklärt wurden.

13) Es besteht Freizügigkeit in dem Sinne, daß jeder Deutsche in jedem Bundesstaate seiner Militärpflicht genügen kann, s. Art. 57 der Reichsverf. nebst Anm., ferner das RMil.G. v. 2. Mai 1874 (RGBl. 1874 S. 45), die Novelle dazu v. 6. Mai 1880 (RGBl. 1880 S. 103), § 17 des G v. 9. Nov. 1867, betr. die Verpflichtung zum Kriegsdienste (BGBl. 1867 S. 131) und Vertr. zwischen dem Nordd. Bunde und dem Großherzogthum Baden, betr. die Einführung der gegenseitigen militärischen Freizügigkeit, v. 25. Mai 1869 (BGBl. 1869 S. 675).

14) Der Art. 3 der Reichsverf. ist für Elsaß-Lothringen bereits am 28. Juni 1871 zuf. des § 2 des RG. v. 9. Juni 1871 (RGBl. 1871 S. 212, GBl. f. Elf.-Lothr. 1871 S. 1) in Wirksamkeit getreten.

15) Zur Ausführung des Grundsatzes des Art. 3 und auf Grund des Art. 4 Nr. 1 ergingen:

a) BG. über die Freizügigkeit v. 1. Nov. 1867 (BGBl. 1867 S. 55), welches bestimmt, daß, außer wegen Rücksicht auf Armenunterstützung oder Aufenthaltsbeschränkungen bestrafter Personen, — also namentlich nicht wegen des Glaubensbekenntnisses oder fehlender Landes- oder Gemeindeangehörigkeit — der Aufenthalt, die Niederlassung, der Gewerbebetrieb oder der Erwerb von Grundeigenthum einem Reichsangehörigen verweigert werden darf.

Die Freizügigkeit ist eingeschränkt:

α) Durch RG. v. 4. Juli 1872, betr. den Orden der Gesellschaft Jesu (RGBl. 1872 S. 253); auch gültig für Elsaß-Lothringen zuf. G. v. 8. Juli 1872 (GBl. f. Elf.-Lothr. 1872 S. 506). Das G. v. 4. Juli 1872 bestimmt nämlich, daß Angehörigen des Ordens Jesu und der ihm verwandten Orden, die Inländer sind (Ausländer können ohne Weiteres ausgewiesen werden), der Aufenthalt in bestimmten Bezirken oder Orten untersagt oder angewiesen werden kann.

b) BG. über die Aufhebung der polizeilichen Beschränkung der Eheschließung v. 4. Mai 1868 (BGBl. 1868 S. 149); nicht eingeführt in Elsaß-Lothringen und Bayern.

c) BG. betr. die Gleichberechtigung der Konfessionen in bürgerlicher und staatsbürgerlicher Beziehung, v. 3. Juli 1869 (BGBl. 1869 S. 292, s. oben Anm. 11).

d) BG. wegen Beseitigung der Doppelbesteuerung v. 13. Mai 1870 (BGBl. 1870 S. 119); gültig für Elsaß-Lothringen zuf. G. v. 14. Jan. 1872 (GBl. f. Elf.-Lothr. 1872 S. 61). Dieses G. bestimmt namentlich, daß Grundbesitz und Gewerbebetrieb, wie das daraus fließende Einkommen, nur in dem Bundesstaate, wo sie liegen bezw. betrieben werden, und daß Gehälter, Pensionen, Wartegelder u. s. w. nur in dem Staate, der sie zahlt, vom Staate besteuert werden dürfen. Vorbehaltlich dieser Bestimmung darf ein Deutscher nur in dem Staate, in welchem er wohnt, zu Staatssteuern herangezogen werden.

e) BG. über die Erwerbung und den Verlust der Bundes- und Staatsangehörigkeit v. 1. Juni 1870 (BGBl. 1870 S. 355); s. unten Anl. VI.

f) BG. über den Unterstützungswohnsitz v. 6. Juni 1870 (BGBl. 1870 S. 360), theilweise abgeändert durch G. v. 12. März 1894 (RGBl. 1894 S. 259).

Nicht gültig für Bayern zuf. des Vertr. mit Bayern v. 23. Nov. 1870 unter III. § 1 (BGBl. 1871 S. 18) und für Elsaß-Lothringen. Nach dem Unterstützungswohnsitzgesetze ist jeder Deutsche in jedem Bundesstaate (außer in Bayern und Elsaß-Lothringen) in Bezug a. auf die Art und das Maß der im Falle der Hülfsbedürftigkeit zu gewährenden öffentlichen Unterstützung; b. auf den Erwerb und Verlust des Unterstützungswohnsitzes als Inländer zu behandeln.

Artikel 4.

Der Beaufsichtigung[1]) Seitens des Reichs und der Gesetzgebung[2]) desselben unterliegen die nachstehenden Angelegenheiten[3]):

1) die Bestimmungen über Freizügigkeit, Heimaths- und Niederlassungs-Verhältnisse, Staatsbürgerrecht,[4]) Paßwesen[5]) und Fremdenpolizei[5]) und über den Gewerbebetrieb,[6]) einschließlich des Versicherungswesens,[7]) soweit diese Gegenstände nicht schon durch den Artikel 3. dieser Verfassung erledigt sind, in Bayern jedoch mit Ausschluß der Heimaths- und Niederlassungs-Verhältnisse, desgleichen über die Kolonisation[8]) und die Auswanderung nach außerdeutschen Ländern;

2) die Zoll- und Handelsgesetzgebung und die für die Zwecke des Reichs zu verwendenden Steuern;[9])

3) die Ordnung des Maaß-,[10]) Münz-[11]) und Gewichtssystems,[10]) nebst Feststellung der Grundsätze über die Emission von fundirtem und unfundirtem Papiergelde;[12])

4) die allgemeinen Bestimmungen über das Bankwesen;[13])

5) die Erfindungspatente;[14])

6) der Schutz des geistigen Eigenthums;[15])

7) Organisation eines gemeinsamen Schutzes des Deutschen Handels im Auslande, der Deutschen Schiffahrt und ihrer Flagge zur See und Anordnung gemeinsamer konsularischer Vertretung, welche vom Reiche ausgestattet wird;[16])

8) das Eisenbahnwesen, in Bayern vorbehaltlich der Bestimmung im Artikel 46., und die Herstellung von Land- und Wasserstraßen im Interesse der Landesvertheidigung und des allgemeinen Verkehrs;[17])

9) der Flößerei- und Schiffahrtsbetrieb auf den mehreren Staaten gemeinsamen Wasserstraßen und der Zustand der letzteren, sowie die Fluß- und sonstigen Wasserzölle; desgleichen die Seeschifffahrtszeichen (Leuchtfeuer, Tonnen, Baken und sonstige Tagesmarken);[18])

10) das Post- und Telegraphenwesen,[19]) jedoch in Bayern und Württemberg nur nach Maßgabe der Bestimmung im Artikel 52.;

11) Bestimmungen über die wechselseitige Vollstreckung von Erkenntnissen in Civilsachen und Erledigung von Requisitionen überhaupt;[20])

12) sowie über die Beglaubigung von öffentlichen Urkunden;[20])

13) die gemeinsame Gesetzgebung über das gesammte bürgerliche Recht, das Strafrecht und gerichtliche Verfahren;[21])

14) das Militairwesen des Reichs und die Kriegsmarine;[22])

15) Maßregeln der Medizinal- und Veterinairpolizei;[23])

16) die Bestimmungen über die Presse[24]) und das Vereinswesen.[25])

1) Die „Beaufsichtigung" ist vor „Gesetzgebung" gestellt, woraus folgt, daß das Aufsichtsrecht bezüglich der in Art. 4 bezeichneten Gegenstände auch besteht, wenn von dem Gesetzgebungsrechte noch kein Gebrauch gemacht ist. v. Schwarze, im verfassungsberathenden Reichstage 1867 (Sten.Ber. S. 315), Seydel, Komm. S. 57, Zorn, S. 426 ff., Hänel, Staatsr. S. 305, Arndt, Verordnungsrecht S. 91. Das Recht der Beaufsichtigung wird gemäß Art. 17 der Reichsverfassung vom Kaiser (oder in dessen Namen) ausgeübt. Organisirt ist dasselbe im Wesentlichen nur bei den Zöllen und gemeinschaftlichen Steuern (Art. 35 ff. der Reichsverf.) und dem Eisenbahnwesen (Art. 41 ff. der Reichsverf.). Das Recht der Beaufsichtigung schließt nicht das Recht in sich, unmittelbare Befehle zu erlassen, sondern nur das, Vorstellungen zu erheben und wenn diese unbefolgt bleiben, die Entscheidung des Bundesrathes gemäß Art. 7 Nr. 3 der Reichsverf. herbeizuführen. Vgl auch Hänel, Staatsr. §§ 49—51 S. 299 ff., Riedel, Verf. Urk. S. 24, Laband I S. 237.

Das Recht, Ausführungsverordnungen zu erlassen, ist nicht im Rechte der Beaufsichtigung enthalten; es ist in Art. 7 Nr. 2 der Reichsverf. geregelt.

2) Vgl. Art. 5, 17, 23 und 78 der Reichsverf. Das Wort „Gesetzgebung" bedeutet nicht bloß die Zuständigkeit der Reichsgesetzgebung gegenüber der Landesgesetzgebung, sondern zugleich, daß über die in Art. 4 bezeichneten Gegenstände die Zuständigkeit des Reichs im Wege des Gesetzes (nicht der Verordnung) auszuüben ist; Arndt, Verordnungsrecht S. 188; and. Ans. Zorn I S. 429. Die Richtigkeit meiner Ansicht ergiebt sich aus den Art. 11 Abs. 3 und 48 Abs. 2 der Reichsverf.; ebenso Hänel, Das Gesetz S. 278 ff.

3) Ueber das Verhältniß der Reichs- zur Landesgesetzgebung s. oben Anm. 1 zu Art. 2.

4) S. wegen der Bestimmungen über Freizügigkeit, Heimaths- und Niederlassungsverhältnisse und Staatsbürgerrecht Art. 3 der Reichsverf. nebst Anm.

5) BG. über das Paßwesen v. 12. Okt. 1867 (BGBl. 1867 S. 33).

6) Die Gewerbegesetzgebung des Reichs beginnt im Nordd. Bunde mit dem G. v. 8. Juli 1868, betr. den Betrieb der stehenden

Gewerbe (BGBl. 1868 S. 406), welche durch die Gewerbe-O. für den Nordd. Bund v. 21. Juni 1869 (BGBl. 1869 S. 245) außer Anwendung gesetzt wurde.

Die Gewerbe-O. für den Nordd. Bund hat im Laufe der Zeit durch Reichsgesetze so wesentliche Aenderungen erlitten, daß bei ihrer Revision durch das G. v. 1. Juli 1883 (RGBl. 1883 S. 159) für erforderlich erachtet wurde, den Text, wie er sich aus den eingetretenen Aenderungen ergiebt, von neuem festzustellen und mit der Ueberschrift „Gewerbe-O. für das D. Reich" durch das Reichsgesetzblatt (RGBl. 1883 S. 177) bekannt zu machen. Auch später sind noch zahlreiche Novellen zur Gewerbe-O. ergangen.

7) In dem Schlußprotokoll zu dem Vertr. v. 23. Nov. 1870, betr. den Beitritt Bayerns zur Verf. des D. Bundes ist, unten Anl. IV., vorbehalten worden, daß, wenn sich die Reichsgesetzgebung mit dem Immobiliar-Versicherungswesen befassen sollte, die vom Reiche zu erlassenden gesetzlichen Bestimmungen in Bayern nur mit Zustimmung der Bayerischen Regierung Geltung erlangen können (BGBl. 1871 S. 25).

Zum Versicherungswesen können nachstehende Gesetze gerechnet werden, die indeß ebenso sehr den Charakter von Versorgungsgesetzen haben:

a) RG. v. 15. Juni 1883, betr. die Krankenversicherung der Arbeiter (RGBl. 1883 S. 73) in der Fassung der Novelle v. 10. April 1892 (RGBl. 1892 S. 417).
b) Unfallversicherungsgeſ. v. 6. Juli 1884 (RGBl. 1884 S. 69).
c) RG. v. 28. Mai 1885 über die Ausdehnung der Unfall- (und Kranken-) Versicherung (RGBl. 1885 S. 159).
d) RG. v. 5. Mai 1886, betr. die Unfall- und Krankenversicherung der in land- und forstwirthschaftlichen Betrieben beschäftigten Personen (RGBl. 1886 S. 132).
e) RG. v. 15. März 1886, betr. die Fürsorge für Beamte und Personen des Soldatenstandes in Folge von Betriebsunfällen (RGBl. 1886 S. 53).
f) G. v. 8. Mai 1888 (für Elsaß-Lothringen), betr. die Fürsorge für Beamte in Folge von Betriebsunfällen (GBl. f. Elſ.-Lothr. 1888 S. 41).

g) RG. v. 11. Juli 1887, betr. die Unfallversicherung der bei Bauten beschäftigten Personen (RGBl. 1887 S. 287).

h) RG. v. 13. Juli 1887, betr. die Unfallversicherung der Seeleute und anderer bei der Seeschiffahrt betheiligter Personen (RGBl. 1887 S. 329), nebst Berichtigung (RGBl. 1888 S. 182).

i) RG. v. 22. Juni 1889, betr. die Invaliditäts- und Altersversicherung (RGBl. 1889 S. 97).

8) „Vorläufig" war bei dem Worte „Kolonisation" nach den Worten des Bundesbevollmächtigten v. Savigny, Sten.Ber. des verfassungsberathenden Reichstags 1867 S. 271 an die Errichtung von Flottenstationen gedacht; das Uebrige sollte „der Zukunft überlassen" bleiben. Inzwischen hat das Deutsche Reich folgende Kolonien erworben: a. das südwestafrikanische Schutzgebiet, b. das Kamerun- und Togogebiet, c. Deutsch-Ostafrika, d. Gebiet der Neu-Guinea-Kompagnie, e. die Marschall-, Brown- und Providence-Inseln. Zweifellos kann mit völkerrechtlicher Gültigkeit der Kaiser (ohne Bundesrath und Reichstag) Kolonien erwerben. Der Kaiser kann auch, soweit nicht die Mitwirkung inländischer Behörden oder die Anerkennung der Akte der Kolonialbehörden im Inlande erfolgen sollen, das Kolonialrecht im Verordnungswege regeln, da die Verfassung und deren Vorschriften über Gesetzgebung — die doch nur zum Schutze der Reichsangehörigen dienen sollen — nur „innerhalb des Bundesgebietes" (Art. 2 der Reichsverf.) gelten; s. Anlagen zu den Verhandlungen des Deutschen Reichstages 1885/86 S. 81 und 201, Verhandlungen des Reichstages 1885/86 S. 653 ff. (606 ff, 2027 ff., Bornhak im Arch. f. öffentl. Recht II S. 3 ff., Laband I S. 793). Anderer Ansicht ist Hänel, Staatsr. S. 893, der gemäß den Worten des Art. 4 unbedingt ein Reichsgesetz zur Regelung des Kolonialrechts fordert.

Deutsche bleiben in den deutschen Kolonien (Schutzgebieten) Reichsangehörige Die deutschen Schutzgebiete gelten im Sinne des § 21 des G. über den Erwerb und Verlust der Staatsangehörigkeit v. 1. Juni 1870 (unten Anl. VI) als Inland. Die Eingeborenen sind dem Reiche unterthan, aber nicht Reichsangehörige im Sinne des Art. 3 der Reichsverf. und der dazu erlassenen Gesetze. Angehörige nicht deutscher zivilisirter Staaten gelten als Schutzgenossen.

Das wichtigste Gesetz der Kolonien ist RG., betr. die Rechtsverhältnisse der deutschen Schutzgebiete v. 17. April 1886 in der Fassung der B. v. 19. März 1888 (RGBl. 1888 S. 75); § 1 desselben: „Die Schutzgewalt in den deutschen Schutzgebieten übt der Kaiser im Namen des Reichs aus.“ Die Schutzgewalt ist zugleich die höchste (souveräne) Gewalt, Oberhoheit, die eine Unterhoheit der einheimischen Hauptleute und der Kolonialgesellschaften nicht ausschließt. Der Kaiser hat kraft der Schutzgewalt auch das Besteuerungsrecht in den Schutzgebieten. Ausgaben zu Lasten des Deutschen Reichs kann der Kaiser auch zu Gunsten der Schutzgebiete nur durch Reichsgesetz (Art. 69 der Reichsverf.) machen. Das Konsulargerichtsbarkeitsges. v. 10. Juli 1879 und das Personenstandsges. v. 4. Mai 1870 kann der Kaiser gemäß dem Inhalte des cit. G. v. 17. April 1886 nur durch Reichsgesetz in den Schutzgebieten einführen und event. wieder aufheben. S. auch AE. v. 10. Okt 1890, betr. die Errichtung eines Kolonialraths (RGBl. 1890 S. 179).

9) Diese Gesetzgebung ist eine ausschließliche; s. auch Art. 35 und 70. Das Recht des Reichs, für seine Zwecke Steuern einzuführen, erstreckt sich auf indirekte wie direkte Steuern. Das Wort „indirekt“ des Entwurfs des Nordd. Bundesentwurfs ist im verfassungberathenden Reichstage gestrichen worden. Vgl. hierzu Rede Miquel's in den Verhandlungen des verfassungberathenden Reichstages 1867 S. 114 und Seydel, Komm. S. 65.

10) Das Maß- und Gewichtswesen ist durch die Maaß- und Gewichtsordn. v. 17. Aug. 1868 (BGBl. 1868 S. 473), gültig im ganzen Deutschen Reiche, geregelt. Aufgehoben sind Art. 8 derselben durch die Münzgesetzgebung, Art. 4 durch G. v. 7. Dez. 1873 (RGBl. 1873 S. 377), geändert Art. 1, 3, 6 und 14 durch G. v. 11. Juli 1884 (RGBl. 1884 S. 115), Art. 1, 2, 3 und 5 durch G. v. 26. April 1893 (RGBl. 1893 S. 151). Die reichsrechtliche Regelung bedeutet im Allgemeinen nicht das Verbot, andere wie die den Reichsnormen entsprechenden Maße und Gewichte zu benutzen. Jedoch bedroht StrGB. § 369 mit Geldstrafe bis zu 100 Mk. oder mit Haft bis zu 4 Wochen (Nr. 2) Gewerbtreibende, bei denen zum Gebrauche in ihrem Gewerbe geeignete, mit dem gesetzlichen Aichungsstempel nicht versehene oder unrichtige Maße, Gewichte oder Waagen vorgefunden werden, oder welche sich einer

anderen Verletzung der Vorschriften über die Maß- und Gewichtspolizei schuldig machen. Derselben Strafbestimmung unterliegen Gast- und Schankwirthe, welche den Bestimmungen des G., betr. die Bezeichnung des Raumgehaltes der Schankgefäße v. 20. Juli 1881 (RGBl. 1881 S. 249) zuwiderhandeln, ferner die, welche das G. über den Feingehalt der Gold- und Silberwaaren v. 16. Juli 1884 (RGBl. 1884 S. 120) verletzen. Zu erwähnen sind noch: Die Internationale Meterkonvention v. 20. Mai 1875 (RGBl. 1876 S. 191) und die mehrfach geänderte Aichordnung für das Deutsche Reich v. 27. Dez. 1884 (RGBl. 1885, Beilage zu Nr. 5).

11) Das Münzwesen ist geregelt: 1) durch G., betr. die Ausprägung von Reichsgoldmünzen v. 4. Dez. 1871 (RGBl. 1871 S. 404) und 2) durch Münzges. v. 9. Juli 1873 (RGBl. 1873 S. 233).

Das Münzwesen betrifft zunächst die Frage, was Geld ist, d. h. welcher Sache kraft Rechtssatzes die Eigenschaft innewohnt, Zahlungsmittel zu sein. In diesem Sinne sind reichsrechtlich als Geld weder Schuldverschreibungen des Reichs (Kassenscheine), noch Banknoten anzusehen, d. h. Niemand ist rechtlich verpflichtet, diese in Zahlung zu nehmen. — Von den Münzen gelten in jeder Höhe nur Goldmünzen als Geld: Niemand ist verpflichtet, Reichssilbermünzen im Betrage von mehr als 20, und Reichs-Nickel- oder Kupfermünzen im Betrage von mehr als 1 Mark in Zahlung zu nehmen. Bis zur Außerkurssetzung sind noch als Geld anzusehen, d. h. also in jeder Höhe in Zahlung zu nehmen die Thalerstücke deutschen Gepräges mit Einschluß der von Oesterreich bis zum Schlusse des Jahres 1867 geprägten Vereinsthaler. Die Außerkurssetzung steht dem Bundesrath zu (Münzges. Art. 8 und G. v. 28. Febr. 1892 [RGBl. 1892 S. 315]).

Silber- und Nickelmünzen darf kein Privater, auch kein Bundesstaat, sondern nur das Reich prägen lassen — selbst dies nicht unbeschränkt, denn 1) ist die Höhe gesetzlich fixirt und 2) muß das Reich diese (Scheide-) Münzen jederzeit gegen Goldmünzen umtauschen. Goldmünzen kann Jeder prägen lassen, und zwar in jeder Höhe.

Die Prägung erfolgt ausschließlich in den (bundes-)staatlichen Münzstellen. Jede andere (auch vollwerthige) Münzprägung ist

Münzfälschung. Von einem Pfund fein Gold werden 1395 Mark (139½ Krone) Goldmünzen ausgeprägt.

Die Vollwerthigkeit der Goldmünzen ist auch dadurch gewährleistet, daß die Reichsbank für je ein Pfund fein Gold 1392 Mark in ihren Banknoten hergeben muß.

Hiernach gilt in Deutschland die Goldwährung. Von einer „hinkenden" Goldwährung wird gesprochen, weil und so lange die Thalerstücke noch als Geld anzusehen sind.

12) Papiergeld im rechtlichen Sinne, d. h. Papier, das in Zahlung genommen werden muß, giebt es nicht im Deutschen Reiche. Die Ausgabe von Papiergeld, selbst solchem, das thatsächlich in Zahlung genommen wird, ist seit G. v. 16. Juni 1870 (BGBl. 1870 S. 507) den Bundesstaaten nur auf Grund eines Reichsgesetzes gestattet, wiederholt im RG. v. 30. April 1874 (RGBl. 1874 S. 40) § 8. Das Reich giebt Kassenscheine aus, d. h. unverzinsliche Schuldverschreibungen, die auf den Inhaber gestellt sind und vom Reich und den Bundesstaaten jederzeit in Zahlung genommen, wie von der Reichshauptkasse gegen baares Geld (Gold) eingelöst werden müssen.

Art. 4 bezieht sich auf Papiergeld im weitesten Sinne.

13) Das Bankwesen ist geregelt durch das Bankges. v. 14. März 1875 (RGBl. 1875 S. 177), dessen § 24 durch G. v. 18. Dez. 1889 (RGBl. 1889 S. 201) geändert ist. Das Bankges. schrieb die Errichtung der Reichsbank vor, einer Veranstaltung des Reiches (Erk. d. Reichsg. v. 18. Jan. 1886, Entsch. in Civils. Bd. 15 S. 230), obgleich die Mittel dazu von Privaten aufgebracht sind, welchen (den Antheilseigenern) zwar nicht die Verfügung, wohl aber im Wesentlichen das Eigenthum am Bankvermögen zusteht. Ein Aktienverein (Ansicht Labands) ist die Bank nicht. Die Bank wird vom Reiche geleitet, die Bankbeamten sind Reichsbeamte, die von der Reichsbank bezahlt werden. Die Reichsbank ist vom Reichsfiskus verschieden. Die Reichsbank darf nur die im Bankgesetze (§ 13) vorgeschriebenen Geschäfte betreiben (namentlich bankfähige Wechsel diskontiren, Bankkommissionsgeschäfte, Depositen- und Lombardgeschäfte). Die Reichsbank hat das Recht, nach Bedürfniß ihres Verkehrs unter Kontrole der Reichsschuldenkommission unbeschränkt Banknoten auszugeben; doch muß Deckung vorhanden sein (⅓ in

Gold, $^2/_3$ in bankfähigen Wechseln) und wenn der Banknotenumlauf den Baarvorrath um 250 Mill. Mk. übersteigt, so sind von dem überschießenden Betrage 5% Zinsen an das Reich zu zahlen. Den 250 Mill. Mk. wachsen die Beträge der anderen Banken zu, deren Recht auf Banknotenausgabe erloschen ist (bis jetzt 36 585 000 Mk.). Banknoten sind unverzinsliche, auf den Inhaber gestellte Schuldverschreibungen, welche die Bank an der Hauptkasse jederzeit und bei ihren Zweiganstalten, so weit es deren Baarbestände und Geldbedürfnisse gestatten, gegen Gold einlösen muß.

Die Verwendung ausländischer Banknoten, die auf deutsche Währung gestellt sind, ist verboten.

Die früher von den Bundesstaaten ausgegebenen Banknotenprivilegien sind bestehen geblieben; jedoch dürfen solche Banken ohne besondere Erlaubniß von Reichswegen ihre Banknoten nur in dem privilegirenden Staate umlaufen lassen, auch dürfen sie in keinem anderen Bundesstaate Bankgeschäfte betreiben.

Banknoten dürfen nur auf 100, 200, 500 oder 1000 oder auf ein Vielfaches von 10 000 lauten. Alle Notenbanken müssen vier Mal monatlich ihre Bilanz veröffentlichen. Noten dürfen sie (außer der Reichsbank) nur bis zu der in ihrem Privilegium angegebenen Höhe emittiren. Wenn der Notenumlauf den Baarvorrath und den ihnen nach dem Bankgesetz zugewiesenen Betrag übersteigt, müssen sie vom Ueberschusse 5% Zinsen an das Reich zahlen.

Das der Reichsbank ertheilte Privileg zur (unbeschränkten) Notenausgabe ist durch G. v. 18. Dez. 1889 (RGBl. 1889 S. 201) um weitere zehn Jahre verlängert worden. Nach Ablauf dieser Zeit kann das Reich die Frist nochmals verlängern oder die Reichsbank auflösen.

14) Patentges. v. 25. Mai 1877 (RGBl. 1877 S. 501), mit Abänderungen durch G. v. 7. April 1891 (RGBl. 1891 S. 79).

15 a) BG. v. 11. Juni 1870, betr. das Urheberrecht an Schriftwerken, Abbildungen, musikalischen Kompositionen und dramatischen Werken (BGBl. 1870 S. 339).

b) RG. v. 9. Jan. 1876, betr. das Urheberrecht an Werken der bildenden Künste (RGBl. 1876 S. 4).

c) RG. v. 10. Jan. 1876, betr. den Schutz von Photographien gegen unbefugte Nachbildung (RGBl. 1876 S. 8).

d) RG. v. 11. Jan. 1876, betr. das Urheberrecht an Mustern und Modellen (RGBl. 1876 S. 11).

e) RG. zum Schutz der Waarenbezeichnungen v. 12. Mai 1894 (RGBl. 1894 S. 441) an Stelle des RG. über den Markenschutz v. 30. Nov. 1874 (RGBl. 1874 S. 17).

f) RG. zum Schutz der Gebrauchsmuster v. 1. Juni 1891 (RGBl. 1891 S. 290).

16) Vgl. Art. 54 und 55 und Art. 56 der Reichsverf. und Zus. dazu, ferner oben Anm. 8.

17) Vgl. Art. 41—47 der Reichsverf. und die Zus. dazu. Die Zuständigkeit des Reiches erstreckt sich auf das Eisenbahnwesen, soweit es dem öffentlichen allgemeinen Verkehr dient, nicht auf Privatbahnen, die von einer bestimmten Person oder für diese angelegt, nur den Zweck haben, dieser Person zu dienen, z. B. Bahnen, die nur für ein gewerbliches Unternehmen bestimmt sind, etwa um diese an öffentliche Bahnen anzuschließen, auch nicht auf die sog. Kleinbahnen, die zwar dem öffentlichen, aber nur dem Lokalverkehr dienen (Erklärung des Preuß. Handelsministers Grafen Itzenplitz im verfassungberathenden Reichstage 1867 (Sten.Ber. 1867 S. 277); s. auch Seydel, Komm. S. 69 f., und weiter unten zu Art. 41 ff.

18) Die Worte „desgleichen die Seeschifffahrtszeichen (Leuchtfeuer, Tonnen, Baken und sonstige Tagesmarken)“ beruhen auf dem G., betr. einen Zusatz zu dem Art. 4 Nr. 9 der Reichsverf. v. 3. März 1873 (RGBl. 1873 S. 47); s. ferner zu Nr. 9 Art. 54 der Reichsverf. nebst Anm.

19) Vgl. Art. 48—52 der Reichsverf. und die Anm. dazu.

20) Bezüglich der in Nr. 11 vorgesehenen Rechtshülfe gilt Folgendes:

A. Im Gebiete der ordentlichen streitigen Gerichtsbarkeit gilt GVG. Titel 13: Die Gerichtsgewalt eines jeden deutschen Gerichts erstreckt sich auf alle im Deutschen Reiche aufhaltenden Personen, dieselben mögen dem Bundesstaate des Prozeßgerichts oder einem anderen Bundesstaate angehören. Hieraus ergiebt sich von selbst, daß die Entscheidungen eines deutschen Gerichts durch ganz Deutschland vollstreckbar sind, Mot. z. GVG. S. 30. GVG. § 157: „Die Gerichte haben sich in bürgerlichen Rechtsstreitigkeiten und in Strafsachen Rechtshülfe zu leisten.“

B. In der streitigen Gerichtsbarkeit, welche zur Zuständigkeit besonderer Gerichte gehört, kommen zur Anwendung das im ganzen Reiche gültige Rechtshülfegesetz v. 21. Juni 1869 (BGBl. 1869 S. 305), ferner landesgesetzliche Bestimmungen, z. B. das preußische Ausführungsgesetz z. GVG. v. 24. April 1884 (GS. S. 143) § 87 und etwa bestehende Staatsverträge.

C. In den übrigen Sachen, insbesondere reinen Verwaltungssachen, besteht die Pflicht zur Rechtshülfe nur auf Grund besonderer Vorschriften, z. B. § 101 des Unfallversicherungsges. v. 6. Juli 1884 (RGBl. 1884 S. 64), § 141 des Invaliditätsversicherungsges. v. 22. Juni 1889 (RGBl. 1889 S. 97).

21) RG. v. 1. Mai 1878, betr. die Beglaubigung öffentlicher Urkunden (RGBl. 1878 S. 89) und Vertr. v. 25. Febr. 1880 zwischen dem Deutschen Reiche und der Oesterreichisch-Ungarischen Monarchie (RGBl. 1881 S. 4), ausgedehnt auf Bosnien und die Herzegowina (RGBl. 1881 S. 253).

22) Die Worte „gesammte bürgerliche Recht" beruhen auf G. v. 20. Dez. 1873, betr. die Abänderung der Nr. 13 des Art. 4 der Verf. des DR. (RGBl. 1873 S. 379).

23) Vgl. Art. 53 und Art. 57 der Reichsverf. und die Zus. dazu.

24a) G., betr. die Maßregeln gegen die Rinderpest v. 7. April 1869 (BGBl. 1869 S. 105).

b) RG. v. 21. Mai 1878, betr. Zuwiderhandlungen gegen die zur Abwehr der Rinderpest erlassenen Vieheinfuhrverbote (RGBl. 1878 S. 95).

c) RG. v. 25. Febr. 1876, betr. die Beseitigung von Ansteckungsstoffen bei Viehbeförderungen auf Eisenbahnen (RGBl. 1876 S. 163).

d) RG. v. 23. Juni 1880, betr. die Abwehr und Unterdrückung von Viehseuchen (RGBl. 1880 S. 153). RG. v. 1. Mai 1894 u. Bekanntmachung dazu (RGBl. 1894 S. 405, 409).

e) Reichs-Impfges. v. 8. April 1874 (RGBl. 1874 S. 31).

f) RG. v. 14. Mai 1879, betr. den Verkehr mit Nahrungsmitteln, Genußmitteln und Gebrauchsgegenständen (RGBl. 1879 S. 145), nebst RG. v. 29. Juni 1887, betr. die Abänderung des G. über den Verkehr mit Nahrungsmitteln, Genußmitteln und Gebrauchsgegenständen v. 14. Mai 1879 (RGBl. 1887 S. 276).

g) RG. v. 5. Juli 1887, betr. die Verwendung gesundheitsschädlicher Farben bei der Herstellung von Nahrungsmitteln, Genußmitteln und Gebrauchsgegenständen (RGBl. 1887 S. 277).

h) RG. v. 25. Juni 1887, betr. den Verkehr mit blei- und zinkhaltigen Gegenständen (RGBl. 1887 S. 273) und RG. v. 22. März 1888, betr. die Abänderung des G. über den Verkehr mit blei- und zinkhaltigen Gegenständen v. 25. Juni 1887 (RGBl. 1888 S. 114).

RG. v. 12. Juli 1887, betr. d. Verkehr mit Ersatzmitteln für Butter (RGBl. 1887 S. 175).

i) RG. v. 20. April 1892, betr. den Verkehr mit Wein, weinhaltigen und weinähnlichen Getränken (RGBl. 1892 S. 597).

25) a) RG. über die Presse v. 7. Mai 1874 (RGBl. 1874 S. 65).

b) RG. v. 12. März 1884, betr. die Stimmzettel für öffentliche Wahlen (RGBl. 1884 S. 17).

26) Das Vereinsrecht ist noch nicht reichsrechtlich geregelt. Unter den Vereinen sind sowohl die politischen wie die nichtpolitischen zu verstehen; auch kirchliche. Vgl. Verhandlungen des Reichstages außerord. Sitzung 1870 S. 118, 140, Seydel, Komm. S. 78.

Die Reichsgesetzgebung ist auch zuständig, Landesgesetze in Elsaß-Lothringen zu erlassen, G. v. 2. Mai 1877 (RGBl. 1877 S. 491) oben S. 74.

Artikel 5.

Zur Feststellung dessen, was die Verfassungen unter Gesetzgebung verstehen, muß man auf die Lehre der Trennung der drei Gewalten zurückgreifen. Die heutige Rechtswissenschaft in Deutschland hält diese Lehre, die ein Jahrhundert lang allgemeine Anerkennung fand, für „weder logisch haltbar noch praktisch durchführbar" (Laband I S. 517 Anm. 2); jedoch mit Unrecht; denn sie mißversteht diese Lehre. Zwar ist die Staatsgewalt eine eine und untheilbare, aber es braucht nicht nothwendig eine und dieselbe Person zu sein, welche die Staatsgewalt ausübt. Die Lehre der Trennung der drei Gewalten, wie sie Montesquieu, Esprit des lois livre XI lehrte und wie sie Blackstone, Commentaries on English law I 146 als für England, Kent, Commentaries on American law part. II lecture XI, Story, Commentaries on the Constitution of the United States I §§ 518—544 und „The Federalist" on the Constitution Nr. 23' — 47 ff. als für die Nordamerikanische Union anwendbar hinstellten, will nicht die Staatsgewalt zerreißen, sondern nur vorschreiben, daß nicht alle Befugnisse der Staatsgewalt, die richterliche, vollziehende und gesetzgebende von einer und derselben Person, dem Monarchen oder Präsidenten, ausgeübt werden, und zwar aus dem Grunde, weil sonst die bürgerliche Freiheit gefährdet sein würde.

Die Lehre der Trennung der drei Gewalten ist allerdings nicht vollständig, aber doch großentheils in die Verfassungsurkunden der deutschen Staaten übergegangen. Die Trennung der richterlichen von der vollziehenden Gewalt erkennt die preußische Verfassung insoweit an, als sie vorschreibt: Art. 86: „Die richterliche Gewalt wird — durch unabhängige, keiner anderen Autorität als der des Gesetzes unterworfene Gerichte ausgeübt." Art. 87: „Die Richter werden — auf ihre Lebenszeit ernannt. Sie können nur durch Richterspruch aus Gründen, welche die Gesetze vorgesehen haben, ihres Amtes entsetzt oder zeitweise enthoben werden. Die vorläufige Amtssuspension u s. w." Ferner in Art. 49 Abs. 3: „Der König kann bereits eingeleitete Untersuchungen nur auf Grund eines besonderen Gesetzes niederschlagen." Die Trennung der gesetzgebenden von der vollziehenden Gewalt ist von der Preußischen Verfassung nur unvollständig durchgeführt. Bei vollständiger Durchführung der Trennung hat die vollziehende Gewalt keine Mitwirkung bei der Gesetzgebung, wie in der Nordamerikanischen Union und Frankreich, (thatsächlich wenigstens) in England, oder doch höchstens ein suspensives Veto, wie in der Frankfurter Reichsverfassung vom März 1849 oder in dem Verfassungsentwurf der Kommission der preußischen Nationalversammlung vom Jahre 1848 (Charte Waldeck). Nach der Preußischen Verfassung (Art. 62) ist dagegen zu jedem Gesetze die Uebereinstimmung des Königs und beider Häuser des Landtages nothwendig; der König hat das sog. absolute Veto (Arndt, Preuß. Verf. S. 123; v. Stengel, Preuß. Staatsr. S. 107 f.). Was verstand man nun unter Gesetzgebung? Nach der heutigen Theorie in Deutschland: Erlaß eines Rechtssatzes, und zwar Erlaß jedes Rechtssatzes. Das mag vielleicht nicht unrichtig sein, trifft aber nicht den Kern der Sache. Man verstand unter der Loslösung einer gesetzgebenden Gewalt von der vollziehenden, daß gewisse Anordnungen und zwar die obersten, die für Jeden, auch den Monarchen oder das Oberhaupt der vollziehenden Gewalt, verbindlichen Anordnungen — und zugleich diejenigen, die für die Freiheit und das Interesse der Bürger wichtigeren — nicht vom Könige allein, sondern vom Gesetzgeber (den Kammern oder nur vom Könige mit den Kammern) erlassen werden sollen. Ein „Gesetz" erheischen (nach den Grundrechten und den Verfassungen) alle Beschränkungen der persönlichen Freiheit: Strafgesetze, Preuß. Verf. Art. 8; Strafverfahren, Preuß. Verf. Art. 7; Beschränkungen des Preß-, Vereins- und Versammlungsrechts, Preuß. Verf. Art. 27—30; Beschränkungen der freien Religionsausübung, Preuß. Verf. Art. 12; die Auferlegung von Steuern, Preuß. Verf. Art. 100 und anderen pekuniären oder sonstigen Lasten, Zoll- und Handelsverträge, Preuß. Verf. Art. 100 und 48; ferner Aenderungen des bürgerlichen Rechts, Preuß. Verf. Art. 86, Arndt, Verordnungsrecht S. 211 ff., und des Prozeßverfahrens, Preuß. Verf. Art. 89; ferner Aufnahme von Anleihen des Staates, Preuß. Verf. Art. 103; Vorschriften über Dauer und Art der Militärpflicht, Preuß. Verf. Art. 34; Veränderung der Landesgrenzen, Preuß. Verf. Art. 2; häufig: Veräußerung von Staatsdomänen u. s. w. Also noch anders ausgedrückt: die Unterstellung der vorbezeichneten Gegenstände unter die Gesetzgebung will besagen, daß nicht mehr die Krone (allein), sondern nur noch die Gesetzgebung, d. h. der König und die Kammern Steuern, Strafgesetze erlassen oder sonst die persönliche Freiheit beschränken, Staatsanleihen machen können u. s. w.

Ob das nun gerade Rechtssätze sein sollen, die nicht mehr die Krone allein, sondern der Gesetzgeber erlassen darf, darauf kommt es nicht an. Die Abtretung von Provinzen, Kriegs- und Friedensschlüsse, Aufnahme von Anleihen, Erbauung von Panzerflotten u. s. w. sind wichtiger als mancher Rechtssatz.

Wie weit nun die Krone zu Gunsten der Gesetzgebung beschränkt werden sollte, hing nicht davon ab, ob es sich um Erlaß eines Rechtssatzes handelte oder nicht, sondern davon, welche Widerstandskraft die Krone thatsächlich besaß. In einzelnen Staaten kann der König ohne Gesetz nicht länger als eine bestimmte Zeit außer Landes weilen, in sehr vielen bedarf er zur Veräußerung unbeweglichen Staatsvermögens der Zustimmung des Landtages; in anderen ist er weniger beschränkt; in einzelnen Staaten hat er nur noch die Befugnisse, die ihm ausdrücklich übertragen oder belassen sind

(Belgien, Norwegen), in anderen alle, die ihm nicht ausdrücklich entzogen sind (Preußen, Holland, Schweden).

Erhellt schon aus den vorstehenden allgemeinen Ausführungen, daß man bei „Gesetzgebung" nicht unbedingt an „Erlaß eines Rechtssatzes" gedacht hat, so ergiebt sich das Gleiche aus der besonderen Entstehungsgeschichte des Wortes „Gesetz" in Preußen. In Preußen hieß vor der Verfassung nicht jede Anordnung eines Rechtssatzes Gesetz, sondern nur die unbedingt verbindliche, nämlich die vom Landesherrn getroffene und in bestimmter Form verkündete Anordnung. Die überaus zahlreichen Rechtssätze, die von den Central-, Provinzial- und Lokalbehörden, von Staatsorganen oder Korporationen aufgestellt sind, hießen „Verwaltungs- oder Kontrolevorschriften" (in Zoll-, Steuer- und Finanzsachen), „Regulative" (hauptsächlich in Schul- und Finanzsachen), Instruktionen, „Verordnungen" (in Polizeisachen), sogar „Verfügungen". Alle diese, welche für die Unterthanen verpflichtend waren und sind, und deren Nichtbefolgung häufig mit gerichtlichen Strafen bedroht war und ist, wurden stets als durchaus verschieden von den „Gesetzen" aufgefaßt, „mit denen sie nicht in Widerspruch stehen sollen." Die Finanzminister der zum Zollvereine gehörigen Staaten haben auf den Zollvereinigungskonferenzen zahlreiche Rechtssätze vereinbart und in ihren bez. Staaten durch die Verordnungsblätter zur allgemeinen Nachachtung und Befolgung befohlen. Niemand aber hat dieses Recht der Minister, welches jetzt (Art. 7 Nr. 2 der Reichsverf.) auf den Bundesrath übergegangen ist, vor wie nach der Preußischen Verfassung als ein Gesetzgebungsrecht aufgefaßt oder bezeichnet. (Näheres Arndt, Preuß. Verf. S. 121 ff., Arndt, Verordnungsrecht S. 22, 36 a. a. O.)

Abs. 1 und 2 in Art. 62 der Preuß. Verf. — denen Art. 5 der Reichsverf. entspricht —: „Die gesetzgebende Gewalt wird gemeinschaftlich durch den König und durch zwei Kammern ausgeübt. Die Uebereinstimmung des Königs und beider Kammern ist zu jedem Gesetze erforderlich" sind nur formell, d. h. dahin zu verstehen, daß wo ein Akt der gesetzgebenden Gewalt erforderlich ist, dieser Akt nicht mehr allein vom Könige, sondern vom Könige nur noch in Gemeinschaft mit dem Landtage vorgenommen werden darf. Wo materiell ein Akt der Gesetzgebung erfordert wurde, bestimmt sich nach dem Inhalte der Preuß. Verf. (Art. 3, 5,

6, 7 ff., 86, 99 a. a. O.). Ebenso v. Stengel, Preuß. Staatsr. I S. 167 f.; Bornhak, Preuß. Staatsr. S. 483 und Zorn I S. 482.

Ebenso bedeutet Art. 5 der Reichsverf. nicht, daß jeder Rechtssatz und nur ein Rechtssatz durch den Bundesrath und Reichstag gemeinschaftlich erlassen werden darf. Auch enthält, wenn dies angenommen werden sollte, Abs. 2 keine „Tautologie", ebenso wenig wie Art. 62 Abs. 2 der Preuß. Verf. Denn, wie Art. 62 Abs. 2 der Preuß. Verf. sagen will, daß nicht die Mehrheit der drei Faktoren, noch die mehrmalige Annahme eines Gesetzesvorschlages durch zwei der Faktoren zum Zustandekommen eines Gesetzes genügend sind, so bedeutet Art. 5, daß zu jedem Gesetze Bundesrath und Reichstag zustimmen müssen, daß ein noch so oft vom Reichstage angenommener Gesetzesvorschlag ohne Zustimmung des Bundesraths kein Gesetz wird und, daß nicht noch die Zustimmung anderer Faktoren, z. B. des Kaisers oder der Einzellandtage zu einem Reichsgesetze nothwendig ist.

Während man aber für das Preußische Staatsrecht behaupten kann (Arndt, Verf. S. 122 a. a. O.), daß, wo die Verfassung kein Gesetz erfordert, z. B. in Schulsachen, die Krone noch das Recht hat, rechtsverbindliche Anordnungen (Rechtssätze) allein (im Verordnungswege) zu erlassen, läßt sich für das Reichsstaatsrecht nicht behaupten, daß ohne reichsgesetzliche Ermächtigung oder Zulassung der Bundesrath rechtsverbindliche Anordnungen erlassen darf; s. unten zu Art. 7 Nr. 2, Arndt, Verordnungsrecht S. 16 f., Arndt in Hirth's Annalen 1885 S. 701, ebenso Laband, Reichsstaatsr. I S. 595; and. Ans. Zorn I S. 486 f., der dem Bundesrath das selbstständige Verwaltungsrecht beilegt. Vielleicht handelt es sich zwischen Zorn und mir nur um ein Mißverständniß. Oder meint Zorn, daß, wo die Reichsverf. schweigt, z. B. in Schul- und Kirchensachen, der Bundesrath ohne gesetzliche Ermächtigung ihm gut scheinende Normen gültig erlassen kann, wie der König von Preußen z. B. in Schulsachen?

Die letzte hierher gehörige Frage ist: Muß jedes Gesetz einen Rechtssatz enthalten? Nach Laband I S. 512 a. a. O., G. Meyer, Gruchots Zeitschr. Bd. 8 S. 1 f., Seligmann, Der Begriff des Gesetzes u. a. giebt es Gesetze, welche keinen Rechtssatz aufstellen, z. B. Etats-Anleihegesetze, welche Gesetze daher, da sie nur die Form, nicht den Inhalt von Gesetzen haben, formelle Gesetze genannt werden. Andere, namentlich Hänel, Das Gesetz im formellen und materiellen Sinne, Leipzig 1886, Zorn, Staatsr. I S. 404 a. a. O. behaupten, daß es sich um eine Rechtsvorschrift bei jedem Gesetze handeln muß.

Ich kann der Frage praktische Bedeutung nicht beilegen. Was Laband, Bornhak u. A. aus der formellen Natur des Budgetgesetzes ableiten wollen, folgt aus dem Satze, daß das Budgetgesetz regelmäßig nicht zwischen dem Staate und Dritten, sondern nur zwischen Staatsregierung und Landtag Recht schaffen will. Im Uebrigen stimme ich der Ansicht zu, daß jedes Gesetz einen Rechtssatz enthält, auch das Etatsgesetz, nämlich den, daß die Regierung die im Etatsgesetze vorgesehenen Ausgaben machen darf und ebenso wie alle Organe der Regierung (ohne nachträgliche Genehmigung) nur diese und keine anderen; s. Arndt, Preuß. Verf. zu Art. 99 ff., Hänel, Das Gesetz S. 312 a. a. O.

Die Reichsgesetzgebung[1]) wird ausgeübt[2]) durch den Bundesrath[3]) und den Reichstag. Die Uebereinstimmung der Mehrheitsbeschlüsse[4]) beider Versammlungen[5]) ist zu einem Reichsgesetze erforderlich und ausreichend.[5])

Bei Gesetzesvorschlägen über das Militairwesen, die Kriegsmarine und die im Artikel 35. bezeichneten Abgaben giebt,[6]) wenn im Bundesrathe eine Meinungsverschiedenheit stattfindet,[7]) die Stimme des Präsidiums[8]) den Ausschlag, wenn sie sich für die Aufrechthaltung der bestehenden Einrichtungen[10]) ausspricht.

1) Die Gesetzgebung steht dem Reiche nur in den Fällen zu, wo die Verfassung sie zuläßt, vgl. namentlich Art. 4, in anderen also erst dann, wenn die Zulassung durch verfassungänderndes Gesetz (Art. 78 Abs. 2 der Reichsverf.) erfolgt ist.

Die Gesetzgebung auf einzelnen Gebieten (Art. 35, 48 u. a. m.) steht dem Reiche ausschließlich zu. Selbst wenn das Reich von seiner Zuständigkeit zur Gesetzgebung keinen Gebrauch macht, ist die Landesgesetzgebung ausgeschlossen. In den andern Fällen kann die Landesgesetzgebung sich einer Materie bemächtigen, so lange das Reich von seiner Gesetzgebungsbefugniß noch keinen Gebrauch gemacht hat. Sobald dies durch das Reich geschieht, verlieren die entgegenstehenden Landesgesetze ipso jure ihre verbindliche Kraft (s. oben Art. 2). Daß die Reichsgesetzgebung nur eine übereinstimmende Landesgesetzgebung sei (vgl. Seydel, Komm. S. 82) ist unzutreffend, s. oben S. 46 f., 55 ff.

2) Vgl. Anm. 3 zu Art. 2 oben S. 82.

3) Seydel, Komm. S. 83 will den Ausdruck Bundesrath ersetzt wissen durch die Verbündeten im Bundesrath, da der Bundesrath nur die Vertreter der Souveräne darstelle, und nur die Souveräne selbst die Gesetzgebungsbefugniß haben. Letzteres ist zwar richtig, vielleicht grade deshalb gebraucht die Verfassung den Ausdruck wird „ausgeübt" statt „steht zu".

4) Bezüglich der Sonderrechte und der Verfassungsänderungen ist dieser Satz nur mit den sich aus Abs. 2 sowie den aus Art. 78 ergebenden Einschränkungen richtig.

5) Abs. 1 bezieht sich nur auf den Gesetzesinhalt; um den Gesetzesinhalt zum Gesetzesbefehl werden zu lassen, ist außerdem noch erforderlich, daß der Bundesrath durch den Reichskanzler das Gesetz dem Kaiser zum Zwecke der Ausfertigung und Verkündigung übermittelt. Der Bundesrath braucht diese Uebermittelung nicht vornehmen zu lassen (er kann dem Gesetze die Sanktion vorenthalten), auch wenn seine Vorlage vom Reichstage pure angenommen ist; s. Laband I S. 538 ff., Zorn I S. 412, dagegen Hänel, Das Gesetz S. 147 ff.

Aus dem Worte „ausreichend" ergiebt sich, daß nicht etwa noch die Zustimmung des Kaisers oder der Einzellandtage zu einem Reichsgesetze nothwendig sind.

6) Die Worte „die im Art. 35 bezeichneten Abgaben" standen in der Verfassung des Norddeutschen Bundes in Art. 37, und fanden sich in Art. 8 § 12 des Zollvereinigungsvertr. v. 8. Juli 1867.

7) Eine Meinungsverschiedenheit liegt auch dann vor, wenn Preußen allein ein Gesetz nicht haben will.

8) D. i. des Staates Preußen.

9) Das hier dem Staate Preußen gegebene Recht, das Recht des Vetos gegen jede ihm nicht genehme Aenderung in den bezeichneten Gegenständen, kann ohne Preußens Zustimmung nicht abgeändert werden. S. auch Arndt, Verordnungsr. S. 70 Anm. 4 und S. 127 und Sten.Ber. des verfassungberathenden Reichstages 1867 S. 582.

10) Einrichtungen aller Art, mögen sie auf Gesetz beruhen oder nicht. Vgl. die Rede des Abgeordneten Twesten, auf dessen Antrag Abs. 2 angenommen wurde, im verfassungberathenden Reichstage 1867 S. 309:

„Man hat gemeint, statt „Einrichtungen" zu sagen „Gesetze". Ich glaube aber, daß „Einrichtungen" stehen bleiben müssen. Denn es giebt manche Einrichtungen sowohl im Militärwesen wie sonst im Staate, die nicht ausdrücklich auf Gesetzen beruhen, sondern thatsächlich bestehen, auf welche sich aber künftige Gesetze wohl beziehen können, und ich meine, die Krone Preußen muß in der Lage sein, auch dann ein Veto einzulegen, wenn es versucht werden sollte, durch die Gesetzgebung Aenderungen in solchen Einrichtungen zu treffen, welche bisher nicht auf ausdrücklichen gesetzlichen Bestimmungen beruhen." S. auch Arndt, Verordnungsr. S. 70 Anm. 4 und S. 127 und Sten. Ber. des verfassungberathenden Reichstages 1867 S. 582.

III. Bundesrath.

Vorbemerkung. Der Bundesrath ist die Vertretung der Bundesregierungen im Organismus des Reichs, also die Vertretung des Souveräns. Der Bundesrath ist nicht zugleich Organ des Reiches und der Bundesstaaten, sondern nur Organ des Reiches, indeß dasjenige, das durch Organe der Bundesstaaten gebildet wird. Die Bundesrathsmitglieder sind Organe desjenigen Staates, der sie entsendet, in ihrer Gesammtheit als Bundesrath bilden sie kein Organ der einzelnen Bundesstaaten, sondern sind das Organ des Reiches, welches die Bundesregierungen vertritt. Laband I S. 217 legt dem Bundesrath eine Doppelnatur bei; wenn damit gemeint sein soll, daß der Bundesrath zugleich Organ des Reiches und der Einzelstaaten sei, so muß dieser Ansicht widersprochen werden; s. auch O. Gierke in Schmollers Jahrb. Bd. 7 S. 50. Durch den Bundesrath werden die Gesetze des Reichs sanktionirt (s. Art. 5) und die Verordnungen des Reichs, letzteres, soweit nicht Ausnahmen ausdrücklich gegeben sind, beschlossen (Art. 7 Nr. 2). Der Bundesrath entspricht dem ehemaligen Deutschen Bundestage, wie dieser ist er ein Gesandtenkongreß.

Zur Charakterisirung mögen folgende im verfassungberathenden Reichstage 1867 gehaltene Reden dienen:

H. v. Sybel (Sten. Ber. S. 325ff.): „Im Jahre 1848 machte man den Versuch, eine Reichsgewalt in Form der konstitutionellen Monarchie zu beschaffen, der konstitutionellen Monarchie mit dem möglichst vollständigen Apparat, mit einem konstitutionellen Monarchen und zwei Kammern, die mit parlamentarischen Rechten in reichstem Maße ausgerüstet waren, mit einem Bundesgericht, mit Grundrechten und mit verantwortlichen Ministern: mit einem Worte, von dem ganzen Apparat der konstitutionellen Monarchie fehlt nicht Ein Stück. Leider hatte man im Interesse der Freiheit das starke Regiment verkürzt und trotz des glänzenden Kaisertitels den König von Preußen vor Allem durch das suspensive Veto in der Gesetzgebung abgeschreckt. Leider war für die übrigen Fürsten auf der Welt keine Stätte mehr in der Verfassung, die ihnen auf dem Boden der Reichsgewalt einen höchst mäßigen Antheil an dem Staatenhause überließ und durch die Grundrechte und das Bundesgericht ihre partikulare Souveränetät im Grunde auf Null reduzirt. — In Erfurt suchte man auf dem in Frankfurt bezeichneten Boden zu verharren, aber die dort gemachten Fehler zu verbessern ...... Man verzichtete auf den Kaisertitel, führte aber das Veto des Bundeshauptes ein, man gab den Fürsten der Mittel- und Kleinstaaten einen sehr stattlichen Antheil an der Exekutive und Legislative durch Schöpfung des Fürstenrathes, man reduzirte die Grundrechte auf das bescheidene Maß der preußischen Verfassung; aber unter allen diesen Modifikationen blieb man doch in den Grundformen der konstitutionellen Monarchie, und wurden diese Grundformen einmal festgehalten, so wären die deutschen Fürsten trotz aller reichen, ihnen zugemessenen Rechte mit Einführung dieser Verfassung zu Unterthanen der Bundesgewalt, Unterthanen des Bundeschefs geworden...... Der jetzige Entwurf hat — durch diese Erfahrungen belehrt, die viel betretenen Straßen vollständig verlassen. Das uns hier proponirte Schema einer Bundes- oder Reichsgewalt ist alles Andere, nur nicht eine konstitutionelle Monarchie; es ist auch nicht ein Bundesstaat nach der überlieferten Theorie. — Sie (die Urheber dieses Werkes) — haben in dem Chaos der vorjährigen deutschen Zustände die existirenden realen Kräfte aufgesucht, sie haben nach deren Zahl und Maß gesetzliche Formen zu schaffen gestrebt; nach Zahl und Maß der vorhandenen gesetzlichen Kräfte haben sie einen gesetzlichen Boden bemessen, haben sie gesetzliche Organe herauszubilden gesucht, haben sie die allgemeine Richtung für Kompetenz und Wirksamkeit der Organe definirt. Die Kräfte waren — hier das starke und siegreiche Preußen ..... dann auf der anderen Seite die deutschen Partikularstaaten — und endlich drittens die liberale öffentliche Meinung in Preußen, in Deutschland, in Europa. — Der Entwurf nun giebt — einer jeden dieser Kräfte ein Organ: der Krone Preußen das Bundespräsidium, den kleinen Staaten den Bundesrath, der öffentlichen Meinung den Reichstag."

v. Bismarck im verfassungberathenden Reichstage 1867 (Sten. Ber. S. 388): „Innerhalb des Bundesraths findet die Souveränetät einer jeden Regierung ihren unbestrittenen Ausdruck."

v. Bismarck ebendort (Sten.Ber. S. 430): „Es ist mir an und für sich nicht leicht, mir ein deutsches Oberhaus zu denken, das man einschieben könnte zwischen den Bundesrath, der, ich wiederhole es, vollkommen unentbehrlich ist, als diejenige Stelle, wo die Souveränetät der Einzelstaaten fortfährt, ihren Ausdruck zu finden, das man also einschieben könnte zwischen diesen Bundesrath und diesen Reichstag, ein Mittelglied, welches dem Reichstage in seiner Bedeutung auf der sozialen Stufenleiter einigermaßen überlegen wäre, und dem Bundesrathe und dessen Vollmachtgebern hinreichend nachstünde, um die Klassifikation zu rechtfertigen ..... Der Bundesrath repräsentirt bis zu einem gewissen Grade ein Oberhaus, in welchem Se. Majestät von Preußen primus inter pares ist, und in welchem derjenige Ueberrest des hohen deutschen Adels, der seine Landeshoheit bewahrt hat, seinen Platz findet. Dieses Oberhaus nun dadurch zu vervollständigen, daß man ihm nicht souveräne Mitglieder beifügt, halte ich praktisch für zu schwierig, um die Ausführung zu versuchen. Dieses souveräne Oberhaus aber in seinen Bestandtheilen außerhalb des Präsidiums so weit herunterzudrücken, daß es einer Pairskammer ähnlich würde, die von unten vervollständigt werden könnte, halte ich für unmöglich, und ich würde niemals wagen, das einem Herrn gegenüber, wie der König von Sachsen ist, auch nur anzudeuten. ....."

Litteratur: Seydel, Komm. S. 96 ff. und in v. Holtzendorffs Jahrb. Bd. III S. 273 ff., Laband, Staatsr. I §§ 27 ff., Zorn, Staatsr. I S. 145 ff., G. Meyer, § 123 u. s. w.

Artikel 6.

Der Bundesrath[1]) besteht aus den Vertretern der Mitglieder des Bundes, unter welchen die Stimmführung[2]) sich in der Weise vertheilt, daß Preußen mit den ehemaligen Stimmen von

Hannover, Kurhessen, Holstein, Nassau und Frankfurt	17	Stimmen
führt, Bayern	6	"
Sachsen	4	"
Württemberg	4	"
Baden	3	"
Hessen	3	"
Mecklenburg-Schwerin	2	"
Sachsen-Weimar	1	"
Mecklenburg-Strelitz	1	"
Oldenburg	1	"
Braunschweig	2	"
Sachsen-Meiningen	1	"
Sachsen-Altenburg	1	"
Sachsen-Koburg-Gotha	1	"
Anhalt	1	"
Schwarzburg-Rudolstadt	1	"
Schwarzburg-Sondershausen	1	"
Waldeck	1	"
Reuß älterer Linie	1	"
Reuß jüngerer Linie	1	"
Schaumburg-Lippe	1	"

Lippe	1	Stimmen
Lübeck	1	„
Bremen	1	„
Hamburg	1	„
zusammen	58	Stimmen.[3][4])

Jedes Mitglied des Bundes kann so viel Bevollmächtigte zum Bundesrathe ernennen, wie es Stimmen hat, doch kann die Gesammtheit der zuständigen Stimmen nur einheitlich abgegeben werden.

1) D. i. die Gesandtenversammlung der verbündeten Regierungen, oder, wie Fürst Bismarck am 27. März 1879 sagte: „Der Repräsentant der eigentlichen Souveränetät."

2) Ueber die Stimmenvertheilung sagte der damalige Graf Bismarck im verfassungberathenden Reichstage 1867 (Sten.Ber. S. 350): „Jede Stimmenvertheilung dieser Art hat nothwendig etwas Willkürliches. Sie so einzurichten, etwa wie im Reichstage, daß die Bevölkerung maßgebend wäre, ist hier natürlich eine Unmöglichkeit. Es würde dann auf Preußen eine solche Majorität fallen, daß die übrigen Regierungen gar keine Interesse hätten, sich daneben vertreten zu lassen. — Die hier vorliegende Vertheilung hat einen ganz außerordentlichen Vorzug, nämlich denjenigen, daß die Regierungen sich darüber geeinigt haben. — — Warum haben sie sich darüber geeinigt —? Weil hier zwar auch eine willkürliche Vertheilung vorliegt, die aber fünfzig Jahre alt ist, und an die man sich fünfzig Jahre lang gewöhnt hat."

Die Vertheilung der Stimmen erfolgte aus den angegebenen Gründen in der Art, wie sie nach Art. 6 der Deutschen Bundesakte im Plenum des ehemaligen Deutschen Bundes stattfand (s. oben S. 33), nur daß Preußen die Stimmen der im Jahre 1866 erworbenen Landestheile hinzuerhalten hat und demgemäß 17 und Bayern statt vier sechs Stimmen führt.

Nicht der Bundesrathsbevollmächtigte stimmt, sondern der ihn bevollmächtigende Staat stimmt durch ihn; daher muß der Bundesrathsbevollmächtigte nach der ihm ertheilten Instruktion, nicht nach seiner individuellen Ansicht stimmen uud deshalb (Abs. 2) muß die

Gesammtheit der einem Staate zustehenden Stimmen einheitlich abgegeben werden.

Andererseits ist die Instruktion, die ein Bundesrathsbevollmächtigter von seiner Regierung erhalten hat, ein Internum zwischen dieser und ihm. Die Stimme gilt, nicht wie sie instruirt, sondern wie sie abgegeben wird, Fürst Bismarck am 19. April 1871 (Sten.Ber. d. Reichst. S. 298): „Nach der Erfurter Verfassung stimmt im Staatshause nicht der Staat, sondern das Individuum. — So leicht wiegen die Stimmen im Bundesrathe nicht; da stimmt nicht der Freiherr von Friesen, sondern das Königreich Sachsen stimmt durch ihn, nach seiner Instruktion giebt er ein Votum ab, was sorgfältig destillirt ist aus allen den Kräften, die in Sachsen thätig sind, um das Staatswesen zu bilden." — — Ueber die Art, wie die Stimmgebung im Bundesrath erfolgt, ist jede Regierung nach Maßgabe der Landesverfassung ihrem Landtage verantwortlich (Fürst Bismarck in der cit. Rede am 19. April 1871): „Es ist das Votum der sächsischen Krone, modifizirt durch die Einflüsse der sächsischen Landesvertretung, vor welcher das sächsische Ministerium für die Vota, welche es im Bundesrath abgeben läßt, verantwortlich ist." — „Die Vota im Bundesrath nehmen für sich die Achtung in Anspruch, die man dem gesammten Staatswesen eines der Bundesglieder schuldig ist."

3) Elsaß-Lothringen als Reichsland nimmt nicht aktiv an der Souveränetät im Reiche Theil, sondern untersteht, als seinem Souveräne, dem Reiche, folglich hat es keine Vertreter im Bundesrath.

Doch werden (§ 7 des G. v. 4. Juli 1879 oben Zus. VI zu Art. 1) vom Statthalter Kommissare in den Bundesrath abgeordnet, „zur Vertretung der Vorlagen aus dem Bereiche der Landesgesetzgebung, sowie der Interessen Elsaß-Lothringens bei Gegenständen der Reichsgesetzgebung." Diese haben das Recht, an allen Verhandlungen des Bundesraths (des Plenums wie der Ausschüsse) theilzunehmen, auch Anträge zu stellen. Vertreter Elsaß-Lothringens beim Bundesrathe im rechtlichen Sinne sind sie nicht; sie haben keine Stimme.

4) Die Stimmrechte im Bundesrath rechnet man zu den sog. Mitgliedschaftsrechten. Der Staat ist berechtigt, nicht verpflichtet

zur Stimmabgabe; ebenso Laband S. 220, Seydel in v Holtzendorffs Jahrb. Bd. III S. 280; and. Ans. Zorn I S. 157.

Artikel 7.

Der Bundesrath beschließt[1]):

1) über die dem Reichstage zu machenden Vorlagen[2]) und die von demselben gefaßten Beschlüsse;[3])

2)[4]) über die zur Ausführung der Reichsgesetze[5]) erforderlichen[6]) allgemeinen[7]) Verwaltungsvorschriften[8]) und Einrichtungen,[9]) sofern nicht durch Reichsgesetz etwas Anderes bestimmt ist;[10])

3)[11]) über Mängel, welche bei der Ausführung der Reichsgesetze oder der vorstehend erwähnten Vorschriften[8]) oder Einrichtungen[9]) hervortreten.[12])

Jedes Bundesglied ist befugt, Vorschläge zu machen und in Vortrag zu bringen, und das Präsidium ist verpflichtet, dieselben der Berathung zu übergeben.

Die Beschlußfassung erfolgt, vorbehaltlich der Bestimmungen in den Artikeln 5. 37. und 78., mit einfacher Mehrheit.[13]) Nicht vertretene oder nicht instruirte Stimmen werden nicht gezählt.[13]) Bei Stimmengleichheit giebt die Präsidialstimme den Ausschlag.

Bei der Beschlußfassung über eine Angelegenheit, welche nach den Bestimmungen dieser Verfassung nicht dem ganzen Reiche gemeinschaftlich ist,[14]) werden die Stimmen nur derjenigen Bundesstaaten gezählt, welchen die Angelegenheit gemeinschaftlich ist.[15])

1) Nach einer von ihm selbst gegebenen Geschäftsordnung.

2) Also insbesondere über Gesetzesvorlagen, s. Art. 5.

3) Also darüber, ob er einen vom Reichstage beschlossenen Gesetzentwurf zum Gesetze erheben will; s. Art. 5; sowie über sonstige vom Reichtage gestellten Anträge und Wünsche.

4) Vgl. Arndt, Das Verordnungsrecht des Deutschen Reiches.

5) Auch der Reichsverfassung und der Gesetze des Norddeutschen Bundes wie des Deutschen Zollvereins (Vertr. v. 8. Juli 1867, Art. 8 § 12), nicht der Landesgesetze, ebenso Hänel, Staatsr. S. 281.

6) Ob und in welchem Umfange eine Ausführungsverordnung erforderlich oder statthaft sein soll, bestimmt sich in vielen Fällen schwer. Es wird z. B. bei Zoll-, Post-, Eisenbahn-, Steuer- und Militärgesetzen häufig nothwendig sein, auf die geschichtliche Entwickelung zurückzugehen und festzustellen, was herkömmlich (unter allgemeiner Anerkennung der Landesvertretung, der Gerichts- und Verwaltungspraxis) im Verordnungswege geregelt war. (Näheres bei den bez. Materien!) In sehr häufigen Fällen sagt der Gesetzgeber im Gesetzestexte, wo eine Ausführungsverordnung eintreten soll. Alsdann bestimmt er nicht selten auch, von wem sie ergehen soll. Geschieht letzteres nicht, so ist nach Art. 7 Nr. 2 der Bundesrath das Organ, welches die Ausführungsverordnung zu erlassen hat. Die Norddeutsche Bundesverfassung (Art. 37) gab dem Bundesrath die Verordnungsbefugniß bei der Zoll- und Steuergesetzgebung, die Praxis bei der Eisenbahngesetzgebung, die gleiche Befugniß war dem Bundesrath durch Art. 8 § 12 des Zollvereinigungsvertrages gegeben. Abgesehen von dem Gebiete des Zoll-, Steuer- und Eisenbahnwesens übte (auf Grund nicht immer spezieller Ermächtigungen) das Präsidium die Verordnungsbefugniß aus. Zu der „Verstärkung des föderativen Elements" gehört die Vorschrift in Ziff. 2 Nr. 7 der Verf., die den Bundesrath zum allgemeinen Verordnungsorgan macht; s. Reden Laskers und Delbrücks am 7. Dez. 1870 (Sten. Ber. S. 122), Arndt, Verordnungsr. S. 51 ff. Daß Preußen zu den Präsidialrechten im Norddeutschen Bunde auch das „entsprechende Verordnungsrecht" gezogen hat oder ziehen wollte, s. bei O. Mejer, Einleitung S. 280.

7) Allgemein d. h. in allen Staaten gültigen. Die Reichsgesetze ermächtigen nicht selten auch die Landesbehörden zum Erlasse von Verordnungen. Arndt, Verordnungsrecht S. 92, Seydel, Komm. S. 102; s. auch Laband II S. 929, Zorn I § 17. Insbesondere sind allgemeine Verwaltungsvorschriften im Sinne der

Art. 7 und 39 der Verf. diejenigen, welche der Bundesrath für das ganze gemeinschaftliche Zoll- und Steuergebiet erläßt, z. B. Bundesrathsbeschluß v. 6. Juli 1878 (RGBl. 1878 S. 935) über die Abgabefreiheit der sog. Kalisalze, im Gegensatze zu den, die von den Einzelregierungen ergehen, z. B. Bestimmungen des Preuß. Finanzministers v. 18. Juli 1872 (Preuß. Abgaben Zentralbl. S. 316). Aus dem Umstande, daß der Bundesrath nur allgemeine Verwaltungsvorschriften erlassen darf, folgt nicht, daß die Landesregierungen beliebig die besonderen für ihre Unterthanen treffen dürfen. Ueberall, wo die Gesetzgebungsbefugniß des Reichs ausschließlich ist (z. B. Zölle und Steuern Art. 35), oder wo und soweit auch innerhalb seiner fakultativen Zuständigkeit der Reichsgesetzgeber vollständig (erschöpfend) eine Materie regeln wollte, sind Landesverordnungen zur Ausführung von Reichsgesetzen nur statthaft, wo sie besonders zugelassen sind; s. Arndt, Verordnungsrecht S. 92 a. a. O.; anderer Ansicht (im Widerspruche mit der Praxis und mit sich selbst) Laband II S. 929; vgl. auch Laband II S. 925 ff. Jedenfalls besteht in der Praxis kein Zweifel darüber, daß Rechtsvorschriften zur Ausführung von Reichsgesetzen (auch im Verordnungswege) nur vom Reiche, von einem Einzelstaate nur auf Grund besonderer reichsgesetzlicher Ermächtigung erlassen werden dürfen; ebenso Hänel, Staatsr. S. 394. Der Erlaß von Rechtsnormen (Einfuhrverboten) ist in veterinärpolizeilichen Gesetzen (Rinderpestges. v. 7. April 1869 u. a.) vom Reiche den Einzelstaaten übertragen worden; s. unten zu Art. 40. Eine staatsrechtlich konsequente Durchführung der in Frage stehenden Verfassungsvorschriften versucht die Spezialabhandlung Arndts über die Salzsteuer in der Zeitschr. f. Bergr. Bd. 24, 1883 S. 34—76.

8) Verwaltungsvorschriften, d. h. nicht Vorschriften, die nur für die Verwaltungsbehörden gelten, sondern solche, die von der Verwaltung und nicht von der Gesetzgebung erlassen werden. Verwaltungsvorschriften (auf Grund Art. 7 Nr. 2 erlassen) sind z. B. die Aus- und Einfuhrverbote, die Rechtssätze im eminentesten Sinne darstellen. Näheres s. Arndt S. 35 ff. Laband polemisirt dagegen im ersten Bande S. 496 ff. Seine Polemik scheint er selbst im zweiten Bande zurückzuziehen, S. 927 ff. Freilich meint er, daß die Verfassung nicht den „vollen Ausdruck“ gebe, indem

sie von „Verwaltungsvorschriften" statt von Rechtsvorschriften redet; indeß kann Laband unmöglich verlangen, daß die Verfassung die Ausdrücke gebraucht, wie er sie wünscht, anstatt so, wie sie hergebracht waren, und hergebracht ist, daß Verwaltungsvorschriften Vorschriften umfassen, die nicht von der Gesetzgebung, sondern von der Verwaltung erlassen werden. Ebenso auch Hänel, Staatsr. S. 283.

Auch dies giebt Laband im letzten Theile seines Werkes selbst zu; denn er sagt II S. 946 Anm. 9: „Das Zollgesetz § 152 sagt, „Verwaltungsvorschriften", weil die Vorschriften von Verwaltungsbehörden erlassen werden, meistens auf Beschluß des Bundesraths. Es handelt sich aber um „Rechtsbefehle". Thatsächlich waren die Vorschriften, die als „Verwaltungsvorschriften" auf Grund Art. 7 der Reichs-, Art. 37 der Nordd. Bundesverf., Art. 8 Nr. 12 des Zollvereinigungsvertrages vom Bundesrathe als allgemeine und lange vor 1867 in dem Einzelstaate von den Landesregierungen als besondere „Verwaltungsvorschriften" erlassen sind, im eminentesten Sinne Rechtsvorschriften, so z. B. die Aus- und Einfuhrverbote, die Befreiung des zu gewissen Zwecken dienenden Salzes von der Steuer. Hinzuzufügen ist, daß der von Laband früher und noch im ersten Bande der zweiten Auflage seines Staatsrechtes vertretene Satz, wonach der Bundesrath auf Grund Art. 7 Nr. 2 der Reichsverf. keine Rechtsvorschriften erlassen darf, in der Praxis des Bundesraths, der Gerichtsbehörden wie der Reichsverwaltungsbehörden keine Befolgung gefunden hat. Vgl. auch Zorn I § 17.

Zur Widerlegung des Satzes, daß „Verwaltungsvorschriften" im Sinne der Reichsverfassung und vieler Reichsgesetze, z. B. des Vereinszollgesetzes, vom 1. Juli 1869 Rechtsvorschriften enthalten, sagt Laband I S. 597, genau im Gegensatze zu II S. 946 Anm. 9, der Rechtssatz, nämlich die Strafbarkeit der Zuwiderhandlung sei im Falle des § 152 des Vereinszollges. durch das Gesetz selbst sanktionirt. Ganz richtig, der Bundesrath kann aus eigenem Rechte keine Strafe normiren, sondern nur kraft Ermächtigung des Reichsgesetzes. Aber die vom Bundesrathe erlassenen Normen, auf deren Uebertretung der Reichsgesetzgeber die Strafen gestellt hat, sind doch Rechtsvorschriften, ebenso wie die

Polizeiverordnungen Rechtsvorschriften sind, trotzdem deren Strafbarkeit nicht aus der Autorität der Polizeibehörde, sondern des Gesetzes (in Preußen G. über die Polizeiverwaltung v. 11. März 1850) sich begründen läßt.

Richtig ist, was Laband anführt, daß die Generalzollkonferenz keine Verordnungsbefugniß hatte, und daß die dort beschlossenen Vorschriften erst von den Einzelregierungen in ihren Staaten anbefohlen wurden, während solche Vorschriften jetzt vom Bundesrath allgemein erlassen werden. Daraus folgt aber nicht, daß die Vorschriften, die man Verwaltungsvorschriften nannte und nennt, keine Rechtsvorschriften sind. Nachdem Laband der Materie näher getreten ist, weiß er selbst wie Jeder, der solche Verwaltungsvorschriften gelesen hat, daß sie Rechtssätze enthalten.

Weiter macht Laband geltend, daß die ausdrückliche Anordnung des Art. 48 Abs. 2 der Reichsverf. gegen meine Theorie spreche, da sie, hätte Art. 7 Nr. 2 den von mir behaupteten Sinn, überflüssig wäre. Mit nichten. Denn einmal handelt Art. 48 Abs. 2 nicht von einer Verordnungsbefugniß des Bundesraths, sondern von einer solchen des Kaisers; ferner nicht von Ausführungsverordnungen, sondern von ursprünglich selbstständigen; s. Arndt, Verordnungsrecht S. 116 ff. und weiter unten zu Art. 48 ff.

Sodann sucht Laband den Umstand, daß in Art. 38 Nr. 1 der Reichsverf. „Verwaltungsvorschriften" im Sinne von Rechtsvorschriften gebraucht ist, durch den Hinweis darauf zu widerlegen, daß alle Verordnungen über Steuervergütungen und Ermäßigungen auf gesetzlichen Ermächtigungen beruhen; gewiß; das ist unzweifelhaft. Thema probandum ist aber nur, ob sie Rechtsvorschriften enthalten, trotzdem sie sich als Verwaltungsvorschriften bezeichnen. Dies ist unbestreitbar und wird von Laband selbst zugestanden.

Schließlich ist der Bemerkung Labands, daß, wenn die Reichsverf. auch Rechtsvorschriften gemeint hätte, sie einfacher „Vorschriften" gesagt haben würde, dadurch zu begegnen, daß die Verfassung den Erlaß von „Verfassungsvorschriften" und „Gesetzesvorschriften" ausschließen wollte. S. auch Arndt in Hirths Ann. 1895 S. 181 ff.

9) Unter Einrichtungen sind z. B. die Aufstellung von Reichsbehörden (Rechnungshof, Reichshauptkasse und die Gründung z. B. der archäologischen Institute zu verstehen). M. Seydel, Komm. S. 103; vgl. auch Anm. 10 zu Art. 5.

10) Häufig ist die Befugniß anderen Organen übertragen, in Postsachen dem Kaiser Art. 50, desgl. meist in Militärsachen.

11) Laband I S. 237 f., M. Seydel, Komm. S. 103 Zorn I § 6. Der Sinn von Ziffer 3 ist der, daß, wenn darüber Zweifel herrschen, wie ein Reichs- (oder Vereinszoll-) Gesetz (oder die Bundes- oder Reichsverfassung) zu handhaben, oder ob eine zur Ausführung derselben erlassene sog. Verwaltungsvorschrift oder getroffene Einrichtung (Art. 7 Ziffer 2) gültig sei oder wie sie auszulegen und anzuwenden ist, oder ob eine Landesregierung zum Erlasse einer Ausführungsverordnung befugt war, der Bundesrath in oberster Instanz entscheidet — soweit nicht, wie in Art. 63 Abs. 3 der Verf. geschehen, dem Kaiser diese Befugniß übertragen ist, — z. B. ob die Vorschriften der Einzelstaaten über Denaturirung von Salz dem Bundesgesetze entsprechen. Der Bundesrath hat kein Imperium über die Einzelstaaten in dem Sinne, daß seine die Handhabung eines Reichsgesetzes durch einen Staat mißbilligende Entscheidung ohne Weiteres vollstreckbar ist. Es wird angenommen, daß sich der Staat nach dem Beschlusse des Bundesraths richtet; geschieht dies nicht, so kann er gemäß Art. 19 der Verf. die Bundesexekution beschließen, die der Kaiser zu vollstrecken hat. Wenn gerichtliche Entscheidungen, z. B. des Reichsgerichts, Reichsversicherungsamts, über die Handhabung der Reichsgesetze und Reichsverordnungen, wie über die Statthaftigkeit von sog. Verwaltungsvorschriften stattfinden, wird der Bundesrath sich der in Nr. 3 ertheilten Befugniß enthalten, weil und soweit er auf die Gerichte (Gerichtsverfassungsges. § 1) ohne Macht und Einwirkung ist.

12) Vgl. Art. 36 Abs. 3 der Reichsverf.

13) Die Anwesenheit der absoluten Mehrheit der Bundesrathsmitglieder ist zu einem Bundesrathsbeschluß nicht nothwendig (Seydel, Komm. S. 105).

14) Die Gemeinschaft gilt nur dann als ausgeschlossen, wo sie rechtlich (verfassungsmäßig), nicht wo sie bloß thatsächlich fehlt;

ebenso Lasker in der II. außerord. Sess. des Reichst. 1870 S. 122 und Delbrück ebendort S. 124; ebenso Zorn I S. 435. Die Gemeinschaftlichkeit fehlt für Bayern, Württemberg und Baden bezüglich der Besteuerung des Bieres (früher auch des Branntweins), vgl. Reichsverf. Art. 35 Abs. 2, Art. 38 Abs. 2; für Bayern in den Fällen der Art. 42 bis 45 der Verf. (vgl. Art. 46 Abs. 2), für Bayern und Württemberg, soweit die Postverwaltung ihnen geblieben ist (vgl. Art. 52); endlich für Bayern in Heimaths- und Niederlassungsverhältnissen und polizeilichen Beschränkungen der Eheschließung; s. Reichsverf. Art. 4 Nr. 1 und unten Anl. VI. Ebenso Seydel S. 105, Laband S. 230, Zorn I S. 435 und S. 119 f. Wenn also z. B. in einem Staate keine Rüben gebaut werden, wenn er statt der Zölle ein Aversum aufbringen müßte, und in ähnlichen Fällen, so kann er doch im Bundesrathe mitstimmen; ebenso stimmt Bayern trotz seiner militärischen Reservatrechte in Militärsachen mit, weil die Militärgesetze und das Etatsgesetz des Reichs auch für Bayern maßgebend sind (Delbrück II, außerord. Sess. des Reichst. 1870 S. 123).

15) Aus dem letzten Abs. des Art. 7 folgert Seydel, Komm. S. 105, daß die Mitglieder des Bundesraths lediglich Vertreter der Interessen ihrer Staaten sind — das ist nicht zutreffend, wohl aber sind sie nur die Bevollmächtigten ihrer Staaten. Die für den Reichstag analoge Bestimmung in Art. 28 Abs. 2 ist aufgehoben.

Artikel 8.

Der Bundesrath bildet aus seiner Mitte dauernde Ausschüsse [1])

1) für das Landheer und die Festungen; [2])
2) für das Seewesen; [3])
3) für Zoll- und Steuerwesen;
4) für Handel und Verkehr;
5) für Eisenbahnen, Post und Telegraphen;
6) für Justizwesen;
7) für Rechnungswesen.

In jedem dieser Ausschüsse werden außer dem Präsidium mindestens vier Bundesstaaten vertreten sein, und führt innerhalb derselben jeder Staat nur Eine Stimme. In dem Ausschuß für das Landheer und die Festungen hat Bayern einen ständigen Sitz, die übrigen Mitglieder desselben, sowie die Mitglieder des Ausschusses für das Seewesen werden vom Kaiser ernannt; die Mitglieder der anderen Ausschüsse werden von dem Bundesrathe gewählt. Die Zusammensetzung dieser Ausschüsse ist für jede Session des Bundesrathes resp. mit jedem Jahre zu erneuern, wobei die ausscheidenden Mitglieder wieder wählbar sind.

Außerdem wird im Bundesrathe aus den Bevollmächtigten der Königreiche Bayern, Sachsen und Württemberg und zwei, vom Bundesrathe alljährlich zu wählenden Bevollmächtigten anderer Bundesstaaten ein Ausschuß für die auswärtigen Angelegenheiten gebildet, in welchem Bayern den Vorsitz führt.[4])

Den Ausschüssen werden die zu ihren Arbeiten nöthigen Beamten zur Verfügung gestellt.

1) Die Ausschüsse haben keine entscheidende, sondern eine vorbereitende und berathende Thätigkeit (v. Bennigsen im verfassungberathenden Reichstage 1867 S. 376, ebenso Seydel S. 108, Zorn I S. 162). In den Ausschüssen müssen selbstredend Bundesrathsmitglieder thätig sein. Die Ausschüsse sind dauernd, womit ausgedrückt werden soll, daß sie auch dann zusammentreten oder zusammenbleiben können, wenn der Bundesrath nicht versammelt ist (v. Bismarck im verfassungberathenden Reichstage 1867 S. 355, Seydel S. 108).

2) Der Kaiser ernennt zwar die Mitglieder des Ausschusses für das Landheer und das Seewesen (Abs. 3), doch hat er nach Abs. 2 Bayern und nach der Militärkonvention mit Sachsen v.

7. Febr. 1867 § 2 wie nach der Militärkonvention mit Württemberg Art. 15 Sachsen und Württemberg je einen ständigen Sitz in diesem Ausschusse zu gewähren.

3) Damit ist vor Allem die Kriegsmarine gemeint. Bezüglich des Ausschusses für das Seewesen ist der Kaiser frei in der Wahl der Bundesrathsmitglieder; s. Abs. 2.

4) Abs. 3 ist Folge der Novemberverträge, er fehlte in der Verfassung des Norddeutschen Bundes; vgl. hierzu Delbrück in der II. außerord. Sess. des Reichst. 1870 S. 69.

Artikel 9.

Jedes Mitglied des Bundesrathes hat das Recht, im Reichstage zu erscheinen und muß daselbst auf Verlangen jederzeit[1]) gehört werden, um die Ansichten seiner Regierung[2]) zu vertreten, auch dann, wenn dieselben von der Majorität des Bundesrathes nicht adoptirt worden sind.[3]) Niemand kann gleichzeitig Mitglied des Bundesrathes und des Reichstages sein.[4])

1) D. h. bis zur Abstimmung, auch noch nach Schluß der Diskussion. Alsdann gilt diese aufs neue für eröffnet.

2) Nicht seine eigenen; denn im Bundesrath stimmt lediglich der einzelne Staat durch seinen Gesandten ab.

3) In dem ersten Satze des Art. 9 findet Seydel einen Beweis dafür, daß der Bundesrath, bezw. die einzelnen Mitglieder desselben, Organe nicht des „Reichs" als idealen Begriffes, sondern der verbündeten Regierungen sind (Komm. S. 110); s. dagegen Laband I S. 233 Anm. 2 und oben Vorbem. zu Art. 6.

4) Der letzte Satz rechtfertigt sich aus der Erwägung, daß das Bundesrathsmitglied nicht nach seiner Ueberzeugung, sondern nach seiner Instruktion abstimmen muß, während die Mitglieder des Reichstages an Aufträge nicht gebunden sind; daß ferner das Bundesrathsmitglied als Person überhaupt nicht, sondern nur als Vertreter in Betracht kommt.

Artikel 10.

Dem Kaiser liegt es ob, den Mitgliedern des Bundesrathes den üblichen diplomatischen Schutz zu gewähren.[1])

1) Diese Vorschrift bezieht sich auf die nichtpreußischen Bundesrathsbevollmächtigten. Diese sind zwar Gesandte, aber, wie Seydel, Komm. S. 111 zutreffend sagt, nicht Gesandte am Preußischen Hofe. Art. 10 schreibt vor, daß sie so anzusehen sind, als ob sie beim Könige von Preußen akkreditirte Geschäftsträger wären. Sie besitzen mit ihrer Familie, ihrem Geschäftspersonal und Haushalt die Exterritorialität gegenüber dem Preußischen Staate, sind daher frei von den preußischen direkten, nicht von preußischen (oder gar Reichs-) indirekten Steuern. Ueber ihre Pflicht als Zeugen und Sachverständige sich vernehmen zu lassen s. CPO. § 347 Abs. 2 und § 367, Str.PO. § 49 Abs. 2 und § 72.

Der übliche Schutz ist der nach Völkerrecht übliche.

IV. Präsidium.[1])

Artikel 11.

Das Präsidium des Bundes steht dem Könige von Preußen[2]) zu, welcher den Namen Deutscher Kaiser[3]) führt. Der Kaiser hat das Reich völkerrechtlich[4]) zu vertreten,[5]) im Namen des Reichs Krieg zu erklären[6]) und Frieden[7]) zu schließen, Bündnisse und andere Verträge[8]) mit fremden Staaten einzugehen, Gesandte[9]) zu beglaubigen und zu empfangen.

Zur Erklärung des Krieges im Namen des Reichs ist die Zustimmung des Bundesrathes erforderlich, es sei denn, daß ein Angriff auf das Bundesgebiet oder dessen Küsten erfolgt.[10])

Insoweit die Verträge mit fremden Staaten sich auf solche Gegenstände beziehen, welche nach Artikel 4. in den

Bereich der Reichsgesetzgebung gehören,[11]) ist zu ihrem Abschluß[12]) die Zustimmung des Bundesrathes und zu ihrer Gültigkeit[13]) die Genehmigung des Reichstages erforderlich.

1) Die Bezeichnung Kaiser findet sich erst in der Reichsverfassung. In der Norddeutschen Bundesverfassung werden drei verschiedene Bezeichnungen für die jetzt dem Kaiser zustehenden Rechte gebraucht: Präsidium, Bundesfeldherr und Krone (König von) Preußen. Hänel, Organisatorische Entwickelung II S. 9 ff. und ihm folgend Laband I S. 194 ff. meinen, daß diese „Dreitheilung" überlegt und beabsichtigt sei. Dies ist unrichtig. Man war sich vielmehr stets und allerseits darüber klar, daß nur drei verschiedene Beziehungen desselben Subjektes gemeint waren, etwa so, wie wenn man von dem Könige als Kriegsherrn, Gerichtsherrn, als vollziehende Gewalt oder als (Mit-)Gesetzgeber spricht. Da die „Dreitheilung" jetzt fortgefallen ist, so hätte die Frage keine praktische Bedeutung, wenn nicht Hänel behauptete (s. Organisatorische Entwickelung II S. 69 a. a. O.), daß die Verordnungen im Gebiete der Marine und Post „preußische" gewesen seien. Dies ist aber das gerade Gegentheil des Thatsächlichen (vgl. Arndt, Verordnungsrecht S. 124, Seydel, in Hirth's Ann. 1875 S. 1428, Thudichum S. 428 ff., Zorn § 17. Die Haltlosigkeit der Hänelschen Ansicht ist offenbar, wenn man nur die Verordnungen, die angeblich als preußische erlassen sein sollen, liest, z. B. Postreglement v. 11. Dez. 1867 (BMBl. 1868 S. 7), v. 30. Nov. 1871 (das. 1872 S. 6), da diese Verordnungen stets Namens des Norddeutschen Bundes, später Namens des Deutschen Reichs unter Gegenzeichnung des Kanzlers erlassen sind. Der Zweck von Hänels Ansicht ist, zu beweisen, daß das Deutsche Reich zwar eine Gesetzgebungs- aber keine unmittelbare Verordnungsbefugniß hat und haben sollte. Dies ist offenbar falsch und kann heute als eine ganz und zwar von Hänel wohl selbst (Staatsr. § 44) verlassene Theorie gelten.

Die Anregung, „die Ausübung der Präsidialrechte des Bundes mit Führung des Titels Deutscher Kaiser" zu verbinden, war in dem Schreiben König Ludwigs II. von Bayern

(Sten. Ber. der II. außerord. Sess. des Reichstages 1870 S. 76) gegeben. Die Annahme erfolgte zu Versailles am 18. Jan. 1871. Eine faktische Aenderung der Präsidialrechte ist durch die Bezeichnung Kaiser nicht herbeigeführt (and. Ans. Laband I S. 196), sollte und konnte auch nicht herbeigeführt werden. Thatsächlich hatte das Präsidium staats- und verfassungsrechtlich mehr Macht als der Kaiser. Es ist ausdrücklich von allen Seiten zugestanden worden, daß „materielle Aenderungen des bestehenden Verfassungsrechts nicht beabsichtigt worden sind"; s. oben S. 53 ff. Die Bezeichnung „Kaiser" führt die Krone (auch thatsächlich) nur in ihren und zwar in allen ihren Beziehungen und Angelegenheiten des Deutschen Reichs (Proklamation v. 18. Jan. 1871), also z. B. nicht beim Erlasse preußischer Gesetze und Verordnungen, bei Bestellungen preußischer Beamte u. s. w. Da „Kaiser" nur die dem Präsidium beigelegte Bezeichnung ist, ist der Kaiser nicht Souverän des Reiches (s. oben S. 60), noch weniger ein Beamter oder „Präsident" des Reiches, er ist vielmehr ein bevorrechtigtes Mitglied desselben (s. auch Laband I S. 198).

2) Dem Könige von Preußen d. i. dem und jedem, der diese Königliche Gewalt in Preußen ausübt, auch dem Regenten von Preußen (Arndt, Preuß. Verf. S. 112, Seydel, Komm. S. 114 ff., Laband I S. 198 ff.) und dem Stellvertreter des Königs von Preußen, vgl. Arndt, Preuß. Verf. S. 111. Die Kaiserwürde ist ein accessorium und zugleich ein Recht der Krone Preußen. Daher entscheidet das Preußische Staatsrecht über die Frage, wer die Kaiserwürde in Deutschland ausübt (Arndt, Preuß. Verf. Art. 53 ff., Seydel und Laband l. c.) Da der Regent von Preußen nur die Befugnisse nicht die Bezeichnung des Königs hat, so übt zwar der Regent von Preußen alle Befugnisse des Kaisers, aber nicht dessen Titel aus. Da die Kaiserwürde lediglich Folge der Preußischen Krone ist, so ist der von dem Preußischen Landtage anerkannte (Preuß. Verf. Art. 56) oder gewählte (Preuß. Verf. Art. 57) Regent ohne Weiteres, ohne Anerkennung von Seiten des Bundesrathes oder Reichstages, befugt, die Rechte des Kaisers im Reiche auszuüben. Ebenso hat das Reich keinen Einfluß darauf, ob etwa in Preußen die Erbfolgeordnung an der Krone geändert wird (s. auch Laband I S. 203). Da die Ausübung der Kronrechte in Preußen von

der Eidesleistung des Königs auf die Verfassung unabhängig ist (Arndt, Preuß. Verf. S. 189, Bornhak, Preuß. Staatsr. S. 183, Seydel, Bayer. Staatsr. I S. 409) — anders wie in Belgien const. belge art. 80 —, so ist und bleibt der König von Preußen Deutscher Kaiser, wenn er auch den Eid auf die Preußische Verfassung verweigern sollte; (s. ebenso Laband I S. 205, and. Ans. v. Rönne, Staatsr. I § 26 S. 225). Der Regent von Preußen ist zwar ebenso unverantwortlich wie der König von Preußen (Arndt, Preuß. Verf. S. 112), doch in soweit verschieden, als er vor der Eidesleistung das Staatsministerium nicht wechseln, also keine Regierungshandlungen ohne das Ministerium vornehmen kann (s. Arndt, Preuß. Verf. S. 112, Graßmann im Arch. f. öffentl. Recht Bd. VI S. 506 ff.). Ob und in welchem Umfange ein vom Könige von Preußen ernannter Stellvertreter die mit der Kaiserwürde verbundenen Rechte ausüben darf, hängt lediglich von dem Inhalte der ertheilten Vollmacht ab. Ein solcher Stellvertreter ist für seine Regierungshandlungen verantwortlich.

3) Die Reichsverfassung erwähnt kein Begnadigungsrecht des Kaisers. Da (oben S. 61) das Reich und seine Organe nur die ihm ausdrücklich beigelegten Befugnisse haben, so folgt, daß der Kaiser nur auf Grund besonderer reichsgesetzlicher Vorschriften das Begnadigungsrecht hat, nämlich

1) nach StrPO. § 484 und § 146 GVG., wenn das Reichsgericht in erster und letzter Instanz erkannt hat,
2) nach G. über die Konsulargerichtsbarkeit v. 10. Juli 1879 § 42 in Strafsachen, in denen der Konsul oder das Konsulargericht in erster Instanz erkannt hat,
3) desgl. bei Strafurtheilen der Marinegerichte, Erl. v. 23. Mai 1876 (RGBl. 1876 S. 165).
4) der Prisengerichte nach V. v. 15. Febr. 1889 (RGBl. 1889 S. 9) § 27,
5) der Schutzgebietsgerichte nach G. v. 17. April 1886 bezw. 19. März 1888 (RGBl. 1888 S. 75) § 27, und
6) in Disziplinar- (nicht Straf-) sachen der Reichsbeamten nach Reichsbeamtenges. § 118.

Das Recht zur Abolition d. h. zur Niederschlagung von Untersuchungen steht dem Kaiser nicht zu.

In Elsaß-Lothringen hat der Kaiser als Landesherr die Befugniß zur Begnadigung wie zur Abolition, Arndt, Verordnungsr. S. 237, Laband II S. 487.

Soweit dem Kaiser das Begnadigungsrecht gebührt, ist das der Einzelstaaten ausgeschlossen. Im Uebrigen sind die Befugnisse der Landesherren auf Begnadigung und Abolition, soweit sie bestanden haben, bestehen geblieben; s. Arndt, Preuß. Verf. S 102 ff., Löwe, Strafprozeßordn. Anm. 13a zu Tit. 2 GVG. (S. 26 ff.), Laband II S. 488 ff. Das Begnadigungsrecht steht den Einzelstaaten abgesehen von den vorzitirten Fällen zu, auch wenn die That gegen die Person des Kaisers (StrGB. § 95) oder die Reichsfinanzen gerichtet war. Letzteres ist in Art. 18 des Zollvereinigungsvertr. v. 8. Juli 1867 anerkannt, s. w. u. Arndt in der Zeitschr. f. die ges. Strafrechtswissenschaft V S. 323 ff.

Bei gemeinschaftlichen Gerichten steht die Begnadigungsgewalt (äußerlich betrachtet) dem Staate zu, dessen Gericht in erster Instanz erkannt hat, materiell dem Staate, aus dessen Gebiet die Strafsache erwachsen ist; vgl. Löwe, Strafprozeßordn. S. 26, Laband II S. 489, Arndt, Preuß. Verf. S. 103.

Eine Civilliste oder eine Dotation bezieht der Kaiser vom Reiche nicht. Doch wird ihm ein Fonds für Reichszwecke (Dispositionfonds) zur freien Verfügung gestellt.

4) Auch privatrechtlich, was als selbstverständlich galt; s. Laband I S. 212.

5) Und zwar für das Reich ausschließlich. Daher werden die vom Bundesrath erlassenen Ausfuhr- und Einfuhrverbote (Art. 7 Nr. 2 der Reichsverf.), da sie sich gegen das Ausland wenden, vom Kaiser nach erfolgter Zustimmung des Bundesraths erlassen; s. Arndt, Verordnungsrecht S. 47 ff., Delbrück Art. 40 S. 24. Nicht verboten ist, daß Einzelstaaten für ihre besonderen Interessen Vertreter ins Ausland senden, so Bayern und Sachsen nach Paris, Wien. Es ist dies schon im verfassungberathenden Reichstage 1867 und im Schlußprotokoll zum Vertr. v. 23. Nov. 1870 mit Bayern anerkannt. Ebensowenig ist ausgeschlossen, daß deutsche Staaten mit auswärtigen Mächten Verträge über ihre besonderen Angelegenheiten abschließen, so Auslieferungsverträge. Ueber Dinge, die ausschließlich Reichssachen sind (Marine, Zoll-, Handels-

wesen, über Post- und Telegraphenwesen, Kriegs- und Friedensfälle), können die Einzelstaaten keine Verträge abschließen, über Dinge, die fakultativ der Zuständigkeit des Reichs unterliegen, z. B. Gerichtswesen, Armenwesen, können sie nur dann Verträge abschließen, wenn dies noch nicht vom Reiche geschehen. Reichsgesetze gehen den Landesverträgen vor, diese dürfen nichts enthalten, was mit Reichsverfassung oder Reichsgesetzen im Widerspruch steht. S. auch E. Meier, Ueber den Abschluß von Staatsverträgen, Probst in Hirths Ann. 1882 S. 241 ff., Hänel, Staatsr. S. 556, Laband I S. 666 ff.

6) Zur Kriegserklärung sind erforderlich: 1) der Wille des Kaisers und 2) außer bei Defensivkriegen die Zustimmung des Bundesraths (s. Abs. 2).

7) Das Recht, Frieden zu schließen, ist nicht an die Zustimmung des Bundesraths und Reichstags geknüpft; es fällt unter Abs. 1, nicht unter Abs. 3; s. auch Hänel, Staatsr. S. 546, Mohl, Reichsstaatsr. S. 13, Laband I S. 182 ff., E. Meier, Staatsverträge S. 303.

Der Friedensschluß ist völkerrechtlich und staatsrechtlich gültig, auch wenn er das Bundesgebiet (Reichsverf. Art. 1) verändert, vergrößert oder vermindert. Soll jedoch das im Frieden erworbene Gebiet ganz oder theilweise der Reichsverfassung unterstellt werden, so ist hierzu ein Gesetz und zwar ein verfassungänderndes Gesetz nothwendig. Zur Genehmigung eines das Bundesgebiet verkleinernden Friedensschlusses ist hiernach und bei der in Abs. 1 unbeschränkt dem Kaiser ausgestellten Ermächtigung weder die Zustimmung des Bundesraths noch diejenige des Reichstages erforderlich. Vgl. auch die mehr oder minder abweichenden Ansichten von Hänel, Staatsr. S. 546, Laband S. 661, Anm. 3, Seydel, Komm. S. 117 ff.

8) Ueber die Zuziehung von Vertretern der einzelnen Bundesstaaten beim Abschluß von Post- und Telegraphenverträgen mit außerdeutschen Staaten, und über das Recht der einzelnen Bundesstaaten zum Abschluß von Verträgen mit anderen Staaten über das Post- und Telegraphenwesen, sofern sie lediglich den Grenzverkehr betreffen, vgl. unten Anl. IV.

9) Auch die einzelnen Bundesstaaten können für sich Gesandte halten, unter einander und sogar bei fremden Mächten; s. oben Anm. 5.

10) Diese Bestimmung des Art. 11 war in der Verfassung des Norddeutschen Bundes nicht enthalten, sondern findet sich zuerst in der mit den Großherzogthümern Baden und Hessen vereinbarten Verf. des Deutschen Bundes v. 15. Nov. 1870 (BGBl. 1870 S. 632). Diese Aenderung erfolgte, um „die defensive Natur" des Reiches zum zutreffendsten Ausdruck zu bringen, Delbrück in den Sten.Ber. des Reicht. II. außerord. Sess. 1870 S. 70. Ueber das Recht des Kaisers zur Anordnung der Kriegsbereitschaft vgl. Art. 63 Abs. 4 der Reichsverf.

11) Auf dem Gebiete des Post- und Telegraphenwesens giebt es Gegenstände, die nach der Reichsverfassung vom Kaiser, nach der Nordd. Bundesverfassung vom Präsidium und nach der Preuß. Verf. vom Könige allein (ohne Gesetz) geregelt werden konnten, obwohl diese Regelung Rechtssätze enthielten, z. B. die Gebühren für Postanweisungen, Vorschußsendungen, Drucksachen, Waarenproben, Muster, eingeschriebene Sendungen u. s. w., Telegraphengebühren. Die Verf. will nun in Art. 11 Abs. 3 besagen, daß, wenn der Kaiser über solche Gegenstände, die er allein regeln kann, einen Vertrag abschließt, dieser auch ohne Zustimmung des Bundesraths und Reichstags gültig ist, nicht aber, wenn dagegen über andere in Art. 4 aufgeführte Gegenstände, also z. B. über das Porto von einfachen Briefen, über das Strafverfahren (im Grenzverkehr), über Civil- und Strafprozeßnormen, über Naturalisationsverträge, Zoll- und Handelsverträge. S. auch Art. 48 Abs. 2 der Reichsverf.

12) D. i. zur völkerrechtlichen Gültigkeit; Seydel, Komm. S. 118.

13) Staatsrechtlich gültig und verbindlich für die deutschen Unterthanen wird z. B. ein Zoll- oder Handelsvertrag nicht schon durch den Abschluß, sondern erst durch die Genehmigung des Reichstags. Diese kann vor wie nach dem Abschlusse erfolgen. Fraglich ist, ob zur völkerrechtlichen Gültigkeit die Genehmigung des Reichstags gehört, oder ob diese nur ein Internum des Reichs ist. Für die erstere Alternative s. Seydel, Komm. S. 118, Laband I § 61, für die letztere E. Meier, Staatsverträge S. 235 ff.,

273 ff., Pröbst in Hirths Ann. 1882 S. 121 ff. Vgl. für das preußische Staatsrecht Arndt, Preuß. Verf. S. 101 und dagegen Schulze, Preuß. Staatsr. § 271. Gegen die letztere Ansicht dürften entscheidend sein: 1) die bei Laband l. c. eingehend mitgetheilte Entstehungsgeschichte der Vorschrift in Art. 11 Abs. 3; 2) der Umstand, daß die erstere damals der communis opinio im Völkerrecht entsprach (s. Gneist in den Anl. Bd. III zu den Sten.Ber. des Abg.H. 1868/69 S. 1317 ff., G. Meyer, Lehrb. S. 560, v. Rönne, Preuß. Staatsr. S. 692/93); 3) daß die Verfassung nur die Verhältnisse im Reiche selbst regeln will. Beispiele, wonach Rechtsgeschäfte, welche der sie Vornehmende nicht ohne Zustimmung eines Dritten (Landtages, Stadtverordneten ꝛc.) abschließen durfte, gleichwohl nach Außen hin und Dritten gegenüber gültig sind, s. Arndt im Arch. f. öff. Recht 1888 S. 564 f.

Artikel 12.

Dem Kaiser steht es zu,[1]) den Bundesrath und den Reichstag zu berufen,[2]) zu eröffnen,[2]) zu vertagen[2]) und zu schließen.[2])

1) Das bedeutet, der Kaiser allein hat das Recht, und in den Fällen der Art. 13 und 14 der Reichsverf. die Pflicht, den Bundesrath und den Reichstag zu berufen. Ohne Kaiserliche Berufung und nach der durch den Kaiser erfolgten Vertagung und Schließung bestehen Bundesrath und Reichstag als solche nicht mehr. Bleiben oder treten diese trotzdem zusammen, so sind sie politische Vereine, die dem Vereins- und Versammlungsrecht unterstellt sind und deren Beschlüssen die Eigenschaft von Bundesraths- und Reichstagsbeschlüssen nicht zustehen. Ebenso wenig kommen in solchen Fällen ihren Mitgliedern die verfassungsmäßigen Immunitäten und Privilegien zu (Art. 10, 30, 31).

2) Diese erfolgen im Namen der verbündeten Regierungen, als des Souveräns (s. Hirths Ann. IV S. 317, V S. 1045, Seydel, Komm. S. 121).

Artikel 13.

Die Berufung des Bundesrathes und des Reichstages findet alljährlich statt und kann der Bundesrath zur Vorbereitung[1]) der Arbeiten ohne den Reichstag, letzterer aber nicht ohne den Bundesrath berufen werden.

1) Es unterliegt in der Praxis keinem Bedenken, daß der Bundesrath nicht bloß zur Vorbereitung der Arbeiten, sondern auch zur Vornahme solcher Arbeiten, die er ohne den Reichstag vornehmen darf, z. B. Ausführungsverordnungen, sog. Verwaltungsvorschriften (Art. 7 Nr. 2), auch noch nach Schluß des Reichstags beisammen bleibt — da es nicht durch die Verfassung verboten ist. Aus dem Prinzip der sog. Diskontinuität wird gefolgert, daß Gesetze vom Bundesrath gültig nur so lange die Sanktion erhalten können, als der Reichstag noch versammelt ist; s. Hirsemenzel S. 530, Seydel, Komm. S. 120. Diese Folgerung trifft nicht zu, da die Diskontinuität ein Prinzip ist, das der Reichstag in seiner Geschäftsordnung (§ 70) sich selbst gesetzt hat, ein solches Prinzip aber die verfassungsmäßigen Rechte der anderen Gesetzgebungsfaktoren nicht berührt. Nur, wenn ein neuer Reichstag inzwischen gewählt, oder höchstens wenn der bisherige Reichstag aufgelöst ist, kann der Bundesrath vom Reichstage beschlossenen Gesetzesvorlagen seine Sanktion nicht mehr ertheilen; vgl. hierzu Arndt, Preuß. Verf. S. 125, G. Meyer, Staatsr. § 158, H. Schulze, Preuß. Staatsr. § 172.

Artikel 14.

Die Berufung des Bundesrathes muß erfolgen, sobald sie von einem Drittel der Stimmenzahl verlangt wird.[1])

1) Da die Stimmenzahl 58 beträgt, sind 20 Stimmen erforderlich, damit der Kaiser verpflichtet wird, den Bundesrath zusammenzuberufen. Der Kaiser ist in solchem Falle verpflichtet, den Bundesrath zu berufen. Aber auch wenn der Kaiser dieser Pflicht nicht genügen sollte, darf sich der Bundesrath gleichwohl nicht von selbst versammeln.

Artikel 15.

Der Vorsitz im Bundesrathe und die Leitung der Geschäfte[1]) steht dem Reichskanzler zu,[1]) welcher vom Kaiser[2]) zu ernennen ist.

Der Reichskanzler kann sich[3]) durch jedes andere Mitglied des Bundesrathes vermöge schriftlicher Substitution vertreten lassen.[4])

1) Den Vorsitz und die Leitung der Geschäfte im Bundesrathe kann der Kanzler nur haben, wenn er Mitglied desselben ist. Dies folgt auch aus den Worten in Abs. 2 „jedes andere Mitglied"; s. Seydel, Komm. S. 121, Laband I S. 254.

2) Zwar ernennt der Kaiser den Kanzler. Doch kann nur der König von Preußen, nicht der Kaiser als solcher, Bundesrathsmitglieder (17) ernennen. Der Vorsitz im Bundesrathe wie die Ernennung des Kanzlers sind Preußische Hegemonialrechte. Die Abgabe der Preußischen Stimmen im Bundesrathe ist eine Preußische Angelegenheit, daher ist nicht rechtlich nothwendig, aber doch politisch wesentlich, daß der Kanzler zugleich an der Leitung der Preußischen Angelegenheiten (als Ministerpräsident) wirksam betheiligt ist. Daß gerade der Kanzler die Preußischen Stimmen im Bundesrath führt, auch wenn er den Vorsitz hat, ist nicht nothwendig und (aus praktischen Gründen) auch thatsächlich nicht stets der Fall. (Anderer Ans. Laband I S. 254). In der Ernennung und Entlassung des Reichskanzlers ist der Kaiser frei. Vota des Bundesraths oder Reichstages binden ihn nicht. Zur Entlassung braucht er nicht die Gegenzeichnung des zu entlassenden Kanzlers. Es kann dabei sowohl der abtretende wie antretende Kanzler gegenzeichnen und gemäß G. v. 17. März 1878 auch ein Stellvertreter des Kanzlers (unten S. 135); s. G. Meyer, Staatsr. S. 187, Arndt, Preuß. Verf. S. 95.

3) In diesen (Abs. 1) bezeichneten Geschäften, nicht in anderen; s. Laband I S. 1357 und Anm. 6 zu Art. 17.

4) Durch jedes andere Preußische Mitglied, sonst durch ein Bayerisches; vgl. über das Recht der Bayerischen Regierung, durch ihren Vertreter im Falle der Verhinderung Preußens den Vorsitz im Bundesrathe zu führen, Schlußprot. zu dem Vertr. v. 23. Nov. 1870, betr. den Beitritt Bayerns zur Verf. des D. Bundes (BGBl. 1871 S. 23) unter IX.

Artikel 16.

Die erforderlichen Vorlagen werden nach Maßgabe der Beschlüsse des Bundesrathes im Namen des Kaisers an den

Reichstag gebracht,[1]) wo sie durch Mitglieder des Bundesrathes oder durch besondere von letzterem zu ernennende Kommissarien[2]) vertreten werden.[3])

1) In der Nordd. Bundesverf. hieß der Artikel: „Das Präsidium hat die erforderlichen Vorlagen nach Maßgabe der Beschlüsse des Bundesraths an den Reichstag zu bringen."

Eine sachliche Aenderung ist in der jetzigen Fassung des Art. 16 nicht beabsichtigt; ebenso Seydel, Komm. S 123; anderer Ans. Thudichum in v. Holtzendorffs Jahrb. I S. 26. Andererseits folgt aus der Vorschrift des Art. 16 nicht, wie Seydel l. c. und in v. Holtzendorffs Jahrb. III S. 283 meint (s. auch Laband I S. 36), daß der Kaiser nur die Beschlüsse des Bundesraths beim Reichstage zur Vorlage bringen kann, sondern nur, daß der Bundesrath seine Beschlüsse nicht selbst, sondern nur durch den Kaiser dem Reichstage vorlegen darf. S. auch Bornhak im Arch. f. öff. Recht VIII S. 455 f. Allerdings eigene Gesetzesvorlagen kann der Kaiser nicht aus eigener Initiative dem Reichstage machen, da er kein Gesetzgebungsorgan des Reiches ist, wohl aber Botschaften an ihn richten (s. auch Laband I S. 537, Zorn S. 408 Anm. 6). Bundesrathsbeschlüsse, die verfassungs- und geschäftsordnungsmäßig gefaßt sind, muß der Kaiser durch den Kanzler, so, wie sie gefaßt sind, dem Reichstage vorlegen. Für den materiellen Inhalt ist der Kanzler nicht verantwortlich. Er ist daher auch nicht berechtigt, die Vorlage zu unterlassen, weil er sie sachlich nicht billigt. Seine Entlassung kann er natürlich in solchem Falle fordern (i. J. 1880, als Preußen, Bayern und Sachsen beim Reichsstempelabgabengesetz überstimmt wurden). S. Laband I S. 536; s. Schulze, Deutsches Staatsr. I S. 116, Hänel in Hirths Ann. 1882 S. 14. Die Gesetzesvorlagen, trotzdem sie Namens des Kaisers vorgelegt werden, sind Vorlagen der Verbündeten (Seydel in v. Holtzendorffs Jahrb. III S. 285). Bundesrathsbeschlüsse, die nicht verfassungsmäßig, z. B. unter Verletzung des der Krone Preußen zustehenden Vetos gefaßt sind (Art. 5 Abs. 2), braucht der Kaiser nicht zur Vorlage zu bringen, da sie im rechtlichen Sinne keine Bundesrathsbeschlüsse sind; ebenso Laband I S. 537 Anm. 1.

2) Vgl. auch Art. 9.

3) Der Reichstag muß über solche Vorlagen beschließen; s. Laband I S. 537.

Artikel 17.

Dem Kaiser steht die Ausfertigung[1]) und Verkündigung[2]) der Reichsgesetze und die Ueberwachung[3]) der Ausführung derselben zu. Die Anordnungen und Verfügungen[4]) des Kaisers werden im Namen des Reichs erlassen und bedürfen[5]) zu ihrer Gültigkeit der Gegenzeichnung des Reichskanzlers,[6]) welcher dadurch die Verantwortlichkeit[7]) übernimmt.

1) Die Sanktion der Reichsgesetze erfolgt durch Beschluß des Bundesraths, Reichsverf. Art. 7 Nr. 1, Laband I S. 542, Seydel in v. Holtzendorffs Jahrb. III S. 285, G. Meyer § 163, Hänel, Studien II S. 52, Zorn I S. 413. Die Sanktion erfolgt formlos dadurch, daß die Gesetzesvorlage dem Kaiser zur Ausfertigung und Verkündigung unterbreitet wird.

Da nach Art. 5 Abs. 1 die Reichsgesetzgebung (nur) durch den Bundesrath und Reichstag ausgeübt wird und die Uebereinstimmung der Mehrheitsbeschlüsse beider Versammlungen zu einem Reichsgesetz erforderlich und ausreichend ist, da überdies in Art. 5 Abs. 2 noch besonders bestimmt wird, daß in gewissen Fällen dem Präsidium ein Veto zusteht, so ergiebt sich, daß abgesehen von den Ausnahmefällen in Art. 5 Abs. 2 der Kaiser verpflichtet ist, die vom Bundesrath und Reichstage beschlossenen Gesetze zu publiziren; ebenso Seydel, Komm. S. 124, Hirsemenzel S. 88, Riedel S. 22, 25 v. Mohl S. 290, Laband I S. 341, v. Rönne, Reichsstaatsr. I S. 230, G. Meyer, Grundzüge S. 67, Zorn I S. 416 u. A.

Die Ansicht Labands I S. 551, daß die Ausfertigung des Kaisers feststelle, daß das Gesetz verfassungsmäßig zu Stande gekommen ist, kann als richtig zugegeben werden. Die daraus gezogene Schlußfolgerung, daß Richter und andere Behörden die Gültigkeit vom Kaiser ausgefertigter Gesetze nicht zu prüfen haben, ist zwar sehr praktisch (vgl. Preuß. Verf. Art. 106, Arndt, Komm. S. 173), jedoch in der Absicht und im Text der Reichsverf. nicht begründet.

Der Tag der Ausfertigung (nicht der Tag der Sanktion des Bundesraths) ist das Datum des Gesetzes; Laband I S. 559.

2) Vgl. oben Anm. 9, 10 und 11 zum Art. 2 der Reichsverf.

3) S. oben Anm. 1 zu Art. 4.

4) Die Gesetze des Reiches gleichfalls.

5) Dies bezieht sich nicht auf militärische Ordres, die der Kaiser z. B. bei der Kriegsmarine erläßt; s. Arndt, Komm. zur Preuß. Verf. S. 95.

6) RG. v. 17. März 1878, betr. die Stellvertretung des Reichskanzlers (RGBl. 1878 S. 7).

§ 1. Die zur Gültigkeit der Anordnungen und Verfügungen des Kaisers erforderliche Gegenzeichnung des Reichskanzlers, sowie die sonstigen demselben durch die Verfassung und die Gesetze des Reichs übertragenen Obliegenheiten können nach Maßgabe der folgenden Bestimmungen durch Stellvertreter wahrgenommen werden, welche der Kaiser auf Antrag des Reichskanzlers in Fällen der Behinderung desselben ernennt.

§ 2. Es kann ein Stellvertreter allgemein für den gesammten Umfang der Geschäfte und Obliegenheiten des Reichskanzlers ernannt werden. Auch können für diejenigen einzelnen Amtszweige, welche sich in der eigenen und unmittelbaren Verwaltung des Reichs befinden, die Vorstände der dem Reichskanzler untergeordneten obersten Reichsbehörden mit der Stellvertretung desselben im ganzen Umfang oder in einzelnen Theilen ihres Geschäftskreises beauftragt werden.

§ 3. Dem Reichskanzler ist vorbehalten, jede Amtshandlung auch während der Dauer einer Stellvertretung selbst vorzunehmen.

§ 4. Die Bestimmung des Artikel 15 der Reichsverfassung wird durch dieses Gesetz nicht berührt.

Zu diesem Stellvertretungsges. ist Folgendes zu bemerken:

Die Reichsverf. sieht eine Stellvertretung des Reichskanzlers nur für den Vorsitz und die Geschäftsleitung im Bundesrath vor (Art. 15 Abs. 2), nicht aber für die in Art. 17 bezeichneten Geschäfte der Gegenzeichnung des verantwortlichen Reichsministers. Nach allgemeinen Rechtsgrundsätzen kann der Kanzler sich in der in Art. 17 vorgesehenen Gegenzeichnung und Verantwortlichkeit nicht (ohne besondere verfassungsmäßige Ermächtigung) vertreten lassen; ebenso wie für den preußischen Minister rechtswirksam gegenüber Art. 44 der Preuß. Verf. kein Unterstaatssekretär oder Ministerialdirektor Königliche Anordnungen oder Gesetze gegenzeichnen kann. Dagegen ist es im konstitutionellen Staate und insbesondere in Preußen statthaft und üblich, daß bei allen übrigen Staatsgeschäften der Minister sich vertreten lassen kann, z. B. bei Erlaß ihm de- oder subdelegirter Verordnungen (Arndt, Verordn. S. 169 ff.), ferner bei den von ihm zu treffenden (Rekurs-) Entscheidungen, den von ihm Namens des Fiskus abzuschließenden Rechtsgeschäften. Diese in unzählbaren Fällen bethätigte Praxis ist niemals weder vom Könige, noch vom Landtage, noch von den Gerichten bemängelt worden. Nach dieser Praxis wurde — und mit Recht, s. Arndt, Verordn. S. 169 ff. — auch im Reiche bezüglich des Reichskanzlers verfahren. Diese Praxis wird anerkannt und aufrecht erhalten durch das Stellvertretungsges. v. 17. März 1878, das (neu) auch bezüglich der Gegenzeichnung die Stellvertretung zuläßt. Vgl. die hiervon theilweise abweichenden Ausführungen von Joël in Hirths Ann. 1878 S. 761, Zorn I S. 260 ff., Hänel, Studien II S. 16 ff., G. Meyer, Lehrb. S. 383 ff., Laband I S. 381 ff.

Eine „Behinderung" des Kanzlers kann schon in der großen Arbeitslast liegen. Trotz der Zulässigkeit der Stellvertretung auch in der konstitutionellen Gegenzeichnung bleibt „die allgemeine, sozusagen historisch-politische Verantwortlichkeit für den ganzen Gang der Verwaltung, für die Einheitlichkeit derselben, für die Auswahl der Personen beim Reichskanzler", Abg. v. Bennigsen in den Sten.Ber. des Reichst. 1878 S. 331.

7) Ein Reichskanzlerverantwortlichkeitsges. fehlt. Daher nennt Seydel, Komm. S. 129 die Verantwortlichkeit des Reichskanzlers eine Phrase. Die Verantwortlichkeit trägt der Reichskanzler nur für Anordnungen des Kaisers, nicht für irgendwelche Anordnungen oder Beschlüsse des Bundesraths; Seydel, Komm. S. 126 ff., Zorn I S. 256, Laband I S. 344 ff. „Der Reichskanzler ist — nach der Verfassung das verantwortliche Gesammtministerium des Reiches —"; s. Zorn I S. 259.

Artikel 18.

Der Kaiser ernennt die Reichsbeamten,[1]) läßt dieselben für das Reich vereidigen[2]) und verfügt erforderlichen Falles deren Entlassung.[3])

Den zu einem Reichsamte berufenen Beamten eines Bundesstaates stehen, sofern nicht vor ihrem Eintritt in den Reichsdienst im Wege der Reichsgesetzgebung etwas Anderes bestimmt ist, dem Reiche gegenüber diejenigen Rechte zu, welche ihnen in ihrem Heimathslande aus ihrer dienstlichen Stellung zugestanden hatten.[4])

1) Oder läßt sie ernennen. In gewissen Fällen findet die Ernennung auf Vorschlag oder im Einvernehmen mit dem Bundesrathe statt.

Reichsbeamter im Sinne des G., betr. die Rechtsverhältnisse der Reichsbeamten v. 31. März 1873 (RGBl. 1873 S. 61) ist jeder Beamter, welcher entweder vom Kaiser angestellt oder nach Vorschrift der Reichsverf. den Anordnungen des Kaisers Folge zu leisten verpflichtet ist. Beamte, die zwar nicht vom Kaiser angestellt sind, aber nach Vorschrift der Reichsverf. den Anordnungen des Kaisers Folge zu leisten haben, Post- und Telegraphenbeamte Art. 50 Abs. 5, Militärbeamte Art. 63, sind Landesbeamte (RG. v. 26. Okt. 1880, Entsch. in Civils. Bd. II S. 102, Laband I S. 418), gelten jedoch im Sinne des zit. G. v. 31. März 1873 als Reichsbeamte (in Bezug auf Disziplinirung, Pensionirung, Amtskaution u. s. w.). Man nennt diese Art Beamte mittelbare Reichsbeamten. In einzelnen Fällen ist eine besondere Qualifikation erforderlich. Wo eine solche gesetzlich vorgeschrieben wird (GVG. § 127 für Reichsgerichtsräthe), Reichsbeamtenges. v. 31. März 1873 (RGBl. 1873 S. 61) für Disziplinarrichter u. s. w. ist der Kaiser daran gebunden. Sonst ist er frei. Auch Ausländer und Minderjährige können zu Reichsbeamten bestellt werden.

Die nach Maßgabe der Verfassung und der Gesetze des Deutschen Reichs vom Kaiser unmittelbar oder mittelbar ernannten Beamten sind als Kaiserliche zu bezeichnen (AE. v. 3. Aug. 1871 Ziffer 1, RGBl. 1871 S. 318).

2) Die Vereidigung der unmittelbaren Reichsbeamten (allgem. Formular in der V. v. 29. Juni 1871, RGBl. 1871 S. 307) ist zur Erlangung der Beamteneigenschaft nicht unbedingt nothwendig. Bei den mittelbaren Reichsbeamten wird nur durch einen Zusatz zum Diensteide die Pflicht übernommen, den Anordnungen des Kaisers Folge zu leisten.

3) Nach Maßgabe der Gesetze, insbes. G. v. 31. März 1873 (RGBl. 1873 S. 61) §§ 24, 84, 125, 126.

4) Als Reichsbehörde ist an erster Stelle der höchste Reichsbeamte Reichskanzler zu erwähnen. Ihm am nächsten steht derjenige, der etwa allgemein für den gesammten Umfang der Geschäfte und Obliegenheiten als Stellvertreter des Reichskanzlers bestellt ist, s. § 2 Satz 1 des G. v. 17. März 1878 (RGBl. 1878 S. 7). Dann folgen die (einander gleichstehenden) Vorstände der dem Kanzler untergeordneten obersten Reichsbehörden, 1) der Staatssekretär des Auswärtigen, 2) der Staatssekretär des Reichs-Marineamtes, 3) der Staatssekretär für das Finanzwesen (Reichsschatzsekretär), 4) der Staatssekretär für das Post- und Telegraphenwesen, 5) der Staatssekretär für das Justizwesen, 6) der Staatssekretär für die Verwaltung der Reichseisenbahnen, 7) der Staatssekretär für das Innere.

Als oberste Reichsbehörden sind zu nennen:

A) Das auswärtige Amt, das die höhere Politik, die Handelsbeziehungen, die Rechtsangelegenheiten völkerrechtlicher Art, Konsulats- und Kolonialsachen zu bearbeiten hat. Zu seinem Ressort gehören namentlich die Gesandtschaften, die Konsulate, die Schutzgebiete, die auswärtigen Gesandtschaften und die vom Reiche anerkannten Konsulate fremder Staaten. Ferner werden von dem Amte die auswärtigen Angelegenheiten des Preußischen Staates bearbeitet.

B) Das Reichsamt des Innern, früher, nämlich bis AE. v. 24. Dez. 1879 (RGBl. 1879 S. 321) Reichskanzleramt genannt, hat im Wesentlichen die legislatorischen Vorarbeiten auf dem wirthschaftlichen Gebiete (z. B. Arbeiterversicherungs-, Arbeiterschutz-, Gewerbegesetzgebung), das Auswanderungs-, Gesundheits-, Heimathswesen zu bearbeiten. Von ihm ressortiren u. A. das Bundesamt für das Heimathswesen, die Disziplinarbehörden des Deutschen Reichs, die Seeämter, das statistische Amt des Deutschen Reichs, die Normal-Aichungskommission, das Reichs-Gesundheitsamt, das Reichs-Patentamt, das Reichs-Versicherungsamt, die physikalisch-technische Reichsanstalt, das Schiffsvermessungsamt.

C) Das Reichs-Marine-Amt, das seit 1872 an die Stelle des preußischen Marineministeriums getreten ist, stellt die oberste Verwaltungsbehörde der Kaiserlichen Marine dar, während das Oberkommando dem kommandirenden Admiral zusteht. Diese Trennung beruht auf Kaiserl. Erl. v. 30. März 1889 (RGBl. 1889 S. 47). Zum Ressort des Reichs-Marine-Amtes gehören u. A.: die Inspektion des Torpedowesens, die Schiffsprüfungs-Kommission, die Marine-Intendanturen, die Werften (Danzig, Kiel, Wilhelmshaven), die Minendepots, das Torpedodepot, die Fortifikationen zu Friedrichsort, Wilhelmshaven, Geestemünde und Kuxhaven und die Deutsche Seewarte (zu Hamburg).

D) Das Reichs-Postamt hat das Post- und Telegraphenwesen zu bearbeiten, soweit nicht die Exemtionen der bayerischen und württembergischen Post reichen.

E) Das Reichsschatzamt bearbeitet die Finanzen des Deutschen Reiches. Es übt die Aufsicht aus, welche die Reichsverfassung (Art. 36) dem Kaiser über die Erhebung und Verwaltung der Zölle und Verbrauchssteuern übertragen hat. Von ihm ressortiren u. A. die Reichshauptkasse, die Verwaltung des Reichskriegsschatzes, das Zoll- und Steuer-Rechnungsbureau und die Reichsschuldenverwaltung.

F) Das Reichs-Eisenbahnamt, geschaffen durch G. v. 27. Juni 1873 (RGBl. 1873 S. 164), hat innerhalb der durch die Verfassung bestimmten Zuständigkeit des Reichs das Aufsichtsrecht über das Eisenbahnwesen wahrzunehmen, für die Ausführung der in den Art. 41 ff. der Reichsverf. oder sonst enthaltenen, auf das Eisenbahnwesen bezüglichen reichsgesetzlichen Vorschriften zu sorgen und Abstellung der in Hinsicht auf das Eisenbahnwesen hervorgetretenen Mängel und Mißstände hinzuwirken. Seine faktische Thätigkeit ist keine verhältnißmäßig große. Das Amt ist (in Personalunion) mit dem (weit wichtigeren) preußischen Ministerium der öffentlichen Arbeiten verbunden (Kab.O. v. 14. Juli 1879 s. Reichs-Anz. v. demselben Tage). Wenn gegen eine vom Reichs-Eisenbahnamte verfügte Maßregel Gegenvorstellung auf Grund der Behauptung, daß die Maßregel in den Gesetzen und rechtsgültigen Vorschriften nicht begründet sei, erhoben wird, so hat das durch

Zuziehung von richterlichen Beamten verstärkte Reichs-Eisenbahnamt über die Gegenvorstellung selbstständig und unter eigener Verantwortlichkeit nach kollegialischer Berathung und Beschlußfassung zu befinden.

G) Das Reichsamt für die Verwaltung der Reichs-Eisenbahnen hat die dem Deutschen Reiche eigenthümlich oder pachtweise gehörigen Eisenbahnen (in Elsaß-Lothringen, Luxemburg, Schweiz) zu verwalten. Ihr ist bei dieser Thätigkeit die General-Direktion der Eisenbahnen in Elsaß-Lothringen zu Straßburg unterstellt.

H) Das Reichsbankdirektorium, das die Reichsbank verwaltet.

J) Das Reichs-Justizamt, das die Justiz des Reiches (das Reichsgericht) zu verwalten und die Vorbereitung und Vertretung der auf die Rechtspflege bezüglichen Reichsgesetze hat.

Als „selbstständige Finanzbehörden" d. h. solche Finanzbehörden, die nicht auf Anweisung des Reichskanzlers, sondern lediglich nach ihrer richterlichen Ueberzeugung zu entscheiden haben, sind noch folgende drei oberste Reichsbehörden anzuführen:

K) Der Rechnungshof des Deutschen Reichs, dem die Kontrole des gesammten Staatshaushalts des Deutschen Reichs und des Landeshaushalts von Elsaß-Lothringen zusteht; s. hierüber unten zu Art. 69 ff.

L) Die Reichs-Schuldenkommission; dieselbe hat hauptsächlich die Aufsicht über die Reichsschuldenverwaltung, die Kontrole über die Verwaltung des Reichskriegsschatzes, die Kontrole über die Verwaltung des Reichsinvalidenfonds und des Reichsfestungsbaufonds, die Kontrole über die An- und Ausfertigung, Einziehung und Verwaltung der Banknoten der Reichsbank.

M) Die Verwaltung des Reichsinvalidenfonds, die hauptsächlich den im Betrage von 561 Millionen Mark aus der französischen Kriegskostenentschädigung gebildeten Reichsinvalidenfonds zu verwalten hat.

Artikel 19.

Wenn Bundesglieder ihre verfassungsmäßigen [1]) Bundespflichten nicht erfüllen, können sie dazu im Wege der

Exekution angehalten werden. Diese Exekution ist vom Bundesrathe zu beschließen [2]) und vom Kaiser [3]) zu vollstrecken. [4])

1) Auch hierin liegt die Anerkennung, daß das Reich nur die ihm in der Verfassung übertragenen Rechte den Bundesgliedern und daß die Bundesglieder nur die ihnen in der Verfassung auferlegten Pflichten dem Reiche gegenüber haben. Nur bezüglich solcher Pflichten besteht das Recht der Bundes- (Reichs-) Exekution. Diese bestand schon nach Art. 32 der Wiener Schlußakte. Da jede Bundesregierung die Obliegenheit hat, auf Vollziehung der Bundesbeschlüsse zu halten, der Bundesversammlung (dem Bundesrath) aber eine unmittelbare Einwirkung auf die innere Verwaltung der Bundesstaaten nicht zusteht, so kann in der Regel nur gegen die Regierung selbst ein Exekutionsverfahren stattfinden.

2) Da der Bundesrath darüber zu beschließen hat, ob und wie die Exekution zu vollstrecken ist, so ist derselbe zugleich Richter darüber, ob die Bundesglieder ihre Bundespflichten erfüllen. (And. Ans. Seydel, Komm. S. 137.)

3) Da der Kaiser die Bundesexekution verfassungsmäßig zu vollstrecken hat, verfassungsmäßig auch kein anderer mit der Vollstreckung der Exekution beauftragt werden kann, so ist eine Bundesexekution gegen Preußen unmöglich. Ebenso Seydel, Komm. S. 138. Man müßte, wie Fürst Bismarck einst im Reichstage sagte, gleich das Grabgeläute für das Deutsche Reich ansagen, wenn Preußen seine Bundespflicht verweigern sollte; vgl. andererseits Hänel, Staatsr. S. 452 Anm. 69.

4) Der zweite Satz des Art. 19 lautete in der Verfassung des Nordd. Bundes (BGBl. 1867 S. 8) dahin:

„Diese Exekution ist a) in Betreff militairischer Leistungen, wenn Gefahr im Verzuge, von dem Bundesfeldherrn anzuordnen und zu vollziehen, b) in allen anderen Fällen aber von dem Bundesrathe zu beschließen und von dem Bundesfeldherrn zu vollstrecken. Die Exekution kann bis zur Sequestration des betreffenden Landes und seiner Regierungsgewalt ausgedehnt werden. In den unter a. bezeichneten Fällen ist dem Bundesrathe von Anordnung der Exekution, unter Darlegung der Beweggründe, ungesäumt Kenntniß zu geben."

Bezüglich dieser Abänderung erklärte Delbrück (Sten. Ber. des Reichst. II. außerord. Sess. 1870 S. 70): „Es ist die Aenderung, die dieser Artikel erhalten, eine faktisch in der That nicht wesentliche; die Veranlassung der Aenderung liegt hauptsächlich auf dem Gebiete der internationalen (??) Konvenienz." Daraus wie aus dem Umstande, daß über die Art, wie die Vollstreckung der Bundesexekution erfolgen soll, in der Verfassung Nichts bestimmt ist, folgt, daß auch nach der Reichsverfassung die Exekution bis zur Sequestration des betreffenden Landes und seiner Regierungsgewalt ausgedehnt werden kann; ebenso v. Rönne, Deutsches Staatsr. S. 161 und M. Seydel, Komm. S. 137, Laband I S. 105, Hänel, Staatsr. S. 445 ff.

V. Reichstag.

Der Reichstag ist die einheitliche Vertretung des Deutschen Volkes, nicht der Bevölkerungen der verschiedenen Bundesstaaten. Seine Mitglieder sind nicht blos Vertreter ihres Wahlkreises, sie sind noch weniger Vertreter des Bundesstaates, in dem sie gewählt sind, sondern des Deutschen Volkes (Art. 29). Daher macht es weder für das aktive noch das passive Wahlrecht bei Reichstagswahlen einen Unterschied, welchem Bundesstaate Jemand angehört. Alleinige Vorbedingung ist das Reichsindigenat. Der Reichstag ist ein Organ des Deutschen Reichs, dessen hauptsächlichste Bedeutung zwar darin besteht, daß Reichsgesetze nur mit seiner Zustimmung erlassen werden können, der jedoch an allen Thätigkeiten und Angelegenheiten des Reiches selbsthandelnd oder kontrolirend theilnimmt.

Artikel 20.

Der Reichstag geht aus allgemeinen[1]) und direkten[2]) Wahlen mit geheimer[3]) Abstimmung hervor.

Bis zu der gesetzlichen[4]) Regelung, welche im §. 5. des Wahlgesetzes vom 31. Mai 1869. (Bundesgesetzbl. 1869. S. 145.) vorbehalten ist, werden in Bayern 48, in Württemberg 17, in Baden 14, in Hessen südlich des Main 6, in Elsass-Lothringen 15 Abgeordnete gewählt, und beträgt demnach die Gesammtzahl der Abgeordneten 397.[5])[6])

1) D. h. das Wahlrecht ist nicht auf bestimmte Klassen oder Stände beschränkt, es ist auch nicht an einen gewissen Census geknüpft. Eine Ausnahme für Militärpersonen; s. unten S. 144.

2) D. h. die Wähler wählen den Abgeordneten (nicht indirekt mittelst Wahlmänner wie beim Preußischen Abgeordnetenhause), sondern unmittelbar.

3) D. h. die öffentliche Stimmabgabe oder Stimmabgabe zu Protokoll sind ausgeschlossen. Es darf bei der Stimmabgabe nicht bemerkbar gemacht werden, von wem der Wahlzettel herrührt. Die Unterschrift des Wählers macht die Stimme ungültig.

4) Die Regelung im Wege der Verordnung ist sonach ausgeschlossen.

5) Bis zu der im Art. 20 der Reichsverf. vorbehaltenen gesetzlichen Regelung werden in Elsaß-Lothringen 15 Abgeordnete zum Deutschen Reichstag gewählt (RG. v. 25. Juni 1873, betr. die Einführung der Verfassung des D. Reichs in Elsaß-Lothringen § 3, RGBl. 1873 S. 161, GBl. f. Els.-Lothr. 1873 S. 131).

Die Gesammtzahl der Abgeordneten beträgt demnach jetzt 397.

6) Wahlgesetz für den Reichstag des Norddeutschen Bundes. Vom 31. Mai 1869 (BGBl. 1869 S. 145)[1]):

§ 1. Wähler für den Reichstag des Norddeutschen Bundes ist jeder Norddeutsche,[1]) welcher das fünfundzwanzigste Lebensjahr zurückgelegt hat, in dem Bundesstaate, wo er seinen Wohnsitz[2]) hat.

---

[1]) Gültig im ganzen Reiche; in Elsaß-Lothringen, G. v. 25. Juni 1873 (RGBl. 1873 S. 161) § 6, in Helgoland, RG. v. 15. Dez. 1890 (RGBl. 1890 S. 207) § 4. Dieses Wahlgesetz ist kein Bestandtheil der Verfassung, kann also durch einfaches Reichsgesetz abgeändert werden. Die in Art. 20 enthaltenen Vorschriften über die Zahl der Abgeordneten und daß der Reichstag aus allgemeinen und direkten Wahlen mit geheimer Abstimmung hervorgehen soll, können jedoch nur im Wege der Verfassungsänderung (Reichsverf. Art. 78) aufgehoben, beschränkt oder sonst verändert werden.

[1]) D. i. jetzt jeder Deutsche Reichsangehörige.

[2]) D. i. nicht blos ein vorübergehender Aufenthalt, andererseits nicht nothwendig ein Wohnsitz im allgemeinen rechtlichen Sinne; es

§ 2. Für Personen des Soldatenstandes des Heeres und der Marine ruht die Berechtigung zum Wählen so lange, als dieselben sich bei der Fahne befinden.[3])

§ 3. Von der Berechtigung zum Wählen sind ausgeschlossen:

1) Personen, welche unter Vormundschaft oder Kuratel stehen;
2) Personen, über deren Vermögen Konkurs- oder Fallitzustand gerichtlich eröffnet worden ist und zwar während der Dauer dieses Konkurs- oder Fallit-Verfahrens;
3) Personen, welche eine Armenunterstützung[4]) aus öffentlichen oder Gemeinde-Mitteln beziehen, oder im letzten der Wahl vorhergegangenen Jahre bezogen haben;

---

genügt auch ein Verweilen an einem Orte unter Verhältnissen, welche ihrer Natur nach auf einen Aufenthalt von längerer Dauer hinweisen, insbesondere als Dienstboten, Hand- und Fabrikarbeiter, Gewerbegehülfen, Studirende, vgl. Komm.Ber. des Reichstages 1879. Drucksachen Nr. 166 S. 1347, Laband I S. 289 Anm. 1.

[3]) Das Reichsmilitärges. v. 2. Mai 1874 bestimmt im § 49 Abs. 1 (RGBl. 1874 S. 45): „Für die zum aktiven Heere gehörigen Militärpersonen, mit Ausnahme der Militärbeamten, ruht die Berechtigung zum Wählen sowohl in Betreff der Reichsvertretung, als in Betreff der einzelnen Landesvertretungen. Eine Vereinigung der hiernach wahlberechtigt bleibenden Militärpersonen zu besonderen Militär-Wahlbezirken für die Wahl der auf indirektem Wahlrecht beruhenden Landesvertretungen darf nicht stattfinden." Nur das aktive, nicht das passive Wahlrecht ruht. Militärpersonen können daher zu Abgeordneten gewählt werden.

[4]) Unterstützungen aus Krankenkassen, Unfall-, Invaliden-, oder Altersrente sind nicht Armenunterstützungen. Armenunterstützung ist hier nur, was Jemandem für sich oder seine Familie zur Erhaltung von Leben und Gesundheit gegeben wird, nicht Schulgeld oder Lehrmittelfreiheit (Reichstagsbeschl. v. 25. April 1872 in den Sten.Ber. S. 1162) und auch dann nur, wenn es zufolge öffentlich-rechtlicher Verpflichtung zur Armenunterstützung gewährt wird (also nicht Beihülfen bei Nothständen). S. auch Arndt, Preuß. Verf. S. 229 ff., Sten. Ber. des Reichst. 1874 S. 276, Laband I S. 289 Anm. 5, Seydel, Hirths Ann. 1880 S. 361.

4) Personen, denen in Folge rechtskräftigen Erkenntnisses der Vollgenuß der staatsbürgerlichen Rechte entzogen ist, für die Zeit der Entziehung, sofern sie nicht in diese Rechte wieder eingesetzt sind.[1])

Ist der Vollgenuß der staatsbürgerlichen Rechte wegen politischer Vergehen oder Verbrechen entzogen, so tritt die Berechtigung zum Wählen wieder ein, sobald die außerdem erkannte Strafe vollstreckt, oder durch Begnadigung erlassen ist.[2])[3])

§ 4. Wählbar zum Abgeordneten ist im ganzen Bundesgebiete jeder Norddeutsche,[4]) welcher das fünfundzwanzigste Lebensjahr zurückgelegt und einem zum Bunde gehörigen Staate seit mindestens einem Jahre angehört hat,[5]) sofern er nicht durch die Bestimmungen in dem §. 3 von der Berechtigung zum Wählen ausgeschlossen ist.

§ 5. In jedem Bundesstaate wird auf durchschnittlich 100,000 Seelen derjenigen Bevölkerungszahl, welche den Wahlen zum verfassunggebenden Reichstage zu Grunde gelegen hat, Ein Abgeordneter gewählt. Ein Ueberschuß von mindestens 50,000 Seelen der Gesammtbevölkerung eines Bundesstaates wird vollen 100,000 Seelen gleich gerechnet. In einem Bundesstaate, dessen Bevölkerung 100,000 Seelen nicht erreicht, wird Ein Abgeordneter gewählt.

---

1) Vgl. RGBl. §§ 32 ff.

2) Vgl. hierzu Laband I S. 290.

3) Außerdem sind an der Ausübung des Wahlrechts diejenigen gehindert, die nicht in den Wahllisten vermerkt sind; s. unten § 8.

4) D. i. jetzt jeder Deutsche. Auch Bundesrathsmitglieder sind wählbar, sie müssen aber, wenn sie gewählt sind, zwischen dem Reichstagsmandate und der Bundesrathsmitgliedschaft wählen; ebenso Seydel in Hirths Ann. 1880 S. 366 Anm. 9. G. Meyer, Staatsr. S. 366, Laband I S. 293. Eine dem Art. 74 der Preuß. Verf. analoge Vorschrift, daß die Mitglieder des Rechnungshofes nicht wählbar sind, fehlt reichsrechtlich. Nicht wählbar sind der Kaiser und die Landesherrn; Stimmzettel, die auf diese lauten, sind ungültig; Seydel l. c. S. 359, Laband I S. 293, Sten.Ber. des Reichst. 1874/75 S. 578.

5) Die Frist (das Jahr) wird vom Tage der Wahl gerechnet; Laband I S. 292.

Demnach beträgt die Zahl der Abgeordneten 297 und kommen auf Preußen 235, Sachsen 23, Hessen 3, Mecklenburg-Schwerin 6, Sachsen-Weimar 3, Mecklenburg-Strelitz 1, Oldenburg 3, Braunschweig 3, Sachsen-Meiningen 2, Sachsen-Altenburg 1, Sachsen-Koburg-Gotha 2, Anhalt 2, Schwarzburg-Rudolstadt 1, Schwarzburg-Sondershausen 1, Waldeck 1, Reuß ältere Linie 1, Reuß jüngere Linie 1, Schaumburg-Lippe 1, Lippe 1, Lauenburg 1, Lübeck 1, Bremen 1, Hamburg 3.

Eine Vermehrung der Zahl der Abgeordneten in Folge der steigenden Bevölkerung wird durch das Gesetz bestimmt.[1])

§ 6. Jeder Abgeordnete wird in einem besonderen Wahlkreise gewählt.

Jeder Wahlkreis wird zum Zwecke der Stimmabgabe in kleinere Bezirke getheilt, welche möglichst mit den Ortsgemeinden zusammenfallen sollen, sofern nicht bei volkreichen Ortsgemeinden eine Unterabtheilung erforderlich wird.

Mit Ausschluß der Exklaven müssen die Wahlkreise, sowie die Wahlbezirke räumlich abgegrenzt und thunlichst abgerundet sein.[2])

Ein Bundesgesetz wird die Abgrenzung der Wahlkreise bestimmen. Bis dahin[3]) sind die gegenwärtigen Wahlkreise beizubehalten,[4]) mit Ausnahme derjenigen, welche zur Zeit nicht örtlich abgegrenzt und zu einem räumlich zusammenhängenden Bezirke abgerundet sind. Diese müssen zum Zwecke der nächsten allgemeinen Wahlen gemäß der Vorschrift des dritten Absatzes gebildet werden.

---

[1]) Der Satz, daß auf je 100,000 Seelen ein Abgeordneter kommen soll, trifft für viele Wahlkreise, Berlin, Bochum u. a. längst nicht mehr zu.

[2]) Damit ist gemeint, daß jeder Wahlkreis einen geographischen Bezirk bilden soll, in den alle in demselben wohnenden Wahlberechtigten ohne Unterschied des Standes oder der sozialen Klasse zu einer Wählerschaft verbunden sind, Laband I S. 295.

[3]) Also bis zum Reichsgesetze. Weder durch die Verordnung irgend Jemands noch durch ein Landesgesetz kann daran Etwas geändert werden.

[4]) Ohne daß Rücksicht auf die Vermehrung der Bevölkerung genommen werden kann.

§ 7. Wer das Wahlrecht in einem Wahlbezirke ausüben will,[1]) muß in demselben, oder, im Falle eine Gemeinde in mehrere Wahlbezirke getheilt ist, in einem derselben zur Zeit der Wahl seinen Wohnsitz haben.

Jeder darf nur an Einem Orte wählen.

§ 8. In jedem Bezirke sind zum Zwecke der Wahlen Listen anzulegen, in welche die zum Wählen Berechtigten nach Zu- und Vornamen, Alter, Gewerbe und Wohnort eingetragen werden.

Diese Listen sind spätestens vier Wochen vor dem zur Wahl bestimmten Tage zu Jedermanns Einsicht auszulegen, und ist dies zuvor unter Hinweisung auf die Einsprachefrist öffentlich bekannt zu machen. Einsprachen gegen die Listen sind binnen acht Tagen nach Beginn der Auslegung bei der Behörde, welche die Bekanntmachung erlassen hat, anzubringen und innerhalb der nächsten vierzehn Tage zu erledigen, worauf die Listen geschlossen werden. Nur diejenigen sind zur Theilnahme an der Wahl berechtigt, welche in die Listen aufgenommen sind.

Bei einzelnen Neuwahlen, welche innerhalb Eines Jahres nach der letzten allgemeinen Wahl stattfinden, bedarf es einer neuen Aufstellung und Auslegung der Wahlliste nicht.

§ 9. Die Wahlhandlung, sowie die Ermittelung des Wahlergebnisses, sind öffentlich.

Die Funktion der Vorsteher, Beisitzer und Protokollführer bei der Wahlhandlung in den Wahlbezirken und der Beisitzer bei der Ermittelung des Wahlergebnisses in den Wahlkreisen ist ein unentgeltliches Ehrenamt und kann nur von Personen ausgeübt werden, welche kein unmittelbares Staatsamt bekleiden.[1])

§ 10. Das Wahlrecht wird in Person[2]) durch verdeckte, in eine Wahlurne niederzulegende Stimmzettel ohne Unterschrift ausgeübt.

---

[1]) Wenn versehentlich ein unmittelbarer Staatsbeamter bei der Wahlhandlung als Vorsitzender, Beisitzer oder Protokollführer mitwirkt, so braucht darin keine Nichtigkeit der Wahl erkannt zu werden.

[2]) Das Wahlrecht kann nur in Person und unmittelbar, also weder durch Uebersendung des Wahlzettels, noch durch Stellvertreter ausgeübt werden.

Die Stimmzettel müssen von weißem Papier[1]) und dürfen mit keinem äußeren Kennzeichen versehen sein.[2])

§ 11. Die Stimmzettel sind außerhalb des Wahllokals mit dem Namen[3]) des Kandidaten, welchem der Wähler seine Stimme geben will, handschriftlich oder im Wege der Vervielfältigung zu versehen.

§ 12. Die Wahl ist direkt. Sie erfolgt durch absolute Stimmenmehrheit aller in einem Wahlkreise abgegebenen Stimmen. Stellt bei einer Wahl eine absolute Stimmenmehrheit sich nicht heraus, so ist nur unter den zwei Kandidaten zu wählen, welche die meisten Stimmen erhalten haben.

Bei Stimmengleichheit entscheidet das Loos.

§ 13. Ueber die Gültigkeit oder Ungültigkeit der Wahlzettel entscheidet mit Vorbehalt der Prüfung des Reichstages allein der Vorstand des Wahlbezirkes nach Stimmenmehrheit seiner Mitglieder.[4])

Die ungültigen Stimmzettel sind zum Zwecke der Prüfung durch den Reichstag dem Wahlprotokoll beizufügen. Die gültig befundenen bewahrt der Vorsteher der Wahlhandlung in dem Wahlbezirke so lange versiegelt, bis der Reichstag die Wahl definitiv gültig erklärt hat.

§ 14. Die allgemeinen Wahlen sind im ganzen Bundesgebiete an dem von dem Bundespräsidium bestimmten Tage vorzunehmen.

§ 15. Der Bundesrath ordnet das Wahlverfahren, soweit dasselbe nicht durch das gegenwärtige Gesetz festgestellt worden ist,

---

[1]) Stimmzettel brauchen nicht den Namen des Druckers zu enthalten, RG. v. 12. März 1884 (RGBl. 1884 S. 17).

[2]) Die Zuwiderhandlung hat die Ungültigkeit des Wahlzettels zur Folge.

[3]) Sind mehrere Namen auf dem Wahlzettel, so ist dieser ungültig. Die Praxis nimmt an, daß Wahlzettel, auf welchen der Name eines Kandidaten durchgestrichen und ein anderer hingeschrieben ist, gültig sind.

[4]) Der Wahlkommissarius und seine Beisitzer dürfen derartige Entscheidungen nicht abändern; s. Seydel in Hirths Ann. 1880 S. 382 Anm. 2, Laband I S. 306 Anm. 2.

durch ein einheitliches, für das ganze Bundesgebiet gültiges Wahlreglement.[1])

Dasselbe kann nur unter Zustimmung des Reichstages abgeändert werden.

§ 16. Die Kosten für die Druckformulare zu den Wahlprotokollen und für die Ermittelung des Wahlergebnisses in den Wahlkreisen werden von den Bundesstaaten, alle übrigen Kosten des Wahlverfahrens werden von den Gemeinden getragen.

§ 17. Die Wahlberechtigten haben das Recht, zum Betrieb der den Reichstag betreffenden Wahlangelegenheiten Vereine zu bilden und in geschlossenen Räumen unbewaffnet öffentliche Versammlungen zu veranstalten.[2])

Die Bestimmungen der Landesgesetze über die Anzeige der Versammlungen und Vereine, sowie über die Ueberwachung derselben, bleiben unberührt.[3])

§ 18. Das gegenwärtige Gesetz tritt bei der ersten nach dessen Verkündigung stattfindenden Neuwahl des Reichstages in Kraft. Von dem nämlichen Zeitpunkte an verlieren alle bisherigen Wahlgesetze für den Reichstag nebst den dazu erlassenen Ausführungsgesetzen, Verordnungen und Reglements ihre Gültigkeit.

---

[1]) Dieses Wahlreglement ist unterm 28. Mai 1870 (BGBl. 1870 S. 275) ergangen; Berichtigungen und Abänderungen dazu in BGBl. 1870 S. 488, BGBl. 1871 S. 35 ff., RGBl. 1872 S. 38, RGBl. 1873 S. 144, RGBl. 1876 S. 275 und RGBl. 1891 S. 111.

[2]) Das bedeutet, daß die entgegenstehenden landesgesetzlichen Vorschriften des Vereins- und Versammlungsrechts außer Kraft treten für Vereine und Versammlungen zum Zwecke einer Reichstagswahl. Darunter ist jedoch nur eine bestimmte, konkret anstehende Wahl gemeint, nicht Vereine, die auch, wenn keine Wahl in bestimmter Aussicht steht (das Reichstagsmandat noch nicht erloschen ist), auf Wahlen einwirken wollen.

[3]) Vgl. für Preußen V. über die Verhütung eines die gesetzliche Freiheit und Ordnung gefährdenden Mißbrauchs des Versammlungs- und Vereinigungsrechtes v. 11. März 1850 (GBl. 1850 S. 277). Arndt, Preuß. Verf. S. 203 ff.

Artikel 21.

Beamte[1]) bedürfen keines Urlaubs zum Eintritt in den Reichstag.[2])

Wenn[3]) ein Mitglied des Reichstages ein besoldetes Reichsamt oder in einem Bundesstaat ein besoldetes Staatsamt annimmt oder im Reichs- oder Staatsdienste in ein Amt eintritt, mit welchem ein höherer Rang[4]) oder ein höheres Gehalt[9]) verbunden ist, so verliert es Sitz und Stimme in dem Reichstag und kann seine Stelle in demselben nur durch neue Wahl wieder erlangen.[10])

1) Beamte sind hier wie im gleichlautenden Abs. 2 des Art. 78 der Preuß. Verfassungs-Urkunde alle unmittelbaren wie mittelbaren Staatsbeamte, also auch Kommunalbeamte, nicht aber sog. Privatbeamte. Wer in diesem Sinne Beamter ist, entscheidet sich nach Landesrecht. Nach diesem sind z. B. in Preußen die Geistlichen keine Staatsbeamten. Im Sinne des Art. 21 sind auch die Reichsbeamten Beamte. Ebenso Seydel in Hirths Ann. 1880 S. 404, Seydel, Komm. S. 144 ff., Laband I S. 312 ff., G. Meyer § 129 Anm. 7.

2) Das bedeutet, daß sie keine Erlaubniß ihrer vorgesetzten Behörde bedürfen. Fraglich ist, ob sie, wenn sie in den Reichstag eintreten, die dadurch verursachten Stellvertretungskosten zu tragen haben. Der Antrag Grumbrecht im verfassungberathenden Reichstage 1867 (Sten.Ber. S. 704, 711), daß sie von den Stellvertretungskosten befreit sein sollen, wurde abgelehnt. Danach verbleibt es bei dem Landesrecht (ebenso Seydel, Komm. S. 145, Laband I S. 312). In Preußen nahm das OTr. im Erk. v. 17. März 1865 Entsch. Bd. 52 S. 320 in Uebereinstimmung mit einem Staatsministerialbeschluß v. 22. Sept. 1863 (JMBl. 1863 S. 234) an, daß die in den Preußischen Landtag gewählten Abgeordneten die durch ihre Stellvertretung dem Staate oder den Gemeinden entstehenden Kosten zu tragen haben (and. Ans. v. Rönne, Preuß. Staatsr. I § 59, G. Meyer, Lehrb. § 129, G. Schulze, Lehrb. I S. 593). Das Staatsministerium hat am 24. Okt. 1869 indeß beschlossen, daß die Stellvertretungskosten unmittelbarer Staatsbeamten bis

auf Weiteres auf den Staatsfonds zu übernehmen sind; Cirk.Reskr. der Min. des Inn. und der Fin. v. 21. Nov. 1869 (VMBl. 1869 S. 276) und des Justizmin. v. 1. Dez. 1869 (JMBl. 1869 S. 234).

Für Reichsbeamte bestimmt RG. v. 31. März 1873 (RGBl. 1873 S. 61) § 14 Abs. 2, daß ein Abzug vom Gehalt nicht stattfindet und die Stellvertretungskosten der Reichskasse zur Last fallen.

3) Nach der Wahl.

4) D. h. der höhere Rang muß zugleich die etatsmäßige Stellung verändern. Der Verlust des Mandats tritt also nicht ein, wenn ein Land- oder Amtsrichter den Rath-Charakter, oder ein Professor den Titel eines Geheimen Justiz- oder Regierungsraths erhält, wohl aber, wenn ein Land- oder Amtsgerichtsrath Ober-Landesgerichtsrath, ein außerordentlicher Professor ordentlicher wird (vgl. auch Seydel in Hirths Ann. S. 380, 398 ff., v. Rönne, Preuß. Staatsr. I § 61).

9) Das höhere Gehalt muß mit dem neuen Amt verknüpft sein; bloßes Aufrücken in eine höhere Gehaltsklasse zieht den Mandatsverlust nicht nach sich. Es genügt indeß die Neuübertragung einer etatsmäßigen Remuneration; s. auch Seydel und v. Rönne l. c.

10) Satz 2 entspricht dem Satz 3 in Art. 78 der Preuß. Verf. Urk. Der Mandatsverlust tritt ohne Weiteres kraft des Gesetzes ein. Ist der Reichstag nicht versammelt, so kann die Regierung in solchem Falle die Neuwahl anordnen. Im Streitfalle entscheidet darüber, ob das Mandat erloschen ist, der Reichstag.

Artikel 22.

Die Verhandlungen des Reichstages[1]) sind öffentlich.[2])

Wahrheitsgetreue Berichte[3]) über Verhandlungen in den öffentlichen Sitzungen des Reichstages[4]) bleiben von jeder Verantwortlichkeit[5]) frei.

1) Nicht der Kommissionen.

2) Die Geschäftsordnung des Reichstages § 36 läßt nach dem Vorbilde des Art. 79 der Preuß. Verf. Urk. auch geheime Sitzungen zu. Dies ist in dem Sinne verfassungswidrig, als die geheim stattgefundenen Berathungen und Beschlüsse staatsrechtlich nicht als

Reichstagsverhandlungen oder Reichstagsbeschlüsse gelten, d. h. der Reichstag wird die entscheidende Berathung und Abstimmung öffentlich vornehmen müssen, auch wenn schon vorher heimlich verhandelt wurde; ebenso im wesentlichen Laband I S. 323, Seydel in Hirths Ann. 1880 S. 417; and. Ans. G. Meyer § 132 u. a. m.

3) Gleichviel ob vom Reichstagsabgeordneten oder einem Anderen, ob schriftlich oder mündlich erstattet, Binding, Handbuch des deutschen Strafrechts S. 683, Olshausen, Komm. zum StrGB. S. 82. Was ein wahrheitsgetreuer Bericht, ist quaestio facti; nicht sind es Berichte über einzelne Stellen oder Bemerkungen über dieselben; Erk. des RG. v. 5. Nov. 1886 und 6. Nov. 1888, Entsch. in Straff. XV S. 32 und XVIII S. 207; vgl. auch v. Liszt, Reichspreßrecht § 45, Seydel, Komm. S. 149, Olshausen S. 83. Wortgetreu brauchen sie nicht zu sein. Es muß ein objektives Referat über die Verhandlungen oder einen abgeschlossenen Theil derselben vorliegen. Die Wiedergabe einer einzelnen Rede fällt, wenn diese Rede nicht allein an dem fraglichen Tage oder zu dem betr. Gegenstande gehalten wurde, nicht unter Art. 22. Im Allgemeinen deckt sich Art. 22 mit StrGB. § 12: doch schützt Art. 22 nur Berichte öffentlicher Reichstagssitzungen. Vgl. Olshausen S. 83, Binding S. 680.

4) Nicht der Kommissionen.

5) Strafrechtlichen wie disziplinarischen; s. auch Laband I S. 322.

Artikel 23.

Der Reichstag hat das Recht, innerhalb der Kompetenz des Reichs[1]) Gesetze vorzuschlagen und an ihn gerichtete Petitionen[2]) dem Bundesrathe resp. Reichskanzler zu überweisen.[3])

1) Also auch, da das Reich (Art. 78) die sog. Kompetenz-Kompetenz hat, zur Ausdehnung der Zuständigkeit des Reichs. Dies ist unstreitig; s. auch Seydel, Komm. S. 150. Fraglich ist, ob Vorschläge im Reichstage, die eine Verfassungsänderung, eine Kompetenzerweiterung in sich schließen, ohne Weiteres statthaft sind, oder ob erst der Vorschlag auf die Veränderung der Verfassung

vorausgehen muß. Näheres hierüber s. zu Art 78. Die Antwort ist im ersteren Sinne zu ertheilen und durch die Praxis ertheilt worden; vgl. Laband I S. 547; and. Ans. Seydel, Komm. S. 151.

2) Die Reichsverf. spricht (abweichend von der Preuß. Verf. Art. 32) nicht von einem Petitionsrechte der Deutschen. Das Petitionsrecht bedeutet u. A., daß der es Ausübende sich auf § 193 StrGB. (Wahrnehmung berechtigter Interessen) berufen kann; es beschränkt sich nicht auf bestimmte Rechte, welche dem Petenten gegen das Reich zustehen; and. Ans. sind Laband, Reichsstaatsr. I 283, G. Meyer, Staatsr. § 213, Schulze, Preuß. Staatsr. § 112, die das Petitionsrecht auf Seiten der Petenten nur als formales Recht, kein selbstständiges Recht mit besonderem materiellen Inhalt, sondern bloß als ein Mittel zur Aufrechterhaltung der übrigen Rechte ansehen.

3) Das Recht der Adresse und der Interpellation (Preuß. Verf. Art. 81) sind durch die Verfassung nicht ausdrücklich dem Reichstage beigelegt worden, stehen diesem jedoch unbestritten und thatsächlich zu; vgl. auch Sten.Ber. des verfassungberathenden Reichstags 1867 S. 443 ff.; über den staatsrechtlichen Werth dieser sog. Rechte s. Laband I S. 285 ff., G. Meyer, Staatsr. § 128 Anm. 6.

Artikel 24.

[1]) Die Legislaturperiode des Reichstages dauert fünf Jahre.[2]) Zur Auflösung des Reichstages während derselben [3]) ist ein Beschluß des Bundesrathes unter Zustimmung des Kaisers [4]) erforderlich.[5])

1) Der erste Satz beruht auf dem RG. v. 19. März 1888, betr. die Abänderung des Art. 24 der Reichsverf. (RGBl. 1888 S 110). Früher war die Legislaturperiode die dreijährige.

2) Die Periode kann vom Tage der Wahl oder vom Tage des ersten Zusammentretens des Reichstags berechnet werden. Erstere Ansicht ist die herrschende (Laband I S. 316 Anm. 1, G. Meyer § 102 S. 261, M. Seydel, Komm. S. 152). Für die letztere spricht, daß der Reichstag erst durch die Einberufung des Kaisers

existent wird. Die Preuß. Staatsregierung berechnet die gleiche Frist des Art. 73 der Preuß. Verf.Urk. vom Tage des Zusammentretens des Abgeordnetenhauses (Staatsanz. 1873 Nr. 299). Die gleiche Ansicht findet sich bei v. Stengel, Preuß. Staatsr. S. 81 und Seydel, Bayer. Staatsr. II S. 196. Die Legislaturperiode dauert, auch wenn der Reichstag in Folge vorheriger Auflösung gewählt war, gleichfalls fünf Jahre.

3) Die Auflösung kann auch erfolgen, wenn der Reichstag nicht versammelt ist. Auch ein noch nicht zusammengetretener Reichstag kann aufgelöst werden, soweit nicht Art. 25 der Reichsverf. entgegensteht.

4) Ein solcher Beschluß erscheint in der Form einer Kaiserlichen nach erfolgter Zustimmung des Bundesraths erlassenen, im Reichsanzeiger bekannt gemachten Verordnung.

5) Die Auflösung hat ipso jure die Schließung des Reichstags zur Folge. Ein nach der Auflösung etwa zusammentretender oder zusammenbleibender Reichstag ist kein Reichstag, sondern stellt eine politische Versammlung, die unter das allgemeine Vereins- und Versammlungsrecht fällt, dar. Auch der Kaiser kann den einmal aufgelösten Reichstag nicht wieder zusammenrufen. Wie oft der Kaiser mit Zustimmung des Bundesraths vom Auflösungsrechte Gebrauch machen will, hängt von deren Ermessen ab.

Artikel 25.

Im Falle der Auflösung des Reichstages müssen innerhalb eines Zeitraumes von 60 Tagen nach derselben die Wähler und innerhalb eines Zeitraumes von 90 Tagen nach der Auflösung der Reichstag versammelt werden.[1])

1) Die Nichtbeobachtung dieser Fristen enthält eine Verfassungsverletzung, an welche rechtliche Wirkungen nicht geknüpft sind. Ein verspätet gewählter oder einberufener Reichstag hat alle Befugnisse des rechtzeitig gewählten und rechtzeitig zusammengetretenen. Auch bei Nichtinnehaltung der Fristen des Art. 25 muß der Reichstag abwarten, wann ihn der Kaiser einberuft. Von selbst darf er nicht zusammentreten. Dagegen geben manche Verfassungen, auch

der Entwurf der Kommission der Preuß. Nationalversammlung, den Abgeordneten das Recht, sich in gewissen Fällen auch ohne Einberufung zu versammeln.

Artikel 26.

Ohne Zustimmung des Reichstages darf die Vertagung[1]) desselben die Frist von 30 Tagen nicht übersteigen und während derselben Session nicht wiederholt werden.[2])

1) Die Vertagung unterscheidet sich von der Auflösung dadurch, daß sie das Mandat des Reichstagsabgeordneten bestehen läßt, und von der Schließung dadurch, daß der alte Reichstag ohne Neukonstituirung nach Ablauf der Frist von selbst, ohne Einberufung, wieder zusammentreten kann. Die parlamentarische Praxis knüpft an die Schließung, nicht aber an die Vertagung die Diskontinuität, d. h. nur die Schließung, nicht die Vertagung bricht die Kontinuität. Diese bedeutet nicht nur, daß es keiner Einberufung oder Neukonstituirung des Reichstags bedarf, sondern daß alle Geschäfte (Anträge, Kommissionsberathungen, Gesetzentwürfe) bei dem Wiederzusammentritt des Reichstags in der Lage aufgenommen und fortgesetzt werden können, wo sie sich befanden.

Im Falle der Schließung oder Auflösung gilt die neue Sitzung nicht als Kontinuation der alten, alle nicht erledigten Geschäfte müssen ganz von Neuem in Antrag gebracht und wieder von Anfang an behandelt werden, widrigenfalls sie beseitigt sind. Ausnahmen von diesem Grundsatze der Diskontinuität können nur im Gesetzeswege gemacht werden; eine solche Ausnahme geschah zu Gunsten der Kommission des Reichstags zur Berathung der Justizgesetze (CPO., StrPO., GVG.) durch G. v. 23. Dez. 1874 (RGBl. 1874 S. 194). Vgl. auch hierzu v. Rönne, Preuß. Staatsr. S. 403 ff., Laband I S. 318, II S. 58, G. Meyer, Lehrb. S. 373, Zorn I S. 423.

2) Von selbst, ohne durch den Kaiser, kann sich der Reichstag weder schließen noch vertagen. Jedoch gilt es in diesem Sinne nicht als Vertagung, wenn die nächste Sitzung z. B. wegen der Feiertage um einige Tage oder Wochen hinausgeschoben wird.

Artikel 27.

Der Reichstag prüft[1]) die Legitimation[2]) seiner Mitglieder und entscheidet[3]) darüber. Er regelt seinen Geschäftsgang und seine Disziplin durch eine Geschäfts-Ordnung[4]) und erwählt seinen Präsidenten, seine Vizepräsidenten und Schriftführer.

1) Nach freiem Ermessen. Es hat sich über viele Fragen eine ständige Praxis herausgebildet.

2) Dem Reichstage steht, da er nur die Legitimation des Gewählten zu prüfen hat, **nicht** das Recht zu, den Gegenkandidaten desjenigen Abgeordneten, dessen Wahl er für ungültig erklärt hat, als Abgeordneten einzuberufen (vgl. hierzu Schreiben des Preuß. Min. des Inn. v. 22. Jan. 1865, Sten.Ber. des Preuß. Abg.H. 1865 S. 48 und Beschl. d. Abg.H. v. 3. Dez. 1879, Sten.Ber. S. 392 bis 403), **Arndt**, Preuß. Verf. Anm. 2 zum gleichlautenden Satz 1 in Art. 78 der Preuß. Verf. Ebenso **Laband**, Reichsstaatsr. I S. 313, **Seydel** in Hirths Ann. 1880 S. 386; and. Ans. v. **Rönne** und **früher** sowohl das Preuß. Abg.H. v. 10. Jan. 1865, wie der Reichstag (1867 Wahl des Dr. Hirsch). Der Reichstag kann nur die Wahl im Ganzen, nicht Theile derselben für gültig oder ungültig erklären; ebenso **Laband** l. c. und **Seydel** l. c. S. 393.

3) Ob die Entscheidung endgültig ist oder ob der Reichstag für gültig anerkannte Wahlen, deren Ungültigkeit sich später evident herausstellt, noch annulliren kann, ist streitig; vgl. hierüber **Arndt**, Preuß. Verf. Anm. 2 zu Art. 78.

4) Vgl. Geschäftsordn. für den Reichstag des Nordd. Bundes v. 12. Juni 1868, mit Abänderungen v. 17. April und 12. Mai 1869, 12. März 1870, 22. Mai 1872 und 9. April 1874. Die Verfassung überläßt es dem Reichstage selbstständig und ohne Einschränkung sich eine Geschäftsordnung zu geben. Daraus muß gefolgert werden, daß dem Reichstage auch das Recht zustehen muß, in seiner Geschäftsordnung vorzuschreiben, ob, wie lange und in welchen Fällen ein Mitglied von der Theilnahme an den Sitzungen ausgeschlossen werden soll. Anderenfalls und zumal, da andere Staaten (Frankreich, England) ihren gesetzgebenden Körperschaften

ähnliche Befugnisse einräumen, hätte die Verfassung keine allgemeine Befugniß zum Erlasse der Geschäftsordnung aufstellen dürfen noch aufzustellen nöthig gehabt.

Artikel 28.

Der Reichstag beschließt nach absoluter Stimmenmehrheit.[1]) Zur Gültigkeit der Beschlußfassung[2]) ist die Anwesenheit der Mehrheit der gesetzlichen Anzahl der Mitglieder[3]) erforderlich.[4])

1) D. i. die Mehrheit der Abstimmenden, nicht der Anwesenden. Anwesende, die sich der Stimme enthalten, werden bei Satz 2, nicht bei Satz 1 des Art. 28 berücksichtigt; Seydel, Komm. S. 156, Präsident v. Simson v. 13. Mai 1872 im Reichstage, Sten.Ber. S. 333; Wahlen für Kommissionen, zu Schriftführern u. s. w. kann der Reichstag mit relativer Mehrheit durch Vorschrift seiner Geschäftsordnung vornehmen lassen.

2) Nicht der Berathung; s. Seydel l. c. und in Hirths Ann. 1880 S. 423, Laband I S. 323.

3) Früher enthielt Art. 28 noch einen zweiten Satz, der die Vorschrift des Schlußsatzes in Art. 7 der Reichsverf. für den Reichstag wiederholte. Dieser Satz, der mit Art. 29, wonach die Reichstagsmitglieder Vertreter des gesammten deutschen Volkes sind, im Widerspruch stand, ist durch G. v. 24. Febr. 1873, betr. die Abänderung des Art. 28 der Reichsverf. (RGBl. 1873 S. 45) gestrichen.

4) Der Reichstag ist daher bei Anwesenheit von 199 Mitgliedern beschlußfähig.

Artikel 29.

Die Mitglieder des Reichstages sind Vertreter des gesammten Volkes[1]) und an Aufträge und Instruktionen nicht gebunden.[2])

1) Sie sind weder Vertreter des Bundesstaates, dem sie angehören, noch ihrer Wähler.

2) Sie stehen insoweit gerade im Gegensatze zu den Bundesrathsmitgliedern. Im rechtlichen Sinne sind sie nicht Vertreter des Volkes, nur im politischen. Sie stimmen nach ihrer persönlichen Ueberzeugung.

Artikel 30.

Kein Mitglied des Reichstages darf zu irgend einer Zeit wegen seiner Abstimmung oder wegen der in Ausübung seines Berufes[1]) gethanen Aeußerungen[2]) gerichtlich oder disziplinarisch verfolgt oder sonst außerhalb der Versammlung zur Verantwortung gezogen werden.[3]) [4])

1) Also bezieht sich die Immunität auch auf die Thätigkeit in den Kommissionen, nicht aber auf die Thätigkeit außerhalb des Reichstags, also nicht auf Wahlversammlungen, Rechenschaftsberichte u. s. w.; auch nicht auf bloß gesprächsweise Mittheilungen (zu vgl. Erk. des Preuß. OTr. v. 13. Okt. 1862, in GA. XIII. 62). Regierungskommissare haben diese Immunität nicht, Oppenhoff, Strafgesetzbuch Komm. zu § 11 Anm. 2, Olshausen S. 80.

2) Aeußerung, gleichviel, ob dieselbe durch Worte, Schrift oder konkludente Handlungen erfolgt, Oppenhoff, Komm. zu § 11 StrGB. Anm. 4, Olshausen S. 81; nicht aber würde sich die Immunität auf Thätlichkeiten, Schießen erstrecken, da diese über den Begriff „Aeußerungen" hinausgehen.

3) Deshalb ist auch eine Kompensation gegen Beleidigungen, die ein Abgeordneter im Berufe gethan hat, unstatthaft; Erk. des RG. v. 5. März 1881, Entsch. in Straff. IV. 14; wohl aber kann die Thatsache, daß ein Abgeordneter in seinem Berufe eine beleidigende Aeußerung gethan hat, behufs Anwendung des § 193 StrGB. auf eine als Erwiderung dienende beleidigende Aeußerung eines Anderen berücksichtigt werden, Erk. des RG. v. 23. Febr. 1882 in der Rechtssprech. in Straff. Bd. 4 S. 183, Olshausen S. 81.

4) Art. 32 entspricht dem § 11 RStrGB. Die Entscheidung des Reichstags betrifft nicht die Frage, ob an sich eine strafbare Handlung vorliegt.

Artikel 31.

Ohne Genehmigung des Reichstages kann kein Mitglied desselben während der Sitzungsperiode[1]) wegen einer mit Strafe bedrohten Handlung zur Untersuchung[2]) gezogen[3]) oder verhaftet[3]) werden, außer wenn es bei Ausübung der That oder im Laufe des nächstfolgenden Tages ergriffen wird.[4])

Gleiche Genehmigung ist bei einer Verhaftung wegen Schulden erforderlich.[5])[6])

Auf Verlangen des Reichstages wird jedes Strafverfahren[7]) gegen ein Mitglied desselben und jede Untersuchungs-[8]) oder Civilhaft für die Dauer der Sitzungsperiode aufgehoben.[9])

1) Also auch nicht während der Vertagung, sondern erst nach Schluß der Sitzung oder Auflösung des Reichstags; Seydel in Hirths Ann. 1880 S. 352 Anm. 11, Laband I S. 332, G. Meyer, Staatsr. § 123 Anm. 13.

2) D. i. auch Haussuchung, auch die Voruntersuchung. Die Vorschrift betrifft dagegen nicht das sog. Vorbereitungsverfahren, wenigstens soweit dieses nicht speziell gegen die Person des Abgeordneten gerichtet ist. Administrative Zwangsmaßregeln fallen gleichfalls nicht hierher, wohl aber Disziplinaruntersuchungen, welche somit gegen Mitglieder des Reichstags während der Sitzung als unstatthaft erscheinen müssen; s. Arndt, Preuß. Verf. S. 142; vgl. auch H. Schulze, Preuß. Staatsr. II § 161, Seydel in Hirths Ann. 1880 S. 352 Anm. 3.

3) Die Genehmigung des Reichstags ist die Vorbedingung, daß die Untersuchung oder Verhaftung vorgenommen werden darf.

4) Ist das Mitglied bei Ausübung der That oder im Laufe des nächstfolgenden Tages ergriffen, so ist die Verhaftung eine definitive und bedarf nicht der in Abs. 2 vorgeschriebenen Genehmigung des Reichstags; Seydel in Hirths Ann. 1880 S. 353 Anm. 2, Laband I S. 334.

5) Vgl. BG. v. 29. Mai 1868, betr. die Aufhebung der Schuldhaft (BGBl. 1868 S. 237) und CPO. § 785 Nr. 1.

6) Ein Recht, Zeugniß über einen im Reichstage zur Sprache gebrachten Gegenstand zu verweigern, ist dem Reichstagsabgeordneten weder in Art. 31, noch in StrPO. §§ 51 bis 55 verliehen worden. (Ebenso v. Stengel, Preuß. Staatsr. S. 84; and. Ans. Fuld in Hirths Ann. 1888 S. 6.) Zur Vernehmung eines Reichstagsabgeordneten während der Sitzungsperiode oder seines Aufenthalts in Berlin außer Berlin in einem Civil- oder Strafverfahren, ist die Genehmigung des Reichstags erforderlich; StrPO. §§ 49, 72, CPO. §§ 347, 367.

7) D. i. nicht das Strafvollstreckungsverfahren. Ein solches kann auch auf Verlangen des Reichstags nicht aufgehoben werden; Laband I S. 332, Seydel in Hirths Ann. 1880 S. 353, G. Meyer, Staatsr. § 105, v. Stengel, Preuß. Staatsr. S. 84, Arndt, Preuß. Verf. S. 143.

8) Nicht Strafhaft; s. Anm. 7.

9) Andererseits ruht die Verjährung, so lange wegen der Vorschrift des Art. 31 die Strafverfolgung nicht begonnen oder nicht fortgesetzt werden kann, G. v. 26. März 1893 (RGBl. 1893 S. 33).

Artikel 32.

Die Mitglieder des Reichstages dürfen als solche keine Besoldung oder Entschädigung beziehen.

1) Die Vorschrift des Art. 32 ist eine lex imperfecta, da das darin enthaltene Verbot nicht durch ein Strafgesetz verstärkt ist, so auch Fürst Bismarck im verfassungberathenden Reichstage 1867 (Sten.Ber. S. 727), auch an die Verletzung sich nicht der Verlust des Mandates knüpft. Jedoch ist das Verbot ebenso civilrechtlich wirksam wie jedes andere Verbotgesetz. Daher kann das dem Verbote des Art. 32 zuwider Gezahlte vom Empfänger im Geltungsgebiete des ALR. gemäß der Vorschrift in Thl. I Tit. 16 § 173 vom Fiskus kondizirt werden. S. hierzu Entsch. des RG. v. 25. Nov. 1886, Entsch. in Civils. Bd. 16 S. 89 f. und Fuchs im Arch. f. öff. Recht II S. 123 ff.

Selbstverständlich enthält Art. 32 das verfassungsmäßige Verbot an das Reich und die Bundesstaaten, den Reichstagsabgeordneten irgend welche Leistungen zu gewähren. Jedoch gewährt ihnen das Reich (durch Vergütung an die Eisenbahnen) freie Hin- und Rückfahrt von ihrem Wohnorte nach Berlin (Sten.Ber. des Reichst. 1884/85 S. 176, S. 434 ff.).

VI. Zoll- und Handelswesen.

Dieser Abschnitt hat die Zoll- und Handelseinheit zu seinem hauptsächlichsten Gegenstande. Darunter versteht man:

1) Daß die Waaren eines Bundesstaates in jedem anderen bezüglich der Verzollung und Besteuerung wie einheimische gelten (Reichsverf. Art. 33 Abs. 2);

2) Daß demgemäß Binnenzölle sowohl eines Bundesstaates wie der Gemeinden ausgeschlossen sind (Vereinszollges. v. 1. Juli 1869, BGBl. 1869 S. 317, § 8 Abs. 1);

3) Daß ausländische, d. h. aus dem Zollauslande kommende Waaren in allen Bundesstaaten der nämlichen (Reichs-) Abgabe unterliegen, und daß umgekehrt die Bedingungen für die Ausfuhr zollinländischer Waaren, aus welchem Bundesstaate sie auch sein mögen, die gleichen sein müssen.

Im Interesse einer Zoll- und Handelseinheit liegt es, daß die Abgaben nicht bloß von den ausländischen, sondern auch von den inländischen Konsumartikeln möglichst gleich sind. Daraus erklärt sich, daß in den Abschnitt VI die Vorschrift gestellt ist, wonach die Besteuerung des im Reichsgebiete gewonnenen Salzes, Tabaks, Bieres, Branntweins und Zuckers einheitlich sein und dem Reiche ausschließlich zustehen soll (Reichverf. Art. 35 Abs. 1). In diesem Interesse liegt es sodann, daß die freie Verfügung der Bundesstaaten wie der Gemeinden bezüglich der Besteuerung von Gebrauchsgegenständen beschränkt ist (Art. 2 bis 7 des Zollvereinigungsvertr. v. 8. Juli 1867).

Ferner bedingt es die Zoll- und Handelseinheit, daß Chaussee- und Brückengelder, sowie ähnliche Abgaben in allen Bundesstaaten gleichmäßig und möglichst niedrig normirt werden (Zollvereinigungsvertr. v. 8. Juli 1867 Art. 22).

Endlich folgt aus diesem Prinzip, daß die Organisation der Verwaltung für die Zölle und die Verbrauchssteuern nach gleichen Grundsätzen in allen Bundesstaaten geregelt ist (Art. 19 des Zollvereinigungsvertr.), daß eine Ueberwachung der Erhebung und Verwaltung der Zölle und gemeinschaftlichen Verbrauchssteuern von Reichswegen stattfindet (Art. 36 der Reichsverf.), und daß die gleichen Normen über Bestrafung und Verfolgung der Vergehen gegen die Zoll- und Steuergesetze gelten (s. u. A. Vereinszollges. v. 1. Juli 1869 §§ 134 ff.).

Diese Zoll- und Handelseinheit hat nicht erst im Norddeutschen Bund, sondern für den größten Theil des Deutschen Reichs bereits seit dem 1. Jan. 1834 bestanden, an welchem Tage der Deutsche Zollverein ins Leben trat. Zwar stellte dieser juristisch nur ein völker- und vertragsrechtliches, kündbares, kein staatsrechtliches, festes Verhältniß dar; in Wirklichkeit, d. h. in Anbetracht der zwingenden wirthschaftlichen Interessen war der Austritt eines Vereinsstaates aus dem Zollvereine eine absolute Unmöglichkeit. Dies zeigte sich offensichtlich, als Preußen im Jahre 1862, hauptsächlich um den Zollanschluß Oesterreichs an den Zollverein zu verhindern, auf Grundlage der Meistbegünstigung mit Frankreich einen (für die eigenen und die deutschen wirthschaftlichen Interessen kaum nützlichen) Handelsvertrag abschloß und die übrigen Zollvereinsstaaten vor die Alternative stellte: entweder kein Zollverein oder französischer Handelsvertrag. Trotz mancher politischen Bedenken, trotz der für die deutsche Industrie und Weinproduktion vorauszusehenden Schädigungen, trotz Preußen- und Bismarckhasses blieb den Vereinsstaaten mit Einschluß Bayerns — um den eigenen wirthschaftlichen und finanziellen Ruin zu vermeiden — nichts Anderes übrig, als den französischen Handelsvertrag anzunehmen (1865).

Die Entstehung des Deutschen Zollvereins ist in der neueren und neuesten Litteratur wohl nicht richtig aufgefaßt. Sie ist so zu verstehen, daß der Zollverein zwar im inneren Verkehr die Handelseinheit, im äußeren dagegen den Schutz der nationalen Arbeit bedeutete, weshalb die Staaten mit freihändlerischen Interessen, Hannover, Oldenburg, Holstein, Mecklenburg und die Hansestädte, ihm lange ferngeblieben sind. Zölle gab es schon im Mittelalter; sie wurden erhoben, ohne Rücksicht darauf, ob deutsche oder fremde Waaren an der Zollstätte vorbeikamen. Sie waren keine Grenzzölle, das gerade Gegentheil von Schutzzöllen. Im 17. und 18. Jahrhundert suchten einzelne Staaten (Brandenburg, Sachsen) durch Einfuhrverbote auf Manufakturwaaren, Ausfuhrverbote auf Rohprodukte eine heimische Industrie zu schaffen. Es fehlte aber eine Grenzbewachung.

Zum wirthschaftlichen Segen für Deutschland erließ Napoleon I. die Kontinentalsperre gegen das den Welthandel und die Industrie beherrschende England. Unter dem Schutze dieser Maßnahme entwickelte sich, zumal im Westen und Süden Deutschlands, eine blühende Industrie. Diese suchten die Engländer nach 1815 durch Waarenverschleuderung „in ihren Windeln zu erdrosseln" (Worte Lord Broughams). Zwar blieben auch nach Aufhebung der

Kontinentalsperre die Einfuhrverbote im Osten Preußens bestehen; doch waren sie wegen des Schmuggels (der fehlenden Grenzbewachung) und der gegen 6⅔ oder 8⅓ Prozent vom Werthe ertheilten Einfuhrlizenzen fast wirkungslos, während der ganze Westen ohne Schutz war. In den Jahren 1816 und 1817 brach die deutsche Industrie, von der englischen erdrückt, gänzlich zusammen. Auf das Drängen des Westens berief König Friedrich Wilhelm III. eine Konferenz 1817 zusammen. Auf dieser schwankte man zwischen dem vollständigen Verbot fremder Einfuhr und (zwar freier Einfuhr, aber hinreichenden) Schutzzöllen. Der König entschied sich für letztere (Hoffmann, Maaßen). Es kam das Gesetz, betreffend den Zoll und die Verbrauchssteuer von ausländischen Waaren, sowie den Verkehr zwischen den Provinzen des Staates v. 26. Mai 1818 (G. S. 65). Dieses bestimmte § 16: „Der Verkehr im Innern soll frei sein und keine Beschränkung zwischen den verschiedenen Provinzen und Landestheilen des Staates künftig bestehen." § 17: „Alle Staats-, Kommunal- und Privat-Binnenzölle — fallen daher weg —." Dagegen führte dieses Gesetz Grenzzölle und Grenzbewachung ein. Es schrieb nach dem Gewichte bemessene Schutzzölle von fast allen Einfuhrartikeln vor, die angeblich (und vielleicht ursprünglich) auf 10 Prozent des Werthes bemessen sein sollten, in Wirklichkeit aber durchschnittlich 40 Prozent des Werthes darstellten. Dieses Gesetz, kein Schritt zum Freihandel, sondern der Schritt zum Schutzzoll, hob die preußische Produktion in erstaunlichster Weise, schädigte aber ebensosehr die außerpreußische, und zwar die englische weit weniger als die deutsche. Denn viele englische (Qualitäts-) Waaren ertrugen einen Einfuhrzoll von 40 Prozent, die gröberen deutschen Waaren, namentlich die landwirthschaftlichen Produkte, ertrugen ihn nicht. Dazu kam, daß Preußen den Zoll auch von allen nur durchgehenden (Transit-) Waaren erhob, und zwar so oft, wie diese Waaren die preußische Zollgrenze erreichten, also z. B. von allen Waaren, die über Preußen nach Sachsen oder von Sachsen über Preußen gingen. Hierdurch erregte Preußen einen sehr erklärlichen Sturm der Entrüstung in ganz Deutschland. Allseitig wurde der Bundestag angerufen, um auf Grund des Art. 19 der Bundesakte gegen Preußen zu interveniren. Preußen blieb fest, indem es den

Bund für unzuständig erklärte. Dadurch zwang Preußen ebenso wirksam, wie 1866 durch Kanonen und Zündnadeln, die übrigen deutschen Staaten, sich ihm wirthschaftlich anzugliedern. Ebenso aber wie 1866 wurde Preußen von dem gerade in Süddeutschland lebendigen Gedanken unterstützt, daß Deutschland, um wirthschaftlich lebensfähig zu sein, eine wirthschaftliche Einheit bilden müsse. Nach dieser Richtung hin haben der badische Minister Nebenius und vor Allem der große Prophet, Volkswirth und Agitator Friedrich List die höchsten Verdienste. Nachdem einzelne Staaten (beide Schwarzburg, Sachsen-Weimar, Lippe-Detmold, Mecklenburg-Schwerin, Anhalt-Bernburg und Oldenburg) für ihre von preußischem Gebiet eingeschlossenen Landestheile, sodann 1828 Anhalt-Köthen und Anhalt sich an das preußische Zollgebiet angeschlossen hatten, schlossen 1828 das Großherzogthum Hessen, 1831 das Kurfürstenthum Hessen Zollvereinsverträge mit Preußen ab, denen am 22. März 1833 der Verein mit dem bayerisch-württembergischen Zollverein folgte. Am 30. März 1833 trat Sachsen, am 11. Mai 1833 der unter den thüringischen Staaten gebildete Zoll- und Handelsverein, 1835 Baden und Nassau, 1836 Frankfurt, 1841 Lippe und Braunschweig, 1842 Luxemburg bei. Der Steuerverein (Hannover und Oldenburg) schloß sich mit dem Jahre 1854 an. Schleswig-Holstein-Lauenburg, beide Mecklenburg und Lübeck traten mit oder bald nach dem Norddeutschen Bunde dem Zollvereine bei. Wegen der übrig gebliebenen Hansestädte Hamburg und Bremen s. zu Art. 34 der Reichsverf.

Es bestanden im Zollvereine übereinstimmende Gesetze über Ein-, Durch- und Ausfuhr-Zölle und Verbote, seit 1841 auch über die Rübenzuckersteuer, für die Bestrafung und die Strafverfolgung der Zoll- und Steuervergehen galten gleiche Grundsätze, die Verwaltung war gleichmäßig organisirt, der Ertrag der Zölle und Zuckersteuer wurde — abgesehen von Präzipuen — nach dem Maßstabe der Bevölkerung vertheilt. Zur Aufrechterhaltung der Gleichmäßigkeit trat alljährlich eine Generalzollkonferenz zusammen, die hauptsächlich über die Erledigung der bei Ausführung der Verträge hervortretenden Mängel und Beschwerden, über Abänderungen in den gesetzlichen Bestimmungen und Verwaltungsvorschriften zu beschließen hatte.

Ueber den Zollvereinigungsvertr. v. 8. Juli 1867 s. zu und hinter Art. 40 der Reichsverf.

Artikel 33.

Deutschland bildet ein Zoll- und Handelsgebiet,[1]) umgeben von gemeinschaftlicher Zollgrenze. Ausgeschlossen bleiben die wegen ihrer Lage zur Einschließung in die Zollgrenze nicht geeigneten einzelnen Gebietstheile.[2])

Alle Gegenstände, welche im freien Verkehr eines Bundesstaates befindlich sind, können in jeden anderen Bundesstaat eingeführt und dürfen in letzterem einer Abgabe nur insoweit unterworfen werden, als daselbst gleichartige inländische Erzeugnisse einer inneren Steuer unterliegen.[3])

1) Diese Vorschrift, die sich seit G. v. 17. Juli 1871 (RGBl. 1871 S. 325) auf Elsaß-Lothringen miterstreckt, Helgoland dagegen nicht miteinfaßt — s. oben Anm. 6 zu Art. 1 der Reichsverf. — bedeutet, daß nur, soweit die Verfassung selbst Ausnahmen gestattet, Gebietstheile des Deutschen Reichs aus der Zoll- und Handelsgemeinschaft ausgeschlossen sein dürfen und daß auf Grund der Verfassung, nicht mehr auf Grund des etwa fortbestehenden Zollvereins, die Zoll- und Handelseinheit zwischen den Deutschen Bundesstaaten besteht. Ebenso Delbrück Art. 40 S. 9, Seydel, Bayerisches Staatsr. IV S. 276, Laband II S. 892 Anm. 3. Das Fortbestehen des Zollvereins neben der Reichsverfassung hatte Fürst Bismarck 1881 behauptet. Das Deutsche Zoll- und Handelsgebiet umfaßt mindestens bis zum 31. Dezember 1912 das Großherzogthum Luxemburg, das „dem Zollsystem des Königreichs Preußen und der mit diesem zu einem Zollverein verbündeten Staaten" durch Vertr. v. 8. Februar 1842 beigetreten war, wiederholt durch Vertr. v. 20./25. Okt. 1865. Die Fortdauer des Vertrages ist anerkannt in der Uebereinkunft wegen der der Deutschen Verwaltung unterstellten Wilhelm-Luxemburgischen Eisenbahnen v. 11. Juni 1872 (RGBl. 1872 S. 337) § 14; angeschlossen ist ferner, als dem bayerischen Zollsystem zugehörig, die Tyroler Gemeinde Jungholz. Seit der Reichsverfassung können Zollanschlüsse nur

vom Reiche genehmigt werden; s. Hänel, Staatsr. S. 676. Ein solcher Anschluß ist rücksichtlich der österreichischen Gemeinde Mittelberg erfolgt durch Vertr. v. 2. Dezember 1890.

2) Nur wegen der geographischen Lage können Ausnahmen von der Zoll- und Handelseinheit zugelassen werden (Hänel, Staatsr. S. 675). Die Ausschlüsse beruhen auf Art. 6 des Zollvereinigungsvertr. v. 8. Juli 1867, unten zu Art. 40. Neue Ausschlüsse sind unstatthaft. Die alten können vom Bundesrath aufgehoben werden; s. unten Art. 6 des gen. Vertr.; und zwar auch gegen den Widerspruch des betr. Staates, vgl. Delbrück Art. 40 S. 46, Arndt, Verordnungsr. S. 98. Nur die Freihafenstellung Bremens und Hamburgs (Art. 34) begründete für diese das Recht, daß nicht ohne ihren Willen der Zollanschluß ihrer Gebiete an das Reich erfolgen dürfte; vgl. auch Fürst Bismarck, Sten.Ber. des Reichst. 1880 S. 1269 ff., Laband II S. 901.

3) Der in Abs. 2 aufgestellte Grundsatz findet seine nähere Ausführung und zugleich gewisse Beschränkungen in den Vorschriften des Zollvereinigungsvertr. v. 8. Juli 1867. Im freien Verkehr stehen zollpflichtige Gegenstände nach Berichtigung des Zolles, steuerpflichtige, nach erfolgter Bezahlung der Steuer an das Reich.

Eine nicht wirkliche, nur scheinbare Ausnahme bildet die sog. Uebergangsabgabe bei Bier. In Bezug auf Bier sind die süddeutschen Staaten Ausland; s. Art. 35 Abs. 2. Die Abgabe ist lediglich Aequivalent für die in der Brausteuergemeinschaft erhobene Brausteuerabgabe; vgl. auch Art. 5 II des Zollvereinigungsvertr. v. 8. Juli 1867.

Artikel 34.

Die Hansestädte Bremen und Hamburg mit einem dem Zweck entsprechenden Bezirke ihres oder des umliegenden Gebietes bleiben als Freihäfen außerhalb der gemeinschaftlichen Zollgrenze, bis sie ihren Einschluß in dieselbe beantragen.

Dieser Artikel giebt den Städten Bremen und Hamburg ein Sonderrecht im Sinne des Art. 78 Abs. 2 der Reichsverf.; Fürst Bismarck, Sten.Ber. des Reichst. 1880 S. 1269, Deldrück Art. 40 S. 46. Im Wesentlichen haben dieselben auf ihre Sonderstellung verzichtet. Die Ausführung des Eintritts Bremens in das Deutsche Zollgebiet erfolgte gemäß dem G. v. 31. März 1885 (RGBl. 1885 S. 79), derjenige Hamburgs gemäß dem G. v. 16. Febr. 1882 (RGBl. 1882 S. 39). Ausgeschlossen vom Zollgebiete sind jetzt nur noch das Freihafengebiet zu Hamburg, die Hafenanlage zu Cuxhafen, ferner die Hafenanlagen in Bremerhaven mit den angrenzenden Petroleumlagerplätzen. Die Gesetze waren nur wegen der vom Reiche gewährten Beiträge zu den Kosten der Zollanschlüsse nöthig. An sich konnte und kann wegen der übriggebliebenen Zollausschlüsse der Bundesrath mit Zustimmung der betheiligten Staaten den Anschluß an das Deutsche Zollgebiet rechtswirksam beschließen.

Artikel 35.

Das Reich ausschließlich hat die Gesetzgebung [1]) über das gesammte Zollwesen,[2]) über die Besteuerung des im Bundesgebiete gewonnenen Salzes [3]) und Tabacks,[4]) bereiteten Branntweins [5]) und Bieres [6]) und aus Rüben oder anderen inländischen Erzeugnissen dargestellten Zuckers [7]) und Syrups,[7]) über den gegenseitigen Schutz der in den einzelnen Bundesstaaten erhobenen Verbrauchsabgaben gegen Hinterziehungen, sowie über die Maßregeln, welche in den Zollausschlüssen zur Sicherung der gemeinsamen Zollgrenze erforderlich sind.[8])

In Bayern, Württemberg und Baden bleibt die Besteuerung des inländischen Branntweins [9]) und Bieres [10]) der Landesgesetzgebung vorbehalten.[10]) Die Bundesstaaten werden jedoch ihr Bestreben darauf richten, eine Uebereinstimmung der Gesetzgebung über die Besteuerung auch dieser Gegenstände herbeizuführen.[11])

1) Die Gesetzgebung über die in Art. 35 bezeichneten Gegenstände, rücksichtlich deren dem Kaiser gemäß Art. 5 Abs. 2 das Veto zusteht, schließt aus, daß die Bundesstaaten von denselben unter irgend welchem Namen aus eigenem Rechte Abgaben erheben, z. B.

vom Salz die Bergwerksabgabe. Die Gesetzgebung umfaßt das Recht, Verordnungen (Verwaltungsvorschriften) zu erlassen, in sich. Arndt in Hirths Ann. 1895 S. 181 ff., Verordnungsr. S. 92 Anm. 92; ebenso Hänel, Staatsr. § 115 S. 677 a. a. O.; and. Ans. Laband § 120 S. 929.

2) In materieller Hinsicht ist das Zollwesen geregelt durch die Zolltarife und die Handelsverträge. Erstere, durch Reichsgesetze festgestellt, schreiben vor, ob und welche Eingangszölle und wie (nach Gewicht, Stück) sie zu erheben sind. Ausfuhrzölle (der letzte zum Schutze der Papierindustrie auf Lumpen) bestehen nicht mehr. Durchfuhrzölle werden nicht erhoben, doch muß das Transitgut unter Verschluß gehen. Die Zolltarifgesetze ergingen meist nach schweren Kämpfen. Besonders wichtig, weil in die alten, durch den französischen Handelsvertr. von 1862/5 verlassenen Bahnen zurücklenkend war der Tarif v. 15. Juli 1879 (RGBl. 1879 S. 212). Das dazu erlassene G., betr. den Zolltarif des Deutschen Zollgebiets und den Ertrag der Zölle und Tabaksteuer vom gleichen Tage (RGBl. 1879 S. 207) gilt noch. Aus demselben ist besonders wichtig die sog. Klausel Franckenstein, unten zu Art. 69 der Reichsverf., ferner § 6 (Retorsionszoll), wonach Waaren, welche aus Staaten herkommen, welche deutsche Schiffe oder Waaren deutscher Herkunft ungünstiger behandeln, als diejenigen anderer Staaten, soweit nicht Vertragsbestimmungen entgegenstehen, durch eine unter Zustimmung des Bundesraths erfolgte Kaiserliche Verordnung mit einem Zuschlage bis zu 50% der tarifmäßigen Eingangsabgabe belegt werden können. Eine solche Verordnung ist außer Kraft zu setzen, wenn ihr der Reichstag nicht zustimmt. Der Tarif v. 15. Juli 1879 ist mehrfach abgeändert. Gemäß G. v. 22. Mai 1885 (RGBl. 1885 S. 93) erfolgte die Neuredaktion des Tarifs und dessen Bekanntmachung am 24. Mai 1885 (RGBl. 1885 S. 111). Dieser Tarif erfuhr eine Aenderung durch G. v. 21. Dez. 1887 (RGBl. 1887 S. 533) [Erhöhung der Getreidezölle!] und G. v. 14. April 1894 (RGBl. 1894 S. 335).

Modifizirt werden die Zolltarifsätze durch die Zoll- und Handelsverträge. Diese können bestimmen, daß die Staaten die Tarife binden, d. h. sich vertragsmäßig verpflichten, keine Erhöhung eintreten zu lassen, daß einzelne Tarifsätze im Verkehr mit dem Vertragsstaate ermäßigt werden (Getreidezölle gegenüber Oesterreich und Rußland), und daß sich die Vertragschließenden die Meistbegünstigung (z. B. in Art. 11 des Frankfurter Friedens zwischen dem Deutschen Reiche und Frankreich) einräumen, d. h. jede Begünstigung (namentlich Zollermäßigung), die sie irgend Jemandem gewähren, auch dem Meistbegünstigten einräumen.

Man nennt einen Tarif einen autonomen, wenn der Staat weder die Bindung noch die Abänderung desselben einem anderen Staate verspricht, sich mithin bezüglich jeder Aenderung freie Hand bewahrt.

Besonders wichtig für das Zollwesen ist das Vereinszollges. v. 1. Juli 1869 (BGBl. 1869 S. 317), erlassen auf Grund Art. 7 des Zollvereinigungsvertr. v. 8. Juli 1867, eingeführt in Elsaß-Lothringen durch G. v. 17. Juli 1871 (RGBl. 1871 S. 37), der Form nach kein Reichs-, sondern ein Zollvereinsges., das in 167 Paragraphen hauptsächlich den Zollverkehr mit dem Auslande, im Inneren des Vereinsgebietes, die Erhebung des Zolles, die Beaufsichtigung und Erhebung des Zolles, die Waaren-Ein-, Aus- und Durchfuhr, den Waarenverschluß, die Niederlage unverzollter Waaren, die Kontrolen in den Grenzbezirken und im Binnenlande, Haussuchungen, die Strafen für Zolldefraude und Kontrebande regelt.

Weitere für das Zollwesen wichtige Vorschriften s. unten zu Art. 40 der Reichsverf.

3) Zur Salzsteuer (Arndt in der Zeitschr. f. Bergrecht Bd. 24 S. 39). Von dem aus dem Zollauslande eingehenden Salz erhebt das Reich eine Eingangsabgabe von 12 Mark auf 100 Kilo, wenn das Salz seewärts, und von 12 Mark 80 Pfennig, wenn es landwärts eingeht, Zolltarif unter Nr. 25 (RGBl. 1885 S. 143).

Im Zollinlande d. i. im ganzen Deutschen Reiche mit Ausnahme der Zollausschlüsse gewonnenes Salz wird zu Gunsten der Reichskasse durch das im ganzen Reiche eingeführte G. betr. die Erhebung einer Abgabe von Salz v. 12. Okt. 1867 (BGBl. 1867 S. 41), das auf der Uebereinkunft der Zollvereinsstaaten v. 8. Mai 1867 (BGBl. 1867 S. 49) beruhte, einer Verbrauchsabgabe unterworfen. Nur das zum menschlichen Genuß im Zollinlande bestimmte Salz unterliegt dieser Abgabe. Daher sind von derselben (unter größerer oder geringerer Kontrole der Steuerbehörden) das unter Steuerverschluß ins Ausland ausgeführte Salz, ferner das zur Viehfütterung und zu gewerblichen Zwecken (z. B. Sodafabrikation, nicht zur Bereitung von Lebens- oder Genußmitteln) bestimmte Salz frei. In den beiden letzten Fällen ist zur Befreiung von der Steuer die zuvorige Denaturirung d. h. die Unbrauchbarmachung für den menschlichen Genuß nothwendig. Besteuert wird nur Chlornatrium (Kochsalz), nicht sog. Abraumsalze wie Kali, Magnesiasalze u. s. w. Nach dem Bundesrathsbeschluß v. 6. Juli 1878 (RCBl. 1878 S. 435) können daher von den obersten Landesfinanzbehörden Abraumsalze, wenn ihr Gehalt an Kochsalz 36 pCt. nicht übersteigt, ohne Kontrole, aber vermahlen, wenn ihr Gehalt an Kochsalz zwischen 36 und 75 pCt. beträgt, unter Kontrole abgabenfrei gelassen werden. Alles Salz mit mehr als 25 pCt. Kochsalz muß, um steuerfrei zu bleiben, denaturirt werden.

Die landesgesetzlichen Bergwerkssteuern, die sog. Regalitätsabgaben und die sog. Aufsichtssteuer, dürfen vom Salz nicht erhoben werden. Wo das Salz wie in Sondershausen, Baden dem Staate ausschließlich vorbehalten ist, kann der Staat von Privaten, denen er die Gewinnung von Salz überläßt, für diese Ueberlassung eine Entschädigung nehmen. Ebenso können die Grundbesitzer, wenn ihnen wie in der Provinz Hannover das Salz gehört, für die Ueberlassung des Salzgewinnungsrechts Entschädigung nehmen.

4) Tabak. Der im Inlande gewonnene wird besteuert nach dem G. v. 16. Juli 1879 (RGBl. 1879 S. 245), das in mehreren Hinsichten durch G. v. 5. April 1885 (RGBl. 1885 S. 83) abgeändert ist. Die Tabaksteuer ist regelmäßig eine Gewichtssteuer; sie beträgt für 100 Kilogramm Tabak im fermentirten oder getrockneten fabrikationsreifen Zustande 45 Mark. Nur für Tabakpflanzungen auf Grundstücken von weniger als 4 Ar Flächeninhalt tritt die Flächenraumsteuer ein mit 4,5 Pfennig für jeden Quadratmeter. Vom Auslande eingeführter Rohtabak trägt einen Schutzzoll von 85, Zigarren einen solchen von 270 und andere Tabakfabrikate von 180 Mark für je 100 Kilogramm.

5) Die Branntweinsteuer, früher regelmäßig in der Form einer Raumsteuer (Maischbottichsteuer), ausnahmsweise (bei Kernfrüchten) als Rohmaterialsteuer erhoben, unterliegt jetzt dem G. v. 24. Juni 1887 (RGBl. 1887 S. 253), das theilweise geändert ist

durch die G. v. 7. April 1889 (RGBl. 1889 S. 149) und v. 8. Juni 1891 (RGBl. 1891 S. 338). Diese Gesetze gelten außer in Luxemburg jetzt in der ganzen Zollgemeinschaft, auch in den süddeutschen Staaten. Die Branntweinsteuer ist jetzt hauptsächlich Verbrauchsabgabe. Ins Ausland ausgeführter und der zu gewerblichen Zwecken nach zuvoriger Denaturirung verwandte Branntwein ist abgabenfrei. Die Verbrauchsabgabe ist verschieden, theils 50, theils 70 Pfennig für das Liter reinen Alkohols. Der geringere Satz gilt für eine Jahresmenge, die in Norddeutschland (ehemalige Branntweinsteuergemeinschaft) für den Kopf der bei der jedesmaligen letzten Volkszählung ermittelten Bevölkerung 4,5 Liter, in den süddeutschen Staaten 3 Liter reinen Alkohols beträgt. Die Jahresmenge Branntwein, die zu dem niedrigen Satze zu besteuern ist, ist auf die einzelnen, am 1. April 1887 bereits vorhandenen Brennereien nach dem Verhältniß ihres Betriebes vertheilt. In gleicher Weise ist von drei zu drei Jahren zu verfahren. Neu entstandene gewerbliche (s. w. u.) Brennereien nehmen an der zum niedrigeren Steuersatze heranzuziehenden Jahresmenge keinen Theil.

Bei landwirthschaftlichen Brennereien, d. h. die Getreide oder Kartoffeln verarbeitenden, wenn sie die sämmtlichen Rückstände und den Dung in der eigenen Wirthschaft verwenden, ferner die, welche Melasse, Rüben oder Rübensaft verarbeiten, wird neben der Verbrauchsabgabe eine Raumsteuer (Maischbottichsteuer) erhoben, welche 1,31 Mark für jedes Hektoliter des Rauminhalts der Maischbottiche und für jede Einmaischung beträgt. Kleine landwirthschaftliche Brennereien haben Ermäßigungen bis zu 40 Prozent.

In Brennereien, welche den Branntwein aus nicht mehligen Stoffen, also namentlich nicht aus Kartoffeln, Getreide, sondern von Obst, Weintrauben und dergl. herstellen, wird statt der Raumsteuer eine Materialsteuer erhoben, die 0,35 bis 0,85 Mark vom Hektoliter der verwendeten Stoffe beträgt.

An Stelle der Maischbottich- und Materialsteuer tritt ein Zuschlag zur Verbrauchsabgabe von 20 Pf. für das Liter reinen Alkohols bei den gewerblichen, d. i. nicht landwirthschaftlichen (s. oben) Brennereien.

Vom Zollauslande eingehender Branntwein unterliegt einem Zolle von 180 Mark für 100 Kilogramm reinen Alkohols und von

125 Mark für 100 Kilogramm Arrak, Kognak oder Rum; von Luxemburg eingeführter Branntwein unterliegt einer Uebergangsabgabe, die der Steuer von heimischem Branntwein gleichkommen soll.

Der Jahresertrag der Branntweinsteuer ist nicht nach dem sehr verschiedenen Konsum (im Norden stärker als im Süden), sondern nach Maßgabe der Bevölkerung (nach dem Maßstabe der Matrikularbeiträge) unter die einzelnen Staaten zu vertheilen.

6) Die Brausteuer, geregelt durch G. v. 31. Mai 1872 (RGBl. 1872 S. 153), ist eine Rohmaterialsteuer; sie wird von dem verwandten Malz oder dem Malzsurrogat entrichtet und beträgt für je 100 Kilogramm Malz (d. i. künstlich zum Keimen gebrachtes Getreide), ferner von Reis und grüner Stärke 4, von Stärke, Stärkemehl, Dextrin und Syrup 6, von Zucker und allen anderen Malzsurrogaten 8 Mark. Der Hausbräu ist frei. Diese Brausteuer gilt nur für die Brausteuergemeinschaft, nicht also für die süddeutschen Staaten und Elsaß-Lothringen.

Bier, von dort in die Brausteuergemeinschaft eingeführt, unterliegt der Uebergangsabgabe, die nach Maßgabe der Besteuerung in der Brausteuergemeinschaft vom Bundesrath zu bemessen ist.

Da auch die Brausteuer wie die Branntweinsteuer nur den inländischen Konsum treffen soll, so wird die Steuer nach den vom Bundesrath zu bemessenden Sätzen bei der Ausfuhr von Branntwein und Bier zurückvergütet.

Vom zollausländischen Bier wird ein Eingangszoll in Höhe von 4 Mark von 100 Kilogramm erhoben.

Die süddeutschen Biersteuern sind ungefähr doppelt so hoch. Die Erhebungsform ist verschieden. In Bayern sind Malzsurrogate verboten.

7) Die Zuckersteuer, früher eine Rohmaterialsteuer, d. i. eine von den zur Zuckerbereitung verwendeten gedörrten Rüben, ist seit dem G. v. 31. Mai 1891 (RGBl. 1891 S. 295) eine Verbrauchsabgabe, die zu zahlen ist, sobald Zucker in den freien Verkehr tritt. Sie beträgt 18 Mark für 100 Kilogramm Nettogewicht. Unter Zollkontrole ausgeführter Zucker ist steuerfrei. Bis zum Schlusse des Jahres 1896 wird bei der Ausfuhr von Zucker eine Prämie gewährt. Der Zoll, den ausländischer Zucker zu tragen hat, ist doppelt

so hoch, wie die inländische Verbrauchsabgabe. Die Aenderung der Zuckersteuer steht bevor.

8) G., betr. die Sicherung der Zollvereinsgrenze in den vom Zollgebiete ausgeschlossenen Hamburgischen Gebietstheilen, v. 1. Juli 1869 (BGBl. 1869 S. 370) und G., betr. die Sicherung der gemeinschaftlichen Zollgrenze in den vom Zollgebiete ausgeschlossenen Bremischen Gebietstheilen, v. 28. Juni 1879 (RGBl. 1879 S. 159), welche beide Gesetze noch jetzt in Gültigkeit stehen.

9) Der Vorbehalt des Branntweins ist fortgefallen; s. das in Anm. 5 angezogene G. v. 24. Juni 1887, betr. die Besteuerung des Branntweins (RGBl. 1887 S. 253) und V. v. 9. Sept. 1887 (RGBl. 1887 S. 485), welche für Baden, V. v. 25. Sept. 1887 (RGBl. 1887 S. 489), welche für Württemberg, und V. v. 27. Sept. 1887 (RGBl. 1887 S. 491), welche für Bayern das Reservatrecht bezüglich der Branntweinbesteuerung aufheben.

10) Diese Vorschrift, die ein Sonderrecht im Sinne des Art. 78 Abs. 2 der Verf. darstellt, schließt nicht nur das Reich von jeder Theilnahme an den Erträgen aus, welche Bayern, Württemberg und Baden vom Bier beziehen, sondern auch von der gesetzlichen Regelung der Biersteuer in Süddeutschland; s. auch Hänel, Staatsr. S. 404.

11) Dieser zweite Satz ist nach Hänels (S. 404) treffender Bemerkung nur ein leitender legislatorischer Gesichtspunkt ohne bindende Gesetzeskraft. Eine Beschränkung des Besteuerungsrechts, das den süddeutschen Staaten bezüglich des Bieres geblieben ist, liegt jedoch in Art. 5 des Zollvereinigungsvertr. v. 8. Juli 1867 (unten § 40 der Reichsverf.).

Artikel 36.

Die Erhebung und Verwaltung der Zölle und Verbrauchssteuern (Art. 35.) bleibt jedem Bundesstaate,[1]) soweit derselbe sie bisher ausgeübt hat,[2]) innerhalb seines Gebietes überlassen.[3])

Der Kaiser[4]) überwacht die Einhaltung des gesetzlichen Verfahrens durch Reichsbeamte,[5]) welche er den Zoll- oder

Steuerämtern und den Direktivbehörden der einzelnen Staaten, nach Vernehmung des Ausschusses des Bundesrathes für Zoll- und Steuerwesen, beiordnet.

Die von diesen Beamten über Mängel bei der Ausführung der gemeinschaftlichen Gesetzgebung (Art. 35.) gemachten Anzeigen werden dem Bundesrathe zur Beschlußnahme[6]) vorgelegt.[7])

1) Wie schon zur Zeit des Zollvereins sollen die Bundesstaaten — zwar nach gleichen Grundsätzen und unter Kontrole (jetzt des Reiches; s. Abs. 2) – die Zölle und gemeinschaftlichen Verbrauchssteuern zunächst in ihre Kasse vereinnahmen. Dieselben werden also Eigenthum des sie vereinnahmenden Staates. Dieser haftet dem Reiche aber dafür, z. B. im Falle von Veruntreuungen. Ein jus statuendi ist durch Art. 36 den Bundesstaaten nicht gegeben; and. Ans. Laband II S. 929, dagegen Arndt in Hirths Ann. 1895 S. 181 ff., Hänel, Staatsr. S. 403.

2) Schon zur Zeit des Zollvereins hatten einzelne Staaten sich ganz oder theilweise des Rechtes begeben, die Zölle und gemeinschaftlichen Steuern in ihrem Gebiete allein zu verwalten (erheben). Näheres s. u. A. bei Hänel, Staatsr. S. 405 ff. Die Reichsverfassung will die bez. Abmachungen nicht beseitigen, erklärt sie jedoch nicht zum Reichsverfassungsrecht, so daß die Abänderung derselben den Kontrahenten auch ferner zusteht; ebenso Hänel S. 407 ff.

3) Die Bundesstaaten sind jedoch nicht bloß berechtigt, sondern auch verpflichtet, die Zölle und gemeinschaftlichen Verbrauchssteuern zu erheben. Nur in den vom Reiche, s. unten Art. 38, zugelassenen Fällen dürfen sie Erlasse, Ermäßigungen oder Vergütungen vornehmen; dies gilt selbst, wenn sie diese Erlasse, Ermäßigungen oder Vergütungen aus der eigenen Kasse („privative Rechnung") vornehmen; s. unten Art. 38. Dies folgt nicht bloß daraus, daß die Gesetzgebung des Reichs eine ausschließliche ist, sondern daraus, daß das Reich eine Zoll- und Handelseinheit darstellt. Letzteres träfe nicht zu, wenn die Bundesstaaten befugt wären, die Produktionen oder Konsumtionen ihrer Gebiete zum Nachtheile der

anderen Staaten zu begünstigen. S. auch Hänel, Staatsr. S. 393.

4) Die Ueberwachung fand schon zur Zeit des Zollvereins statt.

5) Diese werden gewöhnlich aus einem anderen Bundesstaate entnommen und unterstehen dem Reichsschatzamte. Sie haben das Recht der Kenntnißnahme und der Erhebung von Ausstellungen. Anweisungen können sie nicht ertheilen (s. Zollvereinigungsvertr. v. 8. Juli 1867 Art. 20, unten bei Art. 40 der Reichsverf.). Haben die Ausstellungen keinen Erfolg, so müssen sie dem Reichsschatzamte berichten, das die Ausstellung fallen lassen oder der obersten Landesfinanzbehörde vortragen kann. Verständigt diese sich nicht mit dem Reichsschatzamte, so kommt Abs. 3 des Art. 36 zur Anwendung; Anm. 6.

6) Der Bundesrath entscheidet als oberstes Bundesgericht gemäß Art. 7 Nr. 3. Der Entscheidung müssen sich die Landesregierungen fügen.

7) Die Vorschrift des Art. 37 bezieht sich nicht auf die Brausteuer in den süddeutschen Staaten, s. Art. 35 Abs. 2, Art. 38 letzter Abs. der Reichsverf.

Artikel 37.

Bei der Beschlußnahme über die zur Ausführung der gemeinschaftlichen Gesetzgebung (Art. 35.) dienenden Verwaltungsvorschriften und Einrichtungen giebt die Stimme des Präsidiums alsdann den Ausschlag, wenn sie sich für Aufrechthaltung der bestehenden Vorschrift oder Einrichtung ausspricht.

Diese Vorschrift, die schon in Art. 8 § 12 des Zollvereinigungsvertr. enthalten war, giebt bezüglich des Verordnungsrechts dem Kaiser diejenigen Befugnisse, die ihm Art. 5 Abs. 2 der Reichsverf. bezüglich der Zoll- und Steuergesetzgebung giebt; s. die Anm. dazu. Es kann somit ohne die Stimme Preußens kein Aus- oder Einfuhrverbot, kein Zoll-Steuerregulativ u. s. w., auch keine Einrichtung (z. B. Transitläger, Steuerkredite) abgeändert oder aufgehoben werden.

Artikel 38.

Der Ertrag der Zölle und der anderen in Artikel 35. bezeichneten Abgaben, letzterer soweit sie der Reichsgesetzgebung unterliegen,[1]) fließt in die Reichskasse.[2])

Dieser Ertrag besteht aus der gesammten von den Zöllen und den übrigen Abgaben aufgekommenen Einnahme[2]) nach Abzug:

1) der auf Gesetzen oder allgemeinen[3]) Verwaltungsvorschriften beruhenden Steuervergütungen und Ermäßigungen,
2) der Rückerstattungen für unrichtige Erhebungen,
3) der Erhebungs- und Verwaltungskosten, und zwar:
   a) bei den Zöllen der Kosten, welche an den gegen das Ausland gelegenen Grenzen und in dem Grenzbezirke für den Schutz und die Erhebung der Zölle erforderlich sind,
   b) bei der Salzsteuer der Kosten, welche zur Besoldung der mit Erhebung und Kontrolirung dieser Steuer auf den Salzwerken beauftragten Beamten aufgewendet werden,
   c) bei der Rübenzuckersteuer und Tabacksteuer der Vergütung, welche nach den jeweiligen Beschlüssen des Bundesrathes den einzelnen Bundesregierungen für die Kosten der Verwaltung dieser Steuern zu gewähren ist,
   d) bei den übrigen Steuern mit funfzehn Prozent der Gesammteinnahme.

Die außerhalb der gemeinschaftlichen Zollgrenze liegenden Gebiete tragen zu den Ausgaben des Reichs durch Zahlung eines Aversums bei.[4])

Bayern, Württemberg und Baden haben an dem in die Reichskasse fließenden Ertrage der Steuern von Branntwein[5]) und Bier und an dem diesem Ertrage entsprechenden Theile des vorstehend erwähnten Aversums keinen Theil.[6])

1) Der Ertrag der von den süddeutschen Staaten erhobenen Brausteuer fließt nicht in die Reichskasse. In diese fließen auch nicht die in Abs. 2 des Art. 10 des Zollvereinigungsvertr. v. 8. Juli 1867 (unten zu Art. 40) bezeichneten Steuern, Zölle, Abgaben, Strafen und Konfiskate.

2) Andere Abzüge als die im Art. 38 vorgesehenen dürfen der Reichskasse nicht gemacht werden. Insbesondere haften die Bundesstaaten für Defekte ihrer Beamten, für den richtigen und rechtzeitigen Eingang der Steuer- und Zollkredite.

3) Wenn ein Reichsgesetz einen Bundesstaat auch zum Erlasse besonderer Vorschriften über Vergütungen und Ermäßigungen ermächtigt, so müssen die Einzelstaaten den Ausfall dem Reiche gegenüber tragen; so z. B. Zollvereinigsvertr. v. 8. Juli 1867 Art. 15, ferner Art. 5 B Nr. 1 der Uebereinkunft v. 8. Mai 1867 (Salz); s. Anl. zum Salzsteuerges. v. 12. Okt. 1867 (BGBl. 1867 S. 49 ff.), Arndt, Zeitschr. f. Bergrecht Nr. 24 S. 54.

4) Dafür haben und hatten die Zollausschlüsse an den Einnahmen des Reichs aus Zöllen und den gemeinschaftlichen Verbrauchssteuern Antheil nach Maßgabe der Kopfzahl.

5) Bezüglich des Branntweins gilt dies nicht mehr; s. oben Anm. 5 und 9 zu Art. 35 der Reichsverf.

6) Dasselbe gilt für Elsaß-Lothringen, das nicht zur Brausteuergemeinschaft gehört.

Artikel 39.

Die von den Erhebungsbehörden der Bundesstaaten nach Ablauf eines jeden Vierteljahres aufzustellenden Quartal-Extrakte und die nach dem Jahres- und Bücherschlusse aufzustellenden Finalabschlüsse über die im Laufe des Vierteljahres beziehungsweise während des Rechnungsjahres fällig gewordenen Einnahmen an Zöllen und nach Artikel 38.

zur Reichskasse fließenden Verbrauchsabgaben werden von den Direktivbehörden[1]) der Bundesstaaten, nach vorangegangener Prüfung,[2]) in Hauptübersichten zusammengestellt, in welchen jede Abgabe gesondert nachzuweisen ist, und es werden diese Uebersichten an den Ausschuß des Bundesrathes für das Rechnungswesen eingesandt.

Der letztere stellt auf Grund dieser Uebersichten von drei zu drei Monaten den von der Kasse jedes Bundesstaates der Reichskasse schuldigen Betrag vorläufig fest und setzt von dieser Feststellung den Bundesrath und die Bundesstaaten in Kenntniß, legt auch alljährlich die schließliche Feststellung jener Beträge mit seinen Bemerkungen dem Bundesrathe vor. Der Bundesrath beschließt über diese Feststellung.

1) Das sind in Preußen die Provinzialsteuerdirektoren.

2) Die Reichsbevollmächtigten (Art. 36 der Reichsverf.) prüfen zunächst diese Abschlüsse.

Artikel 40.

Die Bestimmungen in dem Zollvereinigungsvertrage vom 8. Juli 1867.[1]) bleiben in Kraft,[2]) soweit sie nicht durch die Vorschriften dieser Verfassung abgeändert sind[3]) und so lange sie nicht auf dem im Artikel 7., beziehungsweise 78. bezeichneten Wege abgeändert werden.[4])

1) Der am 16. Mai 1865 erneuerte Zollvereinigungsvertrag wurde durch den Krieg des Jahres 1866 außer Wirksamkeit gesetzt und in den Friedensschlüssen nur vorläufig und unter der Bedingung sechsmonatlicher Kündigung wiederhergestellt. Inzwischen wurde das Zollvereinsverhältniß der zum Norddeutschen Bunde gehörigen Staaten durch die Verfassung desselben aus einem vertragsmäßigen ein verfassungsmäßiges, aus einem kündbaren ein unkündbares, aus einem auf dem Grundsatze der Gleichberechtigung beruhendes ein solches, in welchem Preußen bezüglich aller Gesetze, Verordnungen und Einrichtungen ein Veto und das Recht der Kontrole erhielt.

Auch von den süddeutschen Staaten forderte Preußen Konzessionen und erzielte ihre Annahme durch die Kündigungsklausel, d. h. die Furcht der Süddeutschen, durch Ausschluß aus dem Zollvereine finanziell und wirthschaftlich ruinirt zu werden (vgl. Fürst Bismarck am 11. März 1867 bei Bezold, Materialien I S. 178 ff., O. Mejer, Einleitung S. 314). Das Ergebniß der dieserhalb zwischen Preußen bezw. dem Norddeutschen Bunde und den süddeutschen Staaten gepflogenen Verhandlungen war der zwischen dem Norddeutschen Bunde einerseits und den süddeutschen Staaten andererseits, unten in den noch interessirenden Bestimmungen abgedruckte Zollvereinigungsvertr. v. 8. Juli 1867 (BGBl. 1867 S. 81). Derselbe war auf zwölf Jahre abgeschlossen, verlängerte sich aber stillschweigend, bei nicht rechtzeitig eintretender Kündigung, wieder um je zwölf Jahre. Er führte bezüglich der Zölle und gemeinschaftlichen Steuern eine Zollvereinsgesetzgebung mit einem Zollbundesrath und Zollparlament ein. Ersterer wurde dadurch gebildet, daß zu dem Bundesrathe des Norddeutschen Bundes Bevollmächtigte der süddeutschen Staaten hinzutraten (der Bundesrath des Zollvereins deckt sich mit dem des jetzigen Deutschen Reichs), letzterer dadurch, daß in Süddeutschland auf Grund des in Norddeutschland geltenden allgemeinen und direkten Wahlrechts 85 Reichstagsabgeordnete gewählt wurden, welche dem Norddeutschen Reichstage hinzutraten. Die Gesetze, welche Zollbundesrath und Zollparlament beschlossen, gingen den Landesgesetzen vor. Das Präsidium hatte rücksichtlich dieser Gesetze, der Verwaltungsvorschriften und Einrichtungen ein Veto und konnte die richtige Befolgung durch Vereinsbevollmächtigte kontroliren.

Der Vertrag wurde am 26. Otober 1867 vom Norddeutschen Reichstage genehmigt.

2) Der Zollvertr. v. 8. Juli 1867 erklärte als noch in Kraft bleibend die alten Zollverträge nebst den dazu gehörigen Separatartikeln und Schlußprotokollen.

3) Durch die Vorschriften der Reichsverfassung sind namentlich die Bestimmungen des Vertrages über Gesetzgebung, Verwaltung, Kontrole, Kündigung, Bekanntmachung der Gesetze wenigstens theilweise abgeändert und aufgehoben. Andere Bestimmungen sind durch Vorschriften der Reichsverfassung ersetzt worden. (Näheres s. w. unten.)

4) Die Worte „so lange sie nicht auf dem in Art. 7, bezw. 78 bezeichneten Wege abgeändert werden können", beweisen, daß die Bestimmungen und Einrichtungen des ehemaligen Zollvereins (die Zollvereinigungsverträge, Uebereinkünfte, Separatartikel u. s. w.) in Zukunft von Reichswegen abgeändert werden dürfen. Sehr fraglich ist, wie — ob durch Gesetz, einfaches oder verfassungänderndes, oder durch Verordnung [Verwaltungsvorschrift], oder ob durch Mehrheit oder mit Zustimmung der Betheiligten (Art. 78 Abs. 2) — die einzelnen Bestimmungen und Einrichtungen abgeändert werden dürfen. Auf die Frage des Abgeordneten Lasker nach den leitenden Grundsätzen, wann der Art. 78 und wann der Art. 7 maßgebend sein soll, erwiderte Delbrück (II. außerord. Reichstagssession 1870 S. 126 ff.):

„Der Herr Vorredner geht mit Recht davon aus, daß er die Gesammtheit derjenigen Verabredungen, welche hier bezeichnet sind als Zollvertr. v. 8. Juli 1867, für sehr umfangreich hält. Es ist diese Gesammtheit von Verabredungen zum Theil administrativer Natur, zum Theil legislativer Natur und zum Theil verfassungsmäßiger Natur. Ich glaube mit dem Inhalt dieser verschiedenen Verabredungen ziemlich genau bekannt zu sein, — — würde aber glauben, daß ich selbst — dazu doch mehrere Tage ununterbrochenen Studiums brauchen würde. Ich glaube, daß alsdann eine Verständigung unter den betheiligten Regierungen, ob diese von mir entworfene Subsumption richtig sei oder nicht, einen noch viel größeren Zeitraum erfordern würde. —

Bei der Redaktion des Artikels ist man davon ausgegangen, daß eine Erschöpfung der Materie, also eben eine solche Klassifikation der einzelnen Bestimmungen, in der That mit den größten Schwierigkeiten verbunden sei. —

Wenn hier Art. 78 mit in Bezug genommen ist, so hat das darin seinen Grund, daß in der That in den Zollvereinsverträgen Bestimmungen enthalten sind, welche sich ihrer ganzen Natur nach, wenn man sie betrachtet vom Standpunkte der Bundesverfassung aus, unzweifelhaft als solche darstellen, die nicht im Wege der einfachen Gesetzgebung werden abgeändert werden können. Um nur ein Beispiel anzuführen: es enthält der Zollvereinsvertrag die Bestimmung, daß trotzdem die Zollvereinseinnahmen gemeinschaftlich sind, die Strafgefälle, die Erlöse aus den Konfiskaten den einzelnen Staaten verbleiben als Früchte der Jurisdiktionen; es ist ferner in diesen Zollvereinsverträgen das Begnadigungs- und Strafverwandlungsrecht in Fällen von Zollvergehen den Regierungen der einzelnen Staaten vorbehalten. Es sind das Bestimmungen, welche, wenn man sie ändern wollte, — unzweifelhaft als verfassungsmäßig zu behandeln sein würden. — — Alle die einzelnen Bestimmungen, die nach meiner Ansicht unter den Art. 78 fallen würden, anzuführen, bin ich im Augenblick nicht im Stande. — —"

Die unmittelbaren Vorschriften des Zollvereinigungsvertrages sind zweifellos Gesetzesvorschriften, theils einfache, theils Verfassungsvorschriften. Dies folgt schon daraus, daß der Zollvereinigungsvertrag als Gesetz zu Stande kam, oder doch wenigstens wie ein Gesetz vom Bundesrath und Reichstag im Norddeutschen Bunde beschlossen und veröffentlicht wurde. Das Gleiche gilt von dem im Vertrage angezogenen, seiner Zeit als Gesetz zu Stande gekommenen Vertr. v. 16. Mai 1865, d. h. von dem in den Gesetzsammlungen abgedruckten Wortlaute dieses Vertrages selbst. Die Ansicht von Thudichum in v. Holtzendorffs Jahrb. I S. 9, 10 und Zorn (1. Aufl.) II S. 49, wonach, wenn eine Verfassungsänderung nicht vorliegt, nur der Verordnungsweg statthaft sei, ist hiernach unzutreffend; s. Arndt, Verordnungsr. S. 100, Hänel, Studien I S. 121 ff., Laband II S. 896. Die in dem Zollvereinsrecht enthaltenen Vorschriften, welche als Verordnungen zu Stande kamen, die sog. Separat- oder Schlußartikel und ähnliche Bestimmungen, können nach wie vor im Verordnungswege geändert werden; s. Arndt, Hänel, Laband an den angezogenen Stellen. Wo der Verordnungsweg statthaft ist, muß der Bundesrath gemäß Art. 7 Ziffer 2 der Reichsverf. als dasjenige Organ gelten, das die gemeinschaftlichen, d. h. für die Zoll- und Steuergemeinschaft gemeinsamen Verordnungen erlassen darf. Dieses Verordnungsrecht ist, wie gegen Hänel, Organisatorische Entwickelung S. 71 ff. zu bemerken und bei Arndt, Verordnungsr. S. 100 ff. nachgewiesen ist, ein unmittelbares.

S. überhaupt hierzu: Delbrück, Der Artikel 40 der Reichsverfassung, Berlin 1881.

Der Zollvereinigungsvertrag vom 8. Juli 1867 lautet, wie folgt:

Vertrag zwischen dem Norddeutschen Bunde, Bayern, Württemberg, Baden und Hessen, die Fortdauer des Zoll- und Handelsvereins betreffend. Vom 8. Juli 1867.

(BGBl. 1867 S. 81.)

Seine Majestät der König von Preußen im Namen des Norddeutschen Bundes, Seine Majestät der König von Bayern, Seine Majestät der König von Württemberg, Seine Königliche Hoheit der Großherzog von Baden und Seine Königliche Hoheit der Großherzog von Hessen und bei Rhein für die zu dem Norddeutschen Bunde nicht gehörenden Theile des Großherzogthums, von der Absicht geleitet, die Fortdauer des deutschen Zoll- und Handelsvereins sicher zu stellen und dessen Einrichtungen in einer den gegenwärtigen Bedürfnissen entsprechenden Weise fortzubilden, haben Verhandlungen eröffnen lassen und zu Bevollmächtigten ernannt, und zwar:

[Folgen die Namen der Bevollmächtigten]

von welchen Bevollmächtigten, unter dem Vorbehalt der Ratifikation, folgender Vertrag abgeschlossen worden ist:

Artikel 1. Die vertragenden Theile setzen den, Behufs eines gemeinsamen Zoll- und Handelssystems errichteten, auf dem Vertrage über die Fortdauer des Zoll- und Handelsvereins vom 16. Mai 1865 beruhenden Verein bis zum letzten Dezember 1877 fort.[1])

Bis dahin bleiben die Zollvereinigungs-Verträge vom 22. und 30. März und 11. Mai 1833, vom 12. Mai und 10. Dezember 1835, vom 2. Januar 1836, vom 8. Mai, 19. Oktober und 13. November 1841, vom 4. April 1853 und vom 16. Mai 1865 nebst den zu ihnen gehörenden Separatartikeln zwischen den vertragenden Theilen ferner in Kraft, soweit sie bisher noch in Kraft waren und nicht durch die folgenden Artikel abgeändert sind.[2])

---

[1]) Die Zeitbestimmung ist erledigt; durch den Abschn. VI der Reichsverfassung ist das Vereinsverhältniß aus einem auf Zeit und kündbar abgeschlossenen ein ewiges, aus einem vertragsmäßigen ein verfassungsmäßiges geworden.

[2]) Die Verträge sind abgedruckt in der „Sammlung der Verträge und Verhandlungen über die Bildung und Ausführung des

Mit diesen Beschränkungen und vorbehaltlich der Verabredung im Art. 6 finden die Bestimmungen der gedachten Verträge auch auf diejenigen zum Norddeutschen Bunde gehörenden Staaten und Gebietstheile Anwendung, welche dem Zoll- und Handelsvereine noch nicht angehörten.[1])

Artikel 2. In dem Gesammtverein bleiben diejenigen Staaten oder Gebietstheile einbegriffen, welche dem Zoll- und Handelssysteme der vertragenden Theile oder eines von ihnen angeschlossen sind, unter Berücksichtigung ihrer auf den Anschlußverträgen beruhenden besonderen Verhältnisse.[2])

Artikel 3. Ueber die Gemeinschaft der Gesetzgebung und der Verwaltungseinrichtungen ist zwischen den vertragenden Theilen Folgendes verabredet worden:

§ 1. . . . . .[3])

Deutschen Zoll- und Handelsvereins", und zwar der Vertr. v. 22. März 1833 dort Bd. I S. 1 (A), der v. 30. März 1833 (Anschluß von Sachsen) Bd. I S. 112 (B), v. 11. Mai 1833 (Anschluß des Thüringischen Vereins) Bd. I S. 177 (C), v. 12. Mai 1835 (Anschluß von Baden) Bd. II S. 1 (D), v. 10. Dez. 1835 (Anschluß von Nassau) Bd. II S. 200 (E), v. 2. Jan. 1836 (Anschluß von Frankfurt) Bd. II S. 269 (F), v. 6. Mai 1841 zwischen allen damaligen Zollvereinsstaaten Bd. III S. 1 (G), v. 19. Okt. 1841 (Anschluß von Braunschweig) Bd. III S. 214 (H), v. 13. Nov. 1841 (Anschluß der kurhessischen Grafschaft Schaumburg) Bd. III S. 284, v. 4. April 1853 zwischen den damaligen Zollvereinsstaaten mit Hannover und Oldenburg (Steuerverein) Bd. IV S. 1 (K), v. 16. Mai 1865 zwischen allen damaligen Zollvereinsstaaten Bd. V S. 43 (L).

[1]) Der letzte Absatz des Art. 1 bedeutet insbesondere den Anschluß von Holstein-Lauenburg und der beiden Mecklenburg.

[2]) Damit war damals die fernere Zugehörigkeit von Luxemburg gemeint. Später ist Jungholz hinzugetreten; s. die Anm. zu Art. 33 der Reichsverf., Delbrück S. 8.

[3]) § 1 Abs. 1 ist sachlich ersetzt durch Art. 33 der Reichsverf., Abs. 2 durch § 6 des Vereinszollges. v. 11. Juli 1869; s. Delbrück S. 10—13.

§ 2. . . . . .[1])

§§ 3—5. . . . . .[2])

§ 6. Die Verwaltung der — Abgaben und die Organisation der dazu dienenden Behörden soll in allen Ländern des Gesammtvereins, unter Berücksichtigung der in denselben bestehenden eigenthümlichen Verhältnisse, auf gleichen Fuß gebracht werden.

§ 7. In Gemäßheit der vorstehenden Verabredungen werden die vertragenden Theile

das Zollgesetz,
die Zollordnung,
den Zolltarif,
die Grundsätze, das Zollstrafgesetz betreffend,

wie solche zwischen ihnen vereinbart sind, ferner

die Uebereinkunft wegen Erhebung einer Abgabe von Salz vom 8. Mai dieses Jahres, ...
das Zollkartel vom 11. Mai 1833,

zur Anwendung bringen.[3])

. . . .

Artikel 4. . . . . .[4])

(Abs. 2.) Die Freiheit des Handels und Verkehrs zwischen den vertragenden Theilen soll auch dann keine Ausnahme leiden, wenn bei dem Eintritte außerordentlicher Umstände, insbesondere auch bei einem drohenden oder ausgebrochenen Kriege, einer von ihnen sich veranlaßt finden sollte, die Ausfuhr gewisser im inneren freien Verkehr befindlichen Erzeugnisse oder Fabrikate in das

---

[1]) § 2, betr. Münz- und Gewichtswesen, ist nicht mehr in Kraft; Delbrück S. 13.

[2]) Die §§ 3 bis 5 sind gedeckt durch Art. 35 der Reichsverf.; Delbrück S. 14.

[3]) Hiervon gilt noch die Uebereinkunft wegen Erhebung einer Abgabe von Salz v. 8. Mai 1867 (BGBl. 1867 S. 49) und theilweise noch das Zollkartell vom 11. Mai 1833 (Verträge u. s. w. I S. 212). Vgl. hierzu Delbrück S. 15 ff. und wegen des Zollkartells Arndt in der „Zeitschr. für die gesamte Strafrechtswissenschaft" Bd. V S. 277 ff.

[4]) Der erste Absatz ist ersetzt durch Abs. 2 in Art. 33 der Reichsverf.

Ausland für die Dauer jener außerordentlichen Umstände zu verbieten.[1])

In einem solchen Falle wird man darauf Bedacht nehmen, daß ein gleiches Verbot von allen vertragenden Theilen erlassen werde.[1])

Sollte jedoch einer oder der andere derselben es seinem Interesse nicht angemessen finden, auch seinerseits jenes Verbot anzuordnen, so bleibt demjenigen oder denjenigen Theilen, welche solches zu erlassen für nöthig finden, die Befugniß vorbehalten, dasselbe auch auf den Umfang des ihrem Beschlusse nicht beitretenden Theiles auszudehnen.[1])

Die vertragenden Theile räumen sich ferner auch gegenseitig das Recht ein, zur Abwehr gefährlicher ansteckender Krankheiten für Menschen und Vieh die erforderlichen Maaßregeln zu ergreifen. Im Verhältnisse von einem Vereinslande zu dem andern dürfen jedoch keine hemmenderen Einrichtungen getroffen werden, als unter gleichen Umständen den inneren Verkehr des Staates treffen, welcher sie anordnet.[2])

---

[1]) Bezüglich der Vorschriften in den Abs. 2, 3 und 4 ist zu bemerken, daß derartige Ein- und Ausfuhrverbote (z. B. bei Kriegsgefahr Pferde-, Waffenausfuhrverbote) nicht mehr von den Einzelstaaten, sondern gemäß Art. 7 Ziffer 2 der Reichsverf. nur noch vom Bundesrath des Deutschen Reichs erlassen werden dürfen; Delbrück S. 23 ff., Arndt, Verordnungsrecht S. 95 ff. und in Hirths Ann. 1895 S. 181 ff. Diese Bundesrathsverordnungen werden gemäß Art. 11 der Reichverf. aus den von Arndt in Hirths Ann. l. c. angegebenen Gründen vom Kaiser „nach erfolgter Zustimmung des Bundesraths" bekannt gemacht.

[2]) Bezüglich des letzten Abschnitts sind die Maßnahmen bei Vieh- und Menschenkrankheiten zu unterscheiden. Erstere können auch, kraft besonderer reichsgesetzlicher Delegation, G. v. 7. April 1869 § 1 (BGBl. 1869 S. 105) und 23. Juni 1880 § 2 (RGBl. 1880 S. 153), von den einzelnen Staaten, letztere müssen, wenn sie nicht bloß die zur Abwehr von Epidemien erforderlichen Beschränkungen des inneren Verkehrs betreffen, vom Bundesrath erlassen werden; Delbrück und Arndt l. c.

Artikel 5. Die vertragenden Theile werden ihr Bestreben darauf richten, eine Uebereinstimmung der Gesetzgebung über die Besteuerung der in ihren Gebieten theils bei der Hervorbringung oder Zubereitung, theils unmittelbar bei dem Verbrauche mit einer inneren Steuer belegten, nicht unter die §§ 3 und 4 des Artikels 3 fallenden Erzeugnisse im Wege des Vertrages herbeizuführen. Bis dahin, wo dieses Ziel erreicht worden, sollen hinsichtlich der vorbemerkten Steuern und des Verkehrs mit den davon betroffenen Gegenständen unter den Vereinsstaaten, zur Vermeidung der Nachtheile, welche aus einer Verschiedenartigkeit der inneren Steuersysteme überhaupt, und namentlich aus der Ungleichheit der Steuersätze, sowohl für die Produzenten, als für die Steuereinnahme der einzelnen Vereinsstaaten erwachsen könnten, folgende Grundsätze in Anwendung kommen.[1])

I. Hinsichtlich der ausländischen Erzeugnisse.

Von allen bei der Einfuhr mit mehr als 15 Gr. — $52^{1}/_{2}$ Kr. — vom Zentner belegten Erzeugnissen, von welchen entweder auf die in der Zollordnung vorgeschriebene Weise dargethan wird, daß sie als ausländisches Ein- oder Durchgangsgut die zollamtliche

---

[1]) Der Grund, warum die den einzelnen Staaten und den Gemeinden verbliebene Befugniß, innere Steuern von Konsumtibilien zu erheben, beschränkt wird, liegt darin, daß sonst die gleichmäßige Wirkung des Zolltarifs beeinträchtigt und eine für die gemeinschaftlichen Zolleinnahmen nachtheilige Beschränkung der Einfuhr solcher Erzeugnisse herbeigeführt wird, Delbrück S. 27.

Die bez. Vorschriften des Vertrages sind verfassungsrechtliche, über den Inhalt des Art. 35 der Reichsverf. hinausgehend; ebenso Laband II S. 896, vgl. andererseits Hänel, Staatsr. S. 56. In Elsaß-Lothringen finden sie auf die Gemeinde-Octrois insoweit keine Anwendung, als die daselbst über das Octroi bestehenden Bestimmungen die Erhebung derselben von ausländischen Erzeugnissen zulassen. Nur für den ausländischen Wein gilt auch in Elsaß-Lothringen die Vorschrift, daß derselbe bei der auf die Verzollung folgenden ersten Einlage von jeder inneren Steuer freizulassen ist, Delbrück S. 28, G. v. 25. Juni 1873 (RGBl. 1873 S. 162) § 5.

Behandlung bei einer Erhebungsbehörde des Vereins bereits bestanden haben oder derselben noch unterliegen, darf keine weitere Abgabe irgend einer Art, sei es für Rechnung des Staates oder für Rechnung von Kommunen oder Korporationen, erhoben werden, jedoch — was das Eingangsgut betrifft — mit Vorbehalt derjenigen inneren Steuern, welche in einem Vereinsstaate auf die weitere Verarbeitung[1]) oder auf anderweite Bereitungen aus solchen Erzeugnissen, ohne Unterschied des ausländischen, inländischen oder vereinsländischen Ursprungs, allgemein gelegt sind.[2])

Unter diesen Steuern sind für jetzt die Steuern von der Fabrikation des Branntweins, Biers und Essigs, ingleichen die Mahl- und Schlachtsteuer zu verstehen, welchen daher das ausländische Getreide, Malz und Vieh im gleichen Maaße, wie das inländische und vereinsländische, unterliegt.

In denjenigen Staaten, in welchen die inneren Steuern von Getränken so angelegt sind, daß sie bei der Einlage der letzteren erhoben oder den Steuerpflichtigen zur Last gestellt werden, findet der Grundsatz der Freilassung verzollter ausländischer Erzeugnisse von inneren Abgaben in der Art Anwendung, daß die erste Einlage verzollter ausländischer Getränke, d. h. diejenige, welche dem direkten Bezuge aus dem Auslande oder dem Bezuge aus öffentlichen Niederlagen oder Privatlägern unmittelbar folgt, von jeder inneren Steuer befreit bleibt.

Diese Bestimmung gilt auch da, wo die Erhebung einer inneren Getränkesteuer für Rechnung von Kommunen oder Korporationen stattfindet.

Ausländische Erzeugnisse, welche beim Eingange zollfrei, oder

---

[1]) Als Verarbeitungs- (Fabrikations-) steuern sind nur die im zweiten Satze aufgeführten zu begreifen, von Branntwein, Bier, Essig u. s. w.

[2]) Das G. v. 27. Mai 1885 (RGBl. 1885 S. 109) schließt die Anwendung des Satzes 1 von I aus auf Mehl und andere Mühlenfabrikate und Backwaaren, desgleichen auf Fleisch, Fleischwaaren und Fett, sowie ferner insoweit es sich um die Besteuerung für Rechnung von Kommunen und Korporationen handelt, auf Bier und Branntwein.

mit einer Abgabe von nicht mehr als 15 Gr. — 52½ Kr. — belegt sind, unterliegen den nachstehend unter Nr. II getroffenen Bestimmungen.

II. Hinsichtlich der inländischen und vereinsländischen Erzeugnisse.[1])

§ 1. Von den innerhalb des Vereins erzeugten Gegenständen, welche nur durch einen Vereinsstaat transitiren, um entweder in einen anderen Vereinsstaat oder nach dem Auslande geführt zu werden, dürfen innere Steuern weder für Rechnung des Staates, noch für Rechnung von Kommunen oder Korporationen erhoben werden.

§ 2. Jedem der vertragenden Theile bleibt es zwar freigestellt, die auf der Hervorbringung, der Zubereitung oder dem Verbrauche von Erzeugnissen ruhenden inneren Steuern beizubehalten, zu verändern oder aufzuheben, sowie neue Steuern dieser Art einzuführen, jedoch sollen dergleichen Abgaben für jetzt nur auf folgende inländische und gleichnamige vereinsländische Erzeugnisse, als: Branntwein, Bier, Essig, Malz, Wein, Most, Cider (Obstwein), Mehl und andere Mühlenfabrikate, desgleichen Backwaaren, Fleisch, Fleischwaaren und Fett gelegt werden dürfen.

Für Branntwein, Bier und Wein sollen die folgenden Sätze als das höchste Maaß betrachtet werden, bis zu welchem in den Vereinsstaaten eine Besteuerung der genannten Erzeugnisse für Rechnung des Staates soll stattfinden können, nämlich:

a) für Branntwein 10 Rthlr. von der Ohm zu 120 Quart Preußisch und bei einer Alkoholstärke von 50 Prozent nach Tralles;
b) für Bier 1 Rthlr. 15 Sgr. von der Ohm zu 120 Quart Preußisch;
c) für Wein, und zwar

---

[1]) Die Vorschriften unter II schränken (gleichfalls) das Besteuerungsrecht der Bundesstaaten in doppelter Weise ein: einmal in Beziehung auf die Gegenstände und sodann in Beziehung auf Art und Maß der Besteuerung. Auch sie sind verfassungsrechtlicher Art, Delbrück S. 29, vgl. andererseits Hänel, Staatsr. S. 56. Das Recht, Wein zu besteuern, steht nach Nr. I des Art. 5 in Verbindung mit Art. 33 Abs. 2 der Reichsverf. nur denjenigen Bundesstaaten zu, die selbst Wein produziren.

aa) wenn die Abgabe nach dem Werthe des Weines erhoben wird, 1½ Rthlr. vom Zollzentner (5 Rthlr. von der Ohm zu 120 Quart Preußisch);

bb) wenn die Abgabe ohne Rücksicht auf den Werth des Weines erhoben wird, 25 Gr. vom Zollzentner (2 Rthlr. 23⅓ Gr. von der Ohm zu 120 Quart Preußisch);

cc) wenn die Abgabe nach einer Klassifikation der Weinberge erhoben wird, ist die Beschränkung derselben auf ein Maximum nicht für erforderlich erachtet worden.

Auch für die anderen, einer inneren Steuer unterworfenen Erzeugnisse werden, soweit nöthig, bestimmte Sätze festgesetzt werden, deren Betrag bei Abmessung der Steuer nicht überschritten werden soll.

§ 3. Bei allen Abgaben, welche in dem Bereiche der Vereinsländer nach der Bestimmung im § 2 zur Erhebung kommen, wird eine gegenseitige Gleichmäßigkeit der Behandlung dergestalt stattfinden, daß das Erzeugniß eines anderen Vereinsstaates unter keinem Vorwande höher oder in einer lästigeren Weise, als das inländische oder als das Erzeugniß der übrigen Vereinsstaaten, besteuert werden darf. In Gemäßheit dieses Grundsatzes wird Folgendes festgesetzt:

a) Vereinsstaaten, welche von einem inländischen Erzeugnisse keine innere Steuer erheben, dürfen auch das gleiche vereinsländische Erzeugniß nicht besteuern;

b) wo innere Steuern nach dem Werthe der Waare erhoben werden, sind nicht nur die nämlichen Erhebungssätze auf das inländische, wie auf das vereinsländische Erzeugniß gleichmäßig in Anwendung zu bringen, sondern es darf auch bei Feststellung des zu besteuernden Werthes das inländische Erzeugniß nicht vor dem vereinsländischen begünstigt werden;

c) diejenigen Staaten, in welchen innere Steuern von einem Konsumtionsgegenstande bei dem Kaufe oder Verkaufe oder bei der Verzehrung desselben erhoben werden, dürfen diese Steuern von den aus anderen Vereinsstaaten herrührenden Erzeugnissen der nämlichen Gattung nur in gleicher Weise fordern;

d) diejenigen Staaten, welche innere Steuern auf die Hervorbringung oder Zubereitung eines Konsumtionsgegenstandes gelegt haben, können den gesetzlichen Betrag derselben bei der

Einfuhr des Gegenstandes aus anderen Vereinsstaaten voll erheben lassen;

e) im Norddeutschen Bunde wird von dem in den übrigen Vereinsstaaten erzeugten Wein und Traubenmost eine Uebergangsabgabe nicht erhoben werden.

Eine solche Abgabe wird auch von denjenigen Vereinsstaaten nicht erhoben werden, welche etwa während der Dauer dieses Vertrages die Hervorbringung von Wein einer inneren Steuer unterwerfen möchten;

f) soweit zwischen mehreren Vereinsstaaten eine Vereinigung zu gleichen Steuereinrichtungen besteht, werden diese Staaten in Ansehung der Befugniß, die betreffenden Steuern gleichmäßig auch von vereinsländischen Erzeugnissen zu erheben, als ein Ganzes betrachtet.

§ 4. Diejenigen Staaten, welche eine innere Steuer auf den Kauf oder Verkauf, die Verzehrung, die Hervorbringung oder die Zubereitung eines Konsumtionsgegenstandes gelegt haben, können, bei der Ausfuhr des Gegenstandes nach anderen Vereinsstaaten, diese Steuer unerhoben lassen, beziehungsweise den gesetzlichen Betrag derselben ganz oder theilweise zurückerstatten.

Wegen Ausübung dieser Befugniß ist Folgendes verabredet worden:

a) Eine Zurückerstattung soll überhaupt nur insoweit stattfinden dürfen, als in dem betreffenden Staate bei der Ausfuhr des nämlichen Erzeugnisses nach dem Vereinsauslande eine Steuervergütung gewährt wird, und auch nur höchstens bis zum Betrage der letzteren.

b) Die betreffenden Vereinsregierungen werden ihr besonderes Augenmerk darauf richten, daß in keinem Falle mehr, als der wirklich bezahlte Steuerbetrag erstattet werde, und diese Vergütung nicht die Natur und Wirkung einer Ausfuhrprämie erhalte.

c) Die Entlastung von der Verbindlichkeit zur Steuerzahlung soll nicht eher eintreten, beziehungsweise die Zurückerstattung der Steuer nicht eher geleistet werden, als bis der Eingang der besteuerten Erzeugnisse in dem angrenzenden Vereinsstaate, oder beziehungsweise in dem Lande des Bestimmungsortes auf die unter den betreffenden Vereinsstaaten verabredete Weise nachgewiesen worden sein wird.

d) . . . .[1])

§ 5. Welche, dem dermaligen Stande der Gesetzgebung in den Vereinsstaaten entsprechende Beträge nach den Bestimmungen der §§ 3 und 4 zur Erhebung kommen und beziehungsweise zurückerstattet werden können, ist besonders verabredet worden. Treten späterhin irgendwo Veränderungen in den für die inneren Erzeugnisse zur Zeit bestehenden Steuersätzen ein, so wird die betreffende Regierung dem Bundesrathe des Zollvereins (Artikel 8) davon Mittheilung machen, und hiermit den Nachweis verbinden, daß die Steuerbeträge, welche in Folge der eingetretenen oder beabsichtigten Veränderung, von den vereinsländischen Erzeugnissen erhoben und bei der Ausfuhr der besteuerten Gegenstände vergütet werden sollen, den vereinbarten Grundsätzen entsprechend bemessen seien.

Wo die Uebergangsabgabe von Bier nach dem Gewichte erhoben wird, bleibt der Zollzentner Maaßstab der Erhebung.

§ 6. Die Erhebung der inneren Steuern von den damit betroffenen vereinsländischen Gegenständen soll in der Regel in dem Lande des Bestimmungsortes stattfinden, insofern solche nicht, nach besonderen Vereinbarungen, entweder durch gemeinschaftliche Hebestellen an den Binnengrenzen, oder im Lande der Versendung für Rechnung des abgabeberechtigten Staates erfolgt. Auch sollen die zur Sicherung der Steuererhebung erforderlichen Anordnungen, soweit sie die bei der Versendung aus einem Vereinsstaate in den anderen einzuhaltenden Straßen und Kontrolen betreffen, auf eine den Verkehr möglichst wenig beschränkende Weise und nur nach gegenseitiger Verabredung auch, dafern bei dem Transporte ein dritter Vereinsstaat berührt wird, nur unter Zustimmung des letzteren getroffen werden.

Wo innere Steuern nach dem Werthe des Gegenstandes erhoben werden, wird, in Absicht der aus anderen Vereinsstaaten übergehenden Erzeugnisse, auf Kontroleinrichtungen Bedacht genommen werden, nach welchen die Ermittelung des Werthes in der

[1]) Die Vorschrift unter d ist aufgehoben durch G. v. 19. Juli 1879 (RGBl. 1879 S. 259).

Regel erst im Bestimmungsorte, mit Vermeidung zeitraubender und den Verkehr belästigender Untersuchungen an den Binnengrenzen oder auf dem Wege zwischen dem Versendungs- und Bestimmungsorte, eintritt.

§ 7. Die Erhebung von Abgaben für Rechnung von Kommunen oder Korporationen, sei es durch Zuschläge zu den Staatssteuern oder für sich bestehend, soll nur für Gegenstände, die zur örtlichen Konsumtion bestimmt sind, bewilligt werden und es soll dabei der im § 3 dieses Artikels ausgesprochene allgemeine Grundsatz wegen gegenseitiger Gleichmäßigkeit der Behandlung der Erzeugnisse anderer Vereinsstaaten, ebenso wie bei den Staatssteuern in Anwendung kommen.

Zu den zur örtlichen Konsumtion bestimmten Gegenständen, von welchen hiernach die Erhebung einer Abgabe für Rechnung von Kommunen oder Korporationen allein soll stattfinden dürfen, sind allgemein zu rechnen: Bier, Essig, Malz, Cider (Obstwein) und die der Mahl- und Schlachtsteuer unterliegenden Erzeugnisse, ferner Brennmaterialien, Marktviktualien und Fourage.

Vom Weine soll die Erhebung einer Abgabe der vorgedachten Art auch ferner nur in denjenigen Theilen des Vereins zulässig sein, welche zu den eigentlichen Weinländern gehören.

Soweit in einzelnen Orten der zum Zollvereine gehörigen Staaten die Erhebung einer Abgabe von Branntwein für Rechnung von Kommunen oder Korporationen gegenwärtig stattfindet, oder nach der bestehenden Gesetzgebung nicht versagt werden kann, wird es dabei ausnahmsweise bewenden.

Es sollen aber die für Rechnung von Kommunen oder Korporationen zur Erhebung kommenden Abgaben von Wein und Branntwein, ingleichen von Bier, in Absicht ihres Betrages der Beschränkung unterliegen, daß solche beim Branntwein, mit der Staatssteuer zusammen, den im § 2 dieses Artikels festgesetzten Maximalsatz von 10 Thalern für die Ohm, und beim Wein und Bier den Satz von 20 Prozent der für die Staatssteuern ebendaselbst verabredeten Maximalsätze nicht überschreiten dürfen. Ausnahmen hiervon sollen nur insoweit zulässig sein, als einzelne Kommunen oder Korporationen schon gegenwärtig eine höhere Abgabe erheben, welchen Falls letztere fortbestehen kann.

Sollten in einem oder dem anderen Orte auch noch von anderen, als den vorstehend genannten Gegenständen, Abgaben erhoben werden, so soll die Erhebung der letzteren zwar einstweilen fortbestehen können, die betreffenden Regierungen werden es sich jedoch angelegen sein lassen, solche Abgaben bei der ersten passenden Gelegenheit zu beseitigen. Ueber den Erfolg der diesfälligen Bemühungen wird dem Bundesrathe des Zollvereins von Zeit zu Zeit Mittheilung gemacht werden.

Abgaben für Rechnung von Kommunen oder Korporationen dürfen bei dem Uebergange der besteuerten Gegenstände nach anderen Vereinsstaaten, gleich den Staatssteuern, ganz oder theilweise zurückerstattet werden, soweit eine solche Vergütung bei dem Uebergange der besteuerten Gegenstände nach anderen Orten desselben Landes stattfindet.

§ 8. Die Regierungen der Vereinsstaaten werden dem Bundesrathe des Zollvereins:

a) von allen in der Folge eintretenden Veränderungen ihrer Gesetze und Verordnungen über die im § 2 dieses Artikels bezeichneten Staatssteuern,

b) hinsichtlich der Kommunal- 2c. Abgaben aber von den Veränderungen, welche in Beziehung auf die Hebungsberechtigten, die Orte, die Gegenstände, den Betrag und die Art und Weise der Erhebung eintreten,

vollständige Mittheilung machen.

Artikel 6 . . . . . .[1])

Artikel 7 mit 9 . . . . . .[2])

Artikel 10 . . . . . .[3])

(Abs. 2.)[4]) Von der Gemeinschaft sind ausgeschlossen, und bleiben, sofern nicht Separatverträge zwischen einzelnen Vereinsstaaten ein

---

[1]) Art. 6 handelt von den Zollausschlüssen, hinsichtlich deren jetzt die Art. 33 und 34 der Verf. maßgebend sind.

[2]) Die Bestimmungen der Art. 7, 8, 9, Gesetzgebung, Bundesrath und Parlament des Zollvereins betr., sind durch Art. 5—32, 35—37 der Verf. außer Geltung gesetzt.

[3]) Art. 10 Abs. 1 ist ersetzt durch Art. 38 Abs. 1 der Verf.

[4]) Die Vorschriften in Abs. 2 des Art. 10 sind verfassungs-

Anderes bestimmen, dem privativen Genusse der betreffenden Staatsregierungen vorbehalten:

1) die Steuern, welche im Innern eines jeden Staates von inländischen Erzeugnissen erhoben werden, einschließlich der nach Artikel 5 von den vereinsländischen Erzeugnissen der nämlichen Gattung zur Erhebung kommenden Uebergangsabgaben;
2) die Wasserzölle;[1])
3) Chausseeabgaben, Pflaster-, Damm-, Brücken-, Fähr-, Kanal-, Schleusen-, Hafengelder, sowie Waage- und Niederlagegebühren oder gleichartige Erhebungen, wie sie auch sonst genannt werden mögen;
4) die Zoll- und Steuerstrafen und Konfiskate, welche, vorbehaltlich der Antheile der Denunzianten, jeder Staatsregierung in ihrem Gebiet verbleiben.

Artikel 11 . . . . . .[2])

Artikel 12 . . . . . .[3])

Artikel 13. Vergünstigungen für Gewerbetreibende hinsichtlich der Zollentrichtung, welche nicht in der Zollgesetzgebung selbst begründet sind, fallen der Staatskasse derjenigen Regierung, welche sie bewilligt hat, zur Last. Hinsichtlich der Maaßgaben, unter welchen solche Vergünstigungen zu bewilligen sind, bewendet es bei den darüber bestehenden Verabredungen.[4])

---

rechtliche, da die Reichsverfassung, abgesehen von dieser Vorschrift, dem Reiche bezüglich der in diesem Absatze behandelten Gegenstände keine Zuständigkeit einräumt.

[1]) Vgl. Art. 54 Abs. 4 der Verf.

[2]) Art. 11 ist ersetzt durch Art. 38 der Verf.

[3]) Art. 12 ist infolge der Münzgesetzgebung des Reiches außer Wirksamkeit getreten.

[4]) Dieser Artikel erweckt den Anschein, als ob die Bundesstaaten, wann und wie sie wollten, für ihre (privative) Rechnung Begünstigungen an Gewerbetreibende, welche nicht in der Zollgesetzgebung selbst begründet sind, gewähren dürften. Dies ist aber nicht der Fall. § 23 des Hauptprotokolls der Münchener Vollzugs-Kommission (1833) — Verträge und Verhandlungen Bd. I S. 270, Delbrück S. 60 — schrieb vor, daß Begünstigungen

Zollbegünstigungen für Maschinen und Maschinentheile sollen auch auf private Rechnung nicht gewährt werden.

Artikel 14. Dem auf Förderung freier und natürlicher Bewegung des allgemeinen Verkehrs gerichteten Zwecke des Zollvereins gemäß sollen besondere Zollbegünstigungen einzelner Meßplätze, namentlich Rabattprivilegien, da wo sie dermalen in den Vereinsstaaten noch bestehen, nicht erweitert, sondern vielmehr, unter geeigneter Berücksichtigung sowohl der Nahrungsverhältnisse bisher begünstigter Meßplätze, als der bisherigen Handelsbeziehungen mit dem Auslande, thunlichst beschränkt und ihrer baldigen gänzlichen Aufhebung entgegengeführt, neue aber ohne allseitige Zustimmung auf keinen Fall ertheilt werden.[1])

Artikel 15. Von der tarifmäßigen Abgabenentrichtung bleiben die Gegenstände, welche für die Hofhaltung der hohen Souveräne und ihrer Regentenhäuser, oder für die bei ihren Höfen akkreditirten Botschafter, Gesandten, Geschäftsträger u. s. w. eingehen, nicht aus-

---

für Gewerbetreibende hinsichtlich der Steuerentrichtungen für privative Rechnung „nicht zur Erschwerung der Konkurrenz anderer Fabrikanten, welche Angehörige der Vereinsstaaten sind, gerichtet werden sollen." Ferner bestimmte das Prot. v. 3. April 1833 (l. c. I S. 60, Delbrück S. 60), daß Begünstigungen der Einfuhr von Fabrikstoffen durch Freipässe, sowie Begünstigungen der Ausfuhr von Fabrikaten durch Rückzölle und Prämien in keinem Vereinsstaate, ohne Einverständniß mit den übrigen, auch nicht auf privative Rechnung des bewilligenden Staates zugestanden werden können.

[1]) Rabattprivilegien bestehen nicht mehr, dagegen besteht das Institut der laufenden Konten für alle Handelsplätze, und § 110 des Vereinszollges. v. 1. Juli 1869 enthält die Bestimmung, daß zur Erleichterung des Vertriebes ausländischer Waaren nach dem Auslande an Großhandlungen unverzollte fremde Waaren unter Eintragung in ein fortlaufendes Konto mit der Maßgabe verabfolgt werden können, daß die Wiederausfuhr derselben nach dem Auslande nachgewiesen oder die Verzollung zum Eingange bewirkt werden muß (Delbrück S. 61 ff.).

genommen, und wenn dafür Rückvergütungen statthaben, so werden solche der Gemeinschaft nicht in Rechnung gebracht.[1])

Eben so wenig anrechnungsfähig sind Entschädigungen, welche in einem oder dem anderen Staate den vormals unmittelbaren Reichsständen, oder an Kommunen oder einzelne Privatberechtigte für eingezogene Zollrechte oder für aufgehobene Befreiungen gezahlt werden müssen.

Dagegen bleibt es einem jeden Staate unbenommen, einzelne Gegenstände auf Freipässe ohne Abgabenentrichtung ein- oder ausgehen zu lassen. Dergleichen Gegenstände werden jedoch zollgesetzlich behandelt, und in Freiregistern, mit denen es wie mit den übrigen Zollregistern zu halten ist, notirt, und die Abgaben, welche davon zu erheben gewesen wären, kommen bei der demnächstigen Revenüenausgleichung demjenigen Staate, von welchem die Freipässe ausgegangen sind, in Abrechnung.

Artikel 16. In Absicht der Erhebungs- und Verwaltungskosten für die Eingangs- und Ausgangsabgaben kommen folgende Grundsätze zur Anwendung:

1) Man wird, so weit nicht ausnahmsweise etwas Anderes verabredet ist, keine Gemeinschaft dabei eintreten lassen, vielmehr übernimmt jede Regierung alle in ihrem Gebiete vorkommenden Erhebungs- und Verwaltungskosten, es mögen diese durch die Einrichtung und Unterhaltung der Haupt- und Neben-Zollämter, der inneren Steuerämter, Hallämter und Packhöfe, und der Zolldirektionen, oder durch den Unterhalt des dabei angestellten Personals und durch die dem letzteren zu bewilligenden Pensionen, oder endlich aus irgend einem anderen Bedürfnisse der Zollverwaltung entstehen.

---

[1]) In einem Bundesrathsbeschlusse, Protokolle von 1872 § 199 (Delbrück S. 64), ist bestimmt, daß die Rückvergütungen der tarifmäßigen Abgaben, welche den bei dem Deutschen Reiche akkreditirten Botschaftern, Gesandten, Geschäftsträgern u. s. w. gewährt werden, v. 1. Januar 1872 ab auf Rechnung des Reichs zu übernehmen sind.

Art. 15 hat einfache Gesetzeskraft.

2) Hinsichtlich desjenigen Theils des Bedarfs aber, welche an den gegen das Ausland gelegenen Grenzen und innerhalb des dazu gehörigen Grenzbezirks für die Zoll-Erhebungs- und Aufsichts- oder Kontrol-Behörden und Zollschutzwachen erforderlich ist, wird man sich über Pauschsummen vereinigen, welche von der jährlich aufkommenden und der Gemeinschaft zu berechnenden Brutto-Einnahme an Zollgefällen nach der im Artikel 11 getroffenen Vereinbarung in Abzug gebracht werden.

3) Bei dieser Ausmittelung des Bedarfs soll da, wo die Perzeption privativer Abgaben mit der Zollerhebung verbunden ist, von den Gehältern und Amtsbedürfnissen der Zollbeamten nur derjenige Theil in Anrechnung kommen, welcher dem Verhältnisse ihrer Geschäfte für den Zolldienst zu ihren Amtsgeschäften überhaupt entspricht.

4) Man wird auch ferner darauf bedacht sein, durch Feststellung allgemeiner Normen die Besoldungsverhältnisse der Beamten bei den Zoll-Erhebungs- und Aufsichtsbehörden, ingleichen bei den Zolldirektionen in möglichste Uebereinstimmung zu bringen.

Die Vereinsstaaten machen sich verbindlich, für die Diensttreue der bei der Zollverwaltung von ihnen angestellten Beamten und Diener und für die Sicherheit der Kassenlokale und Geldtransporte in der Art zu haften, daß Ausfälle, welche an den Zolleinnahmen durch Dienstuntreue eines Angestellten erfolgen, oder aus der Entwendung bereits eingezahlter Gelder entstehen, von derjenigen Regierung, welche den Beamten angestellt hat, oder welche die entwendeten Bestände erhoben hatte, ganz allein zu vertreten sind und bei der Revenüentheilung dem betreffenden Staate zur Last fallen.

In Betracht, daß die Kosten für die inneren Steuerämter oder Hallämter oder Packhöfe einem jeden Vereinsstaate zur Last fallen, bleibt es jedem derselben überlassen, solche Aemter innerhalb seines Gebietes in beliebiger Zahl zu errichten, so daß in Beziehung auf deren Kompetenz und Personalbestellung keine anderen als diejenigen Beschränkungen eintreten, welche aus der Vereins-Zollordnung und den bestehenden Instruktionen und Verabredungen hervorgehen.

Der gesammte amtliche Schriftwechsel in den gemeinschaftlichen Zollangelegenheiten zwischen den Behörden und Beamten der Vereinsstaaten im ganzen Umfange des Zollvereins soll auf den Brief- und Fahrposten portofrei befördert werden, und es ist zur Begründung dieser Portofreiheit die Korrespondenz der gedachten Art mit der äußeren Bezeichnung „Zollvereinssache" zu versehen.[1])

Artikel 17 . . . . . .[2])

Artikel 18. Das Begnadigungs- und Strafverwandlungsrecht bleibt jedem Vereinsstaate in seinem Gebiete vorbehalten. Auf Verlangen werden periodische Uebersichten der erfolgten Straferlasse dem Bundesrathe des Zollvereins mitgetheilt werden.[3])

Artikel 19. . . . .[4])

(Abs. 2.)[5]) Es werden daher in jedem dieser Staaten bei den Lokal- und Bezirksstellen für die Erhebung und Aufsicht, welche nach der hierüber getroffenen besonderen Uebereinkunft nach gleichförmigen Bestimmungen angeordnet, besetzt und instruirt werden sollen, die Beamten und Diener auch ferner von der Landesregierung ernannt.

---

[1]) Auch dieser Artikel hat die Kraft eines einfachen Gesetzes. Da die Ausgaben der verschiedenen Vereinsstaaten nicht immer mit der Einwohnerzahl in Verhältniß standen, insbesondere einzelne Staaten unverhältnißmäßig große oder schwierige Grenzen zu bewachen hatten (Baden, Oldenburg, Luxemburg), so wurden besondere Pauschsummen als ein Voraus gewährt. Die diesbezüglichen Abmachungen sind in Kraft geblieben, Näheres bei Delbrück S. 70 ff. In Lübeck, Hamburg und Bremen hat das Reich die Verwaltung selbst übernommen.

Bei den Angelegenheiten der Zölle und gemeinschaftlichen Verbrauchssteuern ist der amtliche Schriftwechsel zwischen den Behörden und Beamten verschiedener Bundesstaaten portofrei, § 12 des G. über die Portofreiheiten v. 5. Juni 1869 (BGBl. 1869 S. 143).

[2]) Art. 17 ist beseitigt durch Art. 39 der Verf.

[3]) Der erste Satz ist verfassungsrechtlicher Art, Delbrück S. 79; and. Ans. Hänel, Staatsr. S. 56 Anm. 4. Zu bemerken ist, daß in Zoll- und Steuersachen das Begnadigungsrecht der Landesherren den Ministern und Provinzialbehörden delegirt ist (vgl. Preuß. JMBl. 1868 S. 333, VMBl. 1869 S. 29, JMBl. 1881 S. 31).

[4]) Art. 19 Abs. 1 ist ersetzt durch Art. 36 Abs. 1 der Verf.

[5]) Vgl. auch Delbrück S. 79 ff.

In jedem dieser Vereinsstaaten, mit Ausnahme des Thüringischen Vereinsgebietes, wird die Leitung des Dienstes der Lokal- und Bezirksbehörden, sowie die Vollziehung der gemeinschaftlichen Zollgesetze überhaupt, einer, oder, wo sich das Bedürfniß hierzu zeigt, mehreren Zolldirektionen übertragen, welche dem einschlägigen Ministerium des betreffenden Staates untergeordnet sind. Die Bildung der Zolldirektionen und die Einrichtung ihres Geschäftsganges bleibt den einzelnen Staatsregierungen überlassen; der Wirkungskreis derselben aber kann, insoweit er nicht schon durch gegenwärtigen Vertrag und die gemeinschaftlichen Zollgesetze bestimmt ist, durch eine vom Bundesrathe des Zollvereins festzustellende Instruktion bezeichnet werden.

In dem Thüringischen Vereinsgebiete vertritt der gemeinschaftliche Generalinspektor in den Berührungen mit dem Bundesrathe und mit den Zollbehörden der anderen Vereinsstaaten die Stelle einer Zolldirektion.

Artikel 20 . . . . . .[1])

Die den Hauptämtern beigeordneten Kontroleure haben von allen Geschäften derselben und der Nebenämter in Beziehung auf die Grenzbewachung und das Verfahren bei der Zoll- und Steuererhebung Kenntniß zu nehmen und auf Einhaltung eines gesetzlichen Verfahrens, ingleichen auf die Abstellung etwaiger Mängel einzuwirken, übrigens sich jeder eigenen Verfügung zu enthalten. Ihre dienstliche Stellung und ihre Befugnisse werden durch eine Instruktion geregelt.

Die den Direktivbehörden beigeordneten Bevollmächtigten haben sich von allen vorkommenden Verwaltungsgeschäften, welche sich auf die durch den gegenwärtigen Vertrag eingegangene Gemeinschaft beziehen, vollständige Kenntniß zu verschaffen.

---

[1]) An Stelle der Abs. 1 und 2 des Art. 20 ist Art. 36 Abs. 2 der Verf. getreten.

Unter Nr. 15 des Schlußprot. ist zu Art. 20 verabredet:

„Preußen wird zur Ausübung der ihm nach Artikel 20 des Vertrages vom heutigen Tage zustehenden Kontrole auch Beamte der anderen Vereinsstaaten, unter Berücksichtigung der Wünsche der betreffenden Regierungen, verwenden."

Ihr Geschäftsverhältniß ist durch eine besondere Instruktion näher bestimmt, als deren Grundlage die unbeschränkte Offenheit von Seiten der Verwaltung, bei welcher die Bevollmächtigten fungiren, in Bezug auf alle Gegenstände der gemeinschaftlichen Verwaltung, und die Erleichterung jedes Mittels, durch welches sie sich die Information hierüber verschaffen können, angenommen ist, während andererseits ihre Sorgfalt nicht minder aufrichtig dahin gerichtet sein soll, eintretende Anstände und Meinungsverschiedenheiten auf eine dem gemeinsamen Zwecke und dem Verhältnisse verbündeter Staaten entsprechende Weise zu erledigen.

Die Ministerien oder obersten Verwaltungsstellen der Vereinsstaaten werden überdies dem Bundesrathe auf Verlangen jede gewünschte Auskunft über die gemeinschaftlichen Angelegenheiten mittheilen.

Die Gehälter und alle übrigen Kosten der Vereins-Kontroleure und Bevollmächtigten trägt der Verein.

Artikel 21 . . . . . .[1])

Artikel 22.[2]) Chausseegelder oder andere statt derselben bestehende Abgaben, ebenso Pflaster-, Damm-, Brücken- und Fährgelder, oder unter welchem anderen Namen dergleichen Abgaben bestehen, ohne Unterschied, ob die Erhebung für Rechnung des Staates oder eines Privatberechtigten, namentlich einer Kommune geschieht, sollen sowohl auf Chausseen, als auch auf unchaussirten Land- und Heerstraßen, welche die unmittelbare Verbindung zwischen den an einander grenzenden Vereinsstaaten bilden und auf denen ein größerer Handels- und Reiseverkehr stattfindet, nur in dem Betrage beibehalten oder neu eingeführt werden können, als sie den gewöhnlichen Herstellungs- und Unterhaltungskosten angemessen sind.

Das in dem Preußischen Chausseegeld-Tarife vom Jahre 1828 bestimmte Chausseegeld soll als der höchste Satz angesehen, und hinführo in den Gebieten keines der vertragenden Theile über-

---

[1]) Art. 21 ist durch das Patentges. v. 25. Mai 1877 hinfällig geworden.

[2]) Dieser Artikel enthält verfassungsrechtliche Vorschriften, s. indeß auch Hänel, Staatsr. S. 57.

schritten werden, mit alleiniger Ausnahme des Chausseegeldes auf solchen Chausseen, welche von Korporationen oder Privatpersonen oder auf Aktien angelegt sind oder angelegt werden möchten, insofern dieselben nur Nebenstraßen sind oder blos lokale Verbindungen einzelner Ortschaften oder Gegenden mit größeren Städten oder mit den eigentlichen Haupthandelsstraßen bezwecken.

An Stelle der vorstehend in Beziehung auf die Höhe der Chausseegelder eingegangenen Verbindlichkeit tritt für Oldenburg die Verpflichtung, die dermaligen Chausseegeldsätze nicht zu erhöhen.[1])

Besondere Erhebungen von Thorsperr- und Pflastergeldern sollen auf chaussirten Straßen da, wo sie noch bestehen, dem vorstehenden Grundsatze gemäß aufgehoben und die Ortspflaster den Chausseestrecken dergestalt eingerechnet werden, daß davon nur die Chausseegelder nach dem allgemeinen Tarife zur Erhebung kommen.

Artikel 23 . . . . . .[2])

Artikel 24. In den Gebieten der vertragenden Theile sollen Stapel- und Umschlagsrechte auch ferner nicht zulässig sein. Niemand soll zur Anhaltung, Verladung oder Lagerung gezwungen werden können, als in den Fällen, in welchen die gemeinschaftliche Zollordnung oder die betreffenden Schiffahrts-Reglements es zulassen oder vorschreiben.

Artikel 25 . . . . . .[3])

Findet der Gebrauch einer Waageeinrichtung nur zum Behufe der Zollermittelung oder überhaupt einer zollamtlichen Kontrole statt, so tritt eine Gebührenerhebung nicht ein.

Artikel 26 und 27 . . . .[4])

---

[1]) Andere Ausnahmen sind unter Nr. 16 des Schlußprot. vereinbart (Delbrück S. 85).

[2]) Art. 23 ist beseitigt durch Art. 3 und 54 Abs. 3 und 4 der Verf.

[3]) Art. 25 Abs. 1 ist ersetzt durch Art. 54 Abs. 4 der Verf.

[4]) Art. 26 und 27 sind ersetzt durch Art. 3 und Art. 4 Z. 1 und 3 der Reichsverf. Doch gilt noch Abs. 3 in Art. 26 (Delbrück S. 89):

„Desgleichen sollen Kaufleute, Fabrikanten und andere Gewerbetreibende, welche sich darüber ausweisen, daß sie in dem Vereinsstaate, wo sie ihren Wohnsitz haben, die gesetz-

Artikel 28 . . . . . .[1])

Artikel 29. Der gegenwärtige Vertrag tritt mit dem 1. Januar 1868 in Wirksamkeit

. . . .[2])

So geschehen Berlin, den 8. Juli 1867.

(Folgen die Unterschriften.)

VII. Eisenbahnwesen.

Bereits in Art. 4 Ziffer 8 der Reichsverf. ist bestimmt, daß dem Reiche die Beaufsichtigung und die Gesetzgebung über das Eisenbahnwesen im Interesse der Landesvertheidigung und des allgemeinen Verkehrs zustehen. Der VII. Abschnitt (Art. 41 ff.) hat dem gegenüber eine andere Aufgabe: einmal die Reichszuständigkeit zu schaffen, wo sie Art. 4 Nr. 8 nicht giebt; dies ist der Fall, insofern Art. 41 vorschreibt, daß das Reich selbst Eisenbahnen anlegen darf — wozu das Reich ohne besondere verfassungsmäßige Ermächtigung nicht befugt wäre —; und sodann die fernere Aufgabe, dem Reiche gewisse Verordnungsbefugnisse zu ertheilen oder doch wenigstens vorzuschreiben, wie die Bundesstaaten ihre Verordnungsbefugnisse rücksichtlich des Eisenbahnwesens anzuwenden haben. (Vgl. Arndt, Verordnungsr. S. 102 f.; ferner Rede Miquels in den Sten.Ber. des Reichstages 1870 Bd. II S. 784): „Der Art. 4 der Verf. bestimmt ausdrücklich, daß dem Bunde die Gesetzgebung zustehe in Eisenbahnsachen im Interesse der Landesvertheidigung und des allgemeinen Verkehrs. — Die Spezialartikel 41—47 dagegen bezielen solche Bestimmungen, die entweder sich nicht zur gesetzlichen Regelung eignen, oder aber,

---

lichen Abgaben für das von ihnen betriebene Geschäft entrichten, wenn sie persönlich oder durch in ihren Diensten stehende Reisenden Ankäufe machen, oder Bestellungen, nur unter Mitführung von Mustern suchen, in den anderen Staaten keine weitere Abgabe hierfür zu entrichten verpflichtet sein."

[1]) Art. 28 ist ersetzt durch Art. 3, 54 und 55 der Verf.

[2]) Die folgenden Bestimmungen des Art. 29 sind nunmehr gegenstandslos in Folge des Art. 40 der Verf.

welche nicht zu ihrer Regelung eines besonderen Zusatzes bedürfen. —" Nun ist zu bemerken, was in der staatsrechtlichen Litteratur meist unbeachtet geblieben ist, daß die meisten der in dem VII. Abschnitt behandelten Gegenstände nach dem in den Bundesstaaten geltenden Staatsrechte nicht dem Gesetzgebungs-, sondern dem Verwaltungs-(Verordnungs)wege unterlagen.

Bahnpolizeireglements und Bahnbetriebsreglements sind für die Eisenbahnen wie für das Publikum von außerordentlichster Bedeutung. Sie enthalten — nicht in allen, aber doch in allen wesentlichen Beziehungen — Rechtssätze im eminentesten Sinne des Wortes: Die Eisenbahn muß so und so viel Bremsen und Bremser haben, ihre Lokomotiven und Wagen müssen eine bestimmte Beschaffenheit haben, so und so müssen Böschungen, Ueberführungen, Steigungen u. s. w. beschaffen sein, ihr Personal muß die und die Eigenschaften, die und die Zahl haben, die und die Signale, die und die Geschwindigkeit muß sie innehalten —, wie viel hunderttausende Mark ihr dies alljährlich auch kosten mag —. Ferner: die Bahn darf nicht die Frachtverträge abschließen, wie sie will, sondern wie ihr das in dem Reglement vorgeschrieben wird. Nur in den dort zugelassenen Fällen darf sie ihre Haftung ausschließen, so, wie es dort vorgeschrieben ist, muß sie Verpackung, Schnelligkeit, Ablieferung u. s. w. einrichten; sie darf auch nicht die Tarife machen, wie sie will, sondern wie sie genehmigt werden — und wenn ihr dies jährlich Millionen Mark kostet —. Solche Beschränkungen der Vertragsfreiheit, solche Gebote und Verbote sicherheitspolizeilicher Art oder im Interesse des die Bahn benutzenden Publikums sind R e c h t s n o r m e n. Dem Publikum gegenüber sollen Bahnpolizei- und Betriebsreglements nicht in allen Theilen, aber doch in vielen als Rechtsnorm gelten: Ihr sollt nicht über den Bahnkörper gehen, nicht in Wagen steigen, die bereits in Bewegung sind, explosive Stoffe nicht mitnehmen u. s. w.

D a g e g e n s o l l a l s R e c h t s n o r m d e m P u b l i k u m g e g e n ü b e r n i c h t g e l t e n, w a s l e d i g l i c h i n d e s s e n I n t e r e s s e d e n B a h n g e s e l l s c h a f t e n v o r g e s c h r i e b e n w i r d. Wenn sich dasselbe bei Frachtverträgen günstigere Bedingungen verschaffen kann, so ist man damit wohl zufrieden.

Daß aber in Deutschland der Erlaß von Eisenbahnpolizei- und

Betriebsreglements dem Verordnungswege zustand, ergeben die bis zum Erlaß der Landesverfassung ergangenen Reglements, so die Betriebsreglements v. 18. Juli 1853, 5. Jan. 1861, 22. April 1861, 17. Febr. 1862, 3. Sept. 1865 (BMBl. 1853 S. 207, 1861 S. 23, 87, 1862 S. 91, 1865 S. 251), ferner die Bahnpolizeireglements v. 2. Febr. 1848, 15. Dez. 1858, 8. Juni 1859 (BMBl. 1848 S. 134, 1859 S. 58, 153); s. Arndt, Verordnungsr. S. 104.

Die Reichsverfassung zielt nun auf solche Verordnungen ab, sie will, daß diese übereinstimmend und gemeinschaftlich sein sollen.

Wie bereits oben S. 99 nachgewiesen ist, unterstehen dem Reiche nur die dem allgemeinen, öffentlichen Verkehr dienenden Eisenbahnen, also nicht Straßenbahnen, auch nicht die sog. Kleinbahnen (Preuß. G. über Kleinbahnen und Privatanschlußbahnen v. 28. Juli 1892, GS. S. 225), noch weniger die sog. Privatbahnen, die nicht dem öffentlichen Verkehr, Jedermann, dienen. Dagegen unterstehen dem Reiche sowohl die sog. Vollbahnen wie die Eisenbahnen untergeordneter Bedeutung (Sekundärbahnen). Für Preußen läßt sich kurz behaupten: was dem Eisenbahngesꝛ. v. 3. Nov. 1838 unterliegt, untersteht auch der Reichsgesetzgebung. Diese Bahnen haben — Gleim, Das Recht der Eisenbahnen in Preußen I S. 418 — eine derartige wirthschaftliche oder militärische Bedeutung, daß es für gerechtfertigt erachtet worden ist, sie einerseits mit Vorrechten (Expropriationsrecht und dergl.) auszustatten, andererseits aber auch strengen Anforderungen zu unterwerfen.

Artikel 41.

Eisenbahnen, welche im Interesse der Vertheidigung Deutschlands oder im Interesse des gemeinsamen Verkehrs für nothwendig erachtet werden, können kraft eines Reichsgesetzes [1]) auch gegen den Widerspruch der Bundesglieder, deren Gebiet die Eisenbahnen durchschneiden, unbeschadet der Landeshoheitsrechte, [2]) für Rechnung des Reichs angelegt oder an Privatunternehmer zur Ausführung konzessionirt und mit dem Expropriationsrechte [3]) ausgestattet werden.

Jede bestehende Eisenbahnverwaltung[4]) ist verpflichtet, sich den Anschluß[5]) neu angelegter Eisenbahnen auf Kosten der letzteren gefallen zu lassen.

Die gesetzlichen Bestimmungen, welche bestehenden Eisenbahn-Unternehmungen ein Widerspruchsrecht gegen die Anlegung von Parallel- oder Konkurrenzbahnen einräumen,[6]) werden, unbeschadet bereits erworbener Rechte,[7]) für das ganze Reich hierdurch aufgehoben. Ein solches Widerspruchsrecht kann auch in den künftig zu ertheilenden Konzessionen nicht weiter verliehen werden.[8])

1) Da das Reich nur die ihm verfassungsmäßig übertragenen Befugnisse hat, so bedurfte es einer Verfassungsvorschrift, die das Reich ermächtigt, durch Reichsgesetz auch gegen den Widerspruch der Bundesglieder, deren Gebiet die Eisenbahnen durchschneiden, solche Eisenbahnen anzulegen oder anlegen zu lassen; s. auch Hänel, Staatsr. S. 648. Laband II S. 114 meint, daß hierzu kein Spezialgesetz, sondern nur eine Position im Staatshaushaltsetat genüge. Dies muß bestritten werden. Die Etatsposition bedeutet nur das Recht der Behörde, die fraglichen Ausgaben zu leisten. Das Spezialgesetz soll die Erfüllung der in Art. 41 enthaltenen Vorbedingung sein und insbesondere das Vorhandensein der Vorbedingungen zu einer solchen Bahn konstatiren und den entgegenstehenden Willen der Bundesstaaten brechen.

2) D. h. die Landeshoheitsrechte sollen nur soweit, wie es die Anlegung und Betreibung der Eisenbahn erfordert, beeinträchtigt werden.

3) D. i. das Recht, nach Maßgabe des in dem Bundesstaate geltenden Enteignungsrechts den Grund und Boden auch gegen den Willen der Eigenthümer und Besitzer zu erwerben.

4) Staats- oder Privatbahnverwaltung.

5) D. h. die Ueberführung des rollenden Materials, nicht die Mitbenutzung einzelner Strecken, noch der Bahnhöfe; s. Laband I S. 115.

6) Ein solches Recht war im Preuß. Eisenbahngeſ. v. 3. Nov. 1838 (GS. S. 504) § 44 enthalten.

7) D. i. durch Vertrag oder Privileg, nicht dadurch erworbener, daß das Landesrecht die Konzessionirung von Parallel- oder Konkurrenzstrecken verboten hat (Eger, Handb. des Preuß. Eisenbahnr. S. 60 Anm. 7, Loening, Verwaltungsr. S. 621 Anm. 3), Laband I S. 116; and. Ans. Seydel, Komm. S. 190.

Artikel 42.

Die Bundesregierungen verpflichten sich, die Deutschen Eisenbahnen im Interesse des allgemeinen Verkehrs wie ein einheitliches Netz verwalten und zu diesem Behuf auch die neu herzustellenden Bahnen nach einheitlichen Normen anlegen und ausrüsten zu lassen.[1])

1) Nach seinem Wortlaute enthält Art. 42 Vertrags-, nicht Verfassungsrecht. Dadurch, daß er in die Verfassung aufgenommen ist, wurde sein Inhalt Verfassungsrecht, s. Arndt, Verordnungsr. S. 105 ff. Die Bundesregierungen werden durch den Bundesrath vertreten.

Artikel 43.

Es sollen demgemäß in thunlichster Beschleunigung übereinstimmende Betriebseinrichtungen getroffen, insbesondere gleiche Bahnpolizei-Reglements eingeführt werden.[1]) Das Reich hat dafür Sorge zu tragen, daß die Eisenbahnverwaltungen die Bahnen jederzeit in einem die nöthige Sicherheit gewährenden baulichen Zustande erhalten und dieselben mit Betriebsmaterial so ausrüsten, wie das Verkehrsbedürfniß es erheischt.[2])

1) Auf Grund dieser Vorschrift hat der Bundesrath für ganz Deutschland gültige Bahnpolizeireglements und andere polizeiliche Vorschriften für Vollbahnen und Bahnen untergeordneter Bedeutung erlassen (s. über diese Begriffe Anm. 7 zu Art. 4 Nr. 8 der Verf. oben S. 99). Die Ungültigkeit derselben hat die Theorie behauptet (Laband, Reichsstaatsr. Aufl. I Bd. 2 S. 89, 90, 363 ff., 372 ff., und wenn auch minder bestimmt Aufl. II Bd. 2 S. 117 ff., Hänel,

Organisatorische Entwickelung S. 81 ff., Hänel, Staatsr. S. 644 ff.), einmal, weil die Befugniß dazu gefehlt habe, sodann auch, weil sie nicht gehörig (nicht im Reichsgesetzblatt) bekannt gemacht seien. Letzteres ist höchst inkonsequent und ebenso unnöthiger Weise später — aber nur in einzelnen Fällen — geschehen. Die Gültigkeit der bez. Bundesrathsverordnungen ist anerkannt vom Reichs-Ober-Handelsgericht (Entsch. Bd. 21 S. 60 ff.) und vom Reichsgericht (Entsch. in Straff. Bd. 10 S. 326) und eingehend begründet worden von Arndt, Verordnungsr. S. 102 ff.

Der Sinn der Verfassungsvorschrift war, wie die Verhandlungen des verfassungberathenden Reichstages 1867 S. 27 ff., 505 ff., sowie die Verhandlungen 1869 S. 828, 1870 S. 783 ff. a. a. O. auch ergeben, der, daß die Vorschriften polizeilicher Art, welche bis dahin die Landesregierungen den Eisenbahngesellschaften und dem Publikum im Verordnungswege auferlegten, für ganz Deutschland gleich sein sollten. Das konnte geschehen, indem alle Regierungen die gleichen oder der Bundesrath die für das ganze Reich gemeinsamen Verordnungen erließ.

2) Hieraus ergiebt sich, daß das Reich befugt ist, Normen für die Konstruktion und Ausrüstung der Eisenbahnen Deutschlands zu erlassen. Das bez. Organ ist gemäß Art. 7 Nr. 2 der Bundesrath. Die von diesem erlassenen Vorschriften enthalten (den Bahngesellschaften gegenüber) Rechtssätze im eminentesten Sinne. Zur Wahrnehmung und Handhabung der dem Reiche in Art. 43 eingeräumten gemäß Art. 17 der Reichsverf. auszuübenden Aufsichtsrechte ist das Reichs-Eisenbahnamt (G. v. 27. Juni 1873, RGBl. 1873 S. 164, § 4) vom Kaiser bestimmt.

Art. 43 gilt nicht für Bayern.

Artikel 44.

Die Eisenbahnverwaltungen sind verpflichtet, die für den durchgehenden Verkehr und zur Herstellung ineinander greifender Fahrpläne nöthigen Personenzüge mit entsprechender Fahrgeschwindigkeit, desgleichen die zur Bewältigung des Güterverkehrs nöthigen Güterzüge einzuführen, auch direkte Expeditionen im Personen- und Güterverkehr, unter Gestattung des Ueberganges der Transportmittel von einer Bahn auf die andere, gegen die übliche Vergütung einzurichten.[1])

1) Art. 44 gilt nicht für Bayern. Die Aufsicht steht gemäß Art. 17 der Reichsverf. dem Kaiser zu, der sie durch das Reichs-Eisenbahnamt handhabt.

Artikel 45.

Dem Reiche steht die Kontrole[1]) über das Tarifwesen zu. Dasselbe wird namentlich dahin wirken:

1) daß baldigst auf allen Deutschen Eisenbahnen übereinstimmende Betriebsreglements[2]) eingeführt werden;

2) daß die möglichste Gleichmäßigkeit und Herabsetzung der Tarife erzielt,[3]) insbesondere, daß bei größeren Entfernungen für den Transport von Kohlen, Koaks, Holz, Erzen, Steinen, Salz, Roheisen, Düngungsmitteln und ähnlichen Gegenständen ein dem Bedürfniß der Landwirthschaft und Industrie entsprechender ermäßigter Tarif, und zwar zunächst thunlichst der Einpfennig-Tarif eingeführt werde.[4])[5])

1) Die Kontrole schließt das Recht in sich, Anzeige von allen Tarifen und Tarifveränderungen zu verlangen.

2) Darunter versteht man die Verordnungen, welche die Transportbedingungen vorschreiben, d. h. die Rechtssätze, die u. A. den Bahngesellschaften genau vorschreiben, wie sie die Transportverträge (abgesehen von den Tarifen) einrichten sollen. Das Betriebsreglement stellt nicht, wie Laband II S. 126 meint, die Bethätigung der Vertragsfreiheit dar, sondern umgekehrt, wie die Vertragsfreiheit der Bahngesellschaften beschränkt, fast vernichtet ist. Zweifellos würden die Bahngesellschaften, wenn sie nicht durch das Betriebsreglement gezwungen wären, ganz andere, ihnen weit günstigere Verträge abschließen. Das Betriebsreglement ist eine Verordnung, eine Verwaltungsvorschrift des Bundesraths im Sinne des Art. 7 Nr. 2

der Reichsverf.; daraus folgt, daß es, soweit es zwingenden Normen eines Reichsgesetzes, z. B. des Handelsgesetzbuches, widerspricht, ungültig ist.

Ist das Betriebsreglement den Bahngesellschaften gegenüber Rechtsnorm, jus cogens, so hat es in seinen meisten Bestimmungen dem Publikum gegenüber als solches keine rechtsverbindliche Kraft. Denn Zweck und Bedeutung des Reglements ist nicht, das Publikum irgend wie in seiner Vertragsfreiheit zu beschränken, sondern es nur gegen die Willkür und das thatsächliche Monopol der Eisenbahngesellschaft zu schützen. Das Publikum kann sich daher günstigere Transportbedingungen ausmachen, als im Betriebsreglement enthalten sind. Es kann sich auch pure dem Reglement unterwerfen, und dies wird die Regel sein, da das Publikum namentlich seit der Verstaatlichung der Eisenbahnen nur selten in der Lage sein wird, sich günstigere Verfrachtungsbedingungen zu verschaffen. Durch die Unterwerfung unter das Reglement wird dieses Vertrag für beide Theile (s. Entsch. des Reichsg. in Civils. Bd. XV S. 156, Arndt, Verordnungsr. S. 112).

Die Darstellung bei Laband S. 126 f. hat das Unrichtige, daß bestritten wird, das Reglement sei den Bahngesellschaften gegenüber ein Verwaltungsbefehl im Gegensatze zu einer Rechtsvorschrift.

Daß die Betriebsreglements gültig vom Bundesrathe erlassen werden konnten, erlassen und bekannt gemacht sind, ist eingehend begründet bei Arndt, Verordnungsr. S. 103—116.

Das Betriebsreglement gilt auch in Bayern; s. Laband I S. 125.

Hänel, Staatsr. S. 656 f. sagt: „Das Reich hat nicht das Recht einseitiger Festsetzungen — weder gegenüber den Privat-, noch gegenüber den Staatsbahnen.

Das gilt in Bezug auf das Betriebsreglement. Niemals wird es auch den gewagtesten Interpretationen gelingen, den Wortlaut des Verfassungstextes: „dahin wirken, daß baldigst auf allen deutschen Bahnen übereinstimmende Betriebsreglements (Plural!) eingeführt werden (Passivum)“ soweit zu beugen, daß darin die Ermächtigung gefunden werden kann, eine Verordnung, welche nach dem historisch bestimmten Inhalt des Betriebsreglements eine gesetzvertretende sein und die wesentliche Bestimmung eines anderen Reichsgesetzes, des Handelsgesetzbuchs, modifiziren müßte, zu erlassen unter den nämlichen Voraussetzungen und mit den nämlichen Wirkungen, wie in Ausübung eines dem Reiche schlechthin zugeschriebenen Verordnungsrechts." Darauf ist mit zwei Fragen zu antworten: 1) wenn alle im Bundesrathe vertretenen Regierungen darein willigten, daß das Reich das Reglement erließ, ist das nicht die vollkommenste Erfüllung der in Art. 42 bis 45 dem deutschen Volke verfassungsmäßig gemachten Zusicherungen? 2) warum setzte man Art. 45 Nr. 1 in die Verfassung, wenn nicht ein unmittelbares Recht des Reichs daraus folgen soll?

3) Nr. 2 hat bisher praktische Bedeutung nicht erlangt.

4) Bezüglich der Württembergischen Eisenbahnen ist in der Verhandl. v. 25. Nov. 1870 über den Beitritt Württembergs zu der zwischen dem Nordd. Bunde, Baden und Hessen vereinbarten Verfassung des Deutschen Bundes (BGBl. 1870 S. 657) unter 2. zum Art. 45 der Verf. anerkannt, daß bei ihren Bau-, Betriebs- und Verkehrsverhältnissen nicht alle im Art. 45 aufgeführten Transportgegenstände in allen Gattungen von Verkehren zum Einpfennigsatze befördert werden können.

5) In Bayern gilt zwar Art. 45 nicht, doch ist mit Zustimmung Bayerns das Betriebsreglement des Bundesraths auch für Bayern (Nr. 1 dieses Art.) gültig.

Artikel 46.

Bei eintretenden Nothständen, insbesondere bei ungewöhnlicher Theuerung der Lebensmittel, sind die Eisenbahnverwaltungen verpflichtet, für den Transport, namentlich von Getreide, Mehl, Hülsenfrüchten und Kartoffeln, zeitweise einen dem Bedürfniß entsprechenden, von dem Kaiser auf Vorschlag des betreffenden Bundesraths-Ausschusses festzustellenden, niedrigen Spezialtarif einzuführen, welcher jedoch nicht unter den niedrigsten auf der betreffenden Bahn für Rohprodukte geltenden Satz herabgehen darf.

Die vorstehend, sowie die in den Artikeln 42. bis 45. getroffenen Bestimmungen sind auf Bayern[1]) nicht anwendbar.

Dem Reiche steht jedoch auch Bayern[2]) gegenüber das Recht zu, im Wege der Gesetzgebung einheitliche Normen für die Konstruktion und Ausrüstung der für die Landesvertheidigung wichtigen Eisenbahnen aufzustellen.

1) Wohl aber kann das Reich gemäß Art. 4 der Verf. auch für Bayern gültige Eisenbahngesetze erlassen; s. auch Seydel, Komm. S. 193.

2) In Bayern gelten thatsächlich die gleichen Normen für die Konstruktion und Ausrüstung aller öffentlichen Eisenbahnen wie im übrigen Reiche.

Artikel 47.

Den Anforderungen der Behörden des Reichs in Betreff der Benutzung der Eisenbahnen zum Zweck der Vertheidigung[1]) Deutschlands haben sämmtliche Eisenbahnverwaltungen[2]) unweigerlich Folge zu leisten. Insbesondere ist das Militair und alles Kriegsmaterial zu gleichen[3]) ermäßigten Sätzen zu befördern.[4])

1) Im Kriege wie im Frieden, auch ohne Kriegsgefahr; Laband I S. 130, Seydel, Komm. S. 194, Sten.Ber. des verfassungberathenden Reichstags 1867 S. 509.

2) Mit Einschluß der bayerischen.

3) Vom Reiche festzusetzenden, im Frieden vom Bundesrathe (RG. v. 13. Febr. 1875, RGBl. 1875 S. 52, § 15). Gleichen d. i. „auf sämmtlichen bei dieser Beförderung betheiligten Eisenbahnen zu gleichen Sätzen", Delbrück im verfassungberathenden Reichstage 1867 (Sten.Ber. S. 509).

4) Nähere Ausführung hat Art. 47 bezüglich der Kriegsleistungen im G. v. 13. Juni 1873 (RGBl. 1873 S. 129) §§ 28 bis 31, bezüglich der Friedensleistungen in § 15 des G. v. 13. Febr. 1875 (RGBl. 1875 S. 52) erfahren. Ausführungsbestimmungen zu ersteren Vorschriften: Militär-Transportordn. v. 26. Jan. 1887 (RGBl. 1887 S. 9), zu letzteren: Friedens-Transportordn. v. 11. Febr. 1888 (RGBl. 1888 S. 23) ergänzt RGBl. 1889 S. 172, 1890 S. 71, zu beiden: Militär-Tarif für Eisenbahnen v. 28. Jan. 1887 (RGBl. 1887 S. 97).

VIII. Post- und Telegraphenwesen.

Die Geschäfte der Post- und Telegraphenverwaltung, d. i. die entgeltliche Beförderung von Personen und Sachen und die entgeltliche Uebermittelung von Nachrichten sind solche, die auch ein Privater vornehmen könnte. Aber daraus folgt nicht, daß sie, wenn sie ein Staat betreibt, Handelsgeschäfte oder gewerbliche Leistungen darstellen. Es ist denkbar, daß ein Staat die Vertheidigung seiner Grenzen oder seiner Küsten gegen Bezahlung einem anderen Staate überträgt; daraus folgt nicht, daß, wenn der Staat in seinem Kriegswesen die Vertheidigung seines Gebietes selbst bewirkt, er damit eine gewerbliche Unternehmung betreibt. Auch der Umstand, daß der Staat die Geschäfte der Post und Telegraphie nicht unentgeltlich besorgt, beweist nicht, daß diese Geschäfte Handelsgeschäfte oder gewerbliche Leistungen sind. Denn der Staat leistet auch die Rechtspflege, die streitige wie die nichtstreitige, die bürgerliche wie die strafgerichtliche, nicht unentgeltlich, und doch kann Niemand behaupten, daß der Staat, indem er gegen Gebühren Testamente, Auflassungen und Kaufverträge durch seine Beamten aufnehmen läßt, damit Gewerbe treibt. Das Entscheidende ist der **Zweck**, zu welchem die Geschäfte vom Staate übernommen sind und betrieben werden; das ist bei der Post und Telegraphie nicht der, Geld zu verdienen, sondern den öffentlichen Verkehr zu fördern. Wäre Gelderwerb Zweck der Post- und Telegraphenverwaltung, so würde sie sicher die Gebühren anders normiren. Die Post- und Telegraphenverwaltung ist daher in keiner Weise als Gewerbetreibender oder Kaufmann im rechtlichen Sinne anzusehen; Post und Telegraphie sind lediglich Verkehrsanstalten, auf **welche die Vorschriften des Handels- und Gewerberechts nach keiner Richtung, auch selbst subsidiär, nicht Anwendung finden.** Derselben Ansicht sind **Goldschmidt** in der Zeitschr. f. Handelsr. Bd. 23 S. 304 ff., **Zorn**, Staatsr. (1. Aufl.) II S. 13, G. **Meyer**, Verwaltungsr. Bd. I § 177, E. **Löning**, Verwaltungsr. S. 600 Anm. 3. **Entgegengesetzter** Ansicht sind u. A. das **Reichs-Ober-Handelsgericht**, Entsch. Bd. 12 S. 411, Bd. 17 S. 127, Bd. 23 S. 11, **Laband** II S. 73 ff., **Dernburg**, Preuß. Privatr. Bd. II S. 9.

Die Reichs-Postverwaltung ihrerseits lehnt es ab, irgendwie als Kaufmann oder Gewerbetreibender rechtlich oder thatsächlich angesehen zu werden.

Artikel 48.

Das Postwesen [1]) und das Telegraphenwesen [2]) werden für das gesammte Gebiet des Deutschen Reichs als [3]) einheitliche Staatsverkehrs-Anstalten eingerichtet und verwaltet.[4])

Die im Artikel 4. vorgesehene Gesetzgebung des Reichs in Post- und Telegraphen-Angelegenheiten erstreckt sich nicht auf diejenigen Gegenstände, deren Regelung nach den in der Norddeutschen Post- und Telegraphen-Verwaltung maßgebend gewesenen Grundsätzen der reglementarischen Festsetzung oder administrativen Anordnung überlassen ist.[5])

1) Das Postwesen des Deutschen Reichs ist hauptsächlich geregelt durch das Gesetz über das Postwesen des Deutschen Reichs v. 28. Okt. 1871 (RGBl. 1871 S. 347). Diesem ging voraus das Postges. für den Nordd. Bund v. 2. Nov. 1867 (BGBl. 1867 S. 61), das im Wesentlichen dem Preuß. G. v. 5. Juni 1852 (GS. S. 345) entsprach. Der wesentliche Inhalt dieser Gesetze, insbesondere des G. v. 28. Okt. 1871, ist folgender:

Der Post allein steht das Recht zu (**Postmonopol**), verschlossene Briefe und politische Zeitungen (die öfter als einmal wöchentlich erscheinen) — das sind die dem **Postzwange** unterliegenden Gegenstände — von Orten mit einer Postanstalt nach Orten mit einer Postanstalt gegen Bezahlung zu befördern. Ausgenommen vom Postmonopol, d. h. frei ist die Beförderung durch einen expressen Boten oder die Beförderung von Zeitungen in zweimeiligem Umkreise ihres Ursprungsorts. Dem Postmonopol entspricht die Pflicht der Postverwaltung, Zeitungen und andere zur Postbeförderung geeignete Gegenstände zu den ihr vorgeschriebenen Sätzen zu befördern. **Frei ist die Postverwaltung in keiner Weise**; wann, unter welchen Bedingungen (zu welchen Gebühren) sie eine Sendung befördern muß, in welchen Fällen und in welchem Umfange sie für verspätete oder mangelhafte Beförderung (Beschädigung oder Verlust der Sendung) haftet, ist im Postgesetze und den vom Reichskanzler erlassenen Verordnungen genau vorgeschrieben. Auch das Publikum ist nicht frei. Denn ihm gegenüber gelten die gesetzlichen Anordnungen, schon weil sie Gesetz sind, und die für die Post ergangenen Verordnungen, weil vorgeschrieben ist, § 50 des Preuß. Postges. v. 5. Juni 1852 (GS. 1852 S. 345), § 50 des RG. v. 28. Okt. 1871 (RGBl. 1871 S. 347), daß dieselben als Bestandtheil des zwischen dem Absender oder Reisenden einerseits und der Postverwaltung andererseits eingegangenen Vertrags gelten sollen. Ein Vertrag, dessen Inhalt beiden Kontrahenten vorgeschrieben ist, ist kein Vertrag. Die Postverordnungen müssen darnach als Rechtsvorschriften aufgefaßt werden, die auch für das Publikum wie für die Postverwaltung Gültigkeit haben (vgl. auch Ernst Meier, Ueber den Abschluß von Staatsverträgen, Leipzig 1874, S. 270—300); während die Vorschriften des Eisenbahnbetriebsreglements nur der Eisenbahnverwaltung gegenüber zwingendes Recht darstellen und für das Publikum nur dann Recht ausmachen, wenn dasselbe sich — wozu es rechtlich nicht verpflichtet ist — dem Reglement ausdrücklich (vertragsmäßig) unterworfen hat. Vgl. auch Arndt, Verordnungsr. S. 53 f. und S. 116 und die hiervon abweichenden Ansichten von Laband II S. 42—112.

2) Bezüglich des Telegraphenwesens bestand früher ein Streit, ob aus der Vorschrift in Art. 48 ein Telegraphen-Monopol des Reichs gefolgert werden dürfe [dies war die Praxis] oder nicht [dies war die in der Theorie herrschende Ansicht] (Laband II S. 69, E. Löning, Verwaltungsr. S. 611, G. Meyer, Verwaltungsr. I S. 563). Jetzt ist der Streit beseitigt durch G. über das Telegraphenwesen des D. Reichs v. 6. April 1892 (RGBl. 1892 S. 467):

> (§ 1.) Das Recht, Telegraphenanlagen für die Vermittelung von Nachrichten zu errichten und zu betreiben, steht ausschließlich dem Reich zu. Unter Telegraphenanlagen sind die Fernsprechanlagen mit begriffen. (§ 2.) Die Ausübung des im § 1 bezeichneten Rechts kann für einzelne Strecken oder Bezirke an Privatunternehmer und muß an Gemeinden für den Verkehr innerhalb des Gemeindebezirks verliehen werden, wenn die

nachsuchende Gemeinde die genügende Sicherheit für einen ordnungsmäßigen Betrieb bietet und das Reich eine solche Anlage weder errichtet hat, noch sich zur Errichtung und zum Betriebe einer solchen bereit erklärt. — (§ 3.) Ohne Genehmigung des Reichs können errichtet und betrieben werden:

1. Telegraphenanlagen, welche ausschließlich dem inneren Dienste von Landes- oder Kommunalbehörden, Deichkorporationen, Siel- und Entwässerungsverbänden gewidmet sind;
2. Telegraphenanlagen, welche von Transportanstalten auf ihren Linien ausschließlich zu Zwecken ihres Betriebes oder für die Vermittelung von Nachrichten innerhalb der bisherigen Grenzen benutzt werden;
3. Telegraphenanlagen a) innerhalb der Grenzen eines Grundstücks, b) zwischen mehreren einem Besitzer gehörigen oder zu einem Betriebe vereinigten Grundstücken, deren keines von dem anderen über 25 Kilometer in der Luftlinie entfernt ist, wenn diese Anlagen ausschließlich für den der Benutzung der Grundstücke entsprechenden unentgeltlichen Verkehr bestimmt sind.

Der Verkehrsanstaltscharakter tritt hervor in § 5, der die Pflichtung der Beförderung der Telegraphenverwaltung auferlegt und in § 6, der sie in gewissen Fällen zwingt, Anschlüsse an ihre Leitungen zu gestatten; vor Allem aber darin, daß die Bedingungen, unter denen die Beförderung der Telegramme vor sich gehen muß, mit Einschluß der Gebühren und der Garantie, der Telegraphenverwaltung und dem Publikum vorgeschrieben sind.

Für die Post- wie Telegraphenbeamten besteht die Pflicht zur Geheimhaltung. Das Post- und Telegraphengeheimniß kann nur in den reichsgesetzlich zugelassenen Fällen außer Rücksicht bleiben.

3) Von dem gesammten Gebiete sind Bayern und Württemberg ausgenommen, s. Art. 52 der Reichsverf.

4) Ueber die Verwaltung s. Art. 50.

5) Ein Theil der Bedingungen und Gebühren war in Preußen gesetzlich, ein anderer Theil, gleichfalls Rechtssätze enthaltend, z. B. über die Bedingungen und Gebühren für baare Einzahlungen, Vorschußsendungen, Streif- und Kreuzbandsendungen, für Bestellung der Expreßbriefe, Stadtbriefe, der Packete u. s. w. war herkömmlich

(Regl. v. 21. Dez. 1860, Preuß. Postamtsbl. S. 475) im Verordnungswege (vom Minister) mit Wirksamkeit auch dem Publikum gegenüber (dem noch Vorschriften über die Aufrechterhaltung der Ordnung, der Sicherheit und des Anstandes auf den Posten und in den Passagierstuben ertheilt wurden) geregelt. Art. 48 Abs. 2 der Nordd. Bundesverf. erklärte den Gesetzgebungsweg nur in den Fällen für nothwendig (die Verordnung für ausgeschlossen), wo dies nach dem Preußischen Staatsrecht der Fall war. Art. 48 Abs. 2 der Reichsverf. erklärte dem Gesetzgebungswege dasjenige Gebiet des Post- und Telegraphenwesens entzogen, welches von diesem in dem Norddeutschen Bunde befreit gewesen ist (vgl. hierzu Motive zum Postges. für den Nordd. Bund v. 2. Nov. 1887 in den Drucks. des Reichst. 1867 S. 29, Ernst Meier, Ueber den Abschluß von Staatsvertr. S. 298 ff., Arndt, Verordnungsr. S. 53 ff., 116 ff.).

Das Telegraphenwesen war in Preußen und daher auch im Norddeutschen Bunde und im Deutschen Reiche im Verordnungswege geregelt; s. Arndt, Verordnungsr. S. 73, Preuß. Telegraphen-Regl. v. 10. Dez. 1858 (VMBl. 1859 S. 17), Regl. v. 16. Sept. 1863 (VMBl. 1863 S. 20), Telegraphen-Ordn. (des Reichskanzlers) für das D. Reich v. 13. Aug. 1880 (RCBl. 1880 S. 560) und v. 15. Juni 1891 (RCBl. 1891 S. 162). Letztere gilt noch heute.

Vgl. auch Art. 50.

Für die Frage, auf welchen Gebieten der Gesetzes-, auf welchen der Verordnungsweg in Post- und Telegraphensachen stattfindet, ist nicht entscheidend, was in Preußen hierüber hätte maßgebend sein sollen, sondern was thatsächlich maßgebend war; s. Sten. Ber. des Reichst. 1869 S. 515, 516, vgl. auch dagegen S. 561 und 878 ff., ferner Seydel, Komm. S. 196 und Thudichum S. 335.

Artikel 49.

Die Einnahmen des Post- und Telegraphenwesens sind für das ganze Reich gemeinschaftlich. Die Ausgaben werden aus den gemeinschaftlichen Einnahmen bestritten. Die Ueberschüsse fließen in die Reichskasse (Abschnitt XII.).

Diese Vorschrift gilt nicht für Bayern und Württemberg, s. Art. 52 der Reichsverf.

Artikel 50.

Dem Kaiser gehört die obere Leitung der Post- und Telegraphenverwaltung an.[1]) Die von ihm bestellten Behörden haben die Pflicht und das Recht, dafür zu sorgen, daß Einheit in der Organisation der Verwaltung und im Betriebe des Dienstes, sowie in der Qualifikation der Beamten hergestellt und erhalten wird.

Dem Kaiser steht der Erlaß der reglementarischen Festsetzungen und allgemeinen administrativen Anordnungen,[2]) sowie die ausschließliche Wahrnehmung der Beziehungen zu anderen Post- und Telegraphenverwaltungen zu.[3])

Sämmtliche Beamte der Post- und Telegraphenverwaltung sind verpflichtet, den Kaiserlichen Anordnungen Folge zu leisten. Diese Verpflichtung ist in den Diensteid aufzunehmen.

Die Anstellung der bei den Verwaltungsbehörden der Post und Telegraphie in den verschiedenen Bezirken erforderlichen oberen Beamten (z. B. der Direktoren, Räthe, Ober-Inspektoren), ferner die Anstellung der zur Wahrnehmung des Aufsichts- u. s. w. Dienstes in den einzelnen Bezirken als Organe der erwähnten Behörden fungirenden Post- und Telegraphenbeamten (z. B. Inspektoren, Kontroleure) geht für das ganze Gebiet des Deutschen Reichs vom Kaiser aus, welchem diese Beamten den Diensteid leisten. Den einzelnen Landesregierungen wird von den in Rede stehenden Ernennungen, soweit dieselben ihre Gebiete betreffen, Behufs der landesherrlichen Bestätigung und Publikation rechtzeitig Mittheilung gemacht werden.[4])

Die anderen bei den Verwaltungsbehörden der Post und Telegraphie erforderlichen Beamten, sowie alle für den lokalen und technischen Betrieb bestimmten, mithin bei den eigentlichen Betriebsstellen fungirenden Beamten u. s. w. werden von den betreffenden Landesregierungen angestellt.[4])

Wo eine selbstständige Landespost- resp. Telegraphenverwaltung nicht besteht, entscheiden die Bestimmungen der besonderen Verträge.[5])

1) Der Kaiser übt dieselbe durch das Reichs-Postamt und die übrigen Post- und Telegraphenbehörden aus.

2) Die Vorschrift in Abs. 2 will nur besagen, daß nicht der Bundesrath gemäß Art. 7 Ziffer 2, sondern der Kaiser das Recht zum Erlasse von Verordnungen habe, nicht aber will sie den Kaiser zwingen, persönlich (anstatt durch den Reichskanzler) die reglementarischen Festsetzungen und allgemeinen administrativen Anordnungen zu erlassen. Die Subdelegation an den Reichskanzler ist um so mehr statthaft, weil in Preußen die an die Minister üblich und die Post- und Telegraphenverordnungen herkömmlich durch den zuständigen (Handelsminister) erlassen waren. § 50 des Postges. v. 28. Okt. 1871, der dem Reichskanzler den Erlaß einer Postordnung übertrug, enthält daher keine Verfassungsänderung. Um gegen den Willen des Kaisers einzelne Theile der Postordnung (§ 50 des Postges. v. 28. Okt. 1871) der Beschlußfassung des Bundesraths zu überweisen, hätte es allerdings eines verfassungändernden (Art. 50) Gesetzes bedurft, nicht aber, wenn solches mit Willen des Kaisers vorgeschrieben wurde. Vgl. hierzu Arndt, Verordnungsr. S. 174 ff., M. Seydel, Komm. S. 200, Sten.Ber. des Reichst. 1871 S. 549, 552 ff.

3) Es bedarf zum Abschlusse eines Post- oder Telegraphenvertrages weder der Zustimmung des Bundesraths noch des Reichstages (Sten.Ber. des verfassungberathenden Reichstages 1867 S. 519), nach Maßgabe der Vorschrift in Art. 48 Abs. 2; s. auch Anm. 11 zu Art. 11 oben S. 129.

4) a. In den Hansestädten Hamburg, Bremen und Lübeck führt das Reich die Postverwaltung unmittelbar und vollständig. Laband II S. 47.

b. In Preußen hat der AE. v. 28. Sept. 1867 (GS. 1867 S. 1780) bestimmt, daß die Verwaltung des Post- und Telegraphenwesens auf den Präsidenten des Staatsministeriums übergehe und unter dessen Verantwortlichkeit im Zusammenhange mit der vom 1. Januar 1868 ab dem Bundeskanzler zustehenden Verwaltung des Post- und Telegraphenwesens des Norddeutschen Bundes bearbeitet werde. Die Post- und Telegraphenbeamten sind hiernach preußische Staatsbeamte und mittelbare Reichsbeamte, Laband II S. 47. Das Gleiche gilt für die Länder, deren Post Preußen mitverwaltet.

c. Oldenburg hat seine Postverwaltung 1868 dem Reiche übertragen.

d. In Sachsen, Baden, beiden Mecklenburg und in Braunschweig sind besondere Vereinbarungen getroffen, wonach die Anstellungen der Beamten im Wesentlichen vom Reiche erfolgen.

5) Vgl. Anm. 4 a und b.

Artikel 51.

Bei Ueberweisung des Ueberschusses der Postverwaltung für allgemeine Reichszwecke (Art. 49.) soll, in Betracht der bisherigen Verschiedenheit der von den Landes-Postverwaltungen der einzelnen Gebiete erzielten Reineinnahmen, zum Zwecke einer entsprechenden Ausgleichung während der unten festgesetzten Uebergangszeit folgendes Verfahren beobachtet werden.

Aus den Postüberschüssen, welche in den einzelnen Postbezirken während der fünf Jahre 1861. bis 1865. aufgekommen sind, wird ein durchschnittlicher Jahresüberschuß berechnet, und der Antheil, welchen jeder einzelne Postbezirk an dem für das gesammte Gebiet des Reichs sich darnach herausstellenden Postüberschusse gehabt hat, nach Prozenten festgestellt.

Nach Maßgabe des auf diese Weise festgestellten Verhältnisses werden den einzelnen Staaten während der auf ihren Eintritt in die Reichs-Postverwaltung folgenden acht Jahre die sich für sie aus den im Reiche aufkommenden

Postüberschüssen ergebenden Quoten auf ihre sonstigen Beiträge zu Reichszwecken zu Gute gerechnet.

Nach Ablauf der acht Jahre hört jene Unterscheidung auf, und fließen die Postüberschüsse in ungetheilter Aufrechnung nach dem im Artikel 49. enthaltenen Grundsatz der Reichskasse zu.

Von der während der vorgedachten acht Jahre für die Hansestädte sich herausstellenden Quote des Postüberschusses wird alljährlich vorweg die Hälfte dem Kaiser zur Disposition gestellt zu dem Zwecke, daraus zunächst die Kosten für die Herstellung normaler Posteinrichtungen in den Hansestädten zu bestreiten.

Art. 51 ist jetzt kaum noch von aktueller Bedeutung.

Artikel 52.

Die Bestimmungen in den vorstehenden Artikeln 48. bis 51. finden auf Bayern und Württemberg keine Anwendung.[1]) An ihrer Stelle gelten für beide Bundesstaaten folgende Bestimmungen.

Dem Reiche ausschließlich steht die Gesetzgebung über die Vorrechte der Post und Telegraphie,[2]) über die rechtlichen Verhältnisse beider Anstalten zum Publikum,[3]) über die Portofreiheiten[4]) und das Posttaxwesen,[5]) jedoch ausschließlich der reglementarischen und Tarif-Bestimmungen für den internen Verkehr innerhalb Bayerns, beziehungsweise Württembergs, sowie, unter gleicher Beschränkung, die Feststellung der Gebühren für die telegraphische Korrespondenz[4]) zu.

Ebenso steht dem Reiche die Regelung des Post- und Telegraphenverkehrs mit dem Auslande zu, ausgenommen den eigenen unmittelbaren Verkehr Bayerns, beziehungsweise Württembergs mit seinen dem Reiche nicht angehörenden Nachbarstaaten, wegen dessen Regelung es bei der Bestimmung im Artikel 49. des Postvertrages vom 23. November 1867. bewendet.

An den zur Reichskasse fließenden Einnahmen des Post- und Telegraphenwesens haben Bayern und Württemberg keinen Theil.

1) Art. 52 enthält ein Sonderrecht Bayerns und Württembergs im Sinne des Art. 78 Abs. 2 der Reichsverf. Hinsichtlich des Telegraphenwesens hat Württemberg in Art. 11 der Militärkonvention v. 21./25. Nov. 1870 dem Reiche zugestanden: „Im Falle eines Krieges steht von dessen Ausbruch bis zu dessen Beendigung die obere Leitung des Telegraphenwesens, soweit solches für Kriegszwecke eingerichtet ist, dem Bundesfeldherrn zu."

2) Unter den Vorrechten der Post und Telegraphie versteht man in erster Reihe das Post- und das Telegraphen-Monopol, oben Anm. 1 und 2 zu Art. 48, insbesondere noch § 15 des G. über das Telegraphenwesen v. 6. April 1892, wonach dessen Bestimmungen für Bayern und Württemberg mit der Maßgabe gelten, daß für ihre Gebiete die für das Reich festgestellten Rechte diesen Bundesstaaten zustehen; ferner die Befreiung der ordentlichen Posten von Chausseegeld- und anderen Kommunikationsabgaben, Postges. v. 28. Okt. 1871 § 16, die Verpflichtung anderer Fuhrwerke, den Postwagen auszuweichen, Postges. § 19, die Befreiung des Inventariums der Posthaltereien (ausgenommen im Konkurse) von Arrest und Exekution, Postges. § 20 und ähnliche; ferner und wesentlich noch die Rechte der Post- und Telegraphenverwaltung den Eisenbahnen und anderen öffentlichen Straßen gegenüber:

Nach dem Vorbilde des Preuß. Eisenbahnges. v. 3. Nov. 1838 (GS. S. 505) § 36, welches als Ersatz dafür, daß die aus dem Postregal entspringenden Vorrechte des Staates, an festgesetzten Tagen und zwischen bestimmten Orten Personen und Sachen zu befördern, theilweise auf die Eisenbahnen übergegangen sind, diesen die dort bezeichneten Verpflichtungen auferlegte, verpflichtet das sog. Posteisenbahnges. v. 20. Dez. 1875 (RGBl. 1875 S. 318) dieöffentlichen Eisenbahnen (im Gegensatze zu den Privatbahnen, indeß mit Statthaftigkeit des gänzlichen oder theilweisen Erlasses bei Sekundär- und Kleinbahnen) u. A., ihren Betrieb, soweit möglich, den Bedürfnissen des Postdienstes entsprechend einzurichten und mit jedem für den regelmäßigen Beförderungsdienst der Bahn bestimmten Zuge einen Postwagen unentgeltlich zu befördern. Dieses hochwichtige Vorrecht gilt mit dem G. v. 20. Dez. 1875 nicht in Bayern und Württemberg.

Der Bundesrath des Nordd. Bundes legte durch Beschl. v. 21. Dez. 1868 (Arndt, Verordnungsr. S. 120, Laband II S. 78) den Eisenbahnverwaltungen auf, Eisenbahnterrain zur Anlage von ober- und unterirdischen Reichs-Telegraphenlinien unentgeltlich herzugeben, den Telegraphenbeamten das Betreten der Bahn zu gestatten, die Reichs-Telegraphenanlagen gegen eine gewisse Entschädigung zu überwachen und bei Betriebsstörungen Telegramme der Reichs-Telegraphenanstalt unentgeltlich zu befördern. Aehnliche Verpflichtungen legte im Interesse der Telegraphenverwaltung der Beschl. des Nordd. Bundesraths v. 25. Juni 1869 durch Vermittelung der Bundesregierungen den Kunststraßen (Chausseen) auf; Arndt, Verordnungsr. S. 119 f., Laband II S. 79, 80.

Nicht als Vorrecht der Telegraphenverwaltung, sondern als Einschränkung des Telegraphenmonopols ist anzusehen das vom Reichskanzler vollzogene Reglement über die Benutzung der innerhalb des Deutschen Reichs-Telegraphengebiets gelegenen Eisenbahn-Telegraphen zur Beförderung solcher Telegramme, welche nicht den Eisenbahndienst betreffen, vom 7./8. März 1876 (RCBl. 1876 S. 155); s. Arndt, Verordnungsr. S. 121.

Die Bundesrathsbeschlüsse v. 21. Dez. 1868 und 25. Juni 1869, wie das Regl. v. 7./8. März 1876 gelten nicht für Bayern und Württemberg.

3) Darunter sind die Verpflichtung des Absenders und Empfängers zur Zahlung des Portos und die von der Postverwaltung zu leistende Garantie zu verstehen, erstere geregelt im Gesetz über das Posttaxwesen v. 28. Okt. 1871 (RGBl. 1871 S. 358), die letztere durch das Postgesetz vom gleichen Tage, welche Gesetze auch für Bayern und Württemberg gelten.

4) Die Portofreiheiten für Briefe sind im G. v. 5. Juni 1869 (BGBl. 1869 S. 141), für Telegramme in der V. v. Juni 1877 (RGBl. 1877 S. 524) für das ganze Reich geregelt.

5) S. das in Anm. 3 angezogene G. über das Posttaxwesen v. 28. Okt. 1871.

6) Postvertr. v. 23. Nov. 1867 zwischen dem Nordd. Bunde, Bayern, Württemberg und Baden (BGBl. 1868 S. 41 ff.) Art. 49:

Artikel 49.

Die Behandlung der Sendungen im Verkehr mit auswärtigen Postgebieten richtet sich nach den Postverträgen mit den betreffenden fremden Regierungen, beziehungsweise nach den Uebereinkünften mit auswärtigen Transport-Unternehmungen.

Bei dem Abschlusse von Postverträgen mit fremden Regierungen wird, wenn zwei oder mehrere der Theilnehmer des gegenwärtigen Vertrages mit einem und demselben ausländischen Staate in unmittelbarem Postverkehr stehen oder in solchen eintreten wollen, diejenige Postverwaltung, welche den Abschluß eines neuen Vertrages beabsichtigt, den anderen beim direkten Postverkehr mit dem betreffenden Lande betheiligten Postverwaltungen von ihrer Absicht Kenntniß geben zum Zwecke der Herbeiführung einer Verständigung über das in dem Verhältnisse zu dem fremden Lande einzuhaltende übereinstimmende Verfahren und der Geltendmachung der bezüglich des Deutschen Postwesens bestehenden gemeinsamen Interessen.

Insoweit als eine solche Verständigung stattgefunden hat, werden die dabei betheiligten Postverwaltungen sich bemühen, den Abschluß der neuen Verträge in Gemeinschaft zu bewirken, wobei eine Bevollmächtigung eines der kontrahirenden Theile durch den anderen nicht ausgeschlossen ist.

In allen Fällen wird durch die Verträge dahin Vorsorge getroffen werden, daß die Erleichterungen, welche dem Postverkehr des betreffenden Auslandes mit dem Gebiet der vertragschließenden Deutschen Verwaltung zu Theil werden, in gleicher Weise und unter denselben Bedingungen auch auf den durch diese Verwaltung stückweise vermittelten Korrespondenzverkehr anderer Deutscher Postgebiete mit dem betreffenden Auslande zur Anwendung gelangen.

Die Annahme der in den Verträgen mit dem Auslande vereinbarten Bestimmungen soll für alle Theilnehmer des gegenwärtigen Vertrages obligatorisch sein, sobald bei den Festsetzungen über den Portobezug nicht unter das interne Deutsche Porto herunter gegangen ist. Hat in besonderen Fällen ein niedrigeres Porto vereinbart werden müssen, so bleibt die Theilnahme an den Bestimmungen des bezüglichen Vertrages dem Ermessen der einzelnen Postverwaltungen anheimgestellt.

IX. Marine und Schiffahrt.

Artikel 53.

Die Kriegsmarine des Reichs ist eine einheitliche[1]) unter dem Oberbefehl des Kaisers.[2]) Die Organisation und Zusammensetzung derselben liegt dem Kaiser ob,[3]) welcher die Offiziere und Beamten der Marine ernennt,[4]) und für welchen dieselben nebst den Mannschaften eidlich in Pflicht zu nehmen sind.

Der Kieler Hafen und der Jadehafen sind Reichskriegshäfen.[5])

Der zur Gründung und Erhaltung der Kriegsflotte und der damit zusammenhängenden Anstalten erforderliche Aufwand wird aus der Reichskasse bestritten.[6])

Die gesammte seemännische Bevölkerung des Reichs,[7]) einschließlich des Maschinenpersonals und der Schiffshandwerker, ist vom Dienste im Landheere befreit,[8]) dagegen zum Dienste in der Kaiserlichen Marine verpflichtet.

1) Während alle deutschen Staaten vor Errichtung des Nordd. Bundes stehende Heere hatten, besaß nur Preußen eine Kriegsmarine. Zwar ist auch das deutsche stehende Heer für Kriegsfälle, sowie in Bezug auf Bewaffnung, Ausbildung, Formirung, Art und Dauer der Militärpflicht ein einheitliches (Art. 61 ff., namentlich Art. 63), jedoch erfolgt die Verwaltung des Heerwesens,

die Bewaffnung, Ausbildung, die Verwendung der Kosten nicht von Reichswegen, sondern von Bundesgliedern (Art. 58 ff.). Dagegen ist die Kriegsmarine nach Art. 53 ausschließlich Reichssache, die Kriegsmarine ist Kaiserliche Marine (Abs. 4), die Beamten, Offiziere und Mannschaften sind Kaiserlich. Vom Kaiser werden auch die auf die Marine bez. militärischen Ordres, wie die etwa erforderlichen Ausführungs- und organisatorischen Anordnungen getroffen.

2) Dieser Oberbefehl ist nicht bloß im Kriege, sondern auch im Frieden ein unmittelbarer.

3) Aus dieser Bestimmung ergiebt sich (Arndt, Verordnungsr. S. 122, Seydel in Hirths Ann. 1875 S. 1128), daß die Organisation der Kriegsmarine im Gegensatze zum Landheere (bezüglich dessen die Durchführung der Gesetze — unter Oberaufsicht des Reichs — den Einzelstaaten zusteht) von Reichswegen nicht nur geregelt, sondern auch durchgeführt werden soll. Es ergiebt sich daraus ferner, daß die Organisation der Kriegsmarine und deren Präsenzstärke — im Gegensatze zum Landheere — nicht auf eine gesetzliche Grundlage gestellt, sondern dem Verordnungswege überlassen worden ist. Selbstredend ist der Kaiser bei Ausübung des ihm hiernach allgemein zustehenden Verordnungsrechts an die besonderen in Ansehung der Kriegsmarine getroffenen (allerdings wenigen) gesetzlichen Bestimmungen, z. B. das Etatsgesetz und das Kriegsdienstgesetz, gebunden. Das Kaiserliche Verordnungsrecht schließt in sich den Erlaß von organisatorischen Verordnungen, z. B. den AE. v. 1. Jan. 1872, betr. die Kaiserliche Admiralität (RGBl. 1872 S. 5), das durch Erl. v. 18. Juni 1872 genehmigte Organisationsreglement (MVBl. 1872 S. 147 f.), ferner AE. v. 20. März 1889 (RGBl. 1889 S. 47), der in Ansehung der Kriegsmarine das Oberkommando (kommandirender Admiral) von der Verwaltung (Reichsmarineamt) trennte. Wenn Hänel, Organisatorische Entwickelung S. 69, die Natur der Flottenorganisation für das Verordnungsrecht geltend macht, so ist demgegenüber zu berücksichtigen, daß, obwohl in Preußen die Organisation der Marine nicht eine andere Natur hatte, wie die des stehenden Heeres, gleichwohl jene durch Verordnungen, diese dagegen im Wesentlichen (s. weiter unten Art. 58 ff.) durch Gesetze geregelt war.

Das Kaiserliche Verordnungsrecht begreift ferner den Erlaß von Rechtsvorschriften in sich, wenigstens insoweit, wie dem Könige von Preußen auf dem Gebiete der Kriegsmarine vor der Bundesverfassung das Verordnungsrecht zustand. In Preußen war das Kriegsmarinewesen vorher durch das Organisationsregl. v. 7. Juli 1854 (GS. S. 381) normirt, das über Disziplinarwesen, Gerichtsbarkeit und sonst Rechtssätze aufstellte. Thatsächlich hat der Kaiser Verordnungen (mit Rechtsvorschriften) über die Kriegsmarine erlassen, so den bereits zit. Erl. v. 18. Juni 1872 und Erl., betr. das oberste Militärgericht in Marinesachen v. 23. Mai 1876 (RGBl. 1876 S. 248). Unrichtig ist, wenn Hänel, Organisatorische Entwickelung S. 69, behauptet, daß das Verordnungsrecht als ein preußisches anzusehen ist, da die bez. Verordnungen (gerade umgekehrt wie beim stehenden Heere) vom Kaiser im Namen des Reichs erlassen sind (vgl. auch Arndt, Verordnungsr. S. 125).

4) Offiziere und Beamten des stehenden Heeres werden durch den König von Preußen und die übrigen Kontingentsherren ernannt.

5) Sie haben durch AKO. v. 15. Febr. 1873 (MVBl. 1873 S. 37) die Eigenschaft von Festungen erhalten. Das G. v. 19. Juni 1883, betr. die Reichskriegshäfen und die Feststellung eines Nachtrages zum Reichshaushaltsetat für das Etatsjahr 1883/84 (RGBl. 1883 S. 105) hat nicht bloß Verwaltungsvorschriften getroffen, sondern auch bestimmt, daß Bauten, Anlagen und Unternehmungen, die das Fahrwasser oder die Wassertiefe beeinträchtigen, ohne vorherige Genehmigung des Marinestationschefs verboten sind; s. Laband I S. 604 f., II S. 574 f.

6) Auch der Aufwand für das Landheer wird vom Reiche getragen, indeß werden die Ausgaben (den Truppenlieferanten gegenüber) von den Kontingentsherren geleistet (s. Art. 58).

7) Zur „seemännischen Bevölkerung“ gehören nach dem G., betr. die Verpflichtung zum Kriegsdienste v. 9. Nov. 1867 (BGBl. 1867 S. 131) alle, die bei ihrem Eintritte in das wehrfähige Alter wenigstens ein Jahr lang entweder auf einem deutschen Handelsschiffe gedient oder gewerbsmäßig die Seefischerei betrieben haben. Die Kriegsmarine zerfällt in die Kriegsflotte, welche dem stehenden Heere, und in die Seewehr, welche der Landwehr entspricht, Kriegsdienstges. §§ 3 und 13, G., betr. Aenderung der Wehrpflicht v. 11. Febr. 1888 (RGBl. 1888 S. 11) § 21. Zur Er-

gänzung der Kriegsmarine bei Mobilmachungen dient gemäß § 22 des zit. G. v. 11. Febr. 1888 die Marine-Ersatzreserve. Das Reichsmilitärges. v. 2. Mai 1874 (RGBl. 1874 S. 45) findet auf die Rekrutirung der Kriegsmarine keine Anwendung, wohl aber das Kriegsdienstges. mit seinen Abänderungen: G. v. 9. Nov. 1867 (BGBl. 1867 S. 131), G. v. 11. Febr. 1888 (RGBl. 1888 S. 11).

8) Die Verfassung gestattet daher nicht, daß die seemännische Bevölkerung zum Dienste im Landheere herangezogen wird, dagegen verbietet sie nicht (and. Ans. Seydel, Komm. S. 217), daß die nichtseemännische Bevölkerung zum Marinedienst herangezogen werde; s. Wehrordn. v. 22. Nov. 1888 (RCBl. 1889 S. 1 ff.) I § 32 Ziff. 7 und 9, ebenso Laband I S. 547 Anm. 1. Letzteres ist in Abs. 3 § 1 Art. II des G., betr. die Ersatzvertheilung (RGBl. 1893 S. 185), — welches Gesetz in Art. I dem Art. 53 seine jetzige Fassung gab — „beim Mangel an Ersatzmannschaften der seemännischen Bevölkerung" ausdrücklich anerkannt.

Artikel 54.[1])

Die Kauffahrteischiffe aller Bundesstaaten bilden eine einheitliche Handelsmarine.[2])

Das Reich hat das Verfahren zur Ermittelung der Ladungsfähigkeit der Seeschiffe zu bestimmen,[3]) die Ausstellung der Meßbriefe,[2]) sowie der Schiffscertifikate[3]) zu regeln und die Bedingungen festzustellen, von welchen die Erlaubniß zur Führung eines Seeschiffes abhängig ist.[4])

In den Seehäfen und auf allen natürlichen und künstlichen Wasserstraßen der einzelnen Bundesstaaten werden die Kauffahrteischiffe sämmtlicher Bundesstaaten gleichmäßig zugelassen und behandelt.[5]) Die Abgaben, welche in den Seehäfen von den Seeschiffen oder deren Ladungen für die Benutzung der Schiffahrtsanstalten erhoben werden, dürfen die zur Unterhaltung und gewöhnlichen Herstellung dieser Anstalten erforderlichen Kosten nicht übersteigen.[6])

Auf allen natürlichen Wasserstraßen dürfen Abgaben

nur für die Benutzung besonderer Anstalten, die zur Erleichterung des Verkehrs bestimmt sind, erhoben werden.[7]) Diese Abgaben, sowie die Abgaben für die Befahrung solcher künstlichen Wasserstraßen, welche Staatseigenthum sind, dürfen die zur Unterhaltung und gewöhnlichen Herstellung der Anstalten und Anlagen erforderlichen Kosten nicht übersteigen. Auf die Flößerei finden diese Bestimmungen insoweit Anwendung, als dieselbe auf schiffbaren Wasserstraßen betrieben wird.[7])

Auf fremde Schiffe oder deren Ladungen andere oder höhere Abgaben zu legen, als von den Schiffen der Bundesstaaten oder deren Ladungen zu entrichten sind, steht keinem Einzelstaate, sondern nur dem Reiche zu.[8])

1) Art. 54 bildet eine Ergänzung der Vorschrift des Art. 33, daß das Deutsche Reich eine Handelseinheit darstellt.

2) Es giebt dem Auslande gegenüber keine preußische, hanseatische, oldenburgische, sondern nur eine deutsche Handelsmarine. Aus diesem Satze in Verbindung mit Art. 4 Nr. 7 der Reichsverf. folgt (Hänel, Staatsr. S. 629), daß das Reich ermächtigt ist, die rechtlichen Anordnungen für die Benutzung des Meeres und für den Betrieb der Seeschiffahrt zu treffen. Zu bemerken sind hierzu BG., betr. die Nationalität der Kauffahrteischiffe und ihre Befugniß zur Führung der Bundesflagge v. 25. Okt. 1867 (BGBl. 1867 S. 35), theilweise abgeändert durch G. v. 23. Dez. 1888 (RGBl. 1888 S. 300), RG., betr. die Registrirung und die Bezeichnung der Kauffahrteischiffe v. 28. Juni 1873 (RGBl. 1873 S. 184) und Ges., betr. die Befugniß von Seefahrzeugen, welche der Gattung der Kauffahrteischiffe nicht angehören, zur Führung der Reichsflagge v. 15. April 1885 (RGBl. 1885 S. 89). Zu den beiden ersteren Gesetzen erging die gemäß Art. 7 Nr. 2 der Reichsverf. beschlossene Bundesrathsverordn. v. 13. Nov. 1873 (RGBl. 1873 S. 367); s. hierüber Arndt, Verordnungsr. S. 142 f.

3) Zur Ausführung dieser Vorschrift erging die am 20. Juni 1888 bekannt gegebene Schiffsvermessungsordn. (RGBl. 1888 S. 190).

Diese ist eine gemäß Art. 7 Nr. 2 der Reichsverf. zu Art. 54 erlassene Ausführungsverordnung; die gegen die Gültigkeit erhobenen Bedenken (Hänel, Staatsr. S. 630) sind unbegründet; s. oben Art. 7 nebst Anm., Arndt, Verordnungsr. S. 139 f. Um durch Reichsgesetz die Vermessungsgrundsätze aufzustellen, bedurfte es der Vorschrift in Art. 54 nicht.

3) Ueber die Formulare zu Schiffscertifikaten s. RCBl. 1889 S. 227, 1891 S. 320.

4) Die Erlaubniß zur Führung eines Seeschiffes ist vom Nachweise der Befähigung abhängig, Gewerbeordn. § 31 und die dazu ergangenen Bundesrathsverordnungen, namentlich v. 6. Aug. 1887 (RGBl. 1887 S. 395) und 26. Juli 1891 (RGBl. 1891 S. 359).

5) Dieser Satz entspricht Art. 33 Abs. 2 der Reichsverf.

6) Dieser Satz entspricht der Vorschrift in Art. 22 des Zollvereinigungsvertr. v. 8. Juli 1867, oben S. 200.

7) Diese Vorschriften entsprechen dem Art. 25 des Zollvereinigungsvertr. v. 26. Juli 1867, oben S. 201.

8) Diese Vorschrift ergiebt sich bereits aus der Handelseinheit, Art. 33 der Reichsverf.

Artikel 55.

Die Flagge der Kriegs- und Handelsmarine ist schwarz-weiß-roth.[1])

1) Zur Ausführung des Art. 55 erging die Rechtsnormen aufstellende Präsidial-V. v. 25. Okt. 1867, betr. die Bundesflagge für Kauffahrteischiffe. Diese Verordnung enthält einen Rechtsbefehl an Alle, welche an ihren zum Erwerb durch die Seeschiffahrt bestimmten Schiffen (Kauffahrteischiffen) die Nationalflagge führen und die damit verbundenen Vortheile genießen wollen. Nur die mit einer dieser Verordnung entsprechenden Flagge versehenen Schiffe können auf den Schutz rechnen, den Deutsche Kauffahrteischiffe genießen. Eine Ausführungsverordnung zu Art. 55 war nothwendig, um den Zweck (Reichsverf. Art. 54 Abs. 1) zu erreichen, daß eine einheitliche und als Deutsche erkennbare Nationalflagge geschaffen wurde. Seit Erlaß der Reichsverf. hätte diese der Bundesrath gemäß Art. 7 Nr. 2 erlassen müssen. Vordem durfte sie das Präsidium erlassen; s. oben S. 115, Arndt, Verordnungsr. S. 143.

Ueber die Kriegsflagge kann auch noch nach der Reichsverf. (Art. 53 Abs. 1) der Kaiser die erforderlichen Ausführungsverordnungen erlassen; s. z. B. Erl. v. 2. März 1886 (RGBl. 1886 S. 59), Sten.Ber. des verfassungberathenden Reichstages 1867 S. 526.

X. Konsulatwesen.

Artikel 56.

Das gesammte Konsulatwesen des Deutschen Reichs[1]) steht unter der Aufsicht des Kaisers,[2]) welcher die Konsuln,[3]) nach Vernehmung des Ausschusses des Bundesrathes für Handel und Verkehr, anstellt.

In dem Amtsbezirk der Deutschen Konsuln dürfen neue Landeskonsulate nicht errichtet werden.[4]) Die Deutschen Konsuln üben für die in ihrem Bezirk nicht vertretenen Bundesstaaten die Funktionen eines Landeskonsuls aus.[5]) Die sämmtlichen bestehenden Landeskonsulate werden aufgehoben, sobald die Organisation der Deutschen Konsulate dergestalt vollendet ist, daß die Vertretung der Einzelinteressen aller Bundesstaaten als durch die Deutschen Konsulate gesichert von dem Bundesrathe anerkannt wird.[6])

1) Nach Art. 4 Nr. 7 der Reichsverf. unterliegt der Beaufsichtigung Seitens des Reichs und der Gesetzgebung desselben:

> Die „Organisation eines gemeinsamen Schutzes des Deutschen Handels im Auslande, der Deutschen Schiffahrt und ihrer Flagge zur See und Anordnung gemeinsamer konsularischer Vertretung, welche vom Reiche ausgestattet wird."

Art. 56 wie Art. 4 Nr. 7 beziehen sich auf die Konsuln, die das Reich bestellt, nicht auf die, welche von irgend einem fremden Staate im Gebiete des Deutschen Reichs bestellt werden. Das Recht des Reichs, einen Konsul zu bestellen, ist, abweichend vom Gesandschaftsrechte (oben Art. 11 Anm. 9 S. 129) ein ausschließliches; dagegen können ausländische Konsuln bei Einzelstaaten bestellt und von diesen für ihr Gebiet anerkannt, mit „Exequatur" versehen werden; s. über das Recht der einzelnen Bundesstaaten, auswärtige Konsuln bei sich zu empfangen und für ihr Gebiet mit dem Exequatur zu versehen, Schlußprot. zu dem Vertr. v. 23. Nov. 1870, betr. den Beitritt Bayerns zur Verf. des D. Bundes (BGBl. 1871 S. 25) unter XII; ferner Seydel, Komm. S. 211.

2) Diese ist dem Reichskanzler delegirt, § 3 des BG. v. 8. Nov. 1867, betr. die Organisation der Bundeskonsulate, sowie die Amtsrechte und Pflichten der Bundeskonsuln (BGBl. 1867 S. 137—156).

3) Die Konsuln sind theils General-Konsuln, theils Konsuln, theils Vice-Konsuln. Die Konsularagenten, die mit Genehmigung des Reichskanzler von den Konsuln in deren Konsulatsbezirken bestellt werden können, handeln nur unter Verantwortlichkeit ihres Auftraggebers und üben keine obrigkeitlichen Befugnisse aus. Die Konsuln sind entweder Berufskonsuln (consules missi), die Gehalt aus der Reichskasse beziehen, oder Wahlkonsuln (consules electi), die ihr Amt als unbesoldetes Ehrenamt verwalten. Erstere bedürfen einer gesetzlichen Qualifikation, s. § 7 des G. v. 8. Nov. 1867 (BGBl. 1867 S. 137) [entweder mehrjährige Beschäftigung, erste juristische Prüfung oder Konsulatsprüfung; Zorn, Konsulargesetzgeb. S. 155] und sind Beamte im Sinne des Reichsbeamtengesetzes. Sie erheben die Konsulatsgebühren für das Reich (G. v. 1. Juli 1872, RGBl. 1872 S. 245 § 8 Abs. 4) und haben dem Auswärtigen Amte über alle Einnahmen wie Ausgaben Rechnung zu legen.

Zu letzteren (Wahlkonsuln) sollen vorwiegend reichsangehörige Kaufleute genommen werden. Nicht Reichsangehörige werden durch die Bestellung zu Wahlkonsuln des Deutschen Reichs nicht Reichsangehörige; Laband II S. 38 Anm. 6. Die Befugnisse der Reichskonsuln sind verschieden, ihnen kann die Befugniß vom Reichskanzler ertheilt werden, die Funktionen eines Standesbeamten auszuüben, Konsularges. v. 8. Nov. 1867 § 3 in Verbindung mit G. v. 4. Mai 1870 (BGBl. 1870 S. 599) und Civilstandsges. v. 6. Febr. 1875 (RGBl. 1875 S. 23), sie versehen die Funktionen der Seemannsämter (Seemannsordn. v. 27. Dez. 1872, RGBl. 1872 S. 409 § 4 in Verbindung mit G. v. 25. März 1880, betr. die

Schiffsmeldung bei den Konsulaten des Deutschen Reichs v. 25. März 1880 RGBl. 1880 S. 181), sie dürfen Polizeiverordnungen mit Strafandrohungen erlassen (RG. v. 10. Juli 1879 RGBl. 1870 S. 179), haben die konsularische cura absentis (s. Laband II S. 22 ff), sind Beurkundungspersonen (Konsulatsges. v. 8. Nov. 1867 §§ 14, 15, 16, ferner G. v. 1. Mai 1878, RGBl. 1878 S. 89 § 2), üben in einzelnen Staaten kraft besonderer Verträge Gerichtsbarkeit aus; vgl. z. B. G. v. 30. März 1874 (RGBl. 1874 S. 23), 5. Juni 1880 (RGBl. 1880 S. 143) — beide für Egypten —, 6. Juli 1890 (RGBl. 1890, S. 139) für Samoa, führen die Matrikel, Konsulatsges. v. 8. Nov. 1867 § 12 in Verbindung mit G. v. 1. Juni 1870 (RGBl. 1870 S. 355) § 21 über Reichsangehörige, die sich die Reichsangehörigkeit bewahren wollen.

4) Dagegen dürfen in den Amtsbezirken eines Gesandten des Deutschen Reichs Landesgesandte bestellt werden; s. oben Anm. 9 zu Art. 11, S. 129.

5) Daher müssen sie auf Erfordern allen Bundesregierungen Bericht erstatten und von diesen ertheilte Aufträge ausführen (Schlußprotokoll über den Preuß. Verfassungsentwurf in den Drucksachen des verfassungberathenden Reichstags 1867 S. 26).

6) Der letzte Satz hat praktische Bedeutung verloren. Alle deutschen Konsuln im Auslande sind heute Konsuln des Deutschen Reichs.

XI. Reichskriegswesen.

Artikel 57.

Jeder Deutsche[1]) ist wehrpflichtig[2]) und kann sich in Ausübung dieser Pflicht nicht vertreten lassen.

1) Der Satz, daß jeder Deutsche wehrpflichtig ist, erleidet Ausnahmen:

a) für „die Mitglieder der regierenden Häuser“;

b) für „die Mitglieder der mediatisirten, vormals reichsständischen und derjenigen Häuser, welchen die Befreiung von der Wehrpflicht durch Verträge zugesichert ist oder auf Grund besonderer Rechtstitel zusteht“.

Diese Ausnahmen beruhen auf § 1 des G., betr. die Verpflichtung zum Kriegsdienste v. 9. Nov. 1867 (BGBl. 1867 S. 131).

Sie entsprechen der preußischen Militär- (Wehr-) Gesetzgebung, die gemäß Art. 61 der Reichsverf. in das ganze Bundes- (Reichs-) Gebiet ungesäumt eingeführt werden sollte. Art. 14 der Bundesakte v. 1815 hatte den standesherrlichen Familien die Freiheit von der Militärpflichtigkeit eingeräumt. Daraus folgte jedoch nicht, daß die Bundesgesetzgebung verpflichtet war und ist, die Ausnahmen einzuführen oder aufrecht zu erhalten; ebenso Seydel, Komm. S. 213 f.; vgl. indeß Sten.Ber. des ordentl. Reichstags 1867 S. 466 a. a. O.

Ausgenommen von der Wehrpflicht sind:

c) die vor dem 1. Jan. 1851 geborenen Angehörigen von Elsaß-Lothringen, G. v. 23. Jan. 1872 (RGBl. 1872 S. 31) und G., betr. Aenderungen der Wehrpflicht v. 11. Febr. 1888 (RGBl. 1888 S. 11) § 34.

Nicht wehrpflichtig sind Ausländer; doch können diese zum Dienste im deutschen Heere und in der Flotte zugelassen werden; Wehrordn. v. 22. Nov. 1888 § 21 Ziff. 4, Marineordn. § 38 Ziff. 1, Laband II S. 625.

Beschränkt wird die Wehrpflicht durch die Auswanderungsfreiheit. Das G. über die Erwerbung und den Verlust der Bundes- und Staatsangehörigkeit v. 1. Juni 1870 (BGBl. 1870 S. 355) schreibt vor, daß den in § 15 bezeichneten Personen die Entlassung versagt werden muß; s. unten Anl. VI. Wehrpflichtige, die ohne die Entlassung aus der Staatsangehörigkeit auswandern, um sich der Militärpflicht zu entziehen, sind strafbar nach § 140 des StrGB., andere in § 15 des G. v. 1. Juni 1870 bezeichnete Personen, die unbefugt auswandern, aus den l. c. in Anl. VI bezeichneten Strafvorschriften.

Für die Zeit eines Krieges oder einer Kriegsgefahr bleibt dem Kaiser vorbehalten, noch andere Beschränkungen der Auswanderungsfreiheit anzuordnen; § 16 des G. v. 1. Juni 1870, unten Anl. VI. Im Uebrigen, d. h. soweit nicht die §§ 15 und 17 des G. v. 1. Juni 1870 Ausnahmen vorschreiben, kann die Entlassung aus der Staatsangehörigkeit und die Auswanderungsfreit nicht versagt werden.

Für die Frage, ob derjenige, der als Wehrpflichtiger durch Entfernung aus dem Reichsgebiet sich der Erfüllung der Wehrpflicht entzogen hat, nach der Rückkehr zur Erfüllung der Wehrpflicht herangezogen werden kann, unterscheidet man (Laband II S. 628) drei Fälle: 1) er hat noch die Reichsangehörigkeit, dann darf er zur nachträglichen Erfüllung der Wehrpflicht in die Armee (als unsicherer Heerespflichtiger) eingereiht werden; 2) er hat eine fremde Staatsangehörigkeit erworben — dann ist er nicht mehr im Deutschen Reiche wehrpflichtig; 3) er hat zwar die Reichsangehörigkeit verloren, aber keine andere Staatsangehörigkeit erworben, dann kann er im Frieden (nur) bis zum vollendeten 31. Lebensjahre in Dienst genommen und zurückbehalten werden — was auch für die Söhne ausgewanderter und zurückgekehrter Personen gilt, die keine andere Staatsangehörigkeit erworben haben —; im Kriege unterliegt er der Ersatzreserve- und Landsturmpflicht.

2) Wehrpflicht ist die staatsbürgerliche Verpflichtung zur Dienstleistung in der bewaffneten Macht; Laband II S. 621. Wehrpflichtig ist Jeder, der dem Befehle zum Dienste in der bewaffneten Macht zu gehorchen verpflichtet ist; Laband II S. 630.

Die Militärpflicht bezieht sich auf die Aushebung zum stehenden Heere oder zur Flotte; sie beginnt (erst) mit dem Lebensalter, in dem der Wehrpflichtige sich die Aushebung gefallen lassen muß, und endet mit der definitiven Entscheidung über die Dienstpflicht; Laband II S. 630. Die Militärpflichtigen haben die Melde- und Gestellungspflicht.

Die Verpflichtung zum Dienste im stehenden Heere und in der Flotte ist die Dienstpflicht; diese ist eine aktive oder nichtaktive. Der Dienstpflichtige schwört den (Fahnen-)Treueid und untersteht den militärischen Befehlen, Gesetzen und Verordnungen.

Die Wehrpflicht ist geregelt durch das G., betr. die Verpflichtung zum Kriegsdienste v. 9. Nov. 1867 (BGBl. 1867 S. 131), das theilweise ergänzt und abgeändert ist durch das Reichsmilitärges. v. 2. Mai 1874 (RGBl. 1874 S. 45). Letzteres ist ergänzt durch G. v. 6. Mai 1880 (RGBl. 1880 S. 103) und G. v. 11. Febr. 1888 (RGBl. 1888 S. 11). Danach sind alle tauglichen Männer wehrpflichtig. Die Wehrpflicht beginnt vom vollendeten 17. und dauert bis zum vollendeten 45. Lebensjahre; sie zerfällt in die Dienstpflicht und die Landsturmpflicht. Erstere währt zunächst zwölf

Jahre vom Dienstantritt an: bei den Fahnen drei Jahre für die Kavallerie und reitende Feldartillerie, sonst zwei Jahre (G. v. 3. Aug. 1893, RGBl. 1893 S. 233 Art. II), vier Jahre in der Reserve, fünf oder drei Jahre in der Landwehr ersten Aufgebots; sodann bis zum 31. März desjenigen Lebensjahres, in welchem das 39. Lebensjahr zurückgelegt wird, in der Landwehr zweiten Aufgebots (G. v. 11. Aug. 1880, RGBl. 1880 S. 11). Neben dem Heere kann im Falle feindlichen Ueberfalls durch Kaiserliche Verordnung der Landsturm aufgeboten werden aus allen nicht dem Heere und der Kriegsmarine angehörigen Wehrpflichtigen vom vollendeten 17. bis zum vollendeten 45. Lebensjahre; G. v. 11. Febr. 1888 (RGBl. 1888 S. 11) § 24, Kriegsdienstges. v. 9. Nov. 1867 (BGBl. 1867 S. 131) §§ 3, 10, G. v. 12. Febr. 1875 (RGBl. 1875 S. 63). Die einberufenen Landsturmleute gehören zum aktiven Heere (Militärges. v. 2. Mai 1874, RGBl. 1874 S. 45 § 38). Dem Aufrufe unterliegen diejenigen nicht, die wegen körperlicher oder geistiger Gebrechen dauernd dienstunbrauchbar befunden worden sind; Militärges. v. 2. Mai 1874 § 15, G. v. 11. Febr. 1888 § 27.

Die Wehrpflicht beruht auf Verfassung oder Gesetz, nicht auf Verordnung. Verordnungen sind daher nur zur Ausführung der Verfassungs- und Gesetzesvorschriften oder dann statthaft, wenn ein Gesetz sie besonders zuläßt. Im letzteren Falle bestimmt das Gesetz nicht selten auch, wer solche Verordnung erlassen darf. Wo eine solche Bestimmung fehlt, ist der Bundesrath gemäß Art. 7 Ziff. 2 der Reichsverf. das Organ, welches die zu den Reichsgesetzen nothwendigen Verordnungen erläßt; s. Bundesrathsprotokolle 1875 § 124, Arndt, Verordnungsr. S. 132, Laband II S. 514.

Eine vom Bundesrath zur Ausführung eines Reichsmilitärgesetzes erlassene Verordnung ist die zur Ausführung des G. über Kriegsleistungen v. 13. Juli 1873 (Militärges. III S. 124), weitere Verordnungen und Einrichtungen des Bundesraths sind die Bekanntm. v. 22. Febr. 1875 zur Ausführung der Militärpensionsgesetze (RGBl. 1875 S. 142) und Nachtrag dazu (das. 1877 S. 252).

In den meisten Fällen haben die Militärgesetze dem Kaiser das Verordnungsrecht übertragen. Vom Kaiser ist eine überaus wichtige Verordnung zur Ausführung der Militärgesetze erlassen:

die Kaiserliche Wehrordnung. Diese erging am 28. Sept. 1875 (RCBl. 1875 S. 535) und gründete sich auf die dem Kaiser im Reichsmilitärges. v. 2. Mai 1874 §§ 6, 7, 8, 17, 71, im G. über den Landsturm v. 12. Febr. 1875 (RGBl. 1875 S. 63) § 8, im G., betr. die Ausübung der militärischen Kontrole u. s. w. v. 15. Febr. 1875 (RGBl. 1875 S. 65) § 8 und in Art. 53 der Reichsverf. (Kriegsmarine) ertheilten Ermächtigungen (Militärges. II S. 2). Sie ist — im Gegensatze zur Heerordnung, s. unten zu Art. 63 — keine preußische, sondern eine Reichsverordnung und daher unter Verantwortlichkeit des Reichskanzlers auf dessen und des preußischen Kriegsministers gemeinschaftlichen Bericht erlassen worden. Die Wehrordnung war an die Stelle der vom Präsidium zur Ausführung des Bundesges., betr. die Verpflichtung zum Kriegsdienste v. 9. Nov. 1867 §§ 9, 19 unter Verantwortlichkeit des Bundeskanzlers erlassenen Miliärersatzinstruktion für den Nordd. Bund v. 26. Mai 1868 (Kollers Arch. des Nordd. Bundes I S. 459 f.) getreten. Die (nicht für Bayern gültige) Wehrordnung ist wiederholt ergänzt und zur Zeit ersetzt durch die Kaiserliche Wehrordn. v. 22. Nov. 1888, RCBl. 1889 S. 1 f., ergänzt RCBl. 1890 S. 63, 69, 1892 S. 79, 1893 S. 170, 318, 1894 S. 270.

Artikel 58.

Die Kosten und Lasten des gesammten Kriegswesens des Reichs sind von allen Bundesstaaten und ihren Angehörigen gleichmäßig zu tragen, so daß weder Bevorzugungen, nach Prägravationen einzelner Staaten oder Klassen grundsätzlich zulässig sind. Wo die gleiche Vertheilung der Lasten sich in natura nicht herstellen läßt, ohne die öffentliche Wohlfahrt zu schädigen, ist die Ausgleichung nach den Grundsätzen der Gerechtigkeit im Wege der Gesetzgebung festzustellen.

Nach Ziffer III § 5 des Bündnißvertr. mit Bayern vom 23. Nov. 1870 (BGBl. 1871 S. 9) ist „Art. 58 gleichfalls für das Königreich Bayern gültig. Dieser Artikel erhält jedoch für Bayern folgenden Zusatz:

Der in diesem Artikel bezeichneten Verpflichtung wird von Bayern in der Art entsprochen, daß es die Kosten und Lasten seines Kriegswesens, den Unterhalt der auf seinem Gebiete belegenen festen Plätze und sonstigen Fortifikationen einbegriffen, ausschließlich und allein trägt."

Andererseits (II) „verpflichtet sich Bayern, für sein Kontingent und die zu demselben gehörigen Einrichtungen einen gleichen Geldbetrag zu verwenden, wie nach Verhältniß der Kopfstärke durch den Militair-Etat des Deutschen Bundes für die übrigen Theile des Bundesheeres ausgesetzt wird. Dieser Geldbetrag wird im Bundesbudget für das Königlich Bayerische Kontingent in einer Summe ausgeworfen. Seine Verausgabung wird durch Spezial-Etats geregelt, deren Aufstellung Bayern überlassen bleibt. Hierfür werden im Allgemeinen diejenigen Etatsansätze nach Verhältniß zur Richtschnur dienen, welche für das übrige Bundesheer in den einzelnen Titeln ausgeworfen sind."

Bezüglich Württembergs s. Nr. 1 f. der Verhandl. v. 25. Nov. 1870 und Art. 13 der Militärkonvention v. 25./31. Nov. 1870 — beides unten bei Art. 62 der Reichsverf.

Artikel 59.

Jeder wehrfähige Deutsche gehört sieben Jahre lang, in der Regel [1]) vom vollendeten zwanzigsten bis zum beginnenden achtundzwanzigsten Lebensjahre, dem stehenden Heere — und zwar die ersten drei Jahre bei den Fahnen, die letzten vier Jahre in der Reserve —, die folgenden fünf Lebensjahre der Landwehr [2]) ersten Aufgebots und sodann bis zum 31. März desjenigen Kalenderjahres, in welchem das neunundvierzigste Lebensjahr vollendet wird, der Landwehr zweiten Aufgebots an. [3]) In denjenigen Bundesstaaten, in denen bisher eine längere als zwölfjährige Gesammtdienstzeit gesetzlich war, findet die allmählige Herabsetzung der Verpflichtung nur in dem Maaße statt, als dies die Rücksicht auf die Kriegsbereitschaft des Reichsheeres zuläßt.

In Bezug auf die Auswanderung der Reservisten sollen

lediglich diejenigen Bestimmungen maßgebend sein, welche für die Auswanderung der Landwehrmänner gelten.[4])

1) Die Worte „in der Regel" wiederholen sich im § 6 des G., betr. die Verpflichtung zum Kriegsdienste v. 9. Nov. 1867 (RGBl. 1867 S. 131). Dadurch wird zugelassen, daß in einigen Provinzen (Westfalen, Schleswig-Holstein und Hannover) die Dienstpflicht erst mit dem 21. Lebensjahre beginnt (Drucksachen des ordentl. Reichstags 1867 S. 158). Wegen der Worte „in der Regel" enthält das G., betr. die Verpflichtung zum Kriegsdienste vom 9. Nov. 1887 (BGBl. 1887 S. 131) keine Verfassungsänderung, insofern § 6 desselben die Dienstpflicht mit dem 1. Januar desjenigen Kalenderjahres beginnen läßt, in welchem der Wehrpflichtige das 20. Lebensjahr vollendete, s. Seydel, Komm. S. 218.

2) Fassung beruht auf G., betr. Aenderung der Wehrpflicht v. 11. Febr. 1888 (RGBl. 1888 S. 11) Art. I.

3) Bezüglich der Dienstpflicht bestimmt das G., betr. die Friedenspräsenzstärke des Deutschen Heeres v. 3. Aug. 1893 (RGBl. 1893 S. 233) Art. II:

„Für die Zeit vom 1. Oktober 1893 bis zum 31. März 1899 treten bezüglich der Dienstpflicht folgende Bestimmungen in Kraft:

§ 1. Während der Dauer der Dienstpflicht im stehenden Heere sind die Mannschaften der Kavallerie und der reitenden Feldartillerie die ersten drei, alle übrigen Mannschaften die ersten zwei Jahre zum ununterbrochenen Dienst bei den Fahnen verpflichtet.

Im Falle nothwendiger Verstärkungen können auf Anordnung des Kaisers die nach der Bestimmung des ersten Absatzes zu entlassenden Mannschaften im aktiven Dienst zurückbehalten werden. Eine solche Zurückbehaltung zählt für eine Uebung, in sinngemäßer Anwendung des letzten Absatzes des § 6 des Gesetzes, betreffend die Verpflichtung zum Kriegsdienst, vom 9. November 1867 (Bundes-Gesetzbl. 1867 S. 131).

§ 2. Mannschaften, welche nach einer zweijährigen aktiven Dienstzeit entlassen worden sind (§ 1), kann im ersten Jahre nach ihrer Entlassung die Erlaubniß zur Auswanderung auch in der Zeit, in welcher sie zum aktiven Dienst nicht einberufen sind, verweigert werden.

Die Bestimmung des § 60 Ziffer 3 des Reichs-Militärgesetzes v. 2. Mai 1874 (Reichs-Gesetzbl. 1874 S. 45) findet auf die nach zweijähriger aktiver Dienstzeit entlassenen Mannschaften keine Anwendung. Auch bedürfen diese Mannschaften keiner militärischen Genehmigung zum Wechsel des Aufenthalts.

§ 3. Mannschaften der Kavallerie und der reitenden Feldartillerie, welche im stehenden Heere drei Jahre aktiv gedient haben, dienen in der Landwehr ersten Aufgebots nur drei Jahre." Uebrigens gilt dies nur für den Frieden. „Im Kriege," sagt § 14 des G., betr. die Verpflichtung zum Kriegsdienste v. 9. Nov. 1867 (BGBl. 1867 S. 131), „entscheidet darüber allein des Bedürfniß und werden alsdann alle Abtheilungen des Heeres und der Marine, soweit sie einberufen sind, von den Herangewachsenen und Zurückgebliebenen nach Maßgabe des Abganges ergänzt."

4) Näheres s. unten in Anl. VI §§ 15 und 17 des G. v. 1. Juni 1870, ferner in § 15 Abs. 3 des G., betr. die Verpflichtung zum Kriegsdienste v. 9. Nov. 1867 (BGBl. 1867 S. 131) § 15 und StrGB. §§ 140 und 360 Nr. 3.

Artikel 60.

Die Friedens-Präsenzstärke des Deutschen Heeres wird bis zum 31. Dezember 1871. auf Ein Prozent der Bevölkerung von 1867. normirt,[1]) und wird pro rata derselben von den einzelnen Bundesstaaten gestellt. Für die spätere Zeit wird die Friedens-Präsenzstärke des Heeres im Wege der Reichsgesetzgebung festgestellt.[2])

1) Bis zum 31. Dez. 1871 war die Friedenspräsenz des deutschen Heeres verfassungsmäßig, von da ab nur noch durch Gesetzgebung geregelt. Ob, wenn die Gesetze ablaufen, der Kaiser gemäß Art. 63 Abs. 3 die Präsenz feststellen kann, ist streitig; s. unten zu Art. 63. Unter der Friedenspräsenzstärke war zu verstehen der Stand von Mannschaft und Unteroffizieren, dagegen waren nicht einzurechnen die Offiziere, Aerzte, Militärbeamten und die Einjährig-Freiwilligen (vgl. Sten.Ber. des verfassungberathenden Reichstags 1867 S. 571, Seydel, Komm. S. 219 ff., v. Savigny im Arch. f. öff. Recht III S. 216). In diesem Sinne wurde die

Friedenspräsenz durch G. v. 9. Dez. 1871 (RGBl. 1871 S. 411) auf 401659, durch Reichs-Militärges. v. 2. Mai 1874 (RGBl. 1874 S. 45) verlängert bis zum 31. Dez. 1875, durch G. v. 6. Mai 1880 (RGBl. 1880 S. 103) bis zum 31. März 1888 auf 427274, G. v. 11. März 1887 bis zum 31. März 1894 auf 468409 und G. v. 15. Juli 1890 (RGBl. 1890 S. 140) bis 31. März 1894 auf 486983 Mann festgesetzt.

Nach dem jetzt gültigen G. v. 3. Aug. 1893 (RGBl. 1893 S. 233) sind auch die Unteroffiziere in die Präsenzstärke nicht eingeschlossen. Mit dieser Maßgabe beläuft sich nach dem bez. Gesetze die Präsenzstärke bis zum 31. März 1899 auf 479229 Mann, zählt die Infanterie 538 Bataillone und 173 Halbbataillone, die Kavallerie in 465 Eskadrons, die Feldartillerie 494 Batterien, die Fußartillerie 37 Bataillone, die Pioniere 23, Eisenbahntruppen 7 und Train 21 Bataillone. Die gesetzliche Ziffer der Friedenspräsenzstärke bedeutet das Maximum der (regulären) Effektivpräsenzstärke, d. h. nur bei Einziehung von Reservisten und Landwehrleuten zu Uebungen und bei Verstärkungen aus Anlaß besonderer Verhältnisse (§ 6 Abs. 5 des G., betr. die Verpflichtung zum Kriegsdienste v. 9. Nov. 1867 (BGBl. 1867 S. 131) kann der Kaiser die Präsenz noch verstärken, Laband II S. 581, Seydel in Hirths Ann. 1875 S. 1417, Preuß, Friedenspräsenz und Reichsverf. 1887 S. 9, v. Savigny im Arch. f. öff. Recht III S. 245.

2) Dem Art. 60 der Reichsverf. ist Genüge geschehen, wenn die Friedenspräsenzstärke anstatt durch besonderes Gesetz durch das Etatgesetz festgestellt würde; ebenso Laband II S. 584. Seydel in Hirths Ann. 1875 S. 1410 ff., v. Savigny l. c. S. 225, dagegen H. Schulze in Grünhuts Zeitschr., Bd. II S. 209, Preuß l. c. und Thudichum in v. Holtzendorffs Jahrb. II S. 109.

Fraglich ist, ob das Vorrecht Preußens in Art. 5 Abs. 2 der Reichsverf. auch zur Anwendung kommt, wenn die Zeit, für welche die Präsenzstärke festgesetzt ist, abläuft und Preußen sich für die zuletzt festgesetzte Präsenzstärke entscheidet. Diese Frage ist zu bejahen, da das Vorrecht sich nicht bloß auf gesetzliche, sondern auch auf alle bestehenden Einrichtungen bezieht. Ebenso Seydel, Komm. S. 220 und in Hirths Ann. 1875 S. 1413, Laband II S. 585,

Thudichum in v. Holtzendorffs Jahrb. II S. 110 f., G. Meyer, Staatsr. § 198; and. Meinung Preuß S. 92 ff., v. Savigny l. c. S. 239, Riedel, Komm. S. 142 u. a. m. Die hier vertretene Ansicht sprach auch Fürst Bismarck am 11. Jan. 1887 aus (Sten.Ber. des Reichstags S. 342): „Die bestehende Einrichtung ist doch immer die Präsenzziffer des vorigen Jahres und würde in Folge des ausschlaggebenden Votums des Kaisers immer in Geltung bleiben, selbst wenn, was nicht denkbar ist, die Majorität des Bundesraths dagegen stimmte."

Im Fall des Nichtzustandekommens eines Gesetzes über die Friedenspräsenzstärke bleiben die reichsgesetzlich festgestellte Anzahl der Cadres und deren Formation bestehen, Laband II S. 588, doch ist fraglich, ob dann der Kaiser gemäß Art. 63 Abs. 4 nun allein die Friedenspräsenzstärke feststellen kann. Diese Frage wird verneint von Brockhaus, Das deutsche Heer und die Kontingente der Einzelstaaten 1888 S. 47, Seydel in Hirths Ann. 1875 S. 1416 f., Komm. S. 253, v. Savigny, Arch. f. öff. Recht 1888 III S. 244, G. Meyer, Staatsr. 209 u. a. verneinen diese Frage. Laband II S. 587, Thudichum in v. Holtzendorffs Jahrb. I S. 41, Schulze, Deutsches Staatsr. II S. 280, Preuß S. 57, Zorn § 7 u. a. bejahen dieselbe. Die letztere Ansicht ist die richtige, s. weiter unten zu Art. 63; doch verliert die praktische Bedeutung des dem Kaiser hiernach zustehenden Rechts, wenn kein Gesetz vorliegt, die Friedenspräsenz zu bestimmen, dadurch an Werth, daß Ausgaben nur auf Grund des Gesetzes für das Heer gemacht werden dürfen; s. weiter unten (Art. 69), die gesetzliche Feststellung der Friedenspräsenz verpflichtet (Art. 2 letzter Abs.) den Reichstag, auch die dazu nothwendigen Ausgaben zu bewilligen. Fürst Bismarck äußerte sich zu der Frage am 11. Jan. 1887 (Sten.Ber. des Reichst. S. 142):

> „Wenn wir uns über die Präsenzziffer nicht einigen, dann treten diejenigen Bestimmungen der Verfassung wieder in Kraft, die durch das auf Grund der Zusage von Art. 60 gegebene Gesetz beschränkt sind ..... (deshalb) hat die Verfassung schon, bevor das Versprechen in Art. 60 entstand, durch den vierten Absatz des Art. 63 das Moderamen gegeben, daß der Kaiser den Präsenzstand der Kontingente des Reichsheeres bestimmen kann."

Artikel 61.

Nach Publikation dieser Verfassung ist in dem ganzen Reiche die gesammte Preußische Militairgesetzgebung ungesäumt einzuführen, sowohl die Gesetze selbst, als die zu ihrer Ausführung, Erläuterung oder Ergänzung erlassenen Reglements, Instruktionen und Reskripte, namentlich also das Militair-Strafgesetzbuch vom 3. April 1845., die Militair-Strafgerichtsordnung vom 3. April 1845., die Verordnung über die Ehrengerichte vom 20. Juli 1843., die Bestimmungen über Aushebung, Dienstzeit, Servis- und Verpflegungswesen, Einquartierung, Ersatz von Flurbeschädigungen, Mobilmachung u. s. w. für Krieg und Frieden. Die Militair-Kirchenordnung ist jedoch ausgeschlossen.

Nach gleichmäßiger Durchführung der Kriegsorganisation des Deutschen Heeres wird ein umfassendes Reichs-Militairgesetz dem Reichstage und dem Bundesrathe zur verfassungsmäßigen Beschlußfassung vorgelegt werden.

Art. 61 hatte zum Zwecke, die Einheitlichkeit des Heerwesens im Gebiete der Gesetzgebung herbeizuführen. Unter „Gesetzgebung" sind nach dem Wortlaute des Artikels nicht bloß die Gesetze selbst, sondern auch die zu ihrer Ausführung, Erläuterung oder Ergänzung erlassenen Reglements, Instruktionen und Reskripte zu begreifen. Insbesondere sollen dorthin auch „die Bestimmungen über Aushebung, Dienstzeit, Servis- und Verpflegungswesen, Einquartirung, Ersatz von Flurbeschädigungen, Mobilmachung u. s. w. für Krieg und Frieden" gerechnet werden.

Durch die Vorschrift des Art. 61, daß die gesammte deutsche Militärgesetzgebung in das ganze Reichsgebiet ungesäumt einzuführen sei, haben die Bestandtheile derselben ihre ursprüngliche Natur nicht verloren, d. h. soweit es Verordnungen waren, sind sie weder durch Art. 61 selbst, noch durch die gemäß Art. 61 bewirkte Einführung in die nichtpreußischen Gebietstheile des Deutschen Reichs Gesetze geworden, sondern Verordnungen geblieben, konnten und können daher, soweit nicht inzwischen eine reichsgesetzliche Regelung erfolgt, im Verordnungswege wieder abgeändert und aufgehoben werden. S. Arndt, Verordnungsr. S. 134, Seydel, Komm. S. 225 und in Hirths Ann. 1875 S. 1418, ferner Sten. Ber. des verfassungberathenden Reichstags 1867 S. 581: Kriegsminister Graf Roon: „Es hat keine andere Absicht vorgelegen, als diejenige, die eben der Herr Vorredner (Forkel) als zweckmäßig bezeichnet hat. Wir wollen die preußischen Gesetze und die preußischen Verordnungen, Règlements und Instruktionen aufgenommen wissen, in allen denjenigen Armeetheilen, die dem Bundesheere neu zugehen, und wir wünschen, daß sie in volle Geltung durch diese Verfassung gesetzt werden; natürlich auch insoweit es Instruktionen, Vorschriften und Reglements sind, selbstverständlich immer nur insoweit, als es zweckmäßig ist, sie für die Folge immerhin zu behalten. Natürlich muß dem Bundesfeldherrn in Bezug auf Vorschriften und Reglements die Hand frei gelassen werden. Es geht nicht an, daß diesem Artikel die Deutung beigelegt werde, daß mit seiner Annahme nun alle Reskripte auf einmal Bundesgesetz wären. Das war nicht die Absicht."

Für die Frage, welche der auf Grund Art. 61 eingeführten Bestimmungen als Gesetze, und welche als Verordnungen anzusehen sind, d. h. welche nur durch Reichsgesetze oder welche auch im Verordnungswege geändert werden können, erklärt Laband II S. 512 f. die „allgemeinen staatsrechtlichen Prinzipien" für maßgebend, zu denen er rechnet, daß Rechtsvorschriften, also Vorschriften, die nicht bloß innerhalb der Verwaltung wirksam sind, sondern den Unterthanen im Allgemeinen oder gewissen Klassen derselben Verpflichtungen auferlegen, der Gesetzesform bedürfen (es sei denn, daß der Erlaß derselben delegirt sei). Dies ist in doppelter Hinsicht unrichtig: 1) weil nicht sog. allgemeine Prinzipien, sondern die thatsächlichen Verhältnisse über die Abgrenzung zwischen Gesetz und Verordnung nach dem Wortlaut und Willen der Verfassung maßgebend sein sollten; ebenso Hänel, Staatsr. S. 495, ferner Arndt, Verordnungsr. S. 135, die zitirten Worte des Grafen Roon; dies gaben selbst diejenigen bei Berathung des Art. 61 zu, welche meinten, daß in Preußen Vorschriften thatsächlich mit Wirksamkeit, aber mangels gesetzlicher Form ohne Rechtsgültigkeit bestehen (Wigand, Sten.Ber. 1867 S. 582); 2) weil die von Laband aufgestellten allgemeinen Prinzipien gar nicht bestehen, indem nach preußischem Staatsrechte der König (namentlich im Heerwesen) Alles rechtsverbindlich geregelt hat und regeln darf, das nicht durch Verfassung oder Gesetz dem Verordnungswege entzogen ist.

So begreift es sich, daß die auf Grund § 1 der Verf. eingeführten Rechtsverordnungen, z. B. über das Disziplinarwesen, über Ehrengerichte, Kriegsartikel, welche Rechtssätze im eminentesten Sinne darstellen, weil sie in Preußen ohne Gesetz geregelt waren, auch später im Verordnungswege abgeändert sind; s. Arndt, Verordnungsr. S. 136 ff.

Eine zweite Frage knüpft sich an Art. 61, wer hat die Verordnungen zu erlassen, der König von Preußen bezw. der Kaiser (Bundesfeldherr) oder der bez. Einzelstaat; Laband II S. 516 und Hänel, Studien II S. 70 behaupten, ausschließlich die Landesregierungen; Seydel, Komm. S. 222 ff. und in Hirths Ann. 1875 S. 1418 ausschließlich das Präsidium, Arndt, Verordnungsr. S. 126 ff. beide. Letztere Ansicht deckt sich mit der Praxis, s. auch Laband II S. 517, und mit Sinn und Wortlaut der Verfassung. Es war den Schöpfern der Verfassung ganz gleichgültig, von wem die preußische Militärgesetzgebung eingeführt wurde, wenn sie nur überhaupt in Kraft gesetzt wurde (vgl. Rede des Grafen Roon am 5. April 1867 in den Sten.Ber. des Reichstags S. 581, ferner Rede des Bundesrathskommissars v. Puttkamer in den Sten. Ber. des Reichstags 1869 S. 1131). Es konnte und mußte auch Preußen genügen, wenn seine Vorschriften von einer Regierung eingeführt wurden, da diese auf Verlangen Preußens (Art. 63) doch alsbald diese Vorschriften so umzugestalten hat, wie es Preußen beliebt.

Art. 61 bezieht sich nur auf die bei Inkrafttreten der Verfassung gültige, nicht auf die erst später ergehende preußische Militärgesetzgebung; Seydel, Komm. S. 222, Ber. der VI. Kommission des Reichstags in den Anl. zu den Sten.Ber. des Reichstags 1869 Nr. 167 S. 534, v. Forckenbeck in den Sten.Ber. des Reichstags 1869 S. 1133. Für spätere preußische Verordnungen kommt Art. 63 zur Anwendung.

Auf Grund Art. 61 erging die Präsidialverordn., betr. die Einführung preußischer Militärgesetze im ganzen Bundesgebiete v. 7. Nov. 1867 (BGBl. 1867 S. 125), betr. das preußische Militärstrafrecht im ganzen Bundesgebiete v. 29. Dez. 1867 (BGBl. 1867 S. 185), betr. die Einführung der in Preußen geltenden Vorschriften über die Heranziehung der Militärpersonen zu Kommunalauflagen v. 22. Dez. 1868 (BGBl. 1868 S. 571), betr. die Einführung des preußischen Militärstrafrechts in Baden v. 24. Nov. 1871 (RGBl. 1871 S. 401). Dagegen hat Sachsen schon vor der Präsidialverordnung die preußische Militärstrafgesetzgebung bei sich eingeführt.

Art. 61 gilt auch für Württemberg mit Ausnahme der Militärkirchenordnung, des Militärstrafgesetzbuchs und der Militärstrafgerichtsordnung, sowie der Bestimmungen über Einquartirung und Ersatz von Flurbeschädigungen.

Ueber diese Gegenstände sollte und soll nur im Wege der Reichsgesetzgebung in Württemberg das dort bestehende Recht geändert werden dürfen; Militär-Konvention mit Württemberg v. 21./25. Nov. 1870 (BGBl. 1870 S. 658) Art. 10.

Für Bayern gilt Art. 61 nicht; Bündnißvertr. v. 23. Nov. 1870 (BGBl. 1871 S. 19) III § 5.

Was zur Militärgesetzgebung zu rechnen sei, ist nach allgemeinen Rechtsgrundsätzen zu beantworten; ebenso Seydel, Komm. S. 224.

Namentlich bei der Präsidialverordn. v. 22. Dez. 1868, welche die Vorrechte der preußischen Militärpersonen im ganzen Bundesgebiete einführte, herrschte Streit, ob der König von Preußen die preußischen Militärgesetze und Verordnungen im unveränderten Wortlaute als Reichs- (Bundes-) gesetze oder Verordnungen verkünden muß oder ob, wie dies geschehen war, er bei Aufrechterhaltung des Inhalts sie anders formuliren dürfe. Die letztere Ansicht entspricht dem Sinne der Verfassung; Seydel, Komm. S. 225. Die gegentheilige Ansicht, die u. A. von Laband II S. 517 vertreten wird, ist vom Gesetzgeber (G. v. 28. März 1886, RGBl. 1886 S. 65 § 1), wie vom Reichsgericht (Erk. v. 28. März 1882, Entsch. in Civils. Bd. 24 S. 1 ff.) verworfen.

Selbstverständlich kann eine Verordnung nichts der Verfassung oder den Gesetzen des Deutschen Reichs Widersprechendes einführen.

Das „umfassende Reichsgesetz", welches der zweite Abs. des Art. 61 in Aussicht stellte, ist bisher nicht ergangen. Dagegen sind zahlreiche Spezialgesetze über Kriegswesen auf Grund des Abs. 2 in Art. 61 bezw. Art. 4 Ziff. 14 der Reichsverf. erlassen, namentlich:

a) G., betr. die Verpflichtung zum Kriegsdienste v. 9. Nov. 1867 (BGBl. 1867 S. 131);

b) G., betr. die Unterstützung der bedürftigen Familien zum Dienst einberufener Mannschaften der Ersatzreserve v. 8. April 1868 (BGBl. 1868 S. 38);

c) G., betr. die Quartierleistung für die bewaffnete Macht während des Friedenszustandes v. 25. Mai 1868 (BGBl. 1868 S. 523);

d) G., betr. die Pensionirung und Versorgung der Militärpersonen des Reichsheeres und der Kaiserlichen Marine, sowie die Bewilligungen für die Hinterbliebenen solcher Personen v. 27. Juni 1871 (RGBl. 1871 S. 273); später mehrfach abgeändert (RGBl. 1874 S. 25, 1880 S. 99, 1886 S. 78, 1887 S. 147, 237, 1893 S. 171);

e) G., betr. die Beschränkungen wegen des Grundeigenthums in der Umgebung von Festungen v. 21. Dez. 1871 (RGBl. 1871 S. 450);

f) G., betr. die Friedenspräsenzstärke des deutschen Heeres v. 9. Dez. 1871 (RGBl. 1871 S. 411);

g) G., betr. die Bewilligung von Wohnungsgeldzuschüssen an Offiziere und Aerzte des Reichsheeres und der Kaiserl. Marine, sowie an die Reichsbeamten vom 30. Juni 1873 (RGBl. 1873 S. 168);

h) Reichs-Militärges. vom 2. Mai 1874 (RGBl. 1874 S. 75); mehrfach geändert, s. RGBl. 1880 S. 103, 1887 S. 117, 1888 S. 11, 1890 S. 7, 1893 S. 185;

i) G., betr. die Ausübung der militärischen Kontrole über die Personen des Beurlaubtenstandes u. s. w. v. 12. Febr. 1875 (RGBl. 1875 S. 55);

k) G. über die Naturalleistungen für die bewaffnete Macht im Frieden v. 13. Febr. 1875 (RGBl. 1875 S. 52);

l) G. über die Kriegsleistungen v. 13. Juni 1873 (RGBl. 1873 S. 129);

m) Militärstrafgesetzbuch für das Deutsche Reich v. 20. Juni 1872 (RGBl. 1872 S. 174).

Wichtigeres aus diesen Gesetzen s. oben zu Art. 59.

Bezüglich der Frage, ob die Weiterbildung des Rechts im Gesetzes- oder im Verordnungswege vor sich ging, läßt sich dieselbe Wahrnehmung machen wie so oft vorher und nachher in Preußen: das Parlament benutzte in zahlreichen Fällen sein Geld-(Ausgabe-)Bewilligungsrecht, um die gesetzliche Regelung der Materien herbeizuführen, so daß das Gebiet der Verordnungen weiter und weiter beschränkt wurde.

Artikel 62.

Zur Bestreitung des Aufwandes für das gesammte Deutsche Heer und die zu demselben gehörigen Einrichtungen sind bis zum 31. Dezember 1871. dem Kaiser jährlich sovielmal 225 Thaler, in Worten zweihundert fünf und zwanzig Thaler, als die Kopfzahl der Friedensstärke des Heeres nach Artikel 60. beträgt, zur Verfügung zu stellen. Vergl. Abschnitt XII.[1])

Nach dem 31. Dezember 1871. müssen diese Beiträge von den einzelnen Staaten des Bundes zur Reichskasse fortgezahlt werden. Zur Berechnung derselben wird die im Artikel 60. interimistisch festgestellte Friedens-Präsenzstärke so lange festgehalten, bis sie durch ein Reichsgesetz abgeändert ist.[2])

Die Verausgabung dieser Summe für das gesammte Reichsheer und dessen Einrichtungen wird durch das Etatsgesetz festgestellt.[3])

Bei der Feststellung des Militair-Ausgabe-Etats wird die auf Grundlage dieser Verfassung gesetzlich feststehende Organisation des Reichsheeres zu Grunde gelegt.[4])

1) Abs. 1 des Art. 62 ist nicht nur durch Ablauf des darin bezeichneten Endtermins, sondern auch durch das G., betr. die Friedenspräsenzstärke des deutschen Heeres v. 9. Dez. 1871 (RGBl. 1871 S. 411) erledigt.

2) Ob Abs. 2 noch formell gilt, ist fraglich. Für aufgehoben halten ihn Seydel, Komm. S. 233, Derselbe in Hirths Ann. 1875 S. 1411 f., v. Rönne, Deutsches Staatsrecht II S. 177 f., G. Meyer in Hirths Ann. 1880 (gegen Laband) S. 349; als noch anwendbar Laband II S. 590, Thudichum in v. Holtzendorffs Jahrb. I S. 41, Bd. II S. 120, Fricker in der Zeitschr. für die gesammte Staatswissenschaft Bd. 28 S. 175, Preuß, Friedens-Präsenz S. 58 ff., v. Savigny im Arch. f. öff. Recht III S. 249 f. Die letztere Ansicht ist die richtige, da Abs. 2 durch kein Gesetz, weder durch das G. v. 9. Dez. 1871 (RGBl. 1871 S. 411) noch durch das Reichsmilitärges. v. 2. Mai 1874 (RGBl. 1874 S. 45) aufgehoben ist. Allerdings wird der praktische Werth der fortdauernden Gültigkeit des Abs. 2 dadurch auf das Allerhöchste vermindert, daß mit 225 Thlr. auf den Kopf der Friedenspräsenzstärke das Heer namentlich mit den in die Präsenzstärke nicht einbegriffenen Offizieren, Aerzten, Beamten und Unteroffizieren nicht erhalten werden kann.

Der Satz, daß beim Nichtzustandekommen einer gesetzlichen Verständigung über die Präsenzstärke die Einzelstaaten pro Kopf die früheren 225 Thlr. dem Kaiser zur Verfügung zu stellen haben, steht auch nicht im Widerspruch zum zweiten Satze in Art. 70. Es genügte den Regierungen im Jahre 1867 nicht, daß bis zum 31. Dez. 1871 das Heer gesichert war, man wollte auch über diesen Zeitpunkt hinaus insoweit eine Sicherung, als daß dann wenigstens (wie in Preußen) die Einnahmen sicher gestellt wurden (s. auch Laband II S. 590). Der König von Preußen hatte kraft der ihm zustehenden Verordnungsgewalt (Arndt, Verordnungsrecht S. 70 f., 136 f., Preuß. Verf. S. 98, im Arch. f. öff. Recht III 1888 S. 558 f.) in den Jahren 1859 bis 1861 eine Militärorganisation thatsächlich durchgeführt, obgleich die dazu erforderlichen Kosten nur im Extraordinarium durch das Etatsgesetz bewilligt waren. Als im Herbst 1862 das Abgeordnetenhaus die Kosten für die Reorganisation strich, wurden dieselben trotzdem und trotz der dieserhalb nicht zu Stande gekommenen Etatsgesetze weiter geleistet. Wegen der Ausgaben ohne Gesetz, nicht wegen der Reorganisation als solcher — die von Gneist damals als illegal („Kainszeichen des Eidbruches an der Stirn"!, die Antwort des Grafen Roon an Gneist „Unverschämtheit und Ueberhebung") bekämpft wurde — suchte und erhielt die Staatsregierung im Jahre 1866 die Indemnität, Arndt, Arch. f. öff. Recht III S. 547.

Auch dem Reichstage gegenüber wollten die Regierungen sich sichern; zwar erkannten sie an und willigten darein, Abs. 3 dieses Art. 62, daß die Verausgabung durch das Etatsgesetz erfolgen sollte, andererseits wollten sie, wie in Preußen Art. 109 der Verf. (s. Arndt, Preuß. Verf. S. 178, Verordnungsr. S. 220) der Regierung die Einnahmen unabhängig vom Willen des Landtages gewährt, wenigstens das in Abs. 1 und 2 bezeichnete Geld zur Verfügung haben — auch ohne den Willen Jemandes —.

3) S. Anm. 2. Kommt ein Etatsgesetz nicht zu Stande, so bedarf die Reichsregierung wegen aller für das Heer gemachten Ausgaben der Indemnität. Sie hat dem Reichstage gegenüber ohne Etatsgesetz nicht das Recht, irgend welche Zahlungen für das Heer oder sonst wen zu leisten. Andererseits muß sie die fälligen Löhnungen 2c. an die Truppen zahlen; das Etatsgesetz macht nicht zwischen der Regierung und ihren Truppen, sondern zwischen Regierung und Reichstag Recht. Weigert die Regierung die Soldzahlung, weil das Etatsgesetz fehle, so wird sie zu derselben durch Richterspruch verurtheilt und ist obendrein dafür verantwortlich zu machen, daß sie durch unbegründete Zahlungsverweigerung dem Staate und den Betheiligten Kosten und Weiterungen verursacht hat; s. unten zu Art. 69.

4) Für Württemberg bestimmt Art. 12 der Militär-Konvention vom 21./25. Nov. 1870 (BGBl. 1870 S. 658):

„Aus der von Württemberg nach Artikel 62 der Bundesverfassung zur Verfügung zu stellenden Summe bestreitet die Königlich Württembergische Regierung, nach Maaßgabe des Bundeshaushalts-Etats, den Aufwand für die Unterhaltung des Königlich Württembergischen Armeekorps, einschließlich Neuanschaffungen, Bauten, Einrichtungen u. s. w. in selbstständiger Verwaltung, sowie den Antheil Württembergs an den Kosten für die gemeinschaftlichen Einrichtungen des Gesammtheeres ..... Ersparnisse, welche unter voller Erfüllung der Bundespflichten als Ergebnisse der obwaltenden besonderen Verhältnisse möglich werden, verbleiben zur Verfügung Württembergs. — Das Königlich Württembergische Armeekorps partizipirt an den gemeinschaftlichen Einrichtungen und wird im großen Generalstabe verhältnißmäßig vertreten sein."

Für Bayern vgl. Vertr. vom 23./25. Nov. 1870 III § 5, s. w. unten, Anl. III und IV.

Artikel 63.

Die gesammte Landmacht des Reichs wird ein einheitliches Heer bilden,[1]) welches in Krieg und Frieden unter dem Befehle des Kaisers steht.

Die Regimenter rc. führen fortlaufende Nummern durch das ganze Deutsche Heer. Für die Bekleidung sind die Grundfarben und der Schnitt der Königlich Preußischen Armee maßgebend. Dem betreffenden Kontingentsherrn bleibt es überlassen, die äußeren Abzeichen (Kokarden rc.) zu bestimmen.[2])

Der Kaiser hat die Pflicht und das Recht, dafür Sorge zu tragen, daß innerhalb des Deutschen Heeres alle Truppentheile vollzählig und kriegstüchtig vorhanden sind und daß Einheit in der Organisation und Formation, in Bewaffnung und Kommando, in der Ausbildung[3]) der Mannschaften, sowie in der Qualifikation der Offiziere hergestellt und erhalten wird. Zu diesem Behufe ist der Kaiser berechtigt, sich jederzeit durch Inspektionen von der Verfassung der einzelnen Kontingente zu überzeugen und die Abstellung der dabei vorgefundenen Mängel anzuordnen.[4])

Der Kaiser bestimmt den Präsenzstand,[5]) die Gliederung und Eintheilung der Kontingente des Reichsheeres, sowie die Organisation der Landwehr, und hat das Recht, inner=

halb des Bundesgebietes die Garnisonen zu bestimmen, sowie die kriegsbereite Aufstellung[6]) eines jeden Theils des Reichsheeres anzuordnen.

Behufs Erhaltung der unentbehrlichen Einheit in der Administration, Verpflegung, Bewaffnung und Ausrüstung aller Truppentheile des Deutschen Heeres sind die bezüglichen künftig ergehenden Anordnungen für die Preußische Armee den Kommandeuren der übrigen Kontingente, durch den Artikel 8. Nr. 1. bezeichneten Ausschuß für das Landheer und die Festungen, zur Nachachtung in geeigneter Weise mitzutheilen.[7])

1) Art. 63 stellt an die Spitze den Satz, daß die gesammte Landmacht des Reiches ein einheitliches Heer bilden wird. Trotz dieses Wortlautes wird die Einheitlichkeit des deutschen Heeres bestritten, namentlich von Seydel und Laband.

Seydel, Komm. S. 237. Die Verbündeten haben, soweit nicht besondere Verträge in Frage kommen, ihre eigene Militärhoheit behalten, nur der militärische Oberbefehl ist in die Hände des Kaisers gelegt. „Es besteht keine Kriegsdienstpflicht gegenüber dem Reiche, sondern nur gegenüber dem einzelnen Staate, der Fahneneid wird dem Landesherrn geleistet" . . . . .

„Bei der Marine erscheint der Kaiser als Vertreter der Verbündeten in Bezug auf das Militärhoheitsrecht, er steht an Stelle der Kriegsherren; dem Landheere gegenüber ist er lediglich Feldherr." Seydel in Hirths Ann. 1875 S. 1396: „Das deutsche Heer ist ein Kontingentsheer."

Laband II S. 501:

„Es giebt kein Heer des Reiches, sondern nur Kontingente der Einzelstaaten. — Die Einheit der Kriegsmarine ist eine innere untheilbare, durch Begriff und Wesen gebotene, die Reichsarmee dagegen ist eine zusammengesetzte Einheit; die „Einheitlichkeit" der Landmacht hebt die gesonderte Existenz der Kontingente der einzelnen Staaten nicht auf, sondern sie bedeutet lediglich das Band, welches diese verschiedenen Kontingente zusammenhält. Die Einheit ist bei der Marine Konsequenz, bei dem Heere Modifikation des Grundprinzips."

S. 502: „Staatsrechtlich bleibt der Grundsatz bestehen, daß eine Reichsarmee nicht existirt, sondern daß dies nur eine Kollektivbezeichnung ist, um die Kontingente der einzelnen Bundesstaaten zusammenzufassen."

„Die Einzelstaaten haben zwar Truppen, aber die ihnen zustehende Militärhoheit ist keine souveräne."

S. 507. „Die reichsverfassungsmäßigen Grundlagen der Militärreorganisation lassen sich in den Satz zusammenfassen: Dem Reiche steht zu die einheitliche Ordnung und Einrichtung des Heeres, der Oberbefehl in Krieg und Frieden, die Feststellung des Rekrutenbedarfs und des Ausgabenetats; den Einzelstaaten ist verblieben die Kontingentsherrlichkeit und die Selbstverwaltung."

Die entgegenstehende Ansicht vertritt die überwiegende Mehrzahl der Staatsrechtslehrer: Hänel, Staatsr. S. 494, Zorn, Staatsr. § 7, G. Meyer, Lehrb. des Staatsr. §§ 196 ff., in Hirths Ann. 1880 S. 337 f., H. Schulze, Deutsches Staatsrecht II S. 253 f., v. Kirchenheim, Lehrbuch des Staatsr. S. 342 ff., Bornhak, Preuß. Staatsr. Bd. III S. 29 ff. und Brockhaus, Das deutsche Heer und die Kontingente der Einzelstaaten (1888). Die letztere Ansicht verdient den Vorzug:

1) weil sie den Wortlaut des Abs. 1 in Art. 63 für sich hat;
2) weil die Gesetzgebungs- und Verordnungsbefugnisse, mit Einschluß der Administration, Versorgung, Bewaffnung und Ausrüstung einheitlich sind. Zwar sind die Verordnungen großentheils nach der Form Königlich preußische, s. Art. 61 und unten letzten Abs. in Art. 63, immerhin aber in der Sache einheitliche. Nicht einheitlich ist nur die Militärkirchenordnung und die Militärgerichtsverfassung;
3) weil der militärische Befehl Einem Einzigen zusteht, mag dieser im Frieden als Deutscher Kaiser oder als König von Preußen auftreten;
4) weil der Kaiser den Präsenzstand des Heeres und der Kontingente bestimmt;

5) weil der Kaiser die Inspektion und die Abstellung der Mängel hat;
6) weil ihm die kriegsbereite Aufstellung eines jeden Theiles des Reichsheeres, die Einberufungen der Reserve und Landwehr, der Aufruf und die Auflösung des Landsturmes und die Feststellung des Mobilmachungsplanes zustehen;
7) weil dem Kaiser unbedingter Gehorsam von allen deutschen Truppen eidlich angelobt und geleistet wird;
8) weil sämmtliche Einnahmen und Ausgaben der Militärverwaltung Einnahmen und Ausgaben des Reiches sind, ebenso wie das gesammte bewegliche und unbewegliche Vermögen der Militärverwaltung Eigenthum des Reiches ist, wie es endlich nur einen Militärfiskus, nämlich den Reichsfiskus, giebt;
9) weil das Heer durch ein einheitliches Recht geordnet wird;
10) weil alles Befehlsrecht — das Recht sowohl des Kommandos als des militärischen Verwaltungsbefehls — über das deutsche Heer und in ihm sich in einer Hand vereinigt; endlich und hauptsächlich
11) weil doch das Militär des Krieges halber besteht, im Kriege aber die Einheitlichkeit zweifellos ist.

Ebenso im Wesentlichen, doch mit Abweichungen Hänel, Staatsr. S. 493 bis 530. „Das Kontingent," Hänel S. 529, „ist kein selbstständiger Heerkörper, sondern nur eine Gliederung des deutschen Heeres." — Die Rechte der Landesherren sind vereinzelte Rechte der Einflußnahme auf die Organisation und die Verwendung der Kontingente.

Im Grunde genommen stellt sich die Sache selbst für Bayern nicht sehr viel anders, s. w. unten, und ist der mit soviel Aufwand von Geist und Wissen geführte Streit, wie so häufig, nur ein Schulstreit um Worte.

Für Württemberg kommt zu Abs. 1 in Betracht Art. 1 der Militär-Konvention v. 21./25. Nov. 1870 (BGBl. 1870 S. 658): „Die Königlich Württembergischen Truppen als Theil des Deutschen Bundesheeres bilden ein in sich geschlossenes Armeekorps ..... nebst der entsprechenden Anzahl von Ersatz- und Besatzungstruppen nach Preußischen Normen im Falle der Mobilmachung oder Kriegsbereitschaft."

Für Bayern s. w. unten, Anl. III und IV.

2) Wenn Laband II S. 559 offenbar zur Rechtfertigung seiner in Anm. 1 vorgetragenen Ansicht sagt: „Das äußere Merkmal des militärischen Dienstverhältnisses ist die Uniform. — Innerhalb dieser Schranken (d. i. der in Art. 63 Abs. 2 gezogenen Schranken) hat der Kontingentsherr die Uniform, insbesondere die äußeren Abzeichen (Kokarde u. s. w.) zu bestimmen," so ist zu bemerken, daß das Recht der Kontingentsherren nur eine unwesentliche Aeußerlichkeit betrifft, deren Verschiedenheit ebensowenig die Einheitlichkeit des deutschen Heeres ausschließt, wie z. B. die Verschiedenheit der Dragoner- von der Ulanen-Uniform.

Für Württemberg kommt Art. 3 der Militär-Konvention vom 21./25. Nov. 1870 (BGBl. 1870 S. 658) in Betracht, wonach . . . . . „die Königlich Württembergischen Truppen das vierzehnte Deutsche Bundes-Armeekorps mit ihren eigenen Fahnen und Feldzeichen [bilden] und die Divisionen, Brigaden, Regimenter und selbstständigen Bataillone des Armeekorps die entsprechende laufende Nummer in dem Deutschen Bundesheere neben der Nummerirung im Königlich Württembergischen Verbande [erhalten]."

Für Bayern s. w. unten, Anl. III und IV.

3) Zum Worte „Ausbildung" äußerte sich Delbrück im II. außerordentl. Reichstage 1870 (Sten.Ber. S. 69): „In der Ausbildung steckt auch der Präsenzstand sämmtlicher Kontingente", d. h. der Kaiser hat auch darauf zu sehen, daß die genügende Zahl ausgebildet wird."

4) Daß der Kaiser die Abstellung der von ihm vorgefundenen Mängel anzuordnen hat, ist ein ferneres Zeichen für die Einheitlichkeit des Heeres. Nur Modifikation, fast nur äußerliche Artigkeit, ist es, wenn in der Militär-Konvention mit Sachsen v. 7. Febr. 1867 unter Art. 4 und mit Württemberg v. 21./25. Nov. 1870 in Art. 9 bestimmt ist: . . . . . „Die in Folge solcher Inspizirungen bemerkten sachlichen und persönlichen Mißstände wird der Bundesfeldherr dem Könige von Württemberg mittheilen, welcher Seinerseits dieselben abstellen und von dem Geschehenen alsdann dem Bundesfeldherrn Anzeige machen läßt."

5) Unter dem Rechte des Kaisers, den Präsenzstand zu bestimmen, ist zweifellos die Befugniß begriffen, 1) innerhalb und

unter der gesetzlichen Friedenspräsenzstärke (Art. 60) die Zahl der bei den Fahnen befindlichen Mannschaften zu bestimmen; 2) (Brockhaus S. 47) die durch die gesetzlich festgestellte Friedenspräsenzstärke des gesammten Heeres bestimmte Totalziffer nach Maßgabe des Art. 58 in die einzelnen Kontingentsziffern zu zerlegen, also das Fazit einer durch Gesetz und Verfassung vorgeschriebenen Rechnung festzustellen. Sehr bestritten ist, ob der Kaiser auf Grund Art. 63 Abs. 4 auch in dem Falle die Friedenspräsenz feststellen kann, wenn kein Gesetz darüber zu Stande gekommen ist; dafür haben sich Fürst Bismarck am 11. Jan. 1887 (Sten.Ber. des Reichstags S. 142), Thudichum in v. Holtzendorffs Jahrb. I S. 41, Laband II S. 589 f., Zorn (1. Aufl.) I S. 322 ff., dagegen die große Mehrzahl der Schriftsteller (s. auch v. Savigny im Arch. f. öff. Recht III [1888] S. 243 f.) ausgesprochen. Nach der Entstehungsgeschichte der Reichsverfassung, s. oben Anm. 2 zu Anm. 60, und da ferner die Berechtigung, welche Abs. 4 dem Kaiser ertheilt, nicht und nirgends beschränkt ist, verdient die erstere Ansicht den Vorzug. Damit ist jedoch in keiner Weise bewirkt, daß der Kaiser Mangels eines Gesetzes über die Friedenspräsenzstärke ganz frei ist. Vielmehr bestehen indirekte Beschränkungen, nämlich: 1) gemäß Art. 62 Abs. 3 und Art. 69 kann der Kaiser ohne Etatsgesetz, also ohne vorgängige oder nachträgliche Genehmigung von Bundesrath und Reichstag, Nichts für das Heer verausgaben und 2) wenn es der Kaiser auf die nachträgliche Genehmigung ankommen lassen wollte, so stehen ihm nur die in Art. 62 bezeichneten Beträge (225 Thlr. für die Kopfzahl) also nur eine ganz ungenügende Summe zur Verfügung.

6) Das Recht, die kriegsbereite Aufstellung des Heeres und eines jeden Theiles desselben anzuordnen, steht dem Kaiser ausschließlich zu; s. auch § 6 des Kriegsdienstges. v. 9. Nov. 1867 (BGBl. 1867 S. 131) § 8, Art. 14 der Württembergischen, Art. 9 der Sächsischen Militär-Konvention; ebenso Seydel, Komm. S. 238 f.

7) Der letzte Absatz des Art. 63 stellt klar, daß nicht bloß bei Beginn der deutschen Einigung (Art. 61), sondern für alle Zukunft das deutsche Heer in der Administration, Verpflegung, Bewaffnung (Ausbildung) und Ausrüstung ein einheitliches sein soll. Nicht allerdings ist es der Kaiser als solcher, der die bezüglichen An-

ordnungen trifft, sondern der König von Preußen; s. Arndt, Verordnungsr. S. 130 f., Laband II S. 515 f. Solche An- und Verordnungen, z. B. die Disziplinarordnung für das Heer v. 31. Okt. 1872 (AVBl. S. 330), die V. über die Ehrengerichte der Offiziere im preußischen Heere v. 2. Mai 1874 in v. Helldorffs Dienstvorschriften IV Abth. 4 S. 228 ff., die V. über die Kriegsartikel v. 31. Okt. 1872 (AVBl. 1872 S. 330), die Heer-Ordn. v. 28. Sept. 1875 in den Militärgesetzen des Deutschen Reichs, Berlin 1877 II S. 246 ff. u. a. sind preußische Verordnungen, erlassen unter Gegenzeichnung des preußischen Kriegsministers. Diese sind zunächst nur für das preußische Heer maßgebend, müssen aber gemäß dem letzten Absatze in Art. 63 alsbald auch in die übrigen Kontingente des deutschen Heeres, also in die württembergischen und sächsischen eingeführt werden, rücksichtlich deren sie, formell betrachtet, als Königlich Württembergische und Königlich Sächsische erscheinen, vgl. z. B. Württembergische V. v. 27. Nov. 1872, Württemberg. VBl. S. 308. Das ist aber in der Sache nur eine Art Höflichkeit und Konvenienz, dies selbst Württemberg gegenüber, trotzdem Art. 15 der württembergischen Militärkonvention bestimmt, daß solche preußischen Verordnungen nicht bloß dem Ausschusse des Bundesraths für das Landheer und die Festungen, sondern auch unmittelbar dem Württembergische n Kriegsministerium mitzutheilen sind.

Vgl. hierzu Arndt, Verordnungsr. S. 131 ff., S. 136 ff. und zum Theil abweichend Laband II, S. 519.

Bezüglich Bayerns s. w. unten, Anl. III und IV.

Artikel 64.

Alle Deutsche Truppen sind verpflichtet, den Befehlen des Kaisers unbedingte Folge zu leisten.[1]) Diese Verpflichtung ist in den Fahneneid aufzunehmen.[2])

Der Höchstkommandirende eines Kontingents, sowie alle Offiziere, welche Truppen mehr als eines Kontingents befehligen, und alle Festungskommandanten werden von dem Kaiser ernannt.[3]) Die von Demselben ernannten Offiziere leisten Ihm den Fahneneid.[4]) Bei Generalen und den Generalstellungen versehenden Offizieren innerhalb des Kontingents ist die Ernennung von der jedesmaligen Zustimmung des Kaisers abhängig zu machen.

Der Kaiser ist berechtigt, Behufs Versetzung mit oder ohne Beförderung für die von Ihm im Reichsdienste, sei es im Preußischen Heere, oder in anderen Kontingenten zu besetzenden Stellen aus den Offizieren aller Kontingente des Reichsheeres zu wählen.

1) Auch diese Vorschrift beweist die Einheitlichkeit des Heeres.

2) Der Fahneneid wird dem Kontingentsherrn geleistet und enthält zugleich die Verpflichtung, dem Bundesfeldherrn unbedingt zu gehorchen.

3) Art. 5 der Militärkonvention mit Württemberg bestimmt davon abweichend: „Die Ernennung, Beförderung, Versetzung u. s. w. der Offiziere und Beamten (also auch der Generäle) des Königlich Württembergischen Armeekorps erfolgt durch Seine Majestät den König von Württemberg, diejenige des Höchstkommandirenden für das Armeekorps nach vorgängiger Zustimmung ..... als Bundesfeldherrn."

Art. 7 der Militärkonvention mit Sachsen, abgedruckt u. A. in Glasers Archiv des Norddeutschen Bundes Bd. I Heft 3 und Drucksachen des Reichstages 1867 Nr. 21: „Die Ernennung der Kommandos führenden Generale der Königlich Sächsischen Truppen, mit Ausnahme des Höchstkommandirenden des Armeekorps, wollen — der König von Sachsen in der Weise vollziehen, daß Allerhöchstdieselben jede einzelne Ernennung von dem Einverständnisse des Bundesfeldherrn abhängig machen.

Die Ernennung des Höchstkommandirenden des Armeekorps selbst erfolgt auf Grund der Vorschläge des Königs von Sachsen — durch den König von Preußen."

4) Bei den Staaten, deren Truppen durch besondere Konventionen in die preußische Verwaltung (Kontingent) übergetreten sind, wird der Eid dem Landesherrn theilweise mittelst Reverses, theilweise mittelst Handgelöbnisses geleistet, s. diese Konventionen in: „Die Militärgesetze des Deutschen Reiches", Berlin E. S. Mittler und Sohn 1876 2. Lieferung, vgl. auch Laband II S. 557 ff.

Artikel 65.

Das Recht, Festungen innerhalb des Bundesgebietes anzulegen,[1]) steht dem Kaiser[2]) zu, welcher die Bewilligung der dazu erforderlichen Mittel, soweit das Ordinarium sie nicht gewährt, nach Abschnitt XII. beantragt.[3])[4])

1) Das Recht, Festungen anzulegen, schließt die Befugniß in sich, Erweiterungen und Veränderungen auch an bereits vorhandenen vorzunehmen, Laband II S. 570.

2) Und zwar ausschließlich, ferner auch gegen den Willen des betreffenden Bundesstaates. Dabei stehen dem Reiche die Enteignungsbefugnisse zu, welche nach den Gesetzen des Landes, in dem die Festung liegt oder gebaut werden soll, begründet sind; Seydel, Komm. S. 244, Laband II S. 570, I S. 189. Die Eigenthumsbeschränkungen im Interesse der Festungen sind durch G., betr. die Beschränkungen des Grundeigenthums in der Umgebung von Festungen vom 21. Dez. 1871 (RGBl. 1871 S. 459) einheitlich geregelt. An sich kann der Kaiser auch ohne Zustimmung von Bundesrath und Reichstag Festungen anlegen, Laband II S. 569 ff. — indeß kann er die Ausgaben nur auf Grund gesetzlicher Bewilligung leisten, was der Schlußsatz noch besonders ersichtlich macht.

3) Alle Festungen, die bei Errichtung des Norddeutschen Bundes vorhandenen, wie die später errichteten, sind mit allen dazu gehörenden Gebäuden, Grundstücken und Ausrüstungsgegenständen Eigenthum des Deutschen Reichs (G. v. 25. Mai 1873, RGBl. 1873 S. 113, § 1), Laband II S. 572; wegen Bayern s. w. unten Anl. III und IV.

4) Auch Art. 65 gilt für Bayern nicht; s. w. unten. Bezüglich Württembergs kommt Art. 7 der Militärkonvention zur Anwendung: „Ueber die Ernennung der Kommandanten für die im Königreiche Württemberg gelegenen festen Plätze, ... sowie über die (dem Bundesfeldherrn) . . . . . zustehende Berechtigung, neue Befestigungen innerhalb des Königreichs anzulegen, wird sich der Bundesfeldherr eintretenden Falls mit dem Könige von Württemberg vorher in Vernehmen setzen . . . . ."

Artikel 66.

Wo nicht besondere Konventionen[1]) ein Anderes bestimmen, ernennen die Bundesfürsten, beziehentlich die Senate die Offiziere ihrer Kontingente, mit der Einschränkung des Artikels 64.[2]) Sie sind Chefs aller ihren Gebieten angehörenden Truppentheile und genießen die damit verbundenen Ehren.[3]) Sie haben namentlich das Recht der Inspizirung zu jeder Zeit und erhalten, außer den regelmäßigen Rapporten und Meldungen über vorkommende Veränderungen, Behufs der nöthigen landesherrlichen Publikation, rechtzeitige Mittheilung von den die betreffenden Truppentheile berührenden Avancements und Ernennungen.[3])

Auch steht ihnen das Recht zu, zu polizeilichen Zwecken nicht blos ihre eigenen Truppen zu verwenden, sondern auch alle anderen Truppentheile des Reichsheeres, welche in ihren Ländergebieten dislocirt sind, zu requiriren.[4])

1) Die Reichsverfassung ertheilt in Art. 66 keine Ermächtigung zum Abschlusse von Konventionen, sondern erkennt nur die Statthaftigkeit solcher Konventionen an; Seydel, Komm. S. 247, Laband II S. 520 ff. Wenn sich diese innerhalb der Verfassung halten, bedürfen sie keiner Genehmigung Seitens des Reichsgesetzgebers; Laband l. c., Brockhaus S. 164, Bornhak, Preuß. Staatsr. III S. 30; and. Ans. Zorn (1. Aufl.) I S. 306. Eine Verfassungsänderung liegt nicht darin, wenn der Kaiser über die Ausübung der ihm auf dem Gebiete des Heerwesens zustehenden Befugnisse Zusicherungen ertheilt; Laband II S. 525, Hänel, Studien II S. 246 ff. Anders ist es bezüglich der Konvention von Württemberg; doch ist diese von der Verfassung anerkannt; s. Schlußbestimmung zum XI. Abschnitt. Ob wegen der durch die Konventionen verursachten Geldausgaben die Einzellandtage zustimmen müssen, hängt vom Landesstaatsrecht ab. Werden dadurch Ausgaben von Seiten des Reichs nothwendig, so sind Bundesrath und Reichstag insoweit heranzuziehen.

2) Auf dieses Recht haben die Staaten mit Ausnahme von

Bayern, Württemberg und Baden im Wesentlichen zu Gunsten des Bundesfeldherrn verzichtet; vgl. Laband II l. c.

3) Auch diese Rechte sind im Vergleich zu den kaiserlichen mehr oder weniger Ehrenrechte. Sie schließen die Gerichtsherrlichkeit und also die Befugniß in sich, militärische Strafen im Gnadenwege zu erlassen oder zu ermäßigen, wenn und soweit nicht in den Konventionen darauf Verzicht geleistet ist. Rücksichtlich Württembergs bestimmt Art. 5 der Militär-Konvention (Satz 2): „... Der König von Württemberg genießt als Chef Seiner Truppen die Ihm Allerhöchst zustehenden Ehren und Rechte und übt die entsprechenden gerichtsherrlichen Befugnisse sammt dem Bestätigungs- und Begnadigungsrecht bei Erkenntnissen gegen Angehörige des Armeekorps aus, welche über die Befugnisse des Armeekorps-Kommandanten, beziehungsweise des Königlich Württembergischen Kriegsministeriums hinausgehen."

4) In welchen Fällen Militär requirirt werden kann, hängt vom Landesrecht ab. In Preußen s. Art. 36 der Verfassung, V. wegen verbesserter Einrichtung der Provinzialbehörden v. 26. Dez. 1808 (GS. 1817 S. 288) § 48 Nr. 3, § 150 Thl. I Tit. 24 der Allgemeinen Gerichtsordnung — für öffentliche Aufläufe und Tumulte V. v. 17. Aug. 1835 (GS. 1835 S. 170). — Ueber das Recht der Truppen zum Waffengebrauch entscheidet in Preußen G. v. 20. März 1837 (GS. 1837 S. 60), ausgedehnt durch Art. II g der V. v. 25. Juni 1867 (GS. 1867 S. 923) auf die 1866 erworbenen Provinzen. Diese Gesetze, die V. v. 17. Aug. 1835 und das G. v. 20. März 1837 sind (Laband II S. 564) in Württemberg eingeführt. In Bayern kommen (Laband l. c.) die Vorschriften des G. v. 4. Mai 1851 und die Garnisoninstruktion v. 5. April 1885 zur Anwendung (van Calker, Das Recht des Militärs zum Waffengebrauch).

Artikel 67.

Ersparnisse an dem Militair-Etat fallen unter keinen Umständen einer einzelnen Regierung, sondern jederzeit der Reichskasse zu.

Da die Ausgaben für das Heer aus der Reichskasse erfolgen, Art. 62, rechtfertigt sich der in Art. 67 ausgesprochene Grundsatz. Art. 67 will zugleich verhüten, daß auf Kosten der Ausbildung, Ausrüstung oder Verpflegung der Truppen Ersparnisse gemacht werden. Die Rechnungen über die Militärausgaben werden vom Rechnungshofe des Reichs geprüft. Der Reichskanzler hat die Rechnung mit Monitis dem Bundesrath und Reichstag zu seiner Dechargirung vorzulegen; s. unten.

Für Bayern gilt Art. 67 nicht, ebensowenig für Württemberg: In der Württembergischen Militärkonvention ist in Art. 12 bestimmt: „... Ersparnisse, welche unter voller Erfüllung der Bundespflichten als Ergebnisse der obwaltenden besonderen Verhältnisse möglich werden, verbleiben zur Verfügung Württembergs." Abgesehen hiervon gelten die verfassungsmäßigen Vorschriften über Rechnungslegung und Dechargirung auch für Württemberg.

Artikel 68.

Der Kaiser kann,[1]) wenn die öffentliche Sicherheit in dem Bundesgebiete bedroht ist,[2]) einen jeden Theil desselben in Kriegszustand erklären. Bis zum Erlaß eines die Voraussetzungen, die Form der Verkündigung und die Wirkungen einer solchen Erklärung regelnden Reichsgesetzes gelten dafür die Vorschriften des Preußischen Gesetzes vom 4. Juni 1851. (Gesetz-Samml. für 1851. S. 451 ff.).[3])

1) Es ist fraglich, ob der Kaiser ausschließlich den Kriegszustand erklären kann. Dagegen Seydel, Komm. S. 248, Mohl, Staatsrecht S. 90 ff., G. Meyer in Hirths Ann. 1880 S. 347 und Löwe, Strafprozeßordnung, Anm. zu § 16 GVG. (8. Aufl.) S. 37; dafür die überwiegende Mehrheit, insbesondere Hänel, Staatsr. § 73 und Laband II S. 542 ff. Zwar ist die Begründung der letzteren Ansicht nicht durchschlagend — kein Bundesfürst könne Reichsgesetze suspendiren —; denn das kann auch der Kaiser nicht, ferner wird durch den Kriegszustand eine solche Suspension nicht bewirkt. Die Vorschriften des Gerichtsverfassungsgesetzes (§ 16) und des Gesetzes über die Presse vom 7. Mai 1874 (RGBl. 1874 S. 65) § 30 Abs. 1 gelten nicht für die Fälle des Kriegszustandes; so daß sie gar nicht erst für diese suspendirt zu werden brauchen. Gegen das ausschließliche Recht des Kaisers spricht, daß die Bundesstaaten alle ihnen nicht entzogenen Rechte haben (Seydel l. c.), dafür, daß nach dem Zusammenhange und Sinne anzunehmen ist (dies ist die einzig mögliche Begründung), die Verfassung habe das Recht, den Kriegs-

zustand zu erklären, den Bundesstaaten entzogen. Diese Annahme gründet sich darauf, daß der Kaiser den Oberbefehl über die Truppen hat, daß diese den Befehlen des Kaisers unbedingt Folge zu leisten haben und daß den Bundesstaaten (Art. 66 Abs. 2) nur das Requisitionsrecht übertragen ist; die Verhängung des Kriegszustandes bedeutet aber den Uebergang der Civil- auf die Militärgewalt, bedeutet den der Militärgewalt ertheilten Befehl, die Landesverwaltung in gewissem Umfange (öffentliche Ordnung, Preß-, Vereins-, Versammlungs- und Gerichtswesen) unter eigener Verantwortlichkeit zu übernehmen. Einen solchen Befehl kann nach dem Sinn der Verfassung nur der Kaiser ertheilen.

Für Bayern gilt Art. 68 nicht; s. unten Anl. III und IV.

2) Gemäß dem Preuß. G. v. 4. Juni 1851 ist die Verhängung des Belagerungszustandes nur für den Fall eines Krieges und für den Fall eines Aufruhrs bei dringender Gefahr für die öffentliche Sicherheit zulässig; ebenso Laband II S. 538.

3) Das Gesetz lautet:

Gesetz über den Belagerungszustand.

Vom 4. Juni 1851 (GS. S. 451).

(Gültig im ganzen Umfange der Monarchie, für Hannover, Hessen-Nassau, Frankfurt a. M. gemäß V. v. 25. Juni 1867 [GS. S. 923] Art. II H, für Meisenheim gemäß V. v. 13. Sept. und 20. Sept. 1867 [GS. S. 700 und 1534], für Kaulsdorf gemäß V. v. 22. Mai 1867 [GS. S. 728].)

§. 1. Für den Fall eines Krieges ist in den, von dem Feinde bedrohten oder theilweise schon besetzten Provinzen jeder Festungskommandant befugt, die ihm anvertraute Festung mit ihrem Rayonbezirke, der [1]) kommandirende General aber den Bezirk des Armeekorps oder einzelne Theile desselben zum Zweck der Vertheidigung in Belagerungszustand zu erklären.[2])

---

[1]) Der im Kriegsfalle de facto kommandirende General, nicht der, welchem für Friedensverhältnisse der Kriegsbezirk zugetheilt ist, Komm. Ber. der I. Kammer. Drucksachen 1850/51 Nr. 52 S. 2.

[2]) Laband II S. 537 f., Loening, Verwaltungsr. S. 293, Meyer, Verwaltungsr. I S. 183, Zorn I S. 198 Anm. 57 halten die Bestimmung in § 1 für aufgehoben und behaupten, daß nur noch der Kaiser den Kriegszustand erklären dürfe. Dies ist unrichtig. Die

§. 2. Auch für den Fall eines Aufruhrs kann, bei dringender Gefahr für die öffentliche Sicherheit, der Belagerungszustand sowohl in Kriegs- als in Friedenszeiten erklärt werden.

Die Erklärung des Belagerungszustandes geht alsdann vom Staats-Ministerium aus, kann aber provisorisch und vorbehaltlich der sofortigen Bestätigung oder Beseitigung durch dasselbe, in dringenden Fällen, rücksichtlich einzelner Orte und Distrikte, durch den obersten Militairbefehlshaber in denselben, auf den Antrag des Verwaltungschefs des Regierungsbezirks, wenn aber Gefahr im Verzuge ist, auch ohne diesen Antrag erfolgen.

In Festungen geht die provisorische Erklärung des Belagerungszustandes von dem Festungskommandanten aus.[2])

§. 3. Die Erklärung des Belagerungszustandes ist bei Trommelschlag oder Trompetenschall zu verkünden, und außerdem durch Mittheilung an die Gemeindebehörde, durch Anschlag an öffentlichen

---

Verfassung will und kann nur sagen, daß das Recht, den Kriegszustand zu erklären, von den Einzelstaaten auf den Kaiser übergegangen ist, nicht aber, wer Namens des Kaisers die Erklärung abgeben soll. Festungskommandanten und Generäle, die nöthigenfalls die zur Vertheidigung erforderlichen Maßnahmen (die Erklärung des Kriegszustandes) unterlassen, fallen unter die Straf- und Kriegsartikel. Ueberdies betrifft das Gesetz nicht Fälle, wo der Kampf schon gegenwärtig ist, da gelten an sich nur die militärischen Rücksichten (vgl. Sten.Ber. der I. Kammer 1851 S. 166), die oft viel schonungslosere Ereignisse in Leben und Eigenthum bedingen, sondern die Fälle, wo eine Gefahr vorliegt. Wenn der Kaiser irgendwo auf dem Kriegsschauplatze in Feindesland ist, eine Seefestung oder Küste aber plötzlich bedroht wird, warum soll da nur der Kaiser den Kriegszustand erklären dürfen?

Das Gleiche muß auch für den Fall des Aufruhrs gelten. Bricht in Berlin plötzlich ein großer Aufruhr aus und der Kaiser ist fern im Auslande, so müssen das Staatsministerium und provisorisch der Stadtkommandant den Kriegszustand erklären. In den nichtpreußischen Theilen des Deutschen Reichs werden die militärischen Befehlshaber den Kriegszustand erklären; der Kaiser kann denselben gutheißen oder aufheben.

Plätzen und durch öffentliche Blätter ohne Verzug zur allgemeinen Kenntniß zu bringen.[1]) — Die Aufhebung des Belagerungszustandes wird durch Anzeige an die Gemeindebehörde und durch die öffentlichen Blätter zur allgemeinen Kenntniß gebracht.

§. 4. Mit der Bekanntmachung der Erklärung des Belagerungszustandes geht die vollziehende Gewalt an die Militairbefehlshaber über.[2]) Die Civilverwaltungs- und Gemeindebehörden haben den Anordnungen und Aufträgen der Militairbefehlshaber Folge zu leisten.

---

[1]) Diese Vorschrift ist instruktionell. Es genügt jede einzelne der im Gesetz vorgeschriebenen Verkündungsweisen, auch jede andere an sich geeignete, um den Belagerungszustand eintreten zu lassen, Komm.Ber. der I. Kammer l. c. S. 3. — Sten.Ber. der I. Kammer 1850 S. 173. Außerdem ist, wenn der Kaiser den Belagerungszustand erklärt, die Bekanntmachung mit der Gegenzeichnung des Reichskanzlers (Art. 17 der Reichsverf.) im Reichsanzeiger erforderlich. Laband II S. 539 fordert wenigstens zwei der in § 3 vorgeschriebenen Verkündigungsformen. Die Labandsche Ansicht ist schon an sich unmöglich: denn wie soll, wenn alle Küsten auf ein Mal in Kriegszustand erklärt werden, die Bekanntmachung in zehn Tausend Ortschaften mit Trommelschlag oder Trompetenschall erfolgen können? Die Bekanntmachung z. B. im Reichsanzeiger genügt, auch für die schon vom Feinde theilweise besetzten Gegenden. Der Berichterstatter in der I. Kammer erklärte Namens der Kommission: „Die Kommission einigte sich — dahin, daß es überhaupt nur darauf ankomme, daß die Verkündigung des Belagerungszustandes den Betheiligten bekannt werde, und es auf die Art und Weise der Bekanntmachung garnicht ankommen könne, daß dieselbe durch Umstände bedingt werde und daher der betreffenden Behörde überlassen bleiben müsse.“ Niemand meldete sich zum Worte und darauf wurde § 3 angenommen.

[2]) Daraus folgt, daß (abweichend von der Vorschrift in Art. 36 der Verf.Urk.) die Militärbehörde ohne zuvorige Requisition der Civilbehörde einschreiten darf. Das Tumultges. v. 17. Aug. 1835 (GS. S. 170), besonders §§ 8, 9, und das G. v. 20. März 1837 über den Waffengebrauch des Militärs (GS. S. 60) sind auch hier zu berücksichtigen.

Für ihre Anordnungen sind die betreffenden Militairbefehlshaber persönlich verantwortlich.

§. 5. Wird bei Erklärung des Belagerungszustandes für erforderlich erachtet, die Artikel 5., 6., 7., 27., 28., 29., 30. und 36. der Verfassungs-Urkunde,[1]) oder einzelne derselben, zeit- und distriktweise außer Kraft zu setzen, so müssen die Bestimmungen darüber ausdrücklich in die Bekanntmachung über die Erklärung des Belagerungszustandes aufgenommen oder in einer besonderen, unter der nämlichen Form (§. 3) bekannt zu machenden Verordnung verkündet werden.

Die Suspension der erwähnten Artikel oder eines derselben ist nur für den Bezirk zulässig, der in Belagerungszustand erklärt ist und nur für die Dauer des Belagerungszustandes.

§. 6. Die Militairpersonen stehen während des Belagerungszustandes unter den Gesetzen, welche für den Kriegszustand ertheilt sind. — Auch finden auf dieselben die §§. 8. und 9. dieser Verordnung Anwendung.

---

[1]) S. auch Reichspreßges. v. 7. Mai 1874 (RGBl. 1874 S. 65) § 30 Abs. 1, wonach die für die Zeiten der Kriegsgefahr, des erklärten Belagerungszustandes oder innerer Unruhen in Bezug auf die Presse bestehenden besonderen gesetzlichen Beschränkungen auch dem G. v. 7. Mai 1874 gegenüber bis auf weiteres in Kraft bleiben. Wer den Kriegszustand erklärt, wird in der Erklärung bemerken müssen, daß die in der Verfassung oder anderen Gesetzen zum Schutze der Freiheit der Person, der Unverletzlichkeit der Wohnung, der Zuständigkeit der Gerichte, sowie der Preß-, Vereins- und Versammlungsfreiheit gegebenen Vorschriften, sowie die Vorschriften über das Einschreiten der bewaffneten Macht suspendirt sind. S. ferner G. über das Paßwesen v. 12. Okt. 1867 (BGBl. 1867 S. 33) § 9, wonach dem Kaiser in dem Falle, wenn die Sicherheit des Reiches oder eines einzelnen Bundesstaates, oder die öffentliche Ordnung durch Krieg, innere Unruhen oder sonstige Ereignisse bedroht erscheint, die Befugniß zusteht, die Paßpflichtigkeit überhaupt oder für einen bestimmten Bezirk, oder zu Reisen aus und nach bestimmten Staaten des Auslandes vorübergehend einzuführen.

§. 7. In den, in Belagerungszustand erklärten Orten oder Distrikten hat der Befehlshaber der Besatzung (in den Festungen der Kommandant) die höhere Militairgerichtsbarkeit über sämmtliche zur Besatzung gehörende Militairpersonen.

Auch steht ihm das Recht zu, die wider diese Personen ergehenden kriegsrechtlichen Erkenntnisse zu bestätigen. Ausgenommen hiervon sind nur in Friedenszeiten die Todesurtheile; diese unterliegen der Bestätigung des kommandirenden Generals der Provinz.

Hinsichtlich der Ausübung der niederen Gerichtsbarkeit verbleibt es bei den Vorschriften des Militair-Strafgesetzbuches.

§. 8. Wer in einem in Belagerungszustand erklärten Orte oder Distrikte der vorsätzlichen Brandstiftung, der vorsätzlichen Verursachung einer Ueberschwemmung, oder des Angriffs oder des Widerstandes gegen die bewaffnete Macht oder Abgeordnete der Civil- oder Militairbehörde in offener Gewalt und mit Waffen oder gefährlichen Werkzeugen versehen sich schuldig macht, wird mit dem Tode bestraft.

Sind mildernde Umstände vorhanden, so kann, statt der Todesstrafe, auf zehn- bis zwanzigjährige Zuchthausstrafe erkannt werden.[1])

§. 9. Wer in einem in Belagerungszustand erklärten Orte oder Distrikte

a) in Beziehung auf die Zahl, die Marschrichtung oder angeblichen Siege der Feinde oder Aufrührer wissentlich falsche Gerüchte ausstreut oder verbreitet, welche geeignet sind, die Civil- oder Militairbehörden hinsichtlich ihrer Maaßregeln irre zu führen, oder

b) ein bei Erklärung des Belagerungszustandes oder während desselben vom Militairbefehlshaber im Interesse der öffentlichen

---

[1]) Vgl. § 4 EG. zum StrGB., wonach die in den §§ 81, 88, 90, 307, 311, 312, 315, 322, 323, 324 des StrGB. mit lebenslänglichem Zuchthaus bedrohten Verbrechen mit dem Tode zu bestrafen sind, wenn sie in einem Theile des Bundesgebiets, welchen der Kaiser in Kriegszustand erklärt hat, oder während eines gegen das Deutsche Reich ausgebrochenen Krieges auf dem Kriegsschauplatze begangen werden.

Sicherheit erlassenes Verbot übertritt, oder zu solcher Uebertretung auffordert oder anreizt, oder

c) zu dem Verbrechen des Aufruhrs, der thätlichen Widersetzlichkeit, der Befreiung eines Gefangenen, oder zu andern §. 8. vorgesehenen Verbrechen, wenn auch ohne Erfolg, auffordert oder anreizt, oder

d) Personen des Soldatenstandes zu Verbrechen gegen die Subordination oder Vergehungen gegen die militairische Zucht und Ordnung zu verleiten sucht,

soll, wenn die bestehenden Gesetze keine höhere Freiheitsstrafe bestimmen, mit Gefängniß bis zu Einem Jahr bestraft werden.[1])

§. 10. Wird unter Suspension des Artikels 7. der Verfassungs-Urkunde zur Anordnung von Kriegsgerichten geschritten, so gehört vor dieselben die Untersuchung und Aburtheilung der Verbrechen des Hochverraths, des Landesverraths, des Mordes, des Aufruhrs, der thätlichen Widersetzung, der Zerstörung von Eisenbahnen und Telegraphen, der Befreiung von Gefangenen, der Meuterei, des Raubes, der Plünderung, der Erpressung, der Verleitung der Soldaten zur Untreue, und der in den §§. 8. und 9. mit Strafe bedrohten Verbrechen und Vergehen, insofern alle genannten Verbrechen und Vergehen nach der Erklärung und Bekanntmachung des Belagerungszustandes begangen oder fortgesetzte Verbrechen sind.

— — —[2])

Ist die Suspension des Art. 7. der Verfassungs-Urkunde nicht vom Staatsministerium erklärt, so bleibt in Friedenszeiten bei den von dem Kriegsgerichte eingeleiteten Untersuchungen die Vollstreckung des Urtheils ausgesetzt, bis die Suspension vom Staatsministerium genehmigt ist.[3])

---

[1]) § 1 gilt auch heute noch; ebenso Laband II S. 540, Seydel in der Zeitschr. für deutsche Gesetzgebung Bd. VII S. 620 f.; and. Ans. Meyer, Verwaltungsr. I S. 185 Anm. 10.

[2]) Abs. 2, eine vorläufige Bestimmung bis zur Einführung eines Strafgesetzbuchs für die ganze Monarchie, ist seit Geltung des preuß. StrGB. absolet.

[3]) Die Suspension des Art. 7 der Preuß. Verf. ist entbehrlich, weil GVG. § 16 im Falle eines Kriegszustandes die für denselben

§. 11. Die Kriegsgerichte bestehen aus fünf Mitgliedern, unter denen zwei von dem Vorstande des Civilgerichtes des Ortes zu bezeichnende richterliche Civilbeamte, und drei von dem Militairbefehlshaber, welcher am Orte den Befehl führt, zu ernennende Offiziere sein müssen. Die Offiziere sollen mindestens Hauptmannsrang haben; fehlt es an Offizieren dieses höheren Ranges, so ist die Zahl aus Offizieren des nächsten Grades zu ergänzen.

Sofern in einer vom Feinde eingeschlossenen Festung die erforderliche Zahl von richterlichen Civilbeamten nicht vorhanden ist, soll dieselbe von dem kommandirenden Militairbefehlshaber aus den Mitgliedern der Gemeindevertretung ergänzt werden. Ist kein richterlicher Civilbeamte in der Festung vorhanden, so ist stets ein Auditeur Civilmitglied des Kriegsgerichts.

Die Zahl der Kriegsgerichte richtet sich, wenn eine ganze Provinz oder ein Theil derselben in Belagerungszustand erklärt ist, nach dem Bedürfniß, und den Gerichtssprengel eines jeden dieser Gerichte bestimmt in derartigen Fällen der kommandirende General.

§. 12. Den Vorsitz in den Sitzungen der Kriegsgerichte führt ein richterlicher Beamte.

Von dem Vorsitzenden werden, bevor das Gericht seine Geschäfte beginnt, die zu Mitgliedern desselben bestimmten Offiziere und eintretenden Falls diejenigen Civilmitglieder, welche dem Richterstande nicht angehören, dahin vereidigt,

> daß sie die Obliegenheiten des ihnen übertragenen Richteramtes mit Gewissenhaftigkeit und Unparteilichkeit, den Gesetzen gemäß, erfüllen wollen.

Der Militairbefehlshaber, welcher die dem Offizierstande angehörigen Mitglieder des Kriegsgerichts ernennt, beauftragt als Berichterstatter einen Auditeur, oder in dessen Ermangelung einen Offizier. Dem Berichterstatter liegt ob, über die Anwendung und Handhabung des Gesetzes zu wachen, und durch Anträge die Ermittelung der Wahrheit zu fördern. Stimmrecht hat derselbe nicht.

---

bestehenden Gerichte zuläßt; Laband II S. 541. Doch ist die Hinweisung auf die Suspension der Vorschriften über den Gerichtsstand nothwendig, Anm. 1 zu § 3 und Anm. 1 zu § 5.

Als Gerichtsschreiber wird zur Führung des Protokolls ein von dem Vorsitzenden des Kriegsgerichts zu bezeichnender und von ihm zu vereidigender Beamter der Civilverwaltung zugezogen.

§. 13. Für das Verfahren vor den Kriegsgerichten gelten folgende Bestimmungen:

1) Das Verfahren ist mündlich und öffentlich; die Oeffentlichkeit kann vom Kriegsgerichte durch einen öffentlich zu verkündigenden Beschluß ausgeschlossen werden, wenn es dies aus Gründen des öffentlichen Wohls für angemessen erachtet.

2) Der Beschuldigte kann sich eines Vertheidigers bedienen. — Wählt er keinen Vertheidiger, so muß ihm ein solcher von Amtswegen von dem Vorsitzenden des Gerichts bestellt werden, insofern es sich um solche Verbrechen oder Vergehen handelt, bei welchen nach dem allgemeinen Strafrecht eine höhere Strafe, als Gefängniß bis zu Einem Jahre, eintritt.

3) Der Berichterstatter trägt in Anwesenheit des Beschuldigten die demselben zur Last gelegte Thatsache vor.

Der Beschuldigte wird aufgefordert, sich darüber zu erklären, demnächst wird zur Erhebung der anderweiten Beweismittel geschritten.

Sodann wird dem Berichterstatter zur Aeußerung über die Resultate der Vernehmungen und die Anwendung des Gesetzes, und zuletzt dem Beschuldigten und seinem Vertheidiger das Wort gestattet.

Das Urtheil wird bei sofortiger nicht öffentlicher Berathung des Gerichts nach Stimmenmehrheit gefaßt und unmittelbar darauf dem Beschuldigten verkündigt.

4) Das Gericht erkennt auf die gesetzliche Strafe, oder auf Freisprechung, oder Verweisung an den ordentlichen Richter.

Der Freigesprochene wird sofort der Haft entlassen. Die Verweisung an den ordentlichen Richter findet statt, wenn das Kriegsgericht sich für nicht kompetent erachtet; es erläßt in diesem Falle über die Fortdauer oder Aufhebung der Haft im Urtheile zugleich besondere Verfügung.

5) Das Urtheil, welches den Tag der Verhandlung, die Namen der Richter, die summarische Erklärung des Beschuldigten über die ihm vorgehaltene Beschuldigung, die Erwähnung

der Beweisaufnahme und die Entscheidung über die Thatfrage und den Rechtspunkt, sowie das Gesetz, auf welches das Urtheil begründet ist, enthalten muß, wird von den sämmtlichen Richtern und dem Gerichtsschreiber unterzeichnet.

6) Gegen die Urtheile der Kriegsgerichte findet kein Rechtsmittel statt. Die auf Todesstrafe lautenden Erkenntnisse unterliegen jedoch der Bestätigung des im §. 7. bezeichneten Militairbefehlshabers, und zwar in Friedenszeiten der Bestätigung des kommandirenden Generals der Provinz.

7) Alle Strafen, mit Ausnahme der Todesstrafe, werden binnen 24 Stunden nach der Verkündigung des Erkenntnisses, Todesstrafen binnen gleicher Frist, nach Bekanntmachung der erfolgten Bestätigung an den Angeschuldigten zum Vollzug gebracht.

8) Die Todesstrafe wird durch Erschießen vollstreckt. Sind Erkenntnisse, welche auf Todesstrafe lauten, bei Aufhebung des Belagerungszustandes noch nicht vollzogen, so wird diese Strafe von den ordentlichen Gerichten in diejenige Strafe umgewandelt, welche, abgesehen von dem Belagerungszustande, die gesetzliche Folge der von dem Kriegsgerichte als erwiesen angenommenen That gewesen sein würde.

§. 14. Die Wirksamkeit der Kriegsgerichte hört mit der Beendigung des Belagerungszustandes auf.

§. 15. Nach aufgehobenem Belagerungszustande werden alle vom Kriegsgerichte erlassenen Urtheile sammt Belagstücken und dazu gehörenden Verhandlungen, sowie die noch schwebenden Untersuchungssachen an die ordentlichen Gerichte abgegeben; diese haben in den von dem Kriegsgerichte noch nicht abgeurtelten Sachen nach den ordentlichen Strafgesetzen, und nur in den Fällen des §. 9. nach den in diesem getroffenen Strafbestimmungen zu erkennen.

§. 16. Auch wenn der Belagerungszustand nicht erklärt ist, können im Falle des Krieges oder Aufruhrs, bei dringender Gefahr für die öffentliche Sicherheit die Artikel 5., 6.,[1]) 27., 28., 29., 30.

---

[1]) Nicht aber Art. 7. Dieser Artikel kann nur bei erklärtem Belagerungszustande suspendirt werden, Komm.Ber. der II. Kammer in den Sten.Ber. 1850/51 Bd. IV S. 803.

und 36. der Verfassungs-Urkunde oder einzelne derselben vom Staatsministerium zeit- und distriktweise außer Kraft gesetzt werden.[1])

§. 17. Ueber die Erklärung des Belagerungszustandes, sowie über jede, sei es neben derselben (§. 5.) oder in dem Falle des §. 16. erfolgte Suspension auch nur eines der §§. 5. und 16. genannten Artikel der Verfassungs-Urkunde, muß den Kammern sofort, beziehungsweise bei ihrem nächsten Zusammentreten, Rechenschaft gegeben werden.[2])

§. 18. Alle diesem Gesetze entgegenstehenden Vorschriften werden aufgehoben.

Das gegenwärtige Gesetz tritt an die Stelle der Verordnung vom 10ten Mai 1849. und der Deklaration vom 4ten Juli 1849. (Gesetz-Sammlung Seite 165. und 250.)

Schlußbestimmung zum XI. Abschnitt.

Die in diesem Abschnitt enthaltenen Vorschriften kommen in Bayern nach näherer Bestimmung des Bündnißvertrages

---

[1]) § 16 gilt nur für Preußen.

[2]) Die Ansicht (s. Rede des Abgeordneten Camphausen in den Sten.Ber. der I. Kammer 1850/51 I S. 217), daß, wie eine auf Grund Art. 63 der Verf. vorgenommene Oktroyirung nur bis zur verweigerten Zustimmung einer Kammer gültig bleibe, dies noch vielmehr von dem Falle gelten müsse, wo die Regierung sogar einen Theil der Verfassung suspendire, findet weder im Gesetz noch in Art. 111 der Preuß. Verf. eine Stütze. (And. Ans. anscheinend v. Rönne § 146 II S. 211.) Würde das Gesetz oder die Verfassung haben sagen wollen, daß jede Erklärung des Belagerungszustandes oder jede Suspension einzelner Verfassungsartikel der nachträglichen Genehmigung des Landtages bedürfe und aufhören müsse, wenn diese Genehmigung versagt wird, so hätte dies (wie im Falle des Art. 63 der Verf.) ausdrücklich erklärt sein müssen. Das Wort „Rechenschaft" bedeutet lediglich die Pflicht des Ministeriums, den Kammern, jetzt des Reichskanzlers dem Reichstage, gegenüber sein Verhalten zu rechtfertigen. An das Mißlingen der Rechenschaft sind rechtliche Folgen nicht geknüpft, s. auch Schulze 1. Aufl. II S. 263 und vor Allem von Westfalen in den Sten.Ber. der I. Kammer 1851 I S. 217.

§ 17 gilt nur für Preußen.

vom 23. November 1870. (Bundesgesetzbl. 1871. S. 9.) unter III. §. 5.,[1]) in Württemberg nach näherer Bestimmung der Militairkonvention vom 21./25. November 1870. (Bundesgesetzbl. 1870. S. 658.)[2]) zur Anwendung.

1) Unten bei Anlage III.

2) Diese Konvention ist bereits oben in den einzelnen Vorschriften berücksichtigt worden.

XII. Reichsfinanzen.

Das Budgetrecht drückt den Machtantheil des Parlaments an der Regierung aus. Nach französischem und belgischem Staatsrechte hat das Parlament das Recht, alle Einnahmen und alle Ausgaben dem Ministerium zu verweigern. Das Budgetrecht ist und sollte sein das Mittel: „de maintenir le pouvoir exécutif dans ses limites", die Regierung dem Parlamente zu unterwerfen. Die Bewilligung der Einnahmen und Ausgaben bedeutet nicht nur, daß die Einnahmen und Ausgaben gemacht werden, sondern daß auch gerade das am Ruder befindliche Ministerium dieselben machen darf. Das Parlament kann nämlich die Einnahmen und Ausgaben auch zu dem Zwecke verweigern, um dadurch das Ministerium zum Abtreten, die Regierung zum Gehorsam zu zwingen. Die Verweigerung wird meist in der milderen Form der Vertagung, oder in der Ablehnung der Etatsberathung ausgesprochen. Die Minister, die ohne Genehmigung des Parlaments Einnahmen oder Ausgaben machen, sind wegen des Ministerverantwortlichkeits- und Komptabilitätsgesetzes der Gefahr ausgesetzt, straf- und civilrechtlich belangt zu werden.

In England herrscht seit mehr als einhundert Jahren das Unterhaus; der Ausschuß seiner Mehrheit führt als Ministerium unter dem Namen des Königs oder der Königin die Staatsgeschäfte. Die Budgetbewilligung oder Verweigerung kann dort daher nicht die Bedeutung haben, daß gerade das Ministerium die Staatsgeschäfte führen oder nicht führen soll; denn dieses Ministerium ist thatsächlich nur das Organ der Unterhausmehrheit. Eine Steuerverweigerung wäre ein thatsächlicher Nonsens; denn sie würde bedeuten, daß das Unterhaus sich selbst die Verfügung über Staatsmittel vorenthalten will. Deshalb dreht sich thatsächlich die Budgetberathung im englischen Unterhause nur um wenige Gegenstände.

Andererseits ist das Unterhaus de jure et de facto berechtigt, jede Einnahme und jede Ausgabe, überhaupt alle Einnahmen und alle Ausgaben, beliebig zu verweigern. Jede Geldbewilligung ist „a free gift and grant of Parliament". Die seit Gneist in der deutschen Staatsrechtswissenschaft herrschende Auffassung, wonach das House of Commons sein Budgetrecht nur an einzelnen unbedeutenden Etatspositionen anwenden und insbesondere das Budget oder die Steuern nicht verweigern könne, ist irrig. Die von Gneist angezogene Darstellung von Erskine May, Constit. history I. 471 sagt gerade das Gegentheil von dem, was Gneist aus derselben herzuleiten sucht.

Was Preußen anlangt, so war durch das sog. Grundlagengesetz v. 6. April 1848 (GS. S. 87) den zukünftigen Vertretern des Volkes das Recht der Zustimmung zur Festsetzung des Staatshaushalts-Etats und das Steuerbewilligungsrecht (also auch das Steuerverweigerungsrecht) in Aussicht gestellt worden. Von diesen Rechten wollte die Regierung indeß später das Steuerbewilligungs- und Steuerverweigerungsrecht nicht mehr gewähren, namentlich, weil und nachdem am 15. Nov. 1848 die National-Versammlung den Steuerverweigerungsbeschluß gefaßt hatte, der immerhin nicht geringe Unruhe verursachte. Daher bestimmte die octroyirte Verfassung vom 5. Dez. 1848, daß die einmal bestehenden Steuern bis zur gesetzlichen Aufhebung, d. i. bis zur Aufhebung nicht bloß durch das Abgeordnetenhaus, sondern durch alle drei Gesetzgebungsfaktoren (mit und ohne Etatgesetz, mit und ohne Willen des Abgeordnetenhauses) forterhoben werden dürfen. Diese jetzt in Art. 109 der Preuß. Verf. ausgedrückte Bestimmung — und damit den Ausschluß des Steuerverweigerungsrechts — setzte die starke und siegreiche Regierung in den Herbstmonaten 1849 auch den Revisionskammern gegenüber durch, trotzdem die zweite Kammer das Steuerverweigerungsrecht als nothwendig für jeden konstitutionellen Staat und Dahlmann in der ersten Kammer dasselbe als eine „ewige Wahrheit" erklärt hatte.

Der Regierung die Einnahmen aus dem Staatsvermögen vorzuenthalten, sie in dem Rechte zu beschränken, Einnahmen aus demselben zu machen, hatte keine der beiden Kammern auch nur versucht. Solchergestalt bestand und besteht kein Einnahmebewilligungsrecht in Preußen.

Dagegen hat auch die Regierung keinen Versuch gemacht, das Ausgabenbewilligungsrecht des Landtages einzuschränken oder zu beseitigen. Sie sprach dabei die Hoffnung aus, daß der Landtag davon einen verständigen Gebrauch machen würde. Den Schlüssel zum Verständniß der Regierung findet man unschwer in folgender Erwägung: der Regierung genügte es, den Steuerzahlern gegenüber berechtigt zu sein, die Steuern unter allen Umständen einzuziehen, Steuerverweigerung und jeden Aufruhr wegen trotzdem erfolgender Steuereinziehungen ausgeschlossen zu wissen. Hatte sie das Geld, so war sie sicher, daß bei der Verausgabung von den Empfängern keine Schwierigkeiten bereitet würden. Es blieb also nur die Rücksicht auf den Landtag übrig, nämlich die Genehmigung der Ausgaben durch den Landtag. Vor dem Landtage fürchtete man sich aber ganz und gar nicht (vgl. z. B. Rede v. Manteuffels am 3. Nov. 1849 in der I. Kammer, Verhandlungen S. 1319), dem sagte man offen heraus, daß die Staatsregierung ebenso wie die Weltgeschichte häufig (!) auf ihn keine Rücksicht nehmen werde. Man glaubte daher, daß es nicht nöthig sei, das Ausgabebewilligungsrecht dem Landtage vorzuenthalten; andererseits wollte man durch die Nichtwiederentziehung desselben doch wenigstens in Etwas den allgemeinen Wünschen nachkommen.

Solchergestalt geht das Preußische Budgetrecht dahin, daß die Einnahmen, auch die Einnahme-Ueberschreitungen, niemals — die Ausgaben und die Ausgabe-Ueberschreitungen dagegen stets — vom Landtage zu genehmigen sind. Auch die auf Gesetz beruhenden Ausgaben bedürfen der Genehmigung des Landtages und werden vom Landtage genehmigt. Wollte der Landtag sie verweigern, d. h. aussprechen, daß solche Ausgaben wohl an sich, nur von diesem Ministerium nicht, geleistet werden dürfen, so wäre dies — da Ministerverantwortlichkeits- und Komptabilitätsgesetz fehlen — eine wirkungslose Demonstration.

Das preußische Etatsgesetz macht, wie schließlich zu bemerken ist, nicht zwischen dem Staate und seinen Gläubigern und Schuldnern, sondern nur zwischen

Staatsregierung und Landtag Recht. Ob und welche Positionen in den Etat eingestellt, vom Landtage bewilligt oder abgelehnt sind, ist für die Rechte und Pflichten der Gläubiger und Schuldner des Staates ohne jede Bedeutung.

S. hierüber Arndt im Arch. für öff. Recht 1888 S. 332, Preuß. Verf. S. 154 ff. und die davon mehr oder minder abweichenden: R. Gneist, Gesetz und Budget, Konstitutionelle Streitfragen aus der preuß. Ministerkrisis vom März 1878, Laband, Das Budgetrecht nach den Bestimmungen der Preuß. Verf.Urk., Berlin 1867 und Staatsr. II §§. 127, 128. Zorn, Staatsr. II S. 16, Fricker in der Zeitschr. für die ges. Staatswissenschaften Bd. XVII S. 663 ff.

Der Art. 99 der Preuß. Verf. deckt sich im Wesentlichen mit Art. 69 der Reichsverf.

Es war der deutschen Staatsrechtswissenschaft verborgen geblieben (wenigstens war das Gegentheil nicht nur nirgends ausgesprochen, sondern sogar überall als feststehend angenommen)

1) daß der Preußische Landtag kein Einnahmebewilligungsrecht hat, und
2) daß die Staatsregierung den Staats-Gläubigern und Schuldnern gegenüber verpflichtet und berechtigt bleibt, wenn auch kein Etatsgesetz oder wie auch immer das Etatsgesetz zu Stande kommt.

Vielmehr nahm man an, daß das nicht im Etatsgesetz Bewilligte von der Regierung nicht geleistet werden könnte.

Man glaubte nun von Seiten einzelner Politiker und Staatsrechtslehrer der Preußischen Staatsregierung dadurch zu helfen, daß man lehrte, das Etatsgesetz „als ein Verwaltungsakt in gesetzlicher Form" sei an die Gesetze gebunden, dürfe und könne daher Nichts vorschreiben, was den Gesetzen widerspricht, folglich dürfe der Landtag auf Gesetz beruhende Einnahmen und Ausgaben nicht verweigern. Daß er dies in England, Frankreich und Belgien trotzdem kann, haben wir gesehen, das Etatsgesetz betrifft eben dort nicht bloß die Frage, ob überhaupt, sondern ob gerade durch die gegenwärtige Regierung die Einnahmen oder Ausgaben gemacht werden dürfen. Aber selbst zugegeben, es sei dies richtig, so ist damit praktisch auch nicht das Mindeste gewonnen. Denn ohne die nicht auf Gesetz beruhenden Einnahmen (und das ist in Preußen der weitaus größte Theil) kann die Regierung die Staatsgeschäfte nicht führen und ferner fällt es dem Landtage nicht ein und kann ihm (mangels Ministerverantwortlichkeits- und Komptabilitätsgesetzes) im Deutschen Reiche und in Preußen gar nicht einfallen, die gesetzlichen und die nothwendigen Ausgaben zu verweigern. Die Verfassungskonflikte bewegen sich eben um Ausgaben, die nicht auf Gesetzen beruhen, z. B. für die Militärreorganisation in Preußen, die doch bekanntlich im Wege der Königlichen Verordnung ergangen war. Die Laband-Gneistsche Budgettheorie ist daher praktisch ohne Bedeutung. Zur Charakterisirung möge es dienen, daß Gneist genau mit denselben Gründen die Militärreorganisation bekämpfte, mit denen er 1878 die im Verordnungswege erfolgte anderweite Organisation des Ministeriums vertheidigte: in beiden Fällen handelte es sich um Organisationen und um die Abänderung Königlicher in der Gesetz-Sammlung abgedruckter Verordnungen!

Auch mit der Annahme der von Zorn I S. 464 f. gemachten Vorschläge ist für die Staatsregierung praktisch etwas Wesentliches nicht gewonnen.

Artikel 69.

Alle[1]) Einnahmen[2]) und Ausgaben des Reichs müssen für jedes Jahr[3]) veranschlagt[4]) und auf den Reichshaushalts-Etat gebracht werden. Letzterer wird vor Beginn des Etatsjahres nach folgenden Grundsätzen durch ein Gesetz[5]) festgestellt.

1) Alle, d. h. auch die auf Gesetz beruhenden.

2) Einnahmen des Reichs beruhen fast ganz auf den Zöllen und Steuern. Die auf den Zoll- und Steuergesetzen beruhenden Einnahmen sind ebenso wie in Preußen unabhängig von der Bewilligung im Etatsgesetze. Art. 69 spricht nicht von einer Bewilligung, sondern nur von „Voranschlagen" und „Feststellen". Uebrigens ergiebt der zweite Satz des Art. 69 in Verbindung mit den Art. 70 ff., daß die Erhebung der Zölle und Reichssteuern, die auch noch andere als Finanzzwecke verfolgen, von der Bewilligung durch das Etatsgesetz unabhängig sind. Es fehlt

der Satz in Art. 111 der belgischen Verfassung: „les impôts au profit de l'état sont votés annuellement. Les lois qui les établissent n'ont de force que pour un an, si elles ne sont renouvelées.“

3) Einnahmequellen hat die Regierung im Reiche nur durch Zustimmung des Reichstags. Sie hat kein großes Vermögen zu ihrer Verfügung wie die Preußische Staatsregierung, sie kann nicht im Nothfalle wie diese (z. B. 1865 durch Verkauf ihrer Anrechte an der Köln-Mindener Eisenbahn) sich durch Veräußerung von fiskalischem Eigenthum Geld verschaffen, sie darf dies aber auch schon deshalb nicht, weil sie nur die ihr durch die Reichsverfassung oder die Reichsgesetze übertragenen Befugnisse hat. Die Regierung bedarf daher, abweichend vom Preußischen Recht, zu außerbudgetmäßigen Einnahmen der Genehmigung. Anerkannt ist dies u. A. im G. v. 8. Juli 1872 (RGBl. 1872 S. 290) Art. IV., G. v. 23. Mai 1873 (RGBl. 1873 S. 122) § 15. S. auch Laband II S. 296. Der dort zwischen Finanz- und Verwaltungsvermögen gemachte Unterschied besteht budgetrechtlich nicht. Die Reichssteuern müssen erhoben werden; das Recht, auf Einnahmen des Reichs zu verzichten, wie solches der Preußischen Regierung bezüglich der preußischen Staatssteuern und Einnahmen zusteht (vgl. Arndt, Preuß. Verf. S. 185 ff., 298 ff.), steht weder einer Reichs- noch einer Landesbehörde zu; s. auch oben S. 174 Anm. 3 zu Art. 36 der Reichsverf.

3) Die Finanzperiode des Deutschen Reichs ist daher die einjährige. Es ist unstatthaft, daß für mehrere Jahre durch ein Gesetz der Etat geregelt wird. Es ist dagegen nicht verboten, daß in einer Sitzungsperiode des Reichstags die Etats der beiden folgenden Jahre in zwei besonderen, je ein Jahr betreffenden Gesetzen festgestellt werden. Das Etatsjahr beginnt im Reiche wie in Preußen mit dem 1. April und endet mit dem 31. März, G. v. 29. Febr. 1876 (RGBl. 1876 S. 121).

4) Die Verfassung spricht nicht von einer Bewilligung der Ausgaben. Indeß darf die Regierung keine Ausgabe leisten, ohne vorgängige oder nachträgliche gesetzliche Genehmigung. Dies folgt nicht allein daraus, weil dies dem Preußischen Rechte entspricht, sondern auch daraus, daß die Reichsregierung Befugnisse, also auch

Befugnisse zu Geldausgaben, nur hat, die ihr durch Verfassung oder Gesetz übertragen sind. Endlich muß dies aus Art 71 gefolgert werden. Dies ist übrigens in Theorie und Praxis unstreitig. Wird der Regierung die Leistung von gesetzlich oder sonst nothwendigen Ausgaben nicht zugestanden, so muß sie diese den Gläubigern des Staates gleichwohl leisten, sie kann nicht einen Einwand einem Lieferanten von Brod, Tuch, Kartoffeln, Heu, einem Couponinhaber oder einem von ihr angestellten Beamten gegenüber aus dem Umstande entnehmen, daß der Etat nicht zu Stande gekommen ist. Die Verpflichtung des Reichs, Gehälter und Löhne zu bezahlen, entspringt nicht aus dem Etatsgesetze, sondern aus dem zu Grunde liegenden Rechtsverhältniß, Anstellung, Vertrag u. dergl. Dem Reichstage gegenüber bedarf die Regierung zu jeder Ausgabe der Genehmigung desselben, mag diese vorher im Etatsgesetze oder später gewährt werden. Seine Zustimmung zu gesetzlichen Ausgaben kann der Reichstag (außer im Falle des Art. 62 Abs. 4) zwar verweigern, diese Verweigerung ist im Rechtssinne kein actus inanis, indeß ohne praktische Bedeutung, außer der, daß die Dechargirung der Staatsregierung nicht erfolgen kann.

5) Das ist ein einziges Gesetz; vorbehaltlich des Rechts, für unvorhergesehene Bedürfnisse Nachtragsetats durch Gesetz festzustellen. Auf das Etatsgesetz findet Art. 5 Abs. 2 der Reichsverf. Anwendung. Will der Etat die bestehenden Einrichtungen auf dem Gebiete des Militärwesens, der Kriegsmarine, der Zölle und gemeinschaftlichen Verbrauchssteuern verändern, so geben im Bundesrathe die preußischen Stimmen den Ausschlag, wenn sie sich für die Aufrechterhaltung der bestehenden Einrichtungen, also für Verwerfung des Etats erklären. S. auch Laband II S. 987. Das Etatsgesetz verliert mit Ablauf des Jahres seine Kraft. Als Normaletat gilt der bisherige Etat nicht weiter.

Kommt das Etatsgesetz nicht zu Stande, so bleibt die Regierung dem Reichstage für die nicht gesetzmäßigen Einnahmen sowie für alle Ausgaben verantwortlich; sie bedarf für diese der nachträglichen Genehmigung des Reichstags. Für die Gläubiger und Schuldner des Reichs ist dies ohne Einfluß. Die Reichsregierung muß von den Schuldnern, z. B. Steuerzahlern, Alles beitreiben oder beitreiben lassen, was das Reich zu fordern hat und muß den Gläubigern (Beamten, Soldaten u. s. w.) Alles bezahlen, was diese sonst vom Reiche einklagen könnten. Willkürliche Ausgaben für neue, nicht bewilligte Bauten, Aemter u. s. w. muß sie unterlassen.

Artikel 70.

Zur Bestreitung aller gemeinschaftlichen Ausgaben dienen zunächst die etwaigen Ueberschüsse der Vorjahre, sowie die aus den Zöllen,[1]) den gemeinschaftlichen Verbrauchssteuern und aus dem Post- und Telegraphenwesen fließenden gemeinschaftlichen Einnahmen. Insoweit dieselben durch diese Einnahmen nicht gedeckt werden, sind sie, so lange Reichssteuern[2]) nicht eingeführt sind, durch Beiträge der einzelnen Bundesstaaten nach Maßgabe ihrer Bevölkerung aufzubringen, welche bis zur Höhe des budgetmäßigen Betrages durch den Reichskanzler ausgeschrieben werden.

1) Dies ist modifizirt durch § 8 Abs. 1 des G. v. 15. Juli 1879, s. S. 168 oben zu Art. 35 der Reichsverf.: „Derjenige Ertrag der Zölle und der Tabacksteuer, welcher die Summe von 130 000 000 Mark in einem Jahre übersteigt, ist den einzelnen Bundesstaaten nach Maßgabe der Bevölkerung, mit welcher sie zu den Matrikularbeiträgen herangezogen werden, zu überweisen....." (Klausel Frankenstein.)

2) Reichssteuern sind die in Art. 35 aufgeführten. Ferner:

a) Wechselstempelsteuer, G. v. 10. Juni 1869 (BGBl. 1869 S. 193). Diese beträgt bis zu 1000 Mk. für jede angefangenen 200 Mk. 10 Pf und für jede weiterhin angefangenen 1000 Mk. je 50 Pf. mehr. Die Entrichtung erfolgt durch Verwendung von Stempelblankets oder Aufkleben von Marken — und zwar vor der Aus- und Weitergabe des Wechsels.

b) Spielkartensteuer, G. v. 3. Juli 1878 (RGBl. 1878 S. 133). Sie beträgt für jedes Spiel 30 Pf., für Spiele von mehr als 36 Blättern je 50 Pf. Zollausländische Karten zahlen 60 Mk. Zoll für 100 Kilogramm, Zolltarif Nr. 32.

c) Statistische Gebühr, G. v. 20. Juli 1879 (RGBl. 1879

S. 261). Sie beträgt für die im Anmeldeschein oder in der Deklaration aufgeführten Waaren, wenn dieselben verpackt sind, für je 500 Kilogramm, wenn dieselben unverpackt sind, für je 1000 Kilogramm 5 Pf., für sog. Massengüter 10 Pf. für je 10000 Kilogramm, für je 5 Stück Pferde, Rindvieh, Schweine, Schafe, Esel u. s. w. 5 Pf.

Befreit von der statistischen Gebühr (das Gesetz wollte nur eine sichere Statistik des Aus- und Einfuhrhandels) sind u. A. Postsendungen.

d) Reichsstempel (sog. Börsensteuer) in jetziger Fassung — G. v. 27. April 1894 (RGBl. 1894 S. 381): Aktien, Renten- und Schuldverschreibungen, die im Inlande ausgegeben werden, tragen 1, ausländische, die im Inlande in Verkehr gesetzt werden, $1^{1}/_{2}$% vom Nennwerthe. Befreit sind die auch für die minder begüterten Volksklassen bestimmten gemeinnützigen Gesellschaften. Inländische für den Handelsverkehr bestimmte Renten- und Schuldverschreibungen tragen 4, ausländische 6 vom 1000. Renten- und Schuldverschreibungen des Reiches und der Bundesstaaten sind frei, die der Kommunen tragen 1, die der Renten-, Kredit-, Transportinstitute 2 auf 1000. Der Abschluß von Kauf- und Anschaffungsgeschäften unterliegt, wenn es sich um ausländische Banknoten, Papiergeld oder Geldsorten oder um inländische Staats-Schuldverschreibungen, Aktien handelt, einem Stempel von 2 auf 1000 und wenn Börsenusanzen zu Grunde gelegt werden, von 4 auf 1000. Befreit sind u. A. Geschäfte bis zu 600 Mk. Loose öffentlicher Lotterien, sowie Ausweise über Spieleinlagen bei öffentlich veranstalteten Ausspielungen von Geld- oder anderen Gewinnen (Totalisator) müssen 10% Stempel zahlen. Befreit sind in gewissen Grenzen Wohlthätigkeitslotterien.

Andere Reichseinnahmen sind die Gebühren der Berufskonsuln und die seitens des Reichsgerichts erhobenen Gerichtskosten.

3) Das Zustandekommen des Budgetgesetzes ist die Vorbedingung des Ausschreibens der Matrikularbeiträge. Ausgenommen davon sind die in Art. 62 Abs. 7 vorgesehenen Beträge, die unter allen Umständen geleistet werden müssen.

Artikel 71.

Die gemeinschaftlichen Ausgaben[1]) werden in der Regel für ein Jahr bewilligt, können jedoch in besonderen Fällen auch für eine längere Dauer bewilligt werden.[2])

Während der im Artikel 60. normirten Uebergangszeit ist der nach Titeln geordnete Etat über die Ausgaben für das Heer dem Bundesrathe und dem Reichstage nur zur Kenntnißnahme und zur Erinnerung vorzulegen.

1) Obgleich Art. 70 nur von gemeinschaftlichen Ausgaben spricht, so giebt es doch Reichsausgaben und Reichseinnahmen. Doch bewirkt z. B. die verschiedene Gesetzgebung über die Brausteuer Art. 35 Abs. 2, daß nicht alle Einnahmen gemeinschaftlich sind.

2) Das Reich ist auch vermögensrechtlich ein selbstständiges Rechtssubjekt; es giebt einen und nur einen Reichs-, keinen bloß gemeinschaftlichen Fiskus; vgl. auch Entsch. des RG. in Civils. Bd. XXI S. 57. Ueber das Verhältniß des Reichsfiskus zum Fiskus von Elsaß-Lothringen (oben S. 70). Auch der allgemeine Gerichtsstand des Reichsfiskus (CPO. § 20) wird durch den Sitz der Behörde bestimmt, welche berufen ist, den Fiskus in dem Rechtsstreite zu vertreten. Hinsichtlich der Befreiung von Steuern und sonstigen dinglichen Lasten sind die im Eigenthum des Reiches befindlichen Gegenstände den im Eigenthume des einzelnen Staates befindlichen gleichartigen Gegenständen gleichgestellt, G. v. 25. Mai 1873 (RGBl. 1873 S. 113) § 1 Abs. 2. Andere Vorrechte des Reichsfiskus s. im Gerichtskostenges. § 98, der Konkursordn. § 54 Ziff. 2 und § 41 Ziff. 1 EG. z. CPO. § 15 Ziff. 4.

Die Theorie unterscheidet zwischen Finanzvermögen (werbendes oder wirthschaftliches) und Verwaltungsvermögen (z. B. Verwaltungs-, Gerichts-, Militärgebäude) Laband II S. 854. Praktisch kommt auf diese Unterscheidung, wenigstens vom finanz- und budgetrechtlichen Standpunkte, nichts an.

Die Zölle und gemeinschaftlichen Steuern werden von der (und zunächst für die) Landeskasse erhoben. Daher ist der Zoll- und Steuerfiskus der Landesfiskus, Erk. des RG. v. 1. Juli 1881, 2. Febr., 9. April und 20. Mai 1884, Entsch. in Civils. V S. 41,

XI S. 75, 93, 96. Arndt, die Salzsteuern in der Zeitschr. f. Bergrecht (1883) Bd. 24, S. 71, 73 f.; die Militärausgaben werden, abgesehen von Bayern, aus der und für die Reichskasse, wenn auch beim stehenden Heere durch die Landesbehörden, geleistet; der Militärfiskus ist daher der Reichsfiskus, s. Erk. des RG. v. 9. März 1888, Entsch. in Civils. Bd. 20 S. 148 ff., Brockhaus §§ 8, 9. Meyer, Verwaltungsrecht II S. 40, Bornhak, Preuß. Staatsr. III S. 46.

Da die Verwaltung des stehenden Heeres durch die Landesbehörden erfolgt, ist es richtig, daß sog. justifizirende Kabinetsordres durch die Landesminister, nicht durch den Reichskanzler ihre Gegenzeichnung erhalten; vgl. Drucksachen des Reichstages 1889/90 Nr. 136.

Artikel 72.

Ueber die Verwendung aller Einnahmen des Reichs ist durch den Reichskanzler dem Bundesrathe und dem Reichstage zur Entlastung jährlich Rechnung zu legen.

Die Preuß. Oberrechnungskammer führt unter der Benennung „Rechnungshof des Deutschen Reichs" die Kontrole des gesammten Haushalts des Deutschen Reichs; vgl. Laband I S. 184 f., II S. 1022. Eine definitive Regelung der Rechnungskontrole im Deutschen Reiche fehlt. Durch von Zeit zu Zeit ergehende Reichsgesetze (zuerst G. v. 4. Juli 1868, BGBl. 1868 S. 433) wird die Kontrole durch den Rechnungshof (und zwar seit G. v. 11. Febr. 1875 (RGBl. 1875 S. 61) nach Maßgabe der in Preußen darüber geltenden Regeln vorgeschrieben; s. diese Regeln in Arndt's Preuß. Verf. S. 284 ff., Laband II S. 1020 ff.

Artikel 73.

In Fällen eines außerordentlichen Bedürfnisses kann im Wege der Reichsgesetzgebung die Aufnahme einer Anleihe,[1]) sowie die Uebernahme einer Garantie[2]) zu Lasten des Reichs erfolgen.

1) Das ist auch sog. Papiergeld (Kassenscheine). Der Art. 73 unterscheidet nicht, ob die Anleihe zu Verwaltungszwecken

oder zu Finanzzwecken gemacht wird. In beiden Fällen ist ein Gesetz erforderlich, mag die Anleihe für die Anstellung von Beamten, für die Verpflegung der Truppen, für die Erbauung von Kasernen oder einer Reichseisenbahn erfolgen; and. Ans. Laband in Marquardsens Handbuch S. 192, Staatsr. II S. 876 f.

Die Ausgabe von Kassenscheinen (Reichsschulden) ohne Gesetz stellt zweifellos eine Verfassungsverletzung da. Dagegen kann nicht behauptet werden, daß solche Kassenscheine nicht wieder eingelöst zu werden brauchen; vgl. Arndt, Preuß. Verf. S. 168.

2) Eine solche Garantie ist z. B. durch G. v. 14. Nov. 1886 (RGBl. 1886 S. 301) übernommen worden.

Schlußbestimmung zum XII. Abschnitt.

Auf die Ausgaben für das Bayerische Heer finden die Artikel 69. und 71. nur nach Maßgabe der in der Schlußbestimmung zum XI. Abschnitt erwähnten Bestimmungen des Vertrages vom 23. November 1870.[1]) und der Artikel 72. nur insoweit Anwendung, als dem Bundesrathe und dem Reichstage die Ueberweisung der für das Bayerische Heer erforderlichen Summe an Bayern nachzuweisen ist.

1) Vgl. unten Anlagen III und IV.

XIII. Schlichtung von Streitigkeiten und Strafbestimmungen.

Artikel 74.[1])

Jedes Unternehmen gegen die Existenz,[2]) die Integrität, die Sicherheit[2]) oder die Verfassung[3]) des Deutschen Reichs, endlich die Beleidigung[3]) des Bundesrathes, des Reichtages, eines Mitgliedes des Bundesrathes oder des Reichtages, einer Behörde oder eines öffentlichen Beamten des Reichs, während dieselben in der Ausübung ihres Berufes begriffen sind oder in Beziehung auf ihren Beruf, durch Wort, Schrift,

Druck, Zeichen, bildliche oder andere Darstellung, werden in den einzelnen Bundesstaaten beurtheilt und bestraft nach Maßgabe der in den letzteren bestehenden oder künftig in Wirksamkeit tretenden Gesetze, nach welchen eine gleiche gegen den einzelnen Bundesstaat, seine Verfassung, seine Kammern oder Stände, seine Kammer- oder Ständemitglieder, seine Behörden und Beamten begangene Handlung zu richten wäre.[4])

1) Art. 74 der Reichsverf. ist seit Erlaß des Strafgesetzbuchs für den Norddeutschen Bund bezw. des Deutschen Reichs gegenstandslos. Art. 74 schreibt vor, daß Handlungen, welche, wenn gegen einen Bundesstaat oder Organe desselben begangen, strafbar sind, in gleicher Weise strafbar sein sollen, wenn sie gegen das Deutsche Reich oder Organe desselben begangen sind. Das jetzt geltende Reichsstrafgesetzbuch macht diese Vorschrift entbehrlich, da es selbst und unmittelbar vorschreibt, welche Handlungen als Verbrechen und Vergehen gegen das Reich anzusehen und wie sie zu bestrafen sind. (Vergl. RStrGB. §§ 80 bis 95, §§ 105, 106, 196, 197.)

2) S. RStrGB. §§ 81 ff.

3) Der Mord und der Versuch des Mordes, der an dem Kaiser verübt wird, sind in § 80 des RStrGB. mit dem Tode, Thätlichkeiten gegen den Kaiser in § 94 mit Zuchthaus oder Festungshaft, Beleidigungen gegen den Kaiser in § 95 mit Gefängniß oder Festungshaft (nicht unter zwei Monaten) bedroht.

3) Wegen Beleidigungen des Kaisers s. Anm. 3. Beleidigungen des Bundesraths, Reichstages, einer Behörde oder eines öffentlichen Beamten des Reichs unterstehen dem gemeinen Rechte, RStrGB. §§ 196 ff. mit der Maßgabe, daß Beleidigungen gegen eine gesetzgebende Körperschaft, also Beleidigungen gegen den Bundesrath oder Reichstag, gemäß § 197 RStrGB. zwar ohne Antrag, aber nur mit Ermächtigung der beleidigten Körperschaft verfolgt werden können.

4) Rücksichtlich der in Art. 74 bezeichneten Handlungen macht es, wenn sie im Deutschen Reiche begangen sind, keinen Unterschied, ob sie von einem Inländer oder Ausländer verübt werden

(StrGB. § 3). Hoch- und Landesverrath sowie Majestätsbeleidigung sind auch strafbar, wenn sie im Auslande von Deutschen, die beiden erstgenannten Verbrechen sogar, wenn sie im Auslande von einem Ausländer begangen sind. (RStrGB. § 4). Für den Fall, daß die in §§ 81, 88, 90 RStrGB. bezeichneten Verbrechen in einem Theile des Reichsgebietes, der sich unter Belagerungszustand befindet, oder auf dem Kriegsschauplatze begangen sind, bestimmt das Einf.G. § 4 zum StrGB. (in Bayern nicht gültig) eine besondere Strafschärfung. (Todesstrafe statt lebenslänglichem Zuchthaus.)

Artikel 75.

Für diejenigen in Artikel 74. bezeichneten Unternehmungen gegen das Deutsche Reich, welche, wenn gegen einen der einzelnen Bundesstaaten gerichtet, als Hochverrath oder Landesverrath zu qualifiziren wären, ist das gemeinschaftliche Ober-Appellationsgericht der drei freien und Hansestädte in Lübeck die zuständige Spruchbehörde in erster und letzter Instanz.[1])

Die näheren Bestimmungen über die Zuständigkeit und das Verfahren des Ober-Appellationsgerichts erfolgen im Wege der Reichsgesetzgebung.[2]) Bis zum Erlasse eines Reichsgesetzes bewendet es bei der seitherigen Zuständigkeit der Gerichte in den einzelnen Bundesstaaten und den auf das Verfahren dieser Gerichte sich beziehenden Bestimmungen.

1) Jetzt entscheidet das Reichsgericht; GVG. § 136:
„In Strafsachen ist das Reichsgericht zuständig:
1. für die Untersuchung und Entscheidung in erster und letzter Instanz in den Fällen des Hochverraths und des Landesverraths, insofern diese Verbrechen gegen den Kaiser oder das Reich gerichtet sind."

. . . . .

2) Die Gesetzgebung liegt im GVG. und in der Reichs-Strafprozeßordnung.

Artikel 76.[1])

Streitigkeiten zwischen verschiedenen Bundesstaaten,[2]) sofern dieselben nicht privatrechtlicher Natur[3]) und daher von den kompetenten Gerichtsbehörden[4]) zu entscheiden sind, werden auf Anrufen[5]) des einen Theils von dem Bundesrathe erledigt.[6])

Verfassungsstreitigkeiten[7]) in solchen Bundesstaaten, in deren Verfassung nicht eine Behörde zur Entscheidung solcher Streitigkeiten bestimmt ist,[8]) hat auf Anrufen eines Theiles[9]) der Bundesrath gütlich auszugleichen oder, wenn das nicht gelingt, im Wege der Reichsgesetzgebung[10]) zur Erledigung zu bringen.

1) Art. 76 betrifft Fälle, in denen früher der Bundestag thätig war.

2) Der Streit muß „zwischen verschiedenen Bundesstaaten" sein. Wenn also innerhalb eines Bundesstaates darüber Streit ist, wer nach den dort gültigen Gesetzen oder Staatsverträgen zur Thronfolge berechtigt ist, so kommt Abs. 1 des Art. 76 nicht zur Anwendung, ebenso Seydel, Komm. S. 253. Der Streit muß auch zwischen den Bundesstaaten sein, nicht etwa ein Streit zwischen der Person eines Bundesfürsten in privatrechtlicher Hinsicht und einem Staate (Seydel, Komm. S. 253). Ein Streit, wie ihn Art. 76 Abs. 1 voraussetzt, lag zwischen Preußen und Sachsen wegen der Berlin-Dresdener Bahn im Jahre 1887 vor (Laband I S. 249).

3) In dem Falle (Wiener Schlußakte Art. 30), daß Forderungen von Privatpersonen deshalb nicht befriedigt werden können, weil die Verpflichtung, denselben Genüge zu leisten, zwischen mehreren Bundesgliedern zweifelhaft oder bestritten ist, trifft Abs. 1 des Art. 76 nicht zu. Ebenso Riedel, Komm. S. 162; and. Ans. Laband I S. 249.

4) Streitigkeiten wegen Armenlasten u. s. w. werden, wenn zwei Bundesstaaten in Betracht kommen, nicht vom Bundesrath, sondern vom Bundesamt für das Heimathwesen entschieden (G. v.

6. Juni 1870, BGBl. 1870 S. 360 §§ 37 ff.), Riedel, Komm. S. 162.

5) Der Bundesrath kann daher nie von selbst in solchen Fällen einschreiten.

6) Der allgemeine Ausdruck „werden erledigt" wird von Thudichum, Verfassungsr. des Norddeutschen Bundes u. s. w. S. 110 und von Laband I S. 249 so ausgelegt, daß es dem Bundesrathe überlassen sei, ob er den Richterspruch, falls ein gütlicher Vergleich nicht gelingt, selbst fällen wolle, ob er ein Gericht oder irgend welchen andern Dritten mit der Fällung des Urtheils betrauen wolle. Dagegen nimmt Seydel, Komm. S. 254 mit zutreffenden Gründen an, daß die Verfassung die unmittelbare Entscheidung durch den Bundesrath selbst nicht will. Für diese Ansicht spricht die Entstehungsgeschichte, insbesondere die Erklärungen des preußischen Bevollmächtigten v. Savigny in dem verfassungberathenden Reichstag 1867 S. 665 und die im Schlußprotokolle niedergelegten Erklärungen der Bevollmächtigten Hessens und Hamburgs, endlich die Erwägung, daß eine unmittelbare Entscheidung durch den Bundesrath in solchem Fall eine Probe darauf ist, wer bei der Abstimmung mehr Stimmen auf seine Seite herüberziehen kann.

7) Eine Verfassungsstreitigkeit liegt nur bei einem Streite zwischen Regierung und Volksvertretung, nicht schon dann vor, wenn irgend ein Dritter behauptet, daß die Verfassung verletzt und ungültig sei, z. B. das Preußische Herrenhaus nicht zu Recht bestehe, oder ein Magistrat behauptet, daß ein Landesgesetz gegen die Landesverfassung verstoße (Bundesrathsprot. 1877 § 94 S. 70, Laband I S. 250, Seydel Komm. S. 255). Gegenstand des Verfassungsstreites können sowohl die Auslegung, wie die Ausführung wie endlich die Rechtmäßigkeit der Verfassung sein (Seydel, Komm. S. 255).

8) In Bundesstaaten, in denen für Fälle von Verfassungsstreitigkeiten gesetzliche Vorkehrung darüber getroffen ist, wie solche zu entscheiden sind, kommt Art. 76 Abs. 2 also nicht zur Anwendung.

9) Also nur auf Anrufen der Krone oder einer Kammer; s. Anm. 7. Vgl. indeß auch Laband I S. 250.

10) Allerdings gestattet, wie Laband I S. 251 bemerkt, der „Weg des Gesetzgebung" ganz anderen Motiven als juristischen und

ganz anderen Erwägungen als richterlichen einen sehr erheblichen Einfluß; indessen denkt die Reichsverfassung schwerlich daran, daß ein Reichsgesetz bei einem Verfassungsstaate eben dahin gehe: das Preußische Herrenhaus bestehe zu Unrecht oder die Krone Preußen dürfe die Ausgabe für eine Heeresorganisation nicht zahlen oder ein Mecklenburgisches Landesgesetz sei null und nichtig, sondern daß im Wege der Reichsgesetzgebung ein unparteiischer Dritter (das Reichs- oder ein Obergericht) mit der Entscheidung nach richterlichen Grundsätzen beauftragt wird. So ist auch verfahren im RG. v. 14. März 1881, betr. die Zuständigkeit des Reichsgerichts für Streitfragen zwischen dem Senat und der Bürgerschaft der freien und Hansestadt Hamburg (RGBl. 1881 S. 37). Daß nicht der Bundesrath allein, wie im Falle des Abs. 1, sondern der Gesetzgeber den Streit erledigen soll, erklärt sich daher, daß man bei Verfassungsstreitigkeiten die Volksvertretung, den Reichstag, nicht fortlassen zu können glaubte. Die gemäß Reichsgesetz ergehende Entscheidung hat legis imperii vicem, d. h. sie geht unbedingt dem abweichenden Landesrechte vor (Reichsverf. Art. 2).

Artikel 77.

Wenn in einem Bundesstaate der Fall einer Justizverweigerung eintritt, und auf gesetzlichen Wegen ausreichende Hülfe nicht erlangt werden kann, so liegt dem Bundesrathe ob, erwiesene, nach der Verfassung und den bestehenden Gesetzen des betreffenden Bundesstaates zu beurtheilende Beschwerden über verweigerte oder gehemmte Rechtspflege anzunehmen, und darauf die gerichtliche Hülfe bei der Bundesregierung, die zu der Beschwerde Anlaß gegeben hat, zu bewirken.

1) Art. 77 ist fast gleichlautend mit Art. 29 der Wiener Schlußakte und kam auf Antrag des Abgeordneten Wiggers (Rostock) in die Verfassung (Sten.Ber. des Reichst. 1867 S. 675). Praktische Bedeutung hat der Art. nicht erlangt.

XIV. Allgemeine Bestimmungen.

Artikel 78.

Veränderungen der Verfassung erfolgen im Wege der Gesetzgebung.[1]) Sie gelten als abgelehnt, wenn sie im Bundesrathe 14 Stimmen gegen sich haben.[2])

Diejenigen Vorschriften der Reichsverfassung, durch welche bestimmte Rechte einzelner Bundesstaaten in deren Verhältniß zur Gesammtheit festgestellt sind, können nur mit Zustimmung des berechtigten Bundesstaates abgeändert werden.[3])

1) Abs. 1 des Art. 78 hatte in der Norddeutschen Bundesverfassung (Antrag Lasker) folgenden Wortlaut: „Veränderungen der Verfassung erfolgen im Wege der Gesetzgebung, jedoch ist zu denselben im Bundesrathe eine Mehrheit von zwei Drittheilen der vertretenen Stimmen erforderlich." Bei der Annahme wurde anerkannt (Lasker, Sten.Ber. des verfassungberathenden Reichstages 1867 S. 352), daß der Reichstag über Verfassungsveränderungen zu befinden habe und daß demselben (nicht nur dem Bundesrathe) das Recht zur Anregung von Verfassungsänderungen zustehe; vgl. auch Reichsverf. Art. 23. Nicht klar entschieden wurde die bereits damals aufgeworfene Frage, ob der Bund seine Zuständigkeit weiter, namentlich über den Kreis der in Art. 4 bezeichneten Gegenstände hinaus, durch ein gemäß Art. 78 erlassenes Gesetz ausdehnen könne (die sog. Kompetenz-Kompetenz habe). Dagegen sprachen sich aus u. A. Twesten (Sten.Ber. 308), dafür der Hessische Bevollmächtigte Hoffmann (das. S. 319). Alsbald entbrannte in der Litteratur ein lebhafter Streit. Gegen die Kompetenz-Kompetenz erklärten sich Böhlau, „Kompetenz-Kompetenz"? 1869, G. A. Zachariä, Die Verfassungsänderung nach Art. 78 der Nordd. Bundesverf. 1869, Beseler u. a. m.; dafür Thudichum, Verfassungsr. des Nordd. Bundes S. 85, M. Seydel, Komm. S. 260 f., v. Rönne, Preuß. Staatsr. 3. Aufl. § 20, v. Martitz u. a. m. Bei Errichtung des Bundes-Ober-Handelsgericht 1869 entschied der Gesetzgeber im vorliegenden Einzelfalle zu Gunsten der Kompetenz-Kompetenz, vgl. auch Sten. Ber. des Reichst. 1869 S. 445 ff. S. 687 ff.

Bei dem Eintritt der Süddeutschen Staaten wurde die Kompetenz-Kompetenz 1870 allseitig anerkannt (Sten.Ber. des II. außerord. Reichst. 1870 S. 129, S. 143) und durch Hinzufügung der Nr. 16 in Art. 4 bethätigt. Der erste Satz des ersten Absatzes in Art. 78 stellt die Frage dahin klar, daß das Reich die Kompetenz-Kompetenz hat; ebenso Hänel, Staatsr. S. 776, Laband I S. 547 u. a.

Unter Aenderung der „Verfassung" im Sinne des Art. 78 sind nur Aenderungen (nicht des bestehenden Verfassungsrechts), sondern der Verfassungs-Urkunde zu begreifen; ebenso Laband II S. 548.

Als Aenderungen der Verfassungs-Urkunde ist es nicht anzusehen, wenn einzelne Bundesstaaten ihnen (z. B. auf dem Gebiete des Heer-, Post-, Telegraphen-, Zollwesens) zustehende Befugnisse der Krone Preußen übertragen oder wenn der Kaiser einzelnen Bundesstaaten ein Versprechen, sogar ein ihnen gegenüber bindendes, abgiebt, daß er ihm zustehende Rechte, z. B. das Truppen-Dislokationsrecht in einem gewissen Sinne ausüben wird.

2) Anstatt der Zwei-Drittel-Mehrheit, die im Nordd. Bunde zu Verfassungsänderungen vorgeschrieben war, setzte die mit Baden und Hessen vereinbarte Verfassung die Drei-Viertel-Mehrheit, Bayern verlangte für sich ein Veto bei jeder Ausdehnung der Reichs-Zuständigkeit. Man verständigte sich dahin, daß Sonderrechte (Abs. 2) nur unter Zustimmung des betheiligten Staates aufgehoben, im Uebrigen Verfassungsänderungen im Gesetzgebungswege zulässig sein sollten, wenn nicht mindestens 14 Stimmen im Bundesrath dagegen sind.

Daß jedem verfassungsändernden Spezialgesetze das besondere verfassungsändernde Gesetz vorausgehe (Ansicht von G. Meyer, Staatsrecht § 164), oder daß ein solches Spezialgesetz wenigstens gleichzeitig mit dem die Verfassung abändernden Spezialgesetz berathen werden, oder daß das die Verfassung abändernde Spezialgesetz ausdrücklich als ein die Verfassung abänderndes bezeichnet werden muß, erfordert Art. 78 der Reichsverf. ebensowenig wie Art. 107 der Preuß. Verf. Daraus folgt, daß mag das Eine oder das Andere sich für die Praxis der gesetzgebenden Körperschaften als empfehlenswerth darstellen, eine jede Verfassungsänderung rechtlich als gültig erachtet werden muß, wenn sie unter Beobachtung des Art. 78 beschlossen worden ist. Für den Reichstag ist die einfache Mehrheit auch bei Verfassungsänderung genügend; doch sind zwei Abstimmungen geschäftsordnungsmäßig vorgeschrieben. Ebenso die Praxis, ferner Schulze, Preuß. Staatsr. II S. 55, Laband I S. 546, Hänel, Studien I S. 258, Staatsr. § 134, Arndt, Preuß. Verf. S. 177, Zorn u. a. Ein mit einer Verfassungsänderung verbundenes einfaches Gesetz seinerseits braucht nicht in den Formen des Art. 78 abgeändert zu werden; ebense Laband I S. 548.

Ob die Abstimmung im Bundesrath mit der erforderlichen Mehrheit erfolgt ist, hat der Reichstag nicht zu prüfen, wohl aber der Kaiser, ehe er die bezügliche Vorlage dem Reichstage vorlegt oder als Gesetz publizirt, so die Praxis; vgl. hierzu die abweichende Ansicht von Hänel, Staatsr. § 134. Die Einzelstaaten wirken nur im Bundesrathe bei Verfassungsänderungen mit, die Zustimmung ihrer Landtage ist entbehrlich und ausgeschlossen (Seydel, Komm. S. 268). Selbstredend ist jede Regierung ihrem Landtage für das Votum im Bundesrathe verantwortlich.

3) Abs. 2 betrifft die sog. Reservatrechte. Darunter versteht man Rechte, welche die Bundesglieder ausdrücklich zurückbehalten haben, also z. B. die Rechte Bayerns und Württembergs hinsichtlich des Kriegswesens, der Postverwaltung, der Brausteuer. Man könnte unter den in Abs. 2 enthaltenen Rechten auch die ausdrücklich übertragenen Rechte, z. B. die Hegemonialrechte Preußens, die bayerische Stimmenzahl (6 statt 4) im Bundesrathe und die Mitgliedschaftsrechte Bayerns, Württembergs und Sachsens in Bundesrathsausschüssen begreifen. Gewöhnlich geschieht dies wenigstens bezüglich der Hegemonialrechte Preußens nicht, weil diese schon durch die Zahl der preußischen Stimmen für Preußen gesichert sind. Als ein solches zurück(vor)behaltenes Recht war im Norddeutschen Bunde die Freihafenstellung Hamburgs und Bremens anzusehen (vgl. hierzu indeß Hänel, Staatsr. S. 809 f.). Erst durch die Novemberverträge 1870, durch die Reichsverfassung also, waren solche Reservatrechte im größeren Umfange geschaffen: für Baden, Württemberg und Bayern die besondere Bierbesteuerung, für Württemberg die Bestimmung im Schlußprotokoll Nr. 2 wegen

des Einpfennigtarifs, des Post- und Telegraphenwesens nach Maßgabe des Schlußprotokolls Nr. 3 und des Kriegswesens nach Maßgabe der Militär-Konvention v. 21./25. Nov. 1870; für Bayern der Ausschluß der Heimaths- und Niederlassungsverhältnisse von der Beaufsichtigung und Gesetzgebung des Reiches (Reichsverf. Art. 4 Nr. 1), die Ausnahmen bezüglich der Immobiliar-Versicherung, des Eisenbahn-, Post-, Telegraphen-, Kriegswesens und andere nach näherer Maßgabe des Bündnißvertrages und des Schlußprotokolls, ferner die Rechte Bayerns im Bundesrathe auf Stimmenzahl, Mitgliedschaft und Vorsitz in gewissen Ausschüssen u. a. (s. Laband I § 12, Hänel, Staatsr. § 138.)

Die Reichsverfassung schreibt nun nicht nur keine besondere Form vor, in der das Sonderrecht aufzugeben ist (Laband I S. 114), sondern stellt die Materie unter die Bestimmung, wie im Bundesrath Beschlüsse bei Verfassungsänderungen vor sich zu gehen haben (Seydel, Komm. S. 268). Daraus ist zu folgern, daß jede Willenserklärung genügt, auch die durch die Zustimmung zu einer das Sonderrecht aufhebenden Norm thatsächlich abgegebene, daß ferner die Aufgabe des Sonderrechts im Bundesrathe selbst rechtswirksam vor sich geht, daß also kein neuer Staatsvertrag noch ein das Sonderrecht aufgebendes Landesgesetz nothwendig sind; ebenso Seydel l. c.; ferner daß selbst eine Verfassungsänderung in der durch Art. 78 Abs. 1 vorgeschriebenen Form nur dann erfolgen muß, wenn das Sonderrecht ein Bestandtheil der Reichsverfassung ist. Ebenso Laband I S. 114 f., G. Meyer, Staatsr. S. 482; and. Ans. s. E. Loening in Hirths Ann. 1875 S. 337, Hänel, Staatsr. §§ 139, 140, Zorn I § 5 S. 134 f.

Anhang.

Anlage I.

Die zwischen dem Nordd. Bunde und den Großherzogthümern Baden und Hessen am 15. Nov. 1870 vereinbarte Verfassung des Deutschen Bundes findet sich abgedruckt BGBl. 1870 S. 647. Sie deckt sich in ihrem Wortlaute mit derjenigen des Nordd. Bundes, außer daß Art. 7 seine jetzige Fassung erhielt, für Baden 3 Stimmen im Bundesrath vorgesehen wurden (Art. 6), daß in den Art. 35 und 38 Baden die Biersteuer vorbehalten wurde und Art. 78, wie folgt, lautete:

„Veränderungen der Verfassung erfolgen im Wege der Gesetzgebung, jedoch ist zu denselben im Bundesrathe eine Mehrheit von drei Viertheilen der vertretenen Stimmen erforderlich".

Art. 80 (neu) führte einige dreißig Gesetze des Nordd. Bundes auf, die auch in Baden und Südhessen gelten sollten.

Das Protokoll vom gleichen Tage, betr. die Vereinbarung zwischen dem Norddeutschen Bunde, Baden und Hessen über Gründung des Deutschen Bundes und Annahme der Bundesverfassung (BGBl. 1870 S. 650) enthielt u. A. nachfolgende noch heute belangreiche Vorschriften:

Man war darüber einverstanden,

1) zu Artikel 18. der Verfassung, daß zu den, einem Beamten zustehenden Rechten im Sinne des zweiten Absatzes dieses Artikels diejenigen Rechte nicht gehören, welche seinen Hinterbliebenen in Beziehung auf Pensionen oder Unterstützungen etwa zustehen;

2) zu den Artikeln 35. und 38. der Verfassung, daß die nach Maaßgabe der Zollvereinsverträge auch

ferner zu erhebenden Uebergangsabgaben von Branntwein und Bier ebenso anzusehen sind, wie die auf die Bereitung dieser Getränke gelegten Abgaben;

3) zu Artikel 38. der Verfassung, daß, so lange die jetzige Besteuerung des Bieres in Hessen fortbesteht, nur der dem Betrage der Norddeutschen Braumalzsteuer entsprechende Theil der Hessischen Biersteuer in die Bundeskasse fließen wird;

4) zum VIII. Abschnitt der Verfassung, daß die Verträge, durch welche das Verhältniß des Post- und Telegraphenwesens in Hessen zum Norddeutschen Bunde jetzt geregelt ist, durch die Bundesverfassung nicht aufgehoben sind. Insbesondere behält es hinsichtlich der Zahlung des Kanons und der Chausseegeld-Entschädigung, sowie der Entschädigung für Wege- und Brückengelder und sonstige Kommunikationsabgaben, ferner hinsichtlich der Vergütung für Benutzung der Staats- und Privatbahnen, und hinsichtlich der Behandlung des Portofreiheitswesens in Südhessen, bis zum Ende des Jahres 1875. sein Bewenden bei dem jetzt bestehenden Zustande. Für die Zeit vom 1. Januar 1876. ab fällt die Zahlung des Kanons und der Chausseegeld-Entschädigung weg. Wie es in Bezug auf die Vergütung für die postalische Benutzung der Eisenbahnen, sowie in Bezug auf die Südhessischen Portofreiheiten für die Zeit nach dem 1. Januar 1876 zu halten sei, bleibt späterer Verständigung vorbehalten. Die Entschädigung für Wege- und Brückengelder und sonstige Kommunikationsabgaben wird auch nach dem 1. Januar 1876. an die Großherzoglich Hessische Regierung gezahlt, wogegen diese die Entschädigung der Berechtigten auch für die Zukunft wie bisher übernimmt;

5) zu Artikel 52. der Verfassung wurde von den Badischen Bevollmächtigten bemerkt, daß die finanziellen Ergebnisse der Post- und Telegraphenverwaltung des Bundes, wie sie sich bisher gestaltet hätten

und in dem Bundeshaushalts-Etat für 1871. veranschlagt seien, ungeachtet der in Artikel 52. getroffenen Bestimmung, keine Gewähr dafür leisteten, daß der auf Baden fallende Antheil an den Einnahmen dieser Verwaltungen auch nur annähernd diejenige Einnahme ergeben werde, welche es gegenwärtig aus seiner eigenen Verwaltung zum Betrage von durchschnittlich 130,000 Rthlrn. beziehe. Sie hielten es deshalb für billig, daß Baden durch eine besondere Verabredung vor einem, seinen Haushalt empfindlich berührenden Einnahme-Ausfall gesichert werde.

Wenngleich von anderen Seiten die Besorgniß der Badischen Bevollmächtigten als begründet nicht anerkannt werden konnte, so einigte man sich doch dahin, daß, wenn im Laufe der Uebergangsperiode der nach dem Prozentverhältniß sich ergebende Antheil Badens an den im Bunde aufkommenden Postüberschüssen in einem Jahre die Summe von 100,000 Rthlrn. nicht erreichen sollte, der an dieser Summe fehlende Betrag Baden auf seine Matrikularbeiträge zu Gute gerechnet werden soll. Eine solche Anrechnung wird jedoch nicht stattfinden in einem Jahre, in welches kriegerische Ereignisse fallen, an denen der Bund betheiligt ist;

6) zu Artikel 56. der Verfassung bemerkten die Bevollmächtigten des Norddeutschen Bundes auf Anfrage der Großherzoglich Badischen Bevollmächtigten, daß das Bundespräsidium schon bisher, nach Vernehmung des zuständigen Ausschusses des Bundesrathes, Bundeskonsulate errichtet habe, wenn eine solche Einrichtung an einem bestimmten Platze durch das Interesse auch nur Eines Bundesstaates geboten worden sei. Sie verbanden damit die Zusage, daß in diesem Sinne auch in Zukunft werde verfahren werden;

7) zu Artikel 62. der Verfassung wurde verab-

redet, daß die Zahlung der nach diesem Artikel von Baden aufzubringenden Beiträge mit dem ersten Tage des Monats beginnen soll, welcher auf die Anordnung zur Rückkehr der Badischen Truppen von dem Kriegszustande auf den Friedensfuß folgt;

8) zu Artikel 78.*) der Verfassung wurde allseitig als selbstverständlich angesehen, daß diejenigen Vorschriften der Verfassung, durch welche bestimmte Rechte einzelner Bundesstaaten in deren Verhältniß zur Gesammtheit festgestellt sind, nur mit Zustimmung des berechtigten Bundesstaates abgeändert werden können;

— — — — — — — — — — — — — —

— — — — — — — — — — — — — —

Unterzeichnet: v. Bismarck. Jolly. v. Dalwigk.
v. Friesen. v. Freydorf. Hofmann. Delbrück.

Anlage II.

Der Vertrag zwischen dem Norddeutschen Bunde, Baden und Hessen einerseits und Württemberg andererseits, betr. den Beitritt Württembergs zur Verfassung des Deutschen Bundes vom 25. Nov. 1870 findet sich im BGBl. 1870 S. 654:

Art. 1. „Württemberg tritt der zwischen dem Norddeutschen Bunde, Baden und Hessen vereinbarten — — Verfassung dergestalt bei, daß alle in dieser Verfassung enthaltenen Bestimmungen, mit den im nachstehenden Artikel 2 näher bezeichneten Maaßgaben auf Württemberg volle Anwendung finden."

Art. 2. „Die Maaßgaben — sind folgende:

1) Zu Artikel 6 der Verfassung.

„Im Bundesrathe führt Württemberg vier Stimmen — — —

2) Zu Artikel 20 —

*) Siehe Anm. 3 zu Art. 78 der Reichs-Verf.

In Württemberg werden — — — 17 Abgeordnete gewählt — — —

3) Zu den Artikeln 35 und 38 —

„Die im letzten Absatze der vorgenannten Artikel in Beziehung auf Baden getroffene Bestimmung findet auch auf Württemberg Anwendung."

4) Zum VIII. Abschnitt —

(was jetzt in Art. 52 der Verfassung steht).

5) Zum XI. Abschnitt —

„In Württemberg kommen die im XI. Abschnitt der Verfassung enthaltenen Vorschriften nach näherer Bestimmung der Militair-Konvention vom 21./25. Nov. 1870 in Anwendung."*)

6) (Betrifft Einführung norddeutscher Bundesgesetze; s. in Anlage V).

In der Verhandlung d. d. Berlin, den 25. Nov. 1870 verständigten sich die Bevollmächtigten bei Unterzeichnung des über den Beitritt Württembergs zu der zwischen dem Norddeutschen Bunde, Baden und Hessen vereinbarten Verfassung des Deutschen Bundes abgeschlossenen Vertrages über nachstehende Punkte:

„1) die in dem Protokoll d. d. Versailles den 15. November d. J. zwischen den Bevollmächtigten des Norddeutschen Bundes, Badens und Hessens getroffenen Verabredungen beziehungsweise von den Bevollmächtigten des Norddeutschen Bundes abgegebenen Erklärungen:

— — —

c) zu Artikel 18. der Verfassung,
d) zu den Artikeln 35. und 38. der Verfassung,
e) zu Artikel 56. der Verfassung,
f) zu Artikel 62. der Verfassung,
g) zu Artikel 78. der Verfassung,

— — —

finden auch auf Württemberg Anwendung.

---

*) Der Inhalt dieser Konvention ist bei den bez. Verfassungsvorschriften berücksichtigt.

2) Zu Artikel 45. der Verfassung wurde anerkannt, daß auf den Württembergischen Eisenbahnen bei ihren Bau-, Betriebs- und Verkehrsverhältnissen nicht alle in diesem Artikel aufgeführten Transportgegenstände in allen Gattungen von Verkehren zum Einpfennig-Satz befördert werden können.

3) Zum Artikel 2. Nr. 4. des Vertrages vom heutigen Tage war man darüber einverstanden, daß die Ausdehnung der im Norddeutschen Bunde über die Vorrechte der Post geltenden Bestimmungen auf den internen Verkehr Württembergs insoweit von der Zustimmung Württembergs abhängen soll, als diese Bestimmungen der Post Vorrechte beilegen, welche derselben nach der gegenwärtigen Gesetzgebung in Württemberg nicht zustehen."

Vorgelesen, genehmigt und unterschrieben.

v. Friesen. v. Freydorf. Hofmann. Mittnacht.
Delbrück. Türckheim. v. Suckow.

Anlage III.

Vertrag, betr. den Beitritt Bayerns zur Verfassung des Deutschen Bundes v. 23. Nov. 1870 (BGBl. 1871 S. 9) brachte zu der mit Baden, Südhessen und Württemberg vereinbarten Verfassung folgende Aenderungen:

§ 2: Zu Art. 4 wird als Ziffer 16 gesetzt: „Die Bestimmungen über die Presse und das Vereinswesen."

§ 3: Das zweite Alinea des Artikels 5 lautet künftig, wie heute.

In § 4 erhält Bayern 6 Stimmen im Bundesrath; Art. 6 erhält seine jetzige Form.

In § 5 erhält Art. 7 seinen jetzigen Wortlaut,

in § 6 Art. 8 seine jetzige Fassung, nur daß die Worte „in welchem Bayern den Vorsitz führt", im 4. Absatze noch fehlen.

§ 7 fügt dem Art. 11 den Zusatz zu, wonach außer bei Defensivkriegen zur Kriegserklärung die Zustimmung des Bundesraths erforderlich ist.

§ 8 führt den jetzigen 2. Absatz zu Art. 18 ein.

In § 9 erhält Art. 19 seine jetzige Fassung.

Nach § 10 wählt Bayern bis zur anderweitigen gesetzlichen Regelung 48 Reichstagsabgeordnete.

§ 11 bestimmt, daß Art. 28 den zweiten, inzwischen aufgehobenen Absatz erhalten soll.

§ 13 giebt dem Art. 35 seine heutige Fassung.

§ 14 führt die in Abs. 3 zu Art. 36 enthaltene Vorschrift ein.

§ 15 giebt dem Art. 37, § 16 dem Art. 38, § 17 dem Art. 39, § 18 dem Art. 40, § 19 dem 2. Absatze in Art. 48 die jetzige Fassung.

§ 20 giebt den Art. 50, 51 und 52 ihren jetzigen Inhalt.

Außerdem ist noch erheblich, daß § 25 dem 1. Absatze in Art. 78 seine heutige Fassung giebt und daß der Art. 79 der Nordd. Bundesverf. durch § 26 als erledigt aufgehoben wird.

Unter III des Vertrages wird sodann bestimmt:

„§ 1. Das Recht der Handhabung der Aufsicht Seitens des Bundes über die Heimaths- und Niederlassungsverhältnisse und dessen Recht der Gesetzgebung über diesen Gegenstand erstreckt sich nicht auf das Königreich Bayern.

Das Recht des Bundes auf Handhabung der Aufsicht und Gesetzgebung über das Eisenbahnwesen, dann über das Post- und Telegraphenwesen erstreckt sich auf das Königreich Bayern nur nach Maßgabe der in §§ 3. und 4. enthaltenen Bestimmungen.

§ 2. — — —

§ 3. Die Artikel 42. bis einschließlich 46. der Bundesverfassung sind auf das Königreich Bayern nicht anwendbar. Dem Bunde steht jedoch auch dem Königreiche Bayern gegenüber das Recht zu, im Wege der Gesetzgebung einheitliche Normen für die Konstruktion und Ausrüstung der für die Landesvertheidigung wichtigen Eisenbahnen aufzustellen.

§ 4. Die Artikel 48. bis einschließlich 52. der Bundesverfassung finden auf das Königreich Bayern keine Anwendung. Das Königreich Bayern behält die freie und selbstständige Verwaltung seines Post- und Telegraphenwesens.

Dem Bunde steht jedoch auch für das Königreich Bayern die Gesetzgebung über die Vorrechte der Post und Telegraphie, über die rechtlichen Verhältnisse beider Anstalten zum Publikum, über die Portofreiheiten und das Posttaxwesen, soweit beide letzteren nicht lediglich den inneren Verkehr in Bayern betreffen, sowie unter gleicher Beschränkung die Feststellung der Gebühren für die telegraphische Korrespondenz, endlich die Regelung des Post- und Telegraphenverkehrs mit dem Auslande zu.

An den zur Bundeskasse fließenden Einnahmen des Post- und Telegraphenwesens hat Bayern keinen Antheil.

§ 5. Anlangend die Artikel 57. bis 68. von dem Bundes-Kriegswesen, so findet Artikel 57. Anwendung auf das Königreich Bayern; Artikel 58. ist gleichfalls für das Königreich Bayern gültig. Dieser Artikel erhält jedoch für Bayern folgenden Zusatz:

> Der in diesem Artikel bezeichneten Verpflichtung wird von Bayern in der Art entsprochen, daß es die Kosten und Lasten seines Kriegswesens, den Unterhalt der auf seinem Gebiete belegenen festen Plätze und sonstigen Fortifikationen einbegriffen, ausschließlich und allein trägt.

Artikel 59. hat gleichwie der Artikel 60. für Bayern gesetzliche Geltung.

Die Artikel 61. bis 68. finden auf Bayern keine Anwendung. An deren Stelle treten folgende Bestimmungen:

I. Bayern behält zunächst seine Militairgesetzgebung nebst den dazu gehörigen Vollzugs-Instruktionen, Verordnungen, Erläuterungen ꝛc. bis zur verfassungsmäßigen Beschlußfassung über die der Bundesgesetzgebung anheimfallenden Materien, resp. bis zur freien Verständigung bezüglich der Einführung der bereits vor dem Eintritte Bayerns in den Bund in dieser Hinsicht erlassenen Gesetze und sonstigen Bestimmungen.

II. Bayern verpflichtet sich, für sein Kontingent und die zu demselben gehörigen Einrichtungen einen gleichen Geldbetrag zu verwenden, wie nach Verhältniß der Kopfstärke durch den Militair-Etat des Deutschen Bundes für die übrigen Theile des Bundesheeres ausgesetzt wird. Dieser Geldbetrag wird im Bundesbudget für das Königlich Bayerische Kontingent in einer Summe ausgeworfen. Seine Verausgabung wird durch Spezial-Etats geregelt, deren Aufstellung Bayern überlassen bleibt. Hierfür werden im Allgemeinen diejenigen Etatsansätze nach Verhältniß zur Richtschnur dienen, welche für das übrige Bundesheer in den einzelnen Titeln ausgeworfen sind.

III. Das Bayerische Heer bildet einen in sich geschlossenen Bestandtheil des Deutschen Bundesheeres mit selbstständiger Verwaltung unter der Militairhoheit Seiner Majestät des Königs von Bayern; im Kriege — und zwar mit Beginn der Mobilisirung — unter dem Befehle des Bundesfeldherrn. In Bezug auf Organisation, Formation, Ausbildung und Gebühren, dann hinsichtlich der Mobilmachung wird Bayern volle Uebereinstimmung mit den für das Bundesheer bestehenden Normen herstellen. Bezüglich der Bewaffnung und Ausrüstung, sowie der Gradabzeichen behält sich die Königlich Bayerische Regierung die Herstellung der vollen Uebereinstimmung mit dem Bundesheere vor. Der Bundesfeldherr hat die Pflicht und das Recht, sich durch Inspektionen von der Uebereinstimmung in Organisation, Formation und Ausbildung, sowie von der Vollzähligkeit und Kriegstüchtigkeit des Bayerischen Kontingents Ueberzeugung zu verschaffen und wird sich über die Modalitäten der jeweiligen Vornahme und über das Ergebniß dieser Inspektionen mit Seiner Majestät dem Könige von Bayern ins Vernehmen setzen. Die Anordnung der Kriegsbereitschaft (Mobilisirung) des Bayerischen Kontingents oder eines Theils desselben erfolgt auf Veranlassung des Bundesfeldherrn durch Seine Majestät den König von Bayern. Zur steten gegenseitigen Information in den durch diese Vereinbarung geschaffenen militairischen Beziehungen erhalten die Militair-Bevollmächtigten in Berlin und München über die einschlägigen Anordnungen entsprechende Mittheilung durch die resp. Kriegsministerien.

IV. Im Kriege sind die Bayerischen Truppen verpflichtet, den Befehlen des Bundesfeldherrn unbedingt Folge zu leisten. Diese Verpflichtung wird in den Fahneneid aufgenommen.

V. Die Anlage von neuen Befestigungen auf Bayerischem Gebiete im Interesse der gesammtdeutschen Vertheidigung wird Bayern im Wege jeweiliger spezieller Vereinbarung zugestehen. An den Kosten für den Bau und die Ausrüstung solcher Befestigungsanlagen auf seinem Gebiete betheiligt sich Bayern in dem seiner Bevölkerungszahl entsprechenden Verhältnisse gleichmäßig mit den anderen Staaten des Deutschen Bundes; ebenso an den für sonstige Festungsanlagen etwa Seitens des Bundes zu bewilligenden Extraordinarien.

VI. Die Voraussetzungen, unter welchen wegen Bedrohung der öffentlichen Sicherheit das Bundesgebiet oder ein Theil desselben durch den Bundesfeldherrn in Kriegszustand erklärt werden kann, die Form der Verkündung und die Wirkungen einer solchen Erklärung werden durch ein Bundesgesetz geregelt.

VII. Vorstehende Bestimmungen treten mit dem 1. Januar 1872. in Wirksamkeit.

§ 6. Die Artikel 69. und 71. der Bundesverfassung finden auf die von Bayern für sein Heer zu machenden Ausgaben nur nach Maßgabe der Bestimmungen des vorstehenden Paragraphen Anwendung, Artikel 72. aber nur insoweit, als dem Bundesrathe und dem Reichstage lediglich die Ueberweisung der für das Bayerische Heer erforderlichen Summe an Bayern nachzuweisen ist.

§ 7. Die in den vorstehenden §§ 1. bis 6. enthaltenen Bestimmungen sind als ein integrirender Bestandtheil der Bundesverfassung zu betrachten.

In allen Fällen, in welchen zwischen diesen Bestimmungen und dem Texte der Deutschen Verfassungsurkunde eine Verschiedenheit besteht, haben für Bayern lediglich die ersteren Geltung und Verbindlichkeit.

§ 8. — — —

IV. — — —

V. Diejenigen Vorschriften der Verfassung, durch welche bestimmte Rechte einzelner Bundesstaaten in deren Verhältniß zur Gesammtheit festgestellt sind, insbesondere, soviel Bayern angeht, die unter Ziffer III dieses Vertrages aufgeführten Bestimmungen können nur mit Zustimmung des berechtigten Bundesstaates abgeändert werden.

VI. . . . . .

Anlage IV.

Schlußprotokoll: Bei der Unterzeichnung des vorstehenden Vertrages sind die Bevollmächtigten noch über nachstehende vertragsmäßige Zusagen und Erklärungen übereingekommen:

I. Es wurde auf Anregung der Königlich Bayerischen Bevollmächtigten von Seite des Königlich Preußischen Bevollmächtigten anerkannt, daß, nachdem sich das Gesetzgebungsrecht des Bundes bezüglich der Heimaths- und Niederlassungsverhältnisse auf das Königreich Bayern nicht erstreckt, die Bundes-Legislative auch nicht zuständig sei, das Verehelichungswesen mit verbindlicher Kraft für Bayern zu regeln, und daß also das für den Norddeutschen Bund erlassene Gesetz vom 4. Mai 1868., die Aufhebung der polizeilichen Beschränkungen der Eheschließungen betreffend, jedenfalls nicht zu denjenigen Gesetzen gehört, deren Wirksamkeit auf Bayern ausgedehnt werden könnte.

II. Von Seite des Königlich Preußischen Bevollmächtigten wurde anerkannt, daß unter der Gesetzgebungsbefugniß des Bundes über Staatsbürgerrecht nur das Recht verstanden werden solle, die Bundes- und Staatsangehörigkeit zu regeln und den Grundsatz der politischen Gleichberechtigung aller Konfessionen durchzuführen, daß sich im Uebrigen diese Legislative nicht auf die Frage erstrecken solle, unter welchen Voraussetzungen Jemand zur Ausübung politischer Rechte in einem einzelnen Staate befugt sei.

III. Die unterzeichneten Bevollmächtigten kamen dahin überein, daß in Anbetracht der unter Ziffer I. statuirten Ausnahme von der Bundes-Legislative der Gothaer Vertrag vom 15. Juli 1851. wegen gegenseitiger Uebernahme der Ausgewiesenen und Heimathslosen, dann die sogenannte Eisenacher Konvention vom 11. Juli 1853. wegen Verpflegung erkrankter und Beerdigung verstorbener Unterthanen für das Verhältniß Bayerns zu dem übrigen Bundesgebiete fortdauernde Geltung haben sollten.

IV. Als vertragsmäßige Bestimmung wurde in Anbetracht der in Bayern bestehenden besonderen Verhältnisse bezüglich des Immobilar-Versicherungswesens und des engen Zusammenhanges derselben mit dem Hypothekar-Kreditwesen festgestellt, daß, wenn sich die Gesetzgebung des Bundes mit dem Immobilar-Versicherungswesen befassen sollte, die vom Bunde zu erlassenden gesetzlichen Bestimmungen in Bayern nur mit Zustimmung der Bayerischen Regierung Geltung erlangen können.

V. Der Königlich Preußische Bevollmächtigte gab die Zusicherung, daß Bayern bei der ferneren Ausarbeitung des Entwurfes eines Allgemeinen Deutschen Civilprozeß-Gesetzbuches entsprechend betheiligt werde.

VI. Als unbestritten wurde von dem Königlich Preußischen Bevollmächtigten zugegeben, daß selbst bezüglich der der Bundes-Legislative zugewiesenen Gegenstände die in den einzelnen Staaten geltenden Gesetze und Verordnungen in so lange in Kraft bleiben und auf dem bisherigen Wege der Einzelngesetzgebung abgeändert werden können, bis eine bindende Norm vom Bunde ausgegangen ist.

VII. Der Königlich Preußische Bevollmächtigte gab die Erklärung ab, daß Seine Majestät der König von Preußen kraft der Allerhöchstihnen zustehenden Präsidialrechte, mit Zustimmung Seiner Majestät des Königs von Bayern, den Königlich Bayerischen Gesandten an den Höfen, an welchen solche beglaubigt sind, Vollmacht ertheilen werden, die Bundesgesandten in Verhinderungsfällen zu vertreten.

Indem diese Erklärung von den Königlich Bayerischen Bevollmächtigten acceptirt wurde, fügten diese bei, daß die Bayerischen Gesandten angewiesen sein würden, in allen Fällen, in welchen dies zur Geltendmachung allgemein Deutscher Interessen erforderlich oder von Nutzen sein wird, den Bundesgesandten ihre Beihülfe zu leisten.

VIII. Der Bund übernimmt in Anbetracht der Leistungen der Bayerischen Regierung für den diplomatischen Dienst desselben durch die unter Ziffer VII. erwähnte Bereitstellung ihrer Gesandtschaften und in Erwägung des Umstandes, daß an denjenigen Orten, an welchen Bayern eigene Gesandtschaften unterhalten wird, die Vertretung der Bayerischen Angelegenheiten den Bundesgesandten nicht obliegt, die Verpflichtung, bei Feststellung der Ausgaben für den diplomatischen Dienst des Bundes der Bayerischen Regierung eine angemessene Vergütung in Anrechnung zu bringen.

Ueber Festsetzung der Größe dieser Vergütung bleibt weitere Vereinbarung vorbehalten.

IX. Der Königlich Preußische Bevollmächtigte erkannte es als ein Recht der Bayerischen Regierung an, daß ihr Vertreter im Falle der Verhinderung Preußens den Vorsitz im Bundesrathe führe.

X. Zu den Artikeln 35. und 38. der Bundesverfassung war man darüber einverstanden, daß die nach Maßgabe der Zollvereinsverträge auch ferner zu erhebenden Uebergangsabgaben von Branntwein und Bier ebenso anzusehen sind, wie die auf die Bereitung dieser Getränke gelegten Abgaben.

XI. Es wurde allseitig anerkannt, daß bei dem Abschlusse von Post- und Telegraphen-Verträgen mit außerdeutschen Staaten zur Wahrung der besonderen Landesinteressen Vertreter der an die betreffenden außerdeutschen Staaten angrenzenden Bundesstaaten zugezogen werden sollen, und daß den einzelnen Bundesstaaten unbenommen ist, mit anderen Staaten Verträge über das Post- und Telegraphenwesen abzuschließen, sofern sie lediglich den Grenzverkehr betreffen.

XII. Zu Artikel 56. der Bundesverfassung wurde allseitig anerkannt, daß den einzelnen Bundesstaaten das Recht zustehe, auswärtige Konsuln bei sich zu empfangen und für ihr Gebiet mit dem Exequatur zu versehen.

Ferner wurde die Zusicherung gegeben, daß Bundeskonsuln an auswärtigen Orten auch dann aufgestellt werden sollen, wenn es nur das Interesse eines einzelnen Bundesstaates als wünschenswerth erscheinen läßt, daß dies geschehe.

XIII. Es wurde ferner allseitig anerkannt, daß zu den im Norddeutschen Bunde ergangenen Gesetzen, deren Erklärung zu Gesetzen des Deutschen Bundes der Bundesgesetzgebung vorbehalten bleibt, das Gesetz vom 21. Juli d. J., betreffend den außerordentlichen Geldbedarf der Militair- und Marineverwaltung, nicht gehört, und daß das Gesetz vom 31. Mai d. J., betreffend die St. Gotthard-Eisenbahn, jedenfalls nicht ohne Veränderung seines Inhalts zum Bundesgesetze würde erklärt werden können.

XIV. In Erwägung der in Ziffer III. §. 5. enthaltenen Bestimmungen über das Kriegswesen wurde — mit besonderer Beziehung auf die Festungen — noch Nachfolgendes vereinbart:

§. 1. Bayern erhält die Festungen Ingolstadt und Germersheim, sowie die Fortifikation von Neu-Ulm und die im Bayerischen Gebiete auf gemeinsame Kosten etwa künftig angelegt werdenden Befestigungen in vollkommen vertheidigungsfähigem Stande.

§. 2. Solche neu angelegte Befestigungen treten bezüglich ihres immobilen Materials in das ausschließliche Eigenthum Bayerns. Ihr mobiles Material hingegen wird gemeinsames Eigenthum der Staaten des Bundes. In Betreff dieses Materials gilt bis auf Weiteres die Uebereinkunft vom 6. Juli 1869., welche auch hinsichtlich des mobilen Festungsmaterials der vormaligen Deutschen Bundesfestungen Mainz, Rastatt und Ulm in Kraft bleibt.

§. 3. Die Festung Landau wird unmittelbar nach dem gegenwärtigen Kriege als solche aufgehoben.

Die Ausrüstung dieses Platzes, soweit sie gemeinsames Eigenthum, wird nach den der Uebereinkunft vom 6. Juli 1869. zu Grunde liegenden Prinzipien behandelt.

§. 4. Diejenigen Gegenstände des Bayerischen Kriegswesens, Betreffs welcher der Bundesvertrag vom Heutigen oder das vorliegende Protokoll nicht ausdrückliche Bestimmungen enthalten — sohin insbesondere die Bezeichnung der Regimenter 2c., die Uniformirung, Garnisonirung, das Personal- und Militair-Bildungswesen u. s. w. — werden durch dieselbe nicht berührt.

Die Betheiligung Bayerischer Offiziere an den für höhere militairwissenschaftliche oder technische Ausbildung bestehenden Anstalten des Bundes wird spezieller Vereinbarung vorbehalten.

XV. Wenn sich in Folge des mangelhaft dahier vorliegenden Materials ergeben sollte, daß bei Aufführung des nunmehrigen Wortlautes der Bundesverfassung unter Ziffer II. §§. 1. bis 26. ein Irrthum unterlaufen ist, so behalten sich die kontrahirenden Theile dessen Berichtigung vor.

XVI. Die Bestimmungen dieses Schlußprotokolls sollen ebenso verbindlich sein, wie der Vertrag vom Heutigen über den Abschluß eines Deutschen Verfassungsbündnisses selbst, und sollen mit diesem gleichzeitig ratifizirt werden.

v. Bismarck. Bray-Steinburg. Frh. v. Prankh. v. Lutz.

Anlage V.

In Süddeutschland sind als Reichsgesetze eingeführt, Art. 80 der zwischen dem Nordd. Bunde und Baden und Hessen vereinbarten Verfassung v. 25. Nov. 1870, die Verhandlung v. 25. Nov. 1870 (mit Württemberg) und G., betr. die Einführung Nordd. Bundesgesetze in Bayern, v. 22. April 1871 (BGBl. 1871 S. 87):

das G. über das Paßwesen, v. 12. Okt. 1867,

das G., betr. die Nationalität der Kauffahrteischiffe und ihre Befugniß zur Führung der Bundesflagge, v. 25. Okt. 1867,

das G. über die Freizügigkeit, v. 1. Nov. 1867,

das G., betr. die Organisation der Bundeskonsulate, v. 8. Nov. 1867,

das G., betr. die Verpflichtung zum Kriegsdienste, v. 9. Nov. 1867,

das G., betr. die vertragsmäßigen Zinsen, v. 14. Nov. 1867,

das G. über die Aufhebung der polizeilichen Beschränkungen der Eheschließung, v. 4. Mai 1868 (nicht in Bayern).

das G., betr. die Aufhebung der Schuldhaft, v. 29. Mai 1868,

das G., betr. die Bewilligung von lebenslänglichen Pensionen und Unterstützungen an Offiziere und obere Militairbeamte der vormaligen Schleswig-Holstein'schen Armee, sowie an deren Wittwen und Waisen, v. 14. Juni 1868,

das G., betr. die Schließung und Beschränkung der öffentlichen Spielbanken, v. 1. Juli 1868,

das G., betr. die Erwerbs- und Wirthschafts-Genossenschaften, v. 4. Juli 1868,

Maaß- und Gewichtsordnung, v. 17. Aug. 1868,

das G., Maßregeln gegen die Rinderpest betr., v. 7. April 1869,

Wahlgesetz f. d. Reichtag des Norddeutschen Bundes v. 21. Mai 1869, das G., betr. die Einführung von Telegraphenfreimarken, v. 16. Mai 1869,

das G., betr. die Portofreiheiten, v. 5. Juni 1869,

das G., betr. die Kautionen der Bundesbeamten, v. 2. Juni 1869,

das G., betr. die Einführung der Allgemeinen Deutschen Wechselordnung, der Nürnberger Wechselnovellen und des Allgemeinen Deutschen Handelsgesetzbuches als Bundesgesetze, v. 5. Juni 1869,

das G., betr. die Beschlagnahme des Arbeits- oder Dienstlohnes, v. 21. Juni 1869,

das G., betr. die Gewährung der Rechtshülfe, v. 21. Juni 1869,

die Gewerbeordnung, v. 21. Juni 1869,

das G., betr. die Gleichberechtigung der Konfessionen in bürgerlicher und staatsbürgerlicher Beziehung, v. 3. Juli 1869,

das G., betr. die Bewilligung von lebenslänglichen Pensionen und Unterstützungen an Militairpersonen der Unterklassen der vormaligen Schleswig-Holsteinischen Armee, sowie an deren Wittwen und Waisen, v. 3. März 1870,

das G., betr. die Eheschließung und die Beurkundung des Personenstandes von Bundesangehörigen im Auslande, v. 4. Mai 1870,

das G., wegen Beseitigung der Doppelbesteuerung, v. 13. Mai 1870,

Einführ.G. zum Strafgesetzbuch, v. 31. Mai 1870,

das Strafgesetzbuch für den Norddeutschen Bund, v. 31. Mai 1870,

das G. über die Abgaben von der Flößerei, v. 1. Juni 1870,

das G. über die Erwerbung und den Verlust der Bundes- und Staatsangehörigkeit, v. 1. Juni 1870,

das G. über den Unterstützungswohnsitz, v. 6. Juni 1870 (nicht in Bayern),

das G., betr. Urheberrecht an Schriftwerken u. s. w., v. 11. Juni 1870, das G., betr. die Kommanditgesellschaften auf Aktien und die Aktiengesellschaften, v. 11. Juni 1870,

das G. über die Ausgabe von Papiergeld, v. 16. Juni 1870.

Anlage VI.

Gesetz über die Erwerbung und den Verlust der Bundes- und Staatsangehörigkeit. V. 1. Juni 1870.

(BGBl. 1870 S. 355.)

(v. Rönne, Preuß. Staatsr. §§ 131 ff., II S. 13 ff., Laband, Reichsstaatsr. I §§ 14, 18, 19, Zorn, Reichsstaatsr. S. 372 f., G. Meyer, Lehrb. des deutschen Staatsr. §§ 75 ff., M. Seydel in Hirths Ann. 1876 S. 135 f., Derselbe, Bayerisches Staatsr. I S. 516 f., Cahn, Staatsangehörigkeit. Berlin 1889.)

Dieses G. ist gemäß § 2 des G. v. 16. April 1871 (BGBl. 1871 S. 63) bez. § 9 des G. v. 22. April 1871 (BGBl. 1871 S. 87) und 8. Jan. 1873 (RGBl. 1873 S. 51) jetzt Reichsgesetz. Vor dem G. v. 1. Juni 1870 galt in Preußen das G. über die Erwerbung und den Verlust der Eigenschaft als preußischer Unterthan v. 31. Dez. 1842 (GS. 1843 S. 5), dessen § 2 Nr. 2 noch in Geltung steht, s. Anm. 2 zu § 7.

§. 1. Die Bundesangehörigkeit[1]) wird durch die Staatsangehörigkeit in einem Bundesstaate erworben und erlischt mit deren Verlust.[2])

— — — —[3])

[1]) Jetzt Reichsangehörigkeit, s. auch Reichsverf. Art. 3.

[2]) Reichs- und Staatsangehörigkeit sind mithin eine untrennbare Eigenschaft, Laband I S. 126 ff., G. Meyer § 75 Anm. 5, M. Seydel in Hirths Ann. 1876 S. 135, Zorn I S. 344 f., und zwar ist die Staatsangehörigkeit das primäre Verhältniß, die Reichsangehörigkeit die Folge der Staatsangehörigkeit. Das Gleiche gilt für die Schweiz, das Umgekehrte für die Vereinigten Staaten; Laband I S. 129, s. auch Zorn I S. 345. Reichsangehörigkeit ohne Staatsangehörigkeit besteht für die in deutschen Schutzgebieten niedergelassenen Ausländer und die dort Eingeborenen, G. v. 15. März 1888 (RGBl. 1888 S. 71) § 6.

[3]) Abs. 2, Südhessen betreffend, ist jetzt antiquirt.

§. 2. Die Staatsangehörigkeit in einem Bundesstaate wird fortan nur begründet:

1) durch Abstammung (§. 3.),
2) durch Legitimation (§. 4.),
3) durch Verheirathung (§. 5.),
4) für einen Norddeutschen durch Aufnahme und
5) für einen Ausländer durch Naturalisation } (§§. 6. ff.)

Die Adoption hat für sich allein diese Wirkung nicht.

§. 3. Durch die Geburt,[1]) auch wenn diese im Auslande erfolgt, erwerben eheliche Kinder eines Norddeutschen die Staatsangehörigkeit des Vaters, uneheliche [2]) Kinder einer Norddeutschen[3]) die Staatsangehörigkeit der Mutter.[4])

§. 4. Ist der Vater eines unehelichen Kindes ein Norddeutscher und besitzt die Mutter nicht die Staatsangehörigkeit des Vaters, so erwirbt das Kind durch eine den gesetzlichen[5]) Bestimmungen gemäß erfolgte Legitimation[6]) die Staatsangehörigkeit des Vaters.[7])

---

[1]) Wo die Geburt erfolgt ist, in welchem Bundesstaate oder im Auslande, ist unerheblich, Laband I S. 155.

[2]) Ob Kinder als eheliche oder uneheliche anzusehen sind, beantwortet sich nach Landesrecht; s. auch Laband, Reichsstaatsr. I S. 156. Bezüglich der Kinder aus nichtigen Ehen gilt ALR. Thl. II Tit. 2 §§ 50 f. Kinder aus Putativehen gelten als uneheliche.

[3]) Das uneheliche Kind einer deutschen Mutter bleibt deutscher Staatsangehöriger, auch wenn die Mutter aus dem Unterthanenverbande austritt oder entlassen wird. BMBl. 1850 S. 210.

[4]) D. i. landesgesetzlichen, s. Motive in den Aktenstücken des Nordd. Reichst. 1870 Nr. II S. 157. Die bez. Bestimmungen in Preußen finden sich im ALR. Thl. II Tit. 2 §§ 592 bis 611 und bzw. Rheinischen bürgerlichen Gesetzbuch Art. 331 bis 333. Entscheidend sind die Gesetze des Orts, wo der Vater zur Zeit der Legitimation seinen Wohnsitz hat, Laband I S. 156.

[5]) Die Adoption hat diese Wirkung nicht.

§. 5. Die Verheirathung[1]) mit einem Norddeutschen begründet[2]) für die Ehefrau[3]) die Staatsangehörigkeit des Mannes.

§. 6. Die Aufnahme,[4]) sowie die Naturalisation[5]) (§. 2. Nr. 4. und 5.) erfolgt durch eine von der höheren Verwaltungsbehörde[6]) ausgefertigte Urkunde.[7]) [8])

§. 7. Die Aufnahme-Urkunde wird jedem Angehörigen eines anderen Bundesstaates ertheilt, welcher um dieselbe

---

[1]) Die civilrechtlich gültige. Die Nichtigkeitserklärung der Ehe vernichtet daher die durch die Verheirathung erworbene Staatsangehörigkeit (s. Seydel in Hirths Ann. 1876 S. 138, G. Meyer, Lehrb. des deutsch. Staatsr. § 76, v. Rönne II § 131 S. 14 Anm. 5 c).

[2]) So lange die Ehe nicht für nichtig erklärt ist (Anm. 1); die Ehescheidung hebt die Staatsangehörigkeit nicht auf, Seydel und G. Meyer l. c.

[3]) Nicht aber für deren Kinder aus einer früheren Ehe, Motive in den Anl. zu den Sten.Ber. des Nordd. Reichstags 1870 S. 157 Spalte 2. Heirathet daher die ausländische Mutter einen Preußen, so bleibt ihr im Auslande geborenes Kind Ausländer, es sei denn, daß der die Mutter heirathende Preuße sein natürlicher Vater ist.

[4]) Die Aufnahme bezieht sich auf die Ueberwanderung eines Deutschen aus einem in den anderen deutschen Bundesstaat.

[5]) Naturalisation ist die Erklärung eines Nichtdeutschen zum deutschen Reichsangehörigen.

[6]) D. i. jetzt in Preußen gemäß § 155 des Zuständ.G. v. 1. Aug. 1883 (GS. S. 237) der Regierungs- bezw. Polizeipräsident (Anm. 2 zu Art. 105 der Verf.). Früher die Bezirksregierung.

[7]) Form und Verfahren s. im Cirk.Reskr. des Min. des Innern v. 5. Juni 1871 (VMBl. 1871 S. 161).

[8]) Aufnahme und Naturalisation erfolgen nur auf Antrag, nicht gegen den Willen des Aufzunehmenden oder zu Naturalisirenden; erfolgen sie ohne einen solchen Antrag, so sind sie gleichwohl gültig, M. Seydel, bayer. Staatsr. I S. 527.

nachsucht[1]) und nachweist, daß er in dem Bundesstaate, in welchem er die Aufnahme nachsucht, sich niedergelassen[2]) habe, sofern kein Grund vorliegt, welcher nach den §§. 2. bis 5. des Gesetzes über die Freizügigkeit vom 1. November 1867. (Bundesgesetzbl. S. 55.) die Abweisung eines Neuanziehenden oder die Versagung der Fortsetzung des Aufenthalts rechtfertigt.[3])

---

[1]) S. Anm. 5 zu § 6.

[2]) Die Niederlassung ist also die Voraussetzung des Anspruchs auf Aufnahme, nicht der Aufnahme selbst, ebenso Seydel in Hirths Ann. 1883 S. 585, Laband I S. 158 Anm. 5, Zorn I S. 361 und G. Meyer § 76. Niederlassung ist der Besitz einer eigenen Wohnung oder eines Unterkommens in Verbindung mit der Absicht, in der bez. Gemeinde seinen nicht bloß vorübergehenden Aufenthalt zu nehmen, sei es auch nur als Dienstbote in einem fremden Haushalte oder als Gehülfe in einem fremden Gewerbebetriebe. Eigener Haushalt wird nicht gefordert (Miquel in den Sten.Ber. des Nordd. Reichstags 1870 I S. 260, Seydel in Hirths Ann. 1870 S. 140 Anm. 4). Die Niederlassung darf keine verbotene sein.

[3]) Die Versagung kann (nach dem Ermessen der Behörde, Laband I S. 160) gemäß den zit. §§ 2 bis 5 des G. v. 1 Nov. 1867 erfolgen: 1. bei Unfähigkeit, sich eine Wohnung oder ein Unterkommen zu verschaffen, 2. für die einer familienrechtlichen Gewalt unterworfenen Personen beim Mangel der Genehmigung des Gewaltinhabers, 3. bei polizeilichen Aufenthaltsbeschränkungen bestrafter Personen; s. hierzu G. über die Aufnahme neuanziehender Personen v. 31. Dez. 1842 (GS. 1843 S. 5) § 2 Nr. 2, welche Vorschrift noch heute gilt, s. Erk. d. OVG. v. 24. Febr. 1883 und v. 24. Juni 1885, E. IX 415, XII 405, Gneist im Arch. f. öff. Recht 1886 S. 245 ff., 4. beim Mangel hinreichender Kräfte zur Beschaffung des nothdürftigen Lebensunterhalts, wenn er solchen weder aus eigenem Vermögen bestreiten kann, noch von einem dazu verpflichteten Verwandten erhält. Gegen die Versagung ist die Klage im Verwaltungsstreitverfahren an das OVG. statthaft (§ 155 G. v. 1. Aug. 1873, GS. S. 237). Die Entlassung

§. 8. Die Naturalisations-Urkunde darf[1]) Ausländern nur[2]) dann ertheilt werden, wenn sie

1) nach den Gesetzen ihrer bisherigen Heimath dispositionsfähig sind, es sei denn, daß der Mangel der Dispositionsfähigkeit durch die Zustimmung des Vaters, des Vormundes oder Kurators des Aufzunehmenden ergänzt wird;
2) einen unbescholtenen Lebenswandel geführt haben;
3) an dem Orte, wo sie sich niederlassen wollen, eine eigene Wohnung oder ein Unterkommen finden;
4) an diesem Orte nach den daselbst bestehenden Verhältnissen sich und ihre Angehörigen zu ernähren im Stande sind.

Vor Ertheilung der Naturalisations-Urkunde hat die höhere Verwaltungsbehörde die Gemeinde,[3]) beziehungs-

---

aus der Staatsangehörigkeit des anderen deutschen Bundesstaates kann von der Behörde des Staates, bei der die Aufnahme nachgesucht wird, nicht gefordert werden, so daß ein doppeltes Landesindigenat statthaft ist; vgl. E. d. OTr. v. 14. Juli 1864 in OR. V 75, GA. XII 390, und Reskr. des Min. des Innern v. 3. Okt. 1872 (VMBl. 1872 S. 249).

[1]) Sie braucht niemals ertheilt zu werden. Ein Recht auf die Naturalisation hat der Ausländer nicht, Motive in den Anl. zu den Sten.Ber. des Reichstags 1870 S. 258. Nur die im Reichsdienste angestellten Ausländer haben ein Recht auf Naturalisation (§ 9 Abs. 2).

[2]) Die Landesbehörden können also von den in diesem § 8 enthaltenen Bedingungen nicht dispensiren, Laband I S. 160, Zorn I S. 358, Seydel in Hirths Ann. 1876 S. 141, Derselbe, Bayer. Staatsr. I S. 532; s. auch Arndt, Verordnungsr. S. 228 f. Wegen Irrthums oder Mißgriffs in der Prüfung der thatsächlichen Verhältnisse kann die ertheilte Naturalisation nicht zurückgenommen, der einmal Naturalisirte nicht ausgewiesen werden, Erk. d. OVG. v. 23. Juni 1888, E. XIII S. 409.

[3]) Deren Vertreter: in Städten der Magistrat. VMBl. 1844 S. 219.

weise den Armenverband desjenigen Orts, wo der Aufzunehmende sich niederlassen will, in Beziehung auf die Erfordernisse unter Nr. 2. 3. und 4. mit ihrer Erklärung[1]) zu hören.[2])

— — — —[3])

§. 9. Eine von der Regierung oder von einer Central- oder höheren Verwaltungsbehörde eines Bundesstaates vollzogene oder bestätigte Bestallung[4]) für einen in den unmittelbaren oder mittelbaren Staatsdienst[5]) oder in den Kirchen-[6]) Schul- oder Kommunaldienst[7]) aufgenommenen

---

[1]) Ein Veto steht der Gemeinde nicht zu; vgl. VMBl. 1845 S. 256.

[2]) Die Landesregierungen können die Naturalisation in noch anderen Fällen für ausgeschlossen erklären, s. Anm. 1. And. Ans. ist v. Stengel S. 58. Der Bundesrath hat am 14. Juni 1877 (Prot. § 323) beschlossen — und die Landesregierungen haben demgemäß befohlen; s. auch Cirk.Reskr. v. 7. Juli 1876 und 8. Okt. 1880 in v. Brauchitsch, Organisationsgesetz 4. Aufl. 4. Bd. S. 447, daß Angehörigen der im Oesterreichischen Reichsrathe vertretenen Länder die Naturalisation nur dann ertheilt werden soll, wenn der Aufzunehmende die Entlassung aus seiner bisherigen Staatsangehörigkeit nachgewiesen hat, desgl. persischen Unterthanen, s. Art. 17 des Vertr. v. 11. Juni 1873 (RGBl. 1873 S. 351), und türkischen, Min. Reskr. v. 11. Juli 1884. Es können für die Naturalisation auch Gebühren landesrechtlich eingeführt werden. S. auch Anm. 1 zu § 10.

[3]) Abs. 3 ist durch § 12 des G. v. 22. April 1871 (BGBl. 1871 S. 90) aufgehoben.

[4]) D. i. die dauernde Berufung zu einem Amte, nicht bloß zeitweise oder widerrufliche Verwendung im öffentlichen Dienste, Riedel, Verf.Urk. S. 261 Anm. 3, Seydel in Hirths Ann. 1876 S. 144 Anm. 5.

[5]) D. i. auch der Offiziersdienst, Laband I S. 162 Anm. 3.

[6]) D. i. Dienst in einer der aufgenommenen Religionsgesellschaften; s. Arndt Anm 1 zu Art. 13 der Preuß.Verf.Urk.,

Ausländer oder Angehörigen eines anderen Bundesstaates vertritt die Stelle der Naturalisations-Urkunde, beziehungsweise Aufnahme-Urkunde, sofern nicht ein entgegenstehender Vorbehalt in der Bestallung ausgedrückt wird.

Ist die Anstellung eines Ausländers[1]) im Bundesdienst erfolgt, so erwirbt der Angestellte die Staatsangehörigkeit in demjenigen Bundesstaate, in welchem er seinen dienstlichen Wohnsitz[2]) hat.[3])

§. 10. Die Naturalisations-Urkunde, beziehungsweise Aufnahme-Urkunde, begründet mit dem Zeitpunkte der Aushändigung alle mit der Staatsangehörigkeit verbundenen Rechte und Pflichten.[4])

Zorn I S. 355 Anm. 2, Seydel in Hirths Ann. 1876 S. 144, Anm. 7.

[7]) Das Amt eines Schiedsmanns ist kein Staatsdienst, Erk. des OTr. v. 28. Juni 1866, OR. VII 384; auch nicht die Rechtsanwaltschaft.

[1]) Die Anstellung eines Inländers im Reichsdienst ist ohne Einfluß auf sein Indigenat, Laband I S. 163, Anm. 1, Seydel, Bayer. Staatsr. I S. 539, G. Meyer § 76.

[2]) Und zwar den ersten dienstlichen Wohnsitz, Laband I S. 163, Anm. 1, G. Meyer, Lehrb. des deutschen Staatsr. § 76.

[3]) Im Reichsdienste angestellten Ausländern, welche ein Diensteinkommen aus der Reichskasse beziehen und im Auslande ihren dienstlichen Wohnsitz haben, darf von demjenigen Bundesstaate, in welchem sie die Verleihung der Staatsangehörigkeit nachsuchen, die Naturalisations-Urkunde nicht versagt werden, G. v. 20. Dez. 1875 (RGBl. 1875 S. 324).

[4]) In Ansehung der Ertheilung der Aufnahme-Urkunde hat das G. v. 1. Juni 1870 § 7 den Bundesstaaten die Verpflichtung auferlegt, dieselbe in gewissen Fällen zu ertheilen. Es ist daher (Reichsverf. Art. 2) unstatthaft, daß diese Aufnahme-Urkunde nur beschränkt oder bedingt ertheilt wird. In Ansehung der Naturalisations-Urkunde hat das G. v. 1. Juni 1870 eine derartige Verpflichtung den Bundesstaaten nicht auferlegt (§ 8 nsbesondere Anm. 1, 2, 5 das.). Diese sind daher auch befugt,

§. 11. Die Verleihung der Staatsangehörigkeit erstreckt sich, insofern nicht dabei eine Ausnahme gemacht wird, zugleich auf die Ehefrau und die noch unter väterlicher Gewalt stehenden minderjährigen Kinder.

§. 12. Der Wohnsitz innerhalb eines Bundesstaates begründet für sich allein die Staatsangehörigkeit nicht.

§. 13. Die Staatsangehörigkeit geht fortan nur[1]) verloren:[2])

---

die Ertheilung der Naturalisation an Bedingungen zu knüpfen, vgl. auch KO. v. 10. Jan. 1848 (GS. 1848 S. 25) und Erlasse des Min. d. Innern v. 19. Juni 1868 (VMBl. 1868 S. 197), 15. Nov. 1873 (VMBl. S. 336), welcher letztere zu Unrecht das Recht bestreitet, Ausländer bei ihrer Naturalisation zeitweise in der Freizügigkeit beschränken zu dürfen.

[1]) Hieraus folgt in Verbindung mit Reichsverf. Art. 2, daß landesgesetzlich keine anderweitigen Verlustgründe aufgestellt werden dürfen, wohl aber reichsgesetzlich. Nach dem G., betr. die Verhinderung der unbefugten Ausübung von Kirchenämtern v. 4. Mai 1874 (RGBl. 1874 S.43), können Geistliche und andere Religionsdiener, welche durch gerichtliches Urtheil aus ihrem Amte entlassen sind, oder welche wegen Ausübung eines ihnen gegen die Staatsgesetze übertragenen Amtes rechtskräftig zur Strafe verurtheilt sind und sich demnächst das Amt ausdrücklich anmaßen, thatsächlich ausüben, oder einer ihnen von der Landespolizeibehörde auferlegten Aufenthaltsbeschränkung zuwiderhandeln, ihrer Staatsangehörigkeit durch Verfügung der Centralbehörde ihres Heimathsstaates entzogen werden, mit der Wirkung, daß sie dieselbe auch in jedem anderen Bundesstaate verlieren und ohne Genehmignng des Bundesraths in keinem Bundesstaate die Staatsangehörigkeit von Neuem erwerben können.

[2]) Eine KO. v. 10. März 1838 (GS. 1838 S. 106) bestimmte, daß, wenn ein aus dem Inlande ausgewiesener und wegen seiner Rückkehr zur Untersuchung gezogener Landstreicher behauptet, Inländer zu sein, das Gericht ein Gutachten der Regierung zu extrahiren und seiner Entscheidung zu Grunde zu legen habe. Diese KO. ist

1) durch Entlassung auf Antrag [1]) (§§. 14. ff.);
2) durch Ausspruch der Behörde (§§. 20 und 22.);
3) durch zehnjährigen Aufenthalt im Auslande (§. 21.); [1])
4) bei unehelichen Kindern durch eine den gesetzlichen Bestimmungen gemäß erfolgte Legitimation, wenn der Vater einem anderen Staate angehört als die Mutter;
5) bei einer Norddeutschen durch Verheirathung mit dem Angehörigen eines anderen Bundesstaates oder mit einem Ausländer. [2])

§. 14. Die Entlassung wird durch eine von der höheren Verwaltungsbehörde [3]) des Heimathsstaates ausgefertigte Entlassungs-Urkunde [4]) ertheilt.

§. 15. Die Entlassung wird jedem Staatsangehörigen ertheilt, welcher nachweist, daß er in einem anderen Bundesstaate die Staatsangehörigkeit erworben hat. [5])

---

nicht mehr gültig (s. auch v. Rönne § 132 II S. 24 Anm. 24), und zwar deswegen nicht, weil es sich heute um die Anwendung des RG. v. 1. Juni 1870 handelt, in der Anwendung dieses Gesetzes — insoweit es zur unmittelbaren Anwendung durch den Richter bestimmt ist — der Richter keiner anderen Autorität als der des Gesetzes unterworfen ist (s. GVG. § 1, Preuß. Verf.Urk. Art. 86, Arndt, Verordnungsr. S. 211 f.).

[1]) Der Antragsteller muß verfügungsberechtigt sein. Bei den unter Vormundschaft Stehenden ist Genehmigung des Vormundschaftsgerichts nöthig, Vormundschaftsordn. v. 5. Juli 1875 (GS. 1875 S. 431) § 42 Nr. 1.

[2]) Ausland gleich Außerdeutschland; durch noch so langen Aufenthalt in einem anderen Deutschen Bundesstaate geht die Staatsangehörigkeit nicht verloren, s. auch Anm. 2 zu § 7.

[3]) D. i. in Preußen jetzt der Regierungs- bezw. Polizeipräsident § 155 G. v. 1. Aug. 1883 (GS. 1883 S. 237). Zuständig ist die Behörde des Wohnorts des zu Entlassenden.

[4]) Form derselben im Cirk.Reskr. des Min. des Innern v. 5. Juni 1871 (VMBl. 1871 S. 161).

[5]) Oder besitzt (er hatte schon die Staatsangehörigkeit in

In Ermangelung dieses Nachweises darf sie nicht ertheilt werden:

1) Wehrpflichtigen,[1]) welche sich in dem Alter vom vollendeten siebzehnten bis zum vollendeten fünf und zwanzigsten Lebensjahre befinden, bevor sie ein Zeugniß der Kreis-Ersatzkommission[2]) darüber beigebracht haben, daß sie die Entlassung nicht blos in der Absicht nachsuchen, um sich der Dienstpflicht im stehenden Heere oder in der Flotte zu entziehen;[3])

2) Militairpersonen, welche zum stehenden Heere oder zur Flotte gehören, Offizieren[4]) des Beurlaubten-

---

einem anderen Bundesstaate); s. auch Seydel in Hirths Ann. 1876 S. 146, 147 Anm. 6, G. Meyer, Lehrb. des deutschen Staatsr. § 77 Anm. 5.

[1]) Darunter sind hier nur solche Wehrpflichtige gemeint, über deren Wehrpflicht noch keine Entscheidung getroffen ist, nicht Reservisten, s. G. Meyer §§ 77, Seydel in Hirths Ann. 1881 S. 67, 68. Letztere bedürfen daher auch, wenn sie das 25. Lebensjahr noch nicht vollendet haben, von besonderen Anordnungen bei Krieg und Kriegsgefahr abgesehen, des hier erwähnten Zeugnisses zur Entlassung nicht, auch nicht der Erlaubniß zur Auswanderung, wenn nicht der Fall unter Nr. 3 dieses Paragraphen vorliegt. Doch sind Ersatzreservisten I. Klasse nach § 360 Nr. 3 StrGB. zu bestrafen, wenn sie von ihrer bevorstehenden Auswanderung der Militärbehörde keine Anzeige erstattet haben.

[2]) Jetzt Ersatzkommission, s. Militärges. v. 2. Mai 1874 (RGBl. 1874 S. 45) § 30 Nr. 3a. Das Verfahren dieser Behörde ist vorgeschrieben in der deutschen Wehrordnung v. 22. Nov. 1888 (RCBl. 1889 S. 1 § 27).

[3]) Wehrpflichtige, welche ohne die Entlassung aus der Staatsangehörigkeit auswandern, um sich der Militärpflicht zu entziehen, sind strafbar nach StrGB. § 140.

[4]) Auch im Offizierrange stehende Aerzte des Beurlaubtenstandes.

standes [1]) und Beamten, [2]) bevor sie aus dem Dienste entlassen sind; [3])

3) den zur Reserve des stehenden Heeres und zur Landwehr, sowie den zur Reserve der Flotte und zur Seewehr gehörigen und nicht als Offiziere angestellten Personen, nachdem sie zum aktiven Dienste einberufen worden sind. [4]) [5])

§. 17. Aus anderen als aus den in den §§. 15. und

---

[1]) Wer zum stehenden Heer, zur Landwehr und zum Beurlaubtenstande gehört, ergiebt sich aus den Militärges., insbesondere Militärges. v. 2. Mai 1874 (RGBl. 1874 S. 45).

[2]) Das sind alle im öffentlichen Dienst dauernd angestellte Personen, Seydel in Hirths Ann. 1876 S. 147 Anm. 3, Riedel, Reichsverf. S. 264 Anm. 7 zu § 15.

[3]) Strafe für die unter Nr. 2 fallenden Militärpersonen aus RMStrGB., event. aus StrGB. § 140; s. auch Militärges. v. 2. Mai 1874 (RGBl. 1874 S. 45) § 60.

[4]) Wer von den unter Nr. 3 fallenden Personen unbefugt auswandert, fällt unter RMStrGB. §§ 69 ff., 113. Zur Uebung einberufene Ersatzreservisten stehen den Mannschaften der Reserve gleich und fallen unter Nr. 3, s. auch Zorn I § 12 S. 364 f., Seydel in Hirths Ann. 1881 S. 67 f. Wenn beurlaubte Reservisten oder Wehrleute ohne Erlaubniß auswandern, oder Ersatzreservisten erster I. Klasse von ihrer bevorstehenden Auswanderung der Militärbehörde keine Anzeige erstatten, fallen sie — wenn keine härtere Strafe aus dem RMStrGB. verwirkt ist — unter StrGB. § 360 Nr. 3; s. auch Cahn S. 137, 138.

[5]) Nach dem RMilG. v. 2. Mai 1874 (RGBl. 1874 S. 61) § 63 und G. v. 6. Mai 1880 (RGBl. 1880 S. 104) Art. I § 3 Nr. 8 ist die Entlassung auch ausgeschlossen für nicht zur Reserve des Heeres oder der Landwehr gehörige Personen des Beurlaubtenstandes und übungspflichtige Ersatzreservisten, wenn sie die Genehmigung der Militärbehörde nicht erlangt haben.

§ 16 ist aufgehoben, s. G. v. 22. April 1871 (BGBl. 1871 S. 87) §§ 9 u. 12.

16. bezeichneten Gründen [1]) darf in Friedenszeiten die Entlassung nicht verweigert werden. [2]) Für die Zeit eines Krieges oder einer Kriegsgefahr bleibt dem Bundespräsidium [3]) der Erlaß besonderer Anordnung vorbehalten. [4]) [5])

§. 18. Die Entlassungs-Urkunde bewirkt mit dem Zeitpunkte der Aushändigung [6]) den Verlust der Staatsangehörigkeit.

Die Entlassung wird unwirksam, [7]) wenn der Entlassene nicht binnen sechs Monaten [8]) vom Tage der Aushändigung der Entlassungs-Urkunde an seinen Wohnsitz außerhalb des

---

[1]) Ob sie vorliegen, entscheidet sich nach dem Zeitpunkte des Eingangs des Gesuchs, Reskr. v. 31. Mai 1883 (BMBl. 1883 S. 140).

[2]) Also z. B. nicht wegen rückständiger Steuern, Seydel I S. 545, OVG. 14. Nov. 1887 E. XV S. 405. Prozeßrechtliche Sicherungsregeln sind durch § 17 nicht ausgeschlossen, W. Cahn, S. 141.

[3]) Jetzt dem Kaiser.

[4]) Strafbestimmungen in § 140 Nr. 3 StrGB.

[5]) Gegen die Entlassung verweigernde Entscheidung der höheren Verwaltungsbehörde (Anm. 1 zu § 14) ist in Friedenszeiten binnen zwei Wochen die Klage an das OVG. statthaft; Zuständigkeitsges. v. 1. Aug. 1883 (GS. 1883 S. 237) § 155, Abs. 2. Zeugnisse der Kreis-Ersatzkommission (§ 15 Abs. 1) unterliegen bezüglich ihrer sachlichen Begründung nicht der Nachprüfung Seitens des OVG.; Erk. des OVG. v. 29. Okt. 1887 E. XV S. 410.

[6]) Daß die Aushändigung gerade an den Auswandernden erfolgt, ist nicht nothwendig. Nothwendig ist dagegen die Aushändigung; die bloße Ausfertigung genügt nach Ansicht des OTr. (GA. XII S. 781, OR. V S. 92), um die Bestrafung wegen unbefugter Auswanderung auszuschließen.

[7]) Ipso jure, ohne Erklärung, und mit der Wirkung, als ob sie nie ausgestellt wäre, Laband I S. 164 Anm. 4, Zorn I S. 363.

[8]) Berechnung von Datum zu Datum, s. Zorn I S. 368.

Bundesgebietes verlegt oder die Staatsangehörigkeit in einem anderen Bundesstaate erwirbt.[1])

§. 19. Die Entlassung erstreckt sich, insofern nicht dabei eine Ausnahme gemacht wird,[2]) zugleich auf die Ehefrau und die noch unter väterlicher Gewalt stehenden minderjährigen Kinder.

§. 20. Norddeutsche, welche sich im Auslande aufhalten, können ihre Staatsangehörigkeit durch einen Beschluß der Centralbehörde ihres Heimathsstaates verlustig erklärt werden,[3])[4]) wenn sie im Falle eines Krieges oder einer Kriegsgefahr einer durch das Bundespräsidium[5]) für das ganze Bundesgebiet anzuordnenden ausdrücklichen Auf-

---

[1]) Vorausgesetzt wird hierbei, daß der Auswandernde nicht schon eine andere deutsche Staatsangehörigkeit besitzt, s. Seydel in Hirths Ann. 1876 S. 148 Anm. 2. Schutzgebiete des Deutschen Reichs gelten im Sinne des § 18 nicht als Reichsgebiet, W. Cahn S. 145. Der Zweck der Bestimmung in Abs. 2 ist, fingirte Auswanderungen abzuschneiden.

[2]) Eine solche Ausnahme ist für wehrpflichtige Kinder stets zu machen nach Maßgabe des § 15.

[3]) Eine solche Verlustigkeits-Erklärung bezieht sich nicht auf die Ehefrau und die Kinder des Betroffenen (Zorn I S. 367 f, G. Meyer § 77, v. Rönne II S. 28 Anm 3, Bornhak S. 266; and. Ans. Seydel in Hirths Ann. 1876 S. 151 und W. Cahn S. 149). Die nach dem Indigenatsverluste geborenen Kinder sind dagegen Ausländer.

[4]) Der Beschluß wirkt nur für den bez. Staat, wie auch G. Meier § 78, v. Rönne II S. 35 und Seydel, Bayer. Staatsr. I S. 547 Anm. 9 annehmen, und hat keine Wirkung für ein Indigenat in einem anderen deutschen Bundesstaate (and. Ans. Zorn I S. 318). Es muß daher event. ein solcher Beschluß von der Centralbehörde jedes Bundesstaates gefaßt werden, in welchem ein Indigenat besteht; s. auch Laband I S. 168.

[5]) Jetzt dem Kaiser.

forderung[1]) zur Rückkehr binnen der darin bestimmten Frist keine Folge leisten.

§. 21. Norddeutsche, welche das Bundesgebiet verlassen[2]) und sich zehn Jahre[3]) lang ununterbrochen[4]) im Auslande aufhalten,[5])[6]) verlieren dadurch ihre Staatsangehörigkeit.[6]) Die vorbezeichnete Frist wird von dem Zeit-

---

[1]) Solche Aufforderungen heißen auch Avokatorien.

[2]) Hier gleichviel, ob mit oder ohne die erforderliche Erlaubniß. § 21 gilt auch für Standesherren, s. Arndt, Preuß. Verf.Urk. Art. 4 Anm. 3, OTr. v. 14. Juli 1864, OR. V 75, W. Cahn S. 155.

[3]) Berechnung von Datum zu Datum, Seydel in Hirths Ann. 1876 S. 154.

[4]) Daher wird die in § 21 statuirte Verjährungsfrist unterbrochen, wenn der Ausgewanderte auch nur vorübergehend im Deutschen Reiche seinen Wohnsitz nimmt. Wenn er vorübergehend und ohne die Absicht der Wohnsitznahme, z. B. um Angehörige, Geschäftskunden zu besuchen, in das Deutsche Reich kommt, so unterbricht dies nicht die Verjährungsfrist, s. Seydel in Hirths Ann. 1876 S. 154 Anm. 2, Laband I S. 465 Anm. 5; s. auch W. Cahn S. 159.

[5]) S. auch Anm 4 auf S. 324. Ob der Aufenthalt ein freiwilliger war oder nicht, ist unerheblich. Fraglich ist, ob durch die Kgl. Begnadigung Eines, der ins Ausland geflohen und dort zehn Jahre geblieben ist, demselben zugleich das Staatsbürgerrecht wieder verliehen ist, s. über diese Frage Sten.Ber. des Abg H. 1861 S. 1361, 1383 f., GA. IX 634. Die Frage, welche v. Rönne II S. 31 Anm. 3b anders (und wohl unrichtig) formulirt, ist zu verneinen. Der Verlust des Indigenats aus § 20 ist keine Strafe, so daß Verf.Urk. Art. 49 auf ihn nicht Anwendung findet. Im Uebrigen ist Erwerb und Verlust des Indigenats durch Reichsgesetz geregelt, also dem einseitigen Verfügungsrechte des Königs nicht unterworfen.

Im Sinne des § 21 gelten die Deutschen Schutzgebiete als Inland, G. v. 15 März 1888 (RGBl. 1888 S. 71) § 6.

[6]) Und gelten somit als Ausländer, d. h. sie können ohne Weiteres ausgewiesen werden. Als Ausländer würden sie der

punkte des Austritts aus dem Bundesgebiete oder, wenn der Austretende sich im Besitz eines Reisepapieres[1]) oder Heimathsscheines[2]) befindet, von dem Zeitpunkte des Ablaufs dieser Papiere an gerechnet. Sie wird unterbrochen durch die Eintragung in die Matrikel eines Bundeskonsulats.[3]) Ihr Lauf beginnt von Neuem mit dem auf die Löschung in der Matrikel folgenden Tage.[4])

Der hiernach eingetretene Verlust der Staatsangehörigkeit erstreckt sich zugleich auf die Ehefrau und die unter väterlicher Gewalt stehenden minderjährigen Kinder, soweit sie sich bei dem Ehemanne, beziehungsweise Vater befinden.[5])

Wehrpflicht nicht unterliegen; indeß findet auf sie § 11 des Militärges. v. 2. Mai 1874 (RGBl. 1874 S. 45) Anwendung.

[1]) Lautet das Reisepapier auf Zeit, so beginnt die Verjährungsfrist vom Ablauf derselben. S. auch W. Cahn S. 161 f.

[2]) Vgl. hierzu Bundesbeschl. v. 20. Jan. 1881 (RCBl. 1881 S. 22) und Cirk.Reskr. des Min. des Innern v. 17. März 1881 (BMBl. 1881 S. 86). Nach dem Bundesrathsbeschluß v. 3. März 1883 (Cirk.Reskr. des Min. des Innern v. 15. Mai 1884, BMBl. 1884 S. 105) sind „Heimathsscheine" nur zur Benutzung im Reichsauslande bestimmt, während zur Benutzung innerhalb des Reichsgebiets „Staatsangehörigkeits-Ausweise" auszustellen sind.

[3]) Vgl. G., betr. die Organisation der Bundeskonsulate v. 8. Nov. 1867 (BGBl. 1867 S. 137) § 12. Die Ausstellung eines nach § 25 dieses G. ausgestellten Passes unterbricht dagegen die Verjährung nicht, s. auch Seydel in Hirths Ann. 1876 S. 154 Anm. 4.

[4]) Für Minderjährige, welche sich nicht beim Vater befinden und selbstständig ausgewandert sind, beginnt die Frist erst mit der Großjährigkeit, vgl. Landgraff in Hirths Ann. 1870 S. 644, v. Rönne II § 132 S. 32 Anm. 1b, dies ist die Praxis, vgl. BMBl. 1867 S. 134, 1868 S. 181; and. Ans. Laband I S. 166, 2, Seydel in Hirths Ann. 1883 S. 582 f. und G. Meyer § 77. S. auch W. Cahn S. 169 f.

Beim Vater befinden sich die Kinder auch, wenn er sie z. B. wo anders in Erziehung giebt (G. Meyer § 77).

[5]) Geschehen im (Bancroft-) Vertrage mit den Vereinigten

Für Norddeutsche, welche sich in einem Staate des Auslandes mindestens fünf Jahre lang ununterbrochen aufhalten und in demselben zugleich die Staatsangehörigkeit erwerben, kann durch Staatsvertrag die zehnjährige Frist bis auf eine fünfjährige vermindert werden,[1]) ohne Unterschied, ob die Betheiligten sich im Besitze eines Reisepapieres oder Heimathsscheines befinden oder nicht.

Norddeutschen, welche ihre Staatsangehörigkeit durch zehnjährigen Aufenthalt im Auslande verloren und keine andere Staatsangehörigkeit erworben haben, kann[2]) die Staatsangehörigkeit in dem früheren Heimathsstaate wieder verliehen werden,[3]) auch ohne daß sie sich dort niederlassen.

Norddeutsche, welche ihre Staatsangehörigkeit durch zehnjährigen Aufenthalt im Auslande verloren haben und demnächst in das Gebiet des Norddeutschen Bundes zurückkehren, erwerben die Staatsangehörigkeit in demjenigen Budesstaate, in welchem sie sich niedergelassen haben, durch eine von der höheren Verwaltungsbehörde ausgefertigte Aufnahme-Urkunde, welche auf Nachsuchen ihnen ertheilt werden muß.[4])[5])

§. 22. Tritt ein Norddeutscher ohne Erlaubniß seiner

Staaten von Nordamerika v. 22. Febr. 1868 (BGBl. 1868 S. 228). S. auch Erk. des OVG. v. 13. Okt. 1886, Entsch. XIV 388.

[1]) **Verpflichtet** ist also der bez. Staat nicht; für Preußen s. Reskr. des Min. des Innern v. 25. Juni 1875 (VMBl. 1875 S. 228). S. auch **Seydel** in Hirths Ann. 1876 S. 143.

[2]) Ohne daß also hier § 8 Anwendung findet.

[3]) Diese Vorschrift (Abs. 5) bezieht sich nicht auf die Fälle der auf fünf Jahre abgekürzten Frist. **Seydel** in Hirths Ann. 1876 S. 143 Anm. 7, Erk. d. OVG. v. 13. Okt. 1886, Entsch. XIV 388; and. Ans. **Bornhak** S. 255.

[4]) Gegen die Verweigerung der Aufnahme-Urkunde im Falle des § 21 Abs. 5 ist binnen zwei Wochen die Klage an das OVG. zulässig. Zuständ.G. v. 1. Aug. 1883 (GS. S. 237) § 155.

Regierung in fremde[1]) Staatsdienste, so kann die Centralbehörde seines Heimathsstaates denselben durch Beschluß[2]) seiner Staatsangehörigkeit verlustig erklären, wenn er einer ausdrücklichen Aufforderung zum Austritte binnen der darin bestimmten Frist keine Folge leistet.[3])

§. 23. Wenn ein Norddeutscher mit Erlaubniß seiner Regierung bei einer fremden[4]) Macht dient, so verbleibt ihm[5]) seine Staatsangehörigkeit.[6])

§. 24. Die Ertheilung von Aufnahme-Urkunden und in den Fällen des §. 15. Absatz 1. von Entlassungs-Urkunden erfolgt kostenfrei.

Für die Ertheilung von Entlassungs-Urkunden in anderen als den im §. 15. Absatz 1. bezeichneten Fällen darf an Stempelabgaben und Ausfertigungsgebühren zusammen nicht mehr als höchstens Ein Thaler erhoben werden.

§. 25. Für die beim Erlasse dieses Gesetzes im Auslande sich aufhaltenden Angehörigen derjenigen Bundesstaaten, nach deren Gesetzen die Staatsangehörigkeit durch einen zehnjährigen oder längeren Aufenthalt im Auslande verloren ging, wird der Lauf dieser Frist durch dieses Gesetz nicht unterbrochen.

Für die Angehörigen der übrigen Bundesstaaten beginnt der Lauf der im §. 21. bestimmten Frist mit dem Tage der Wirksamkeit dieses Gesetzes.

§. 26. Alle diesem Gesetze zuwiderlaufenden Vorschriften werden aufgehoben.

§. 27. Dieses Gesetz tritt am 1. Januar 1871. in Kraft.

---

[1]) Ausländische, Laband I S. 140, Riedel S. 269 Anm. 2.

[2]) S. Anm. 2 zu § 20.

[3]) § 22 betrifft den sog. diplomatischen Landesverrath.

[4]) Ausländischen.

[5]) Unbeschadet der sich aus § 20 für ihn ergebenden Verpflichtung.

[6]) Diese kann verloren gehen (§ 21), wenn die Erlaubniß widerrufen wird; and. Ans. Laband I S. 141, s. auch Seydel, Bayer. Staatsr. I S. 567.

Sachregister.

Die Ziffern bedeuten die Seitenzahlen.

A.

B.

C.

D.

E.

F.

G.

H.

J.

K.

L.

M.

N.

O.

P.

R.

S.

T.

U.

V.

W.

Druck von Dobrzynski & Walter in Berlin.

FSC
www.fsc.org
MIX
Papier | Fördert gute Waldnutzung
FSC® C083411

Kolibri 360 GmbH
Ferdinand-Jühlke-Straße 7
99095 Erfurt, Deutschland
produktsicherheit@kolibri360.de